Ramseger

Offener Unterricht in der Erprobung

Jörg Ramseger

Offener Unterricht in der Erprobung

Erfahrungen mit einem didaktischen Modell

Juventa Verlag   Weinheim und München

CIP-Kurztitelaufnahme der Deutschen Bibliothek

Ramseger, Jörg:
Offener Unterricht in der Erprobung : Erfahrungen
mit e. didakt. Modell / Jörg Ramseger. – 2. Aufl. –
Weinheim ; München : Juventa-Verlag, 1985.
  (Juventa-Materialien ; M 33)
  ISBN 3-7799-0633-3
NE: GT

2. Auflage 1985

ISBN 3 7799 0633 3

© 1977 Juventa Verlag München
© 1985 Juventa Verlag Weinheim und München
Umschlaggestaltung: Atelier Warminski, 6470 Büdingen 8
Printed in Germany

Inhalt

„Offener Unterricht" — ein neues Schlagwort erobert den Jahrmarkt der pädagogischen Hoffnungen. *Offener Unterricht:* die Antwort auf Leistungsdruck und Konkurrenzlernen, auf Schulstreß und Schulversagen, auf Gleichgültigkeit, Langeweile und graue Unterrichtskasernen! *Offener Unterricht:* „Lösung für die Praxis"! *Offener Unterricht:* ein Allwaschmittel für die Praxis?

In der Tat: Wenn Unterricht wieder Spaß machen soll; wenn Kinder nicht länger vorgekautes Wissen bloß wiederkäuen, sondern sich die Unterrichtsgegenstände auf der Basis eigener Erfahrung selber erschließen sollen; wenn Schule wieder Raum bieten soll für intellektuelle Abenteuer und bereichernde soziale Erfahrungen, dann wird sie *sich öffnen* müssen
— für praktisches Handeln und konkrete Aktion,
— für außerschulische Lern- und Wirkungsfelder,
— für gestaltende, verändernde, selber-machende Kinder,
— für ungeschminkte Wahrheiten, offene Fragen und das Leben, so wie es ist.

Ist offener Unterricht also die „Lösung für die Praxis"? Wir wollen diese Frage nicht übereilt bejahen. Wir wollen offenen Unterricht *langfristig* möglich machen, indem wir erst einmal untersuchen, welche *Schwierigkeiten* auftauchen, wenn die herkömmliche Schüler-Lehrer-Beziehung aufgebrochen wird und die Kinder aktiv in die Gestaltung des Schultages eingebunden werden. Wir wollen zugleich begründete Aussagen über die notwendigen *Voraussetzungen* für ein solches Unterrichtsarrangement gewinnen, indem wir das Verhältnis von Planung und Wirklichkeit des offenen Unterrichts in drei Fallstudien praktisch erkunden.

Berichte über Handlungsforschungsprojekte sehen sich stets dem Dilemma ausgesetzt, daß sie einerseits umfassend über ihre theoretischen wie methodischen Grundlagen Rechenschaft ablegen müssen, um vor der Wissenschaft bestehen zu können, andererseits aber diejenigen nicht durch endlose Zahlenkolonnen und Literaturverweise abschrecken wollen, die die Ergebnisse solcher Forschung in die Praxis umzusetzen haben. Beide Intentionen lassen sich nicht in jedem Abschnitt reibungslos miteinander verbinden.

Wem der tägliche Arbeitsdruck an der Schulfront verbietet, schulpädagogische Forschungsberichte in aller Ausführlichkeit zu studieren, aber dennoch von Erfahrungen aus praktischer Arbeit mit alternativen Unterrichtskonzepten einen Eindruck gewinnen will, dem sei empfohlen, zunächst nur das 1. und den Anfang des 2. Kapitels zu lesen, im übrigen das 2., 3. und 4. Kapitel nur kurz zu überfliegen und sich sogleich in eine der drei Fallstudien zu vertiefen. Wenn er Geschmack daran findet, mag er anschließend immer noch die theoretischen Grundlagen des hier propagierten Unterrichtsmodells und Einzelheiten des Untersuchungsdesigns aufarbeiten. Wer hingegen primär an der Fortentwicklung der allgemeinen Didaktik und Schulpädagogik besonderes Interesse hat, dem ist mit einem chronologischen Durchgang durch unsere Ausführungen besser gedient.

Noch ein technischer Hinweis für die Lektüre: Für Verweise auf die der Untersuchung zugrunde liegenden Materialien und auf unsere eigenen Untersuchungsinstrumente schienen entsprechende Abkürzungen zweckmäßig. Sie werden ebenso wie einige in der Darstellung verwendete Kurzbezeichnungen in den Hinweisen zur Nomenklatur (Anhang S. 269) erläutert.

Wie alle Handlungsforschungsprojekte ist auch dieses Buch das Werk vieler Köpfe. Für Rat und Hilfe bei dieser Arbeit danke ich Dietrich Benner, Luitbert von Haebler, Herwart Kemper, Ilse Nilshon, Hannelore Schwedes und Hedwig Tücking. Ein besonderes Vergnügen waren die ausführlichen Gespräche mit Hans Brügelmann, die meinen Optimismus stärkten und mir die Furcht vor pragmatischen Vorgehensweisen im Handlungsfeld nahmen. Wynne Harlen, Horst Mitzkat und der Klett Verlag halfen mir unbürokratisch mit Curriculummaterialien aus. Zu danken habe ich auch den an unserem Experiment beteiligten Schulen und ihren Kollegien.

Die größte Verpflichtung empfinde ich aber gegenüber den Lehrern und Schülern der drei Versuchsklassen. Die Gesetze der Handlungsforschung fordern den besonderen Schutz ihrer Anonymität. Auch wenn sie nicht mit Namen genannt werden, hatten sie doch durch ihren unermüdlichen Einsatz, ihre Auskunftsfreudigkeit und ihre unerschöpfliche Geduld den größten Anteil am Zustandekommen dieser Studie. Ihnen sei daher besonders herzlich gedankt!

Münster, im Juli 1977   Jörg Ramseger

Die Planungsbedürftigkeit von Unterricht zählt zu den fundamentalen Selbstverständlichkeiten der erziehungswissenschaftlichen Theorie, an deren Berechtigung ein Pädagoge ohne Gefährdung seiner Karriere schwerlich zweifeln darf. Die gesamte Didaktik verdankt dieser Planungsbedürftigkeit ihre Existenz. Der Begriff *Unterricht* selbst scheint nicht mehr anders als ein „absichtsvoll pädagogisches Geschehen" (Wolfgang Schulz) verstehbar: „Unterricht können wir begreifen als eine Einrichtung, durch die und in der Lernenden regelmäßig Gelegenheit zu planvoller und gelenkter Interaktion mit der Umwelt (bzw. Erfahrung) gegeben wird, und zwar in der Absicht, ihre Verhaltensdispositionen in vorentschiedene Richtung zu verändern" (Peterßen 1974, S. 27).

Dieser und einer Vielzahl ähnlicher Definitionen von Unterricht liegen eine Reihe nur selten offen ausgewiesener Prämissen über schulisches Lernen zugrunde, die nur auf dem Hintergrund der bestehenden Bildungsinstitutionen interpretiert werden können. Solche Prämissen dieses nicht erst durch die Berliner Schule der Didaktik geprägten, wohl aber durch diese in der momentan vorfindlichen Schulpraxis felsenfest verankerten Unterrichtsbegriffs könnten in lockerer Aufzählung etwa lauten:
— *planvolle und gelenkte Interaktion* mit der Umwelt ist wertvoller als ungeplante, suchend-entdeckende Interaktion;
— Interaktion mit der Umwelt wird *in einer speziellen Einrichtung* besser vollzogen als im Leben außerhalb solcher Einrichtungen;
— es ist *notwendig und legitim,* Verhaltensdispositionen heranwachsender Menschen planvoll zu verändern;
— *es gibt immer eine vorentscheidbare Richtung* der geplanten Veränderungen;
— Interaktion mit der Umwelt sollte *regelmäßig* erfolgen usw.

Vollziehen wir nun die zwar sachlich wie semantisch falsche, nichts desto weniger im Alltagsbewußtsein der Bevölkerung weit verbreitete Gleichsetzung des *Besuchs von Unterricht* mit *Lernen,* eine Gleichsetzung, die nach Ivan Illich eine notwendige Folgeerscheinung der Organisationsform schulischen Lernens als staatlich verordneter Zwangsveranstaltung darstellt, so läßt sich diese Aufzählung um einige gravierende Aussagen erweitern:
— Lernprozesse sind *prinzipiell planbar;*

– Lernprozesse sind notwendig *an planvolle und gelenkte Interaktion gebunden;*
– die Verhaltensdispositionen der Lernenden müssen *von anderen,* den Unterrichtsplanern, in vorentschiedene Richtungen gelenkt werden;
– um die intendierten Änderungen zu garantieren, müssen *Unterrichtsplanung und Unterrichtsablauf* weitgehend *miteinander identisch* sein.

Es läßt sich unschwer erkennen, daß dieses Unterrichtskonzept der Zweckrationalität als zentraler Lebensmaxime verpflichtet und dem technischen Interesse der Verfügung über Menschen dienlich ist. Es sieht den Schüler als ein zunächst unmündiges Wesen, für das der Pädagoge, bzw. das Lehrsystem als Stellvertreter denken und das – wenn überhaupt – allenfalls in der Zukunft und nach deren Plan in die Mündigkeit entlassen werden kann.

In Gegenüberstellung zum eingangs vorgetragenen Modell wollen wir hier Unterricht vorläufig begreifen als
– *eine institutionell garantierte Chance*
– *eines auf seine Art immer schon mündigen Wesens*
– *zur so weit als möglich selbstgesteuerten,*
– *kritischen Auseinandersetzung mit der Umwelt (oder mit Erfahrung),*
und zwar sowohl um der Erhaltung und Vertiefung dieser Mündigkeit als auch um der Auseinandersetzung selbst willen. Damit wird die Anerkennung der *Planungsbedürftigkeit* solcher Interaktionsprozesse nicht geschmälert; die Selbstverständlichkeit wie auch die *Machbarkeit* dieser Planung sollen allerdings entschieden hinterfragt und auf einen anderen Boden pädagogischer wie politischer Prämissen gestellt werden.

Die Alternative zum „Monopol des zweckrationalen Unterrichtskonzepts" (Rumpf) ist nicht der planlose Unterricht, die – im negativen Sinn des Wortes – bloße Situationspädagogik, sondern der *offene Unterricht,* der Unterricht als durch die Schüler beeinflußbares, revidierbares und revisionsbedürftiges Angebot. Die „Notwendigkeit von Planung – als Angebot –" beruht darauf, daß eine ihre professionelle Verantwortung nicht leugnende Pädagogik verhindern muß, daß sich Unterricht „in der Darstellung und Wiederholung des je schon Vorhandenen" erschöpft, „ohne den Schülern neue Lernerfahrungen zu eröffnen. Wenn alle spontan eingebrachten Aktivitäten und Inhalte gleichwertig sind, dann ist Unterricht eine absurde Bemühung.

Wenn es nicht gelingt, bedeutsame Aktions- und Interaktionsformen von weniger bedeutsamen zu unterscheiden, wird Unterricht zu chaotischer Spontaneität" (Harder/ Calliess 1974, S. 49). Planung als Angebot kultiviert bewußt jene Differenz, die im „geschlossenen" Unterricht stets als Störung empfunden wurde: die Differenz zwischen Unterrichtsplanung und Unterrichtswirklichkeit.

1.1   Der Planungsbegriff

Wir wollen uns im folgenden der Unterrichtsplanung im engeren Sinne zuwenden, der Planung als einer „vorbereitenden Tätigkeit mit dem Zweck der Steuerung konkret ablaufenden Unterrichts" (Haller 1975, S. 546). Dabei befassen wir uns in erster Linie mit dem Feld der klassischen Unterrichtsvorbereitung, d. h. mit jenen Entscheidungen, die von einem Lehrer innerhalb eines gegebenen institutionellen Rahmens für die unmittelbar bevorstehenden Arbeitstage und -wochen in einer Schulklasse getroffen werden. Unsere Betrachtungen werden eher didaktischer denn curriculumstrategischer, bildungstheoretischer oder gesellschaftspolitischer Natur sein, obwohl sie nie von bildungstheoretischen oder gesellschaftspolitischen Prämissen losgelöst gedacht sein können. Hierauf wird weiter unten bei der Erstellung eines theoretischen Bezugsrahmens näher eingegangen.

Wenn hier von jenen Planungen gesprochen wird, die von der individuellen Lehrkraft in einer bestimmten Unterrichtssituation vorgenommen werden, dann durchaus in dem Bewußtsein der Gefahr einer „Überbewertung unterrichtsimmanenter Faktoren" (Haller ebd.). Hier soll *kein neues Modell der Unterrichtsvorbereitung* ausgearbeitet werden, dessen Realisationsbedingungen unausgewiesen blieben. Vielmehr geht es darum, die verbreitete Furcht vor Experimenten mit offenem Unterricht abzubauen, indem wir einmal kontemplativ erkunden wollen, wie sich Unterrichtsplanung und Unterrichtswirklichkeit im „offenen" Unterricht zueinander verhalten. Ob man sich auf das Risiko des offenen Unterrichts einlassen will, mag nach Abschluß der Untersuchung jeder für sich entscheiden. Rezepte für erfolgreiche Unterrichtsvorbereitungen werden nicht erstellt, wohl aber Erfahrungen mit praktisch erprobten Unterrichtsentwürfen mitgeteilt.

1.2   Das Verhältnis von Planung und Wirklichkeit im geschlossenen Unterricht

Ausschließlich zweckrationaler Unterricht, der gegen Schüleransprüche weitgehend abgeschlossen ist, tritt im wesentlichen in drei Ausprägungen auf: als programmierter Unterricht, als lehrerzentrierter, vor-curricularer Unterricht und als geschlossenes Curriculum. Wir wollen den programmierten Unterricht im folgenden außer Acht lassen, da er bislang innerhalb des allgemeinbildenden Schulwesens nur eine untergeordnete Rolle spielt.

Der lehrerzentrierte, vor-curriculare Unterricht

Betrachten wir eine Unterrichtsplanung im lehrerzentrierten Unterricht der vor-curricularen Phase, wie er nach wie vor das Gros der in der Bundesrepublik vorfindlichen Unterrichtspraxis ausmachen dürfte. Vor-curricularer Unterricht ist dadurch gekennzeichnet, daß er *inhaltlich* von der Entscheidungskette „Lehrplan ➞ Lehrbuch ➞ individuelle Unterrichtsplanung des Lehrers" determiniert wird (vgl. Becker u. a. 1974, S. 97). Vor-curriculare Unterrichtsplanung endet meist in Verlaufsskizzen wie der auf der folgenden Seite abgebildeten. Solche Verlaufsskizzen konzentrieren die Planung von Unterricht auf Sprach-Handlungs-Folgen, nach denen ein Stoff „durchgenommen" wird. Sie unterstellen, daß Lernprozesse stattfinden durch das Verbalisieren von Sachverhalten und die zeichnerische Veranschaulichung an der Tafel. Es fällt auf, mit welcher Sicherheit hier die sprachlichen Äußerungen der Schüler im Unterricht vorweggenommen werden. Diese Sicherheit wird methodisch dadurch gestützt, daß eigene Denkakte der Schüler kaum verlangt werden: Ihr Handlungsspielraum ist auf einige reaktive Äußerungen begrenzt.

Hinsichtlich des Verhältnisses von Planung und Wirklichkeit liegen zu diesem Beispiel leider keine Beobachtungen vor. Wir wollen gar nicht ausschließen, daß im Einzelfall der reale Unterricht tatsächlich in Form der vorausgeplanten Sprach-Handlungs-Einheiten ablaufen mag, wenngleich die Erfahrung zeigt, daß dies nur bei sehr wenigen, methodisch vielseitig und anspruchsvoll angelegten Stunden wirklich der Fall ist. Normalerweise müssen heutzutage solche Stunden vom Lehrer unter Zuhilfenahme eines beträchtlichen Maßes von Disziplindruck gegen ganz massive Widerstände auf seiten der Schüler „durchgezogen" werden. Obgleich dieser Disziplindruck den konkreten Unterrichts-

Ausschnitt aus einer lehrerzentrierten, vor-curricularen Unterrichtsplanung
(Quelle: W. Northemann 1972, S. 190 ff.)

Lernprozeß	*Lehrtätigkeit*	*Erwartungen*
Aufmerksamkeit der SS. wird auf Speisen gelenkt, die einen festen Platz in der Reihe ihrer alltäglichen Mittagsgerichte einnehmen.	L. fragt SS. nach Mittagsgerichten, die sie am Vortage gegessen haben.	SS. erinnern sich u. nennen eine Anzahl verschiedener Gerichte.
SS. machen sich bewußt, aus welchen Hauptbestandteilen ihre Mittagsgerichte bestehen.	L. unterbricht u. fordert auf, auch die Hauptbestandteile der Gerichte aufzuzählen.	SS. nennen Gerichte u. als deren Hauptbestandteile überwiegend Fleisch- u. Gemüsesorten und Kartoffeln.
	L. greift nach mehreren Nennungen ein Gericht heraus und läßt den Namen (unterstrichen) u. darunter die Hauptbestandteile untereinander auf die Mitte der Tafel schreiben*	S. schreibt ein Gericht u. als dessen Hauptbestandteile eine Fleischsorte, eine Gemüsesorte u. Kartoffeln an die Tafel.
SS. erkennen Teilziel des Unterrichtsgespräches. Die Frage der Preise gerät in ihr Bewußtsein.	L. gibt als Teilziel die Berechnung der Kosten dieses Gerichtes an, ohne auf ein bestimmtes Verfahren des Vorgehens hinzuweisen.	1. Variante: SS. nennen verschiedene Summen für das Gericht oder seine Bestandteile.
	L. quittiert neutral u. läßt die Summen neben dem Gericht oder den Bestandteilen an der Tafel notieren.	SS. notieren Summen an der Tafel.
SS. bemerken Abhängigkeit der Lebensmittelpreise von den Mengen.	L. läßt Unterschiedlichkeit der Summen als Provokation wirken u. wartet ab oder weist auf „offenbar recht unterschiedliche" Lebensmittelpreise hin.	
		SS. äußern, sie müßten Mengen kennen, um Preise nennen zu können.
	L. holt Einverständnis der Klasse ein und bestätigt.	
		SS. löschen die Summen wieder ab.
Einsicht wie oben	Denkanstoß des L. wie oben.	2. Variante: SS. äußern nach kurzem Überlegen, sie könnten ohne Mengenangaben keine Preise nennen.
SS. bemerken Abhängigkeit wie oben.		

* An dieser Stelle hat L. Gelegenheit, ein Gericht zu wählen, an dessen einem Bestandteil jahreszeitliche Preisschwankungen besonders deutlich sichtbar werden. Die Schüler erhalten dabei den Eindruck, den Unterrichtsgegenstand dieser Stundenphase selbst zu bestimmen. Als Planungsbeispiel wird ein für den Monat Juli naheliegendes Gericht — Kohlrabieintopf, bestehend aus Kohlrabi, Hammelfleisch und Kartoffeln, — angenommen.

prozeß möglicherweise vollständig beherrscht, wird er in der Planung nicht erwähnt: Anscheinend kann er stillschweigend vorausgesetzt werden und braucht nach Meinung des Lehrers nicht explizit in der Planung reflektiert zu werden, weil er längst von den Schülern internalisiert ist oder gar nicht *als Bestandteil* der Unterrichtsprozesse gesehen wird.

Es soll uns nicht weiter interessieren, ob eine andere Planung nach diesem Muster den Schülern eine aktivere Rolle im Unterrichtsgeschehen zubilligen könnte. Was Unterricht nach solchen Verlaufsskizzen *allgemein* auszeichnet, ist der Umstand, daß nahezu sämtliche Aktivitäten von einer Person im voraus festgelegt werden, und zwar in einer Form, die jede Abweichung als potentielle Bedrohung für einen störungsfreien Lernverlauf betrachten muß. Lehrer, die nach solchen Entwürfen unterrichten müssen, etwa weil ihre dienstliche Beurteilung durch den Vorgesetzten von dem Grad der Übereinstimmung des tatsächlichen Unterrichtsverlaufs mit der zuvor eingereichten Skizze abhängt, können gar nicht umhin, ihre gesamte Energie darauf zu konzentrieren, die Schüler ihrer Planung zu unterwerfen, anstatt — wie es dem gesunden Menschenverstand vielleicht sinnvoller erschiene — die Planung an die sich konkret aktualisierenden Fragen und Nöte der Schüler anzupassen. Letztere müssen vielmehr nach dem „Prinzip der Variabilität" (Heimann/Otto/Schulz) bereits in der Planung antizipiert und in Form von alternativen Verlaufswegen *innerhalb* der vom Lehrer erstellten Verlaufsskizze berücksichtigt werden.

Langfristig kommt es nun beim Lehrer unter dem Eindruck des von außen an ihn herangetragenen Erfolgszwangs zu einer kaum vermeidbaren Interessensverschiebung: Mag anfangs noch der jeweilige Unterrichtsinhalt im Mittelpunkt seiner Überlegungen stehen, so wird er sich unter dem Eindruck mehrerer schief gelaufener Stunden zunehmend darum bemühen, die Übereinstimmung von Planung und Unterrichtsverlauf durch methodische Tricks sicherzustellen, die sich im Extremfall zum Selbstzweck entwickeln können. Dies ist etwa der Fall, wenn Junglehrer ganz unabhängig vom Unterrichtsgegenstand in jedem Fall alle 20 Minuten einen Wechsel der Aktions- und Sozialformen vornehmen, weil ihnen von Seminarleitern erklärt und durch die eigene Erfahrung mit solchem Unterricht bestätigt wird, daß Kinder nach mehr als 20 Minuten bei einer Tätigkeit „ausflippen". Problematisch wird es, wenn solche methodischen Überlebenshilfen nicht mehr in ihrer

institutionellen Bedingtheit erfaßt, sondern als Naturge-
setze kindlichen Lernens begriffen werden, mit der Konsequenz, daß alternative Unterrichtsformen gar nicht mehr
probiert werden. Der *manipulative Charakter* solchen Unterrichts kann im übrigen sehr schön an der Fußnote in
der zitierten Unterrichtsskizze („Die Schüler erhalten den
Eindruck . . .") abgelesen werden.

Damit soll nicht unterstellt werden, daß die intendierte
Übereinstimmung von Planung und Wirklichkeit tatsächlich realisiert wird. Sie wird es — wenn überhaupt — nur
um den Preis einer Selbsteinschränkung der Wahrnehmung
im Klassenzimmer. Sensible und kritische Fremdbeobachter werden auch in solchen Schulstunden eine ganze Reihe ungeplanter und meist unerwünschter Aktivitäten entdecken, die in vielen Fällen den ursprünglichen Intentionen des Unterrichts klar zuwiderlaufen. Die Forschungs-
richtung zum „heimlichen Lehrplan" liefert solche Beispiele in Hülle und Fülle (vgl. Zinnecker 1975).

Die Differenz zwischen Unterrichtsplanung und Unterrichtswirklichkeit wird immer wieder *als Diskrepanz* erfahren, weil sich der Lehrer bei seiner Unterrichtsvorbereitung
aus verschiedenen Gründen auf die systematische Planung
nur eines Unterrichtsfaktors, etwa der Sprach-Handlungs-
Einheiten, beschränken muß, während dann vor Ort alle
Faktoren, also auch die der unmittelbaren Planung weitgehend entzogenen institutionellen Voraussetzungen, situativen Einflüsse und zufälligen Ereignisse, gleichzeitig bewältigt werden müssen. Alle diese Faktoren vorausplanen zu
wollen, scheitert sowohl an den intellektuellen wie zeitli-
chen Ressourcen eines einzelnen Menschen als auch an
der Unvorhersehbarkeit einer ganzen Reihe von Einfluß-
größen sowie schließlich an der fehlenden Information
über den individuellen Lernhintergrund der einzelnen
Schüler. Hier rächt sich die Konzentration auf ein Unterrichtskonzept, das aufgrund der im 1. Kapitel erwähnten
pädagogischen und politischen Prämissen den Lehrer glau-
ben lassen macht, daß er den Unterricht steuere, während
er doch in der Realität nur einen Bruchteil der unterrichtsrelevanten Faktoren kontrollieren kann.

Geschlossene Curricula

Die „Unvollkommenheit" der individuellen Unterrichtsvorbereitung durch den Lehrer hat zu dem Versuch geführt, nicht nur die allgemeinen Rahmenvorgaben (Lehr-

plan, Stundentafel usw.), sondern auch die konkrete Unterrichtsplanung für die einzelnen Schulstunden von zentralen, schulfernen Institutionen ausarbeiten zu lassen.

„Als 'geschlossene' Curriculumentwicklung wird ein Ansatz bezeichnet, nach dem möglichst alle Faktoren des Unterrichtsprozesses durch Planung beeinflußt werden sollen. Im Gegensatz zum unterrichtstechnologischen Ansatz, der in Form von Programmen, Filmen usw. Unterricht gewissermaßen als Konserve präpariert, geht die geschlossene Curriculumentwicklung jedoch davon aus, daß Unterricht vom Lehrer vermittelt wird. Damit allerdings wird bereits ein entscheidendes Problem dieses Ansatzes deutlich: Er hat zwar weitgehend Konzeptionen der Unterrichtstechnologie übernommen (z. B. die Lernzieloperationalisierung, Testverfahren, Erprobungsverfahren), verweist die Ausführung jedoch nicht an ein technisches Unterrichtssystem, sondern an Lehrer, die somit als Administratoren von Unterricht fungieren" (Becker u. a. 1974, S. 105).

Ein typischer Vertreter dieses Curriculumtyps im deutschsprachigen Raum ist das Spreckelsen-Curriculum „Naturwissenschaftlicher Unterricht in der Grundschule" (Spreckelsen 1971).

Wir wollen die Kritik an diesem Ansatz, der unter dem Stichwort *teacher-proof* („Lehrer-sicher") gehandelt wird, nicht um eine weitere Variante bereichern: Sie ist in der Fachliteratur profund und detailliert ausgeführt, insbesondere auch hinsichtlich der politischen Implikationen geschlossener Curricula (vgl. z. B. Rumpf 1971; Jeziorsky 1972; Liebe-Harkort 1972; Sachs/Scheilcke 1973; Becker u. a. 1974). Es soll aber kurz überlegt werden, ob und in welcher Form im geschlossenen Curriculum Differenzen zwischen Unterrichtsplanung und -wirklichkeit auftauchen.

Solche Differenzen scheinen zunächst einmal per definitionem kaum möglich: Geschlossene Curricula werden ja gerade mit dem Anspruch konstruiert, in der Praxis plangerecht zu funktionieren. Mehrfache Erprobung in Versuchsklassen und eine penetrant sorgfältige Evaluation sollen die erwarteten Lerneffekte garantieren und eine optimale Administration der Unterrichtsvorgaben gewährleisten. Und in der Tat läßt sich sicherlich in vielen Schulklassen, in denen geschlossene Curricula verwendet werden, eine Übereinstimmung des *äußeren Handlungsablaufes* mit den im Curriculum *kodifizierten Handlungsvorschriften* beobachten.

Wenn trotzdem auch hier Differenzen zwischen Planung und Wirklichkeit unterstellt werden, müssen wir jenen Schritt tun, den die Orientierung an behavioristischen

Lernmodellen gerade sorgsam vermieden: den äußeren Schein in Frage stellen und die innere Logik des Konzeptes prüfen. Auch geschlossene Curricula dürfen ja nicht als Selbstzweck hingenommen, sondern nur als *Mittel zum Zweck* der Erreichung übergeordneter Bildungsintentionen gesehen werden. Wenn Unterrichtsplanung wieder in den Zusammenhang mit der Erreichung übergeordneter Bildungsziele gestellt wird, taucht eine neue Dimension auf: Differenzen zwischen Unterrichtsplanung und Unterrichtswirklichkeit können nun als systematischer Bestandteil der Unterrichtskonzeption erkannt werden.

Ein Beispiel hierfür wäre der Fall, wo ein perfekt planmäßiger Unterricht gemäß den curricularen Vorgaben abgespult wurde und gerade dadurch die übergeordneten Bildungsintentionen boykottiert wurden. Dies ist *regelmäßig* der Fall, wenn an Bildungszielen wie Kritikfähigkeit, Selbständigkeit oder Kreativität festgehalten und deren Ausformung durch Operationalisierung von Lernzielen und schrittweises Konditionieren anhand von Lernzielmatrizen betrieben wird. Wenn also die Erörterung der Zielsetzung von Lernprozessen als notwendiger Bestandteil der Unterrichtsplanung verstanden wird, muß es auch bei planmäßig durchgezogenem Unterricht dann zu Differenzen zwischen Planung und Wirklichkeit kommen, wenn bereits die Planung mit den Zielen inkompatibel war.

Das geschlossene Curriculum leidet an derselben Schwäche wie die lehrerzentrierte, vor-curriculare Unterrichtsplanung: an massiver Problemreduktion. Wenn geschlossene Curriculumkonstruktion mit dem Anspruch erhöhter Rationalität betrieben wird, so setzt das voraus, „alle relevanten Lernbedürfnisse, Lernziele und Lernmittel und die Beziehungen zwischen Mitteln und Zielen zu kennen, um sie optimal zu kombinieren. Ist das nicht der Fall, so ist wahrscheinlich, daß die gewählten Ziele und Mittel den Realfaktoren nicht angemessen sind und entweder zu scheitern drohen oder jedenfalls nach Korrekturen rufen, die dann wieder derselben Aporie verfallen. Da — allgemein gesprochen — die Erkenntnis dieser Faktoren sozial relativ ist, kann der rationale Anspruch nicht 'objektiv' behauptet werden . . ." (Sachs/Scheilke 1973, S. 50). Damit wird deutlich, daß *jedes* Curriculum an der Realität scheitern muß, das unter der Voraussetzung operiert, alle diese Faktoren beherrschen zu können, und deshalb standardisierte Lernsituationen empfiehlt.

Aus demselben Grund, daß nahezu alle unterrichtsrelevanten Variablen sozial vermittelt sind, d. h. „sozial relativ, sachlich inkonsistent und zeitlich instabil" sind (Sachs/ Scheilke 1973, S. 51), sind Differenzen und Diskrepanzen zwischen Planung und Wirklichkeit im geschlossenen Curriculum auch auf der motivationalen Ebene zu erwarten: „Je nach Grad der Formalisierung der in das Curriculum eingebauten Verhaltenserwartungen werden Bedürfnisinterpretationen, Interessen, Handlungsziele von Lehrern wie Schülern nicht zugelassen und in andere Ausdrucksformen gedrängt. So wird mit der Reichweite technischer Verfügung Konfliktpotential miterzeugt, die Möglichkeit des Loyalitätsentzugs erhöht: die anfallenden Folgeprobleme können nicht durch Formalisierung gelöst werden" (Sachs/ Scheilke 1973, S. 53). Es ist offenkundig, wie solche Folgeprobleme in unseren Schulen allein abgefangen werden können: durch Eskalation des Disziplindrucks auf die Schüler und Entfremdung der Lehrer von ihrem pädagogischen Selbstverständnis.

1.3 Konsequenz: Die Relativierung der Planbarkeit

Die mangelnde Funktionalität der erwähnten Formen von Unterrichtsplanung für eine Pädagogik, die den Primat der Anpassung von Schülern durch Schule brechen will und die Komplexität von Erziehungsprozessen aufrechtzuerhalten sucht, fordert andere Konstruktionen. Dabei sollte klar geworden sein, daß nicht erwartet werden kann, „für die Planung von Unterricht ein optimales Modell zu finden und direkte Umsetzung von Intentionen zu betreiben, die sich als Ziele und Inhalte ausnehmen, da offensichtlich ist, daß das Verhältnis zwischen Planung und Durchführung von Unterricht nicht eindimensional oder deduktiv-hierarchisch beschaffen ist" (Haller 1975, S. 546). Unterricht bedarf der Planung, um sicherzustellen, daß die Schüler immer wieder Gelegenheit erhalten, ihren Erfahrungsschatz auszuweiten. Nichts richtet mehr Schaden an als eine langweilige, eine angebotsarme Schule. Aber Unterrichtsplanung in jedem Fall durchzusetzen, den Plan aus vermeintlich objektiven Zwängen über die Einsicht in situativ auftauchende Interessengegensätze zwischen den am Unterricht Beteiligten zu stellen, heißt die Schüler zu vergewaltigen.

Differenzen zwischen Unterrichtsplanung und Unterrichtswirklichkeit sind dort unvermeidlich, wo Schüler aus der Rolle bloßer Objekte fremdbestimmter Verfügungsgewalt freigesetzt werden und zu wachsender Selbstbestimmung im Unterrichtsprozeß Gelegenheit erhalten sollen. Diese Differenzen vom Makel der Unvollkommenheit, ja der Illegitimität zu befreien und sie zum konstitutiven und willkommenen Bestandteil von Schulwirklichkeit zu machen, ist die Absicht der Vertreter „offener" Curricula. „Curricula, die im Zuge ihrer Entwicklung und Kontrolle breiter Teilnahme offenstehen und eine breite Aufnahme von Interessen und Bedürfnissen gestatten, Curricula, die in ihrer Kodifikationsform flexibel, verfügbar, für lebensweltliche Interessen instrumentalisierbar sind, begrenzen zwar die Reichweite technischer Verfügung, mindern aber die angedeuteten Konflikte" (Sachs/Scheilke 1973, S. 57).

1.4 Offener Unterricht: Erste Annäherung an ein Konzept

Entwürfe offener Curricula würden gründlich mißverstanden, wollte man sie in gewohnter Manier als Allheilmittel zur Milderung der Legitimationskrise unseres Bildungssystemes einsetzen (und die gesellschaftliche Bedingtheit dieser Krise verdrängen). Ihre blinde Verwendung in unveränderten Schulstrukturen käme einer Wiederholung jenes Fehlers gleich, an dem bislang nahezu alle Innovationsprojekte im Bildungsbereich gescheitert sind: der Aufspaltung in innere und äußere Schulreform.

Statt dessen soll im folgenden versucht werden, die wechselseitige Abhängigkeit innerer und äußerer Schulangelegenheiten in einem Konzept zu diskutieren, das unter dem Namen „offener Unterricht" verschlagwortet werden könnte. Ein Konzept offenen Unterrichts steht dabei immer in dem Dilemma, daß *Offenheit als didaktisches und pädagogisches Prinzip* allzu leichtfertig mit der Beliebigkeit von Werten oder der Gleichgültigkeit gegenüber Inhalten verwechselt wird. Um es pointiert auszudrücken: Eine Schule, die die Lektüre gesellschaftskritischer Werke als blinde Aneignung derselben betriebe, wäre genauso wenig offen wie eine Schule, die durch Schulbuchzensur und politische Disziplinierung der Lehrkräfte Gesellschaftskritik zu unterdrücken versucht. Solche (meist affirmativen) Füllungen liegen bei Verwendung des Terminus „Offenheit" leider nahe. Um einer Begriffserosion vorzubeugen und zu verdeutlichen, in welchem Sinn wir im folgenden von „offenem Unterricht" reden wollen, müssen wir zumindest umrißhaft ein theoretisches Gerüst für einen offenen Unterricht skizzieren, in dem die bislang nur implizit angesprochenen Prämissen unseres Unterrichtsideals klarer sichtbar werden.

2.1   Zweite Annäherung an ein Konzept

Wir haben den herkömmlichen, geschlossenen Schulunterricht als eine Situation vollständiger Fremdbestimmung der Schüler erkannt. Dieser Unterricht ist emanzipationsfeindlich, da er dem Schüler sämtliche Entscheidungen abnimmt, d. h. ihn nicht ernst nimmt. Dieser Unterricht fragt nicht nach den Bedürfnissen des individuellen Kindes, sondern orientiert sich an den Standards bürokratischer Organisationen und einer nirgendwo gegebenen, aber als Handlungsmaxime des Schulapparates blind akzeptierten „Einheitlichkeit der Lebensverhältnisse" im Staatsgebiet. Er holt nicht die Kinder dort ab, wo sie gerade stehen, sondern fordert von ihnen, sich bedingungslos dorthin zu begeben, wo der Lehrplan sie haben will. Er weiß, welche Fragen gestellt werden und welche Antworten gefunden werden dürfen. Er benutzt Methoden, die es verhindern, daß unerwartete Fragen überhaupt gedacht, geschweige denn formuliert werden. Er unterdrückt Neugier, Spontaneität und Solidarität durch Zensuren, Prüfungen und Berechtigungsscheine und macht damit unausweichlich das Verhältnis zwischen Lehrenden und Lernenden zu einem von Macht und Unterwerfung. Er würde am selbstbestimmten, mündigen Staatsbürger scheitern und muß deswegen permanent soziale und politische Analphabeten produzieren.

Im klaren Bewußtsein der Schwierigkeiten soll demgegenüber *offener Unterricht* verstanden werden als ein Beitrag zur Einlösung eines trotz häufigen Mißbrauchs des Begriffs nicht aufgegebenen Emanzipationsideals. Dabei verstehen wir unter *Emanzipation* im Anschluß an Hoebel-Mävers (1976, S. 33) „Prozesse der Lösung aus materieller, ideeller, intransparenter und irrationaler Abhängigkeit". Emanzipation als oberstes Bildungsideal bedeutet die Fähigkeit, überflüssige und nicht demokratisch legitimierte Herrschaft und Zwänge erkennen, hinterfragen und gegebenenfalls überwinden zu können.

Offener Unterricht ist auf dem Gebiet der schulischen Sozialisation die Voraussetzung dafür, daß ein solches Ideal langfristig angesteuert wird, indem nämlich der Unterricht selbst Gelegenheit bieten muß, überflüssige Herrschaft und Zwänge abzubauen und Übungsmöglichkeiten für eigenverantwortliche Entscheidungen der Schüler bereitzustellen!

Er verschiebt die Mündigkeit der Lernenden nicht in eine
unbestimmte Zukunft, sondern stellt sie in den Mittelpunkt
der pädagogischen Bemühungen hier und jetzt: „Für *dieses*
Leben *hier und jetzt* muß Schule als Erfahrungsraum die
Schüler zum Subjektsein, zu Ich-Stärke qualifizieren. Indem sie dies *ausschließlich* tut, bereitet sie am besten auf
künftige Lebenssituationen vor. Was Schüler 'später im
Leben' brauchen, ist, daß sie schon als Kinder gelernt haben, als Subjekte zu leben" (Heidenreich u. a. 1974, S. 26).

Die Leitidee *Emanzipation* im (zugegeben hier sehr knapp)
angedeuteten Sinn als erste Orientierungsmarke für einen
offenen Unterricht ist unabdingbar an eine zweite gebunden: die Orientierung an einem kritischen Erziehungsbegriff. *Kritische Erziehungswissenschaft* ist einerseits eine
sich ihrer gesamtgesellschaftlichen Einbettung bewußte
Wissenschaft, die sich nicht auf das Vertrauen in die Macht
ihrer normativen Setzungen und methodischen Verfahren
beschränkt, sondern die komplexe Funktionalität von or-
ganisierter Erziehung für die Gesellschaft reflektiert und
ihre eigene Verbindlichkeit immer wieder neu befragt.
Die Kritische Theorie mag hier wertvolle Dienste leisten.
Da aber die Erziehungswissenschaft um die Subjektwerdung
von Schülern und ihrer (gesellschaftlichen) Grenzen nicht
nur auf einer theoretischen Ebene besorgt sein darf, sondern konkretes Handeln anleiten will, muß sie „im Fort-
gang der eigenen wissenschaftlichen Kommunikation" und
„in Zusammenarbeit mit anderen Wissenschaften ihre *eigene* kritische Theorie" erstellen (Schäfer/Schaller 1976,
S. 24). Sie wird sich mithin nicht „an die 'kritische Richtung' der Sozialwissenschaften, an die 'Frankfurter Schule'
einfach anhängen dürfen" (ebd.), sondern muß zum emanzipatorischen Element das konstruktive hinzunehmen und
die Frage „*Bildung wozu?* " beantworten.

Unser unmittelbar auf Praxis bezogenes Konzept eines offenen Unterrichts darf daher nicht mißverstanden werden
als eine systematisch aus diesem Ansatz abgeleitete und
begründete Überwindung des „handlungstheoretischen
Defizits" (Benner 1976, S. 4) der Kritischen Theorie. Solange die angedeutete, gesellschaftlich *und* bildungstheoretisch begründete, umfassende Theorie der Schule noch
aussteht, wird ein hier erstelltes Konzept offenen Unterrichts nicht mehr vermögen, als die Aufmerksamkeit auf
die Starrheit und Beschränktheit der gängigen didaktischen
Diskussion zu lenken, indem diese mit einem Gegenmodell
konfrontiert und im pädagogischen Experiment das positiv

Mögliche innerhalb des enfremdeten Rahmens aufgezeigt wird. Da, historisch wie biographisch begründet, an diese didaktische und curriculare Diskussion über weite Strecken angeknüpft werden muß — und sei es in Form der Negation —, wird es schwer zu vermeiden sein, immer wieder in die „Reduktionsmechanismen der Schule als Institution" (Benner 1977, S. 36) zurückzufallen und damit den eigenen Anspruch der Offenheit permanent zu gefährden. Unser Konzept des offenen Unterrichts wird sich also zu gegebener Zeit mit einem dann erstellten, umfassenden bildungstheoretischen Rahmen konfrontiert sehen und zur Revision anstehen müssen.

2.2 Drei Dimensionen der Offenheit

Wenn wir ein Konzept offenen Unterrichts den herkömmlichen Unterrichtsformen gegenüberstellen und auf vorfindliche wie zukünftig zu gestaltende Praxis anwenden wollen, müssen wir genauer definieren, was wir unter „offenem Unterricht" verstehen. In der Fachliteratur werden unter demselben oder unter dem verwandten Terminus „offenes Curriculum" die unterschiedlichsten Ansätze gehandelt. Die Spanne reicht von „basisorientiertem" über „schülerzentrierten", „praxisnahen" und „handlungsorientierten" Unterricht bis hin zu Alternativschul- und Entschulungskonzepten. Um diesen Rahmen etwas enger zu gestalten und damit einen Pluralismus, der alles gelten läßt, zu vermeiden, wollen wir versuchen, „Offenheit" dadurch in den Griff zu bekommen, daß wir auf einer analytischen Ebene zwischen drei Dimensionen von Offenheit: inhaltlicher, bzw. thematischer, methodischer und institutioneller Offenheit differenzieren (vgl. Benner 1977, S. 34). Sodann soll ein Indikatorenkatalog für diese Dimensionen aufgestellt werden, der „offenen" von „nicht-offenem" Unterricht unterscheidbar macht.

2.2.1 Zum logischen Status der Dimensionen

Die oben aufgezählten und im folgenden näher beschriebenen Dimensionen der Offenheit haben zwei verschiedene Funktionen zu erfüllen, je nachdem, wie unser Konzept offenen Unterrichts verwendet wird. In ihrer Funktion als *Analyseinstrument* von Unterrichtswirklichkeit dienen die Dimensionen vorwiegend *deskriptiven Zwecken:* Sie sollen Unterricht erklären helfen, indem die Komplexität der konkreten Situation im Klassenzimmer auf der Wahrnehmungsebene (nicht faktisch!) reduziert wird.

Damit soll nicht unterstellt werden, daß sich die Totalität von organisierten Lernprozessen anstandslos in verschiedene Dimensionen aufspalten ließe. Wir werden uns bei einer genaueren Bestimmung derselben immer wieder der vielfältigen Akte der *Interpretation* und der *willkürlichen* Zuordnung von Phänomenen zu Begriffen bewußt werden, insbesondere dann, wenn solche Zuordnungen aus konträren pädagogischen, politischen oder wissenschaftstheoretischen Positionen heraus in Zweifel gezogen werden. Andererseits scheinen solche analytischen Kategorien notwendig, wenn man der Gefahr der totalen Leerformelhaftigkeit im Bereich sozialwissenschaftlicher Studien entgehen will. Als Analyseinstrument geben die Dimensionen und ihre Präzisierung durch einen Indikatorenkatalog Antwort auf die Frage: *In bezug auf was ist Unterricht offen oder geschlossen?*

Derselbe Katalog kann aber auch verstanden werden als normative Setzung eines Unterrichtsmodells, das sich der oben zitierten Maxime eines emanzipatorischen Handlungsideals verpflichtet fühlt, durch das die Schüler von ihrer Objektrolle befreit und zu Subjekten ihrer Lernprozesse erhoben werden sollen. Damit erhielten die drei Dimensionen *definitorische Funktion* und würden die Frage beantworten: *Wie muß Unterricht gestaltet werden, der „offen" genannt werden soll?* In dieser Funktion soll ein bestimmter Unterricht idealtypisch antizipiert werden, etwa für den Prozeß der Schul- und Unterrichtsplanung. Solche idealtypischen Konstrukte haben allerdings nicht „dieselbe Struktur wie der reale Unterricht in dem Sinne, daß eindeutige Beziehungen zwischen den Elementen des Arrangements [= Modell; J. R.] und den Elementen des realen Unterrichts bestehen. Dem Unterrichtsarrangement liegt ein Abstraktionsprozeß zugrunde, in dem unwesentliche oder nicht vorhersehbare Elemente und Teilprozesse des realen Unterrichts eliminiert und wichtige Elemente und Teilprozesse, je nach didaktischen Interessen, für den realen Unterricht hervorgehoben werden" (Nestle 1975, S. 172).

Wenn wir nun ein Analyseinstrument mit einem Definitionsapparat gleichsetzen, so hat das folgenden Grund: Wollte man ein *Analyseinstrument* für die Offenheit von Unterricht entwickeln, so müßte dieses an einem Außenkriterium validiert werden. Ein solches in sich geschlossenes Außenkriterium, der oben beschworene „kritische Erziehungsbegriff", liegt — wie bereits ausgeführt — bislang nicht vor, zumindest nicht in einer für den Autor akzeptablen Form.

Weil wir aber auf das Instrument nicht verzichten wollen, müssen wir zwischenzeitlich auf eine eigene normative Setzung zurückgreifen. Mit anderen Worten: Da wir eine umfassende Theorie der Schule nicht haben, aber dennoch ständig Unterricht analysieren und bewerten (hier hinsichtlich der Frage der Offenheit), müssen wir den willkürlichen Charakter unserer Beobachtungskriterien dadurch transparent machen, daß wir zugeben, unsere Beobachtungen auf der Basis eigener Setzungen durchzuführen. Selbstverständlich erfolgt diese Setzung ihrerseits nicht völlig beliebig und „voraus-Setzungs-los". Im Gegenteil: *Unser Konzept des offenen Unterrichts stützt sich zwar nicht explizit, so doch implizit auf das Wissen um die Existenz radikal anderer als der bei uns üblichen Formen schulischer Erziehung.* Diese Prämisse wurde an anderer Stelle detailliert ausgeführt (vgl. Ramseger 1975 und 1976).

Wenn wir uns diese Konstruktion auf der sprachlichen Ebene noch einmal verdeutlichen wollen, so könnte man folgende Aussagenkette zu Hilfe nehmen:

1. Wir möchten Unterricht auf seine Offenheit, bzw. Geschlossenheit untersuchen (Analyse).
2. Den dazu notwendigen umfassenden theoretischen Bezugsrahmen haben wir noch nicht (Theoriedefizit).
3. Deshalb definieren wir, was *wir* unter „offenem Unterricht" verstehen (normative Setzung), wobei wir davon ausgehen, daß unsere Definition das angedeutete Emanzipationsideal konkretisiert. Die Definition erfolgt in Form eines Indikatorenkatalogs für drei Dimensionen von Offenheit, die zusammen den „offenen Unterricht" kennzeichnen.
4. Wir benutzen diese Definition für die Unterrichtsanalyse und erklären einen Unterricht für offen, wenn wir die genannten Indikatoren in diesem Unterricht beobachten können.

2.2.2 Inhaltliche Offenheit

Auf einer zunächst noch etwas abstrakten Ebene meint Offenheit in bezug auf die Inhalte, daß „in den Unterrichtsinhalten die kontextabhängigen Handlungs- und Erfahrungsinhalte nicht zu atomisierten Einzelinhalten und Lerngegenständen reduziert, sondern in der Vielfalt und Komplexität faktischer und möglicher Handlungsbezüge dargestellt werden" (Benner 1977, S. 34). Das bedeutet, daß Unterrichtsthemen nicht allein schulisch legitimiert werden dürfen, sondern auf aktuelles, historisches oder

24

mögliches Handeln in der außerschulischen Wirklichkeit bezogen sein müssen. Der wieder und wieder mißbrauchte Satz „Nicht für die Schule, sondern fürs Leben lernen wir" muß im offenen Unterricht Realität beschreiben. Daraus folgt, daß Unterricht prinzipiell für sämtliche Themen oder für sämtliche Aspekte eines gewählten Themas offen sein muß, das das Leben stellt. Es folgt nicht, daß jedes Thema in allen nur denkbaren Bezügen behandelt werden muß; vielmehr darf die notwendige Reduktion der thematischen Komplexität nicht gegen den Willen der Lernenden in eine bestimmte Richtung gedrängt werden, nach dem Motto „Das ist zwar sehr interessant, aber es gehört jetzt nicht hierher!" Selbstverständlich schließt offener Unterricht (im Gegensatz zu bloßem laissez-faire) aus, daß Inhalte manipulativ, d. h. objektiv falsch dargestellt werden.

Inhaltliche Offenheit meint zweierlei: „zum einen die Öffnung der Unterrichtsinhalte auf pädagogische, sittliche und politische Handlungsdimensionen, in welchen diese in der sozialen und individuellen Wirklichkeit faktisch stehen, zum anderen die Öffnung dieses faktischen Zusammenhangs für eine pädagogische, sittliche und politische Kritik und Veränderung der sozialen und individuellen Wirklichkeit, welche durch Unterricht zwar nicht unmittelbar herbeigeführt", wohl aber durch diesen provoziert werden kann (Benner 1977, S. 34).

2.2.3 Methodische Offenheit

In bezug auf die Unterrichtsmethodik ist Unterricht dann offen, wenn er auch methodisch „an die biografischen und sozialen Erfahrungen der Heranwachsenden anschließt und diese weder als mögliche Stör- noch als bloße Bedingungsfaktoren ansieht, sondern in die Konstitution des Unterrichtsgegenstandes miteinbezieht" (Benner 1977, S. 34). Das bedeutet, daß der Schüler nicht einfach Adressat vorgefertigter Lernpakete sein darf, sondern Agent seiner eigenen Lernprozesse sein soll. So wie die Thematik handlungsbezogen sein sollte, so kann auch methodisch der Unterricht nicht handlungsentlastet organisiert werden: Wissensinhalte sollen nicht losgelöst von Erfahrungsinhalten gelehrt werden. Der Erfahrungskontext des Kindes, sein Alltagsverständnis vom Gegenstand werden im offenen Unterricht zugelassen. Es gilt zugleich, daß nur Unterricht, der über dieses Alltagsverständnis hinausführt, der zu neuer, „progredienter" Erfahrung (Heidenreich u. a. 1974, S. 26) führt, „offen" genannt werden kann.

25

Wenn also offener Unterricht einerseits von konkreter Erfahrung seinen Ausgang nehmen soll, so gilt andererseits, daß er „angelegt sein muß auf eine Bewältigung von Lebenssituationen. In dieser durch Unterricht selbst nicht unmittelbar hervorzurufenden, sondern über das Handeln der Heranwachsenden vermittelten Bewältigung" von Lebenssituationen erreicht er erst „seinen positiven Zweck" (Benner 1977, S. 34).

2.2.4 Institutionelle Offenheit

Inhaltliche und methodische Offenheit sind nicht realisierbar, wenn der geforderte Erfahrungsreichtum durch institutionelle Zwänge verhindert wird. Die Kasernierung von Bildung in Pflicht- und Regelschulen widerspricht dieser Forderung insofern, als die Schulen selbst jene Erfahrung offensichtlich nicht bereitstellen können. Institutionelle Offenheit meint einerseits, „daß die Schule als Institution sich gegenüber dem Bereich außerschulischer Wirklichkeit öffnen muß . . ., sie meint andererseits, daß auch die außerschulische Wirklichkeit und ihre Institutionen" sich für Kritik und Veränderungen öffnen müssen, „damit unterrichtlich vermittelte Lernprozesse . . . folgenreich werden können" (Benner 1977, S. 35).

2.2.5 Nochmals zum logischen Status der Dimensionen

Es besteht kein Zweifel, daß alle drei Dimensionen von Offenheit wechselseitig aufeinander bezogen sind. Einschränkungen der Offenheit in einer Dimension werden immer auch Folgen für die anderen Dimensionen nach sich ziehen. Die Forderung nach einer institutionellen Öffnung der Schule weist auch dem gesamten Modell seinen realen Stellenwert zu: Offener Unterricht ist in Perfektion nur in einer entschulten Situation vorstellbar! Damit verliert eine rein dichotome Betrachtung — „hier offener Unterricht, dort geschlossener" — ihren Sinn. Bislang gilt:

Offener Unterricht ist zwar keine Fiktion, wohl aber ein idealtypisches Konzept, das immer nur annäherungsweise realisiert werden kann.

Die Behauptung, dieser oder jener Unterricht sei ein „offener Unterricht", sollte daher immer mit Skepsis aufgenommen werden und im Zweifelsfall dazu auffordern, den heimlichen Lehrplan eines solchen Unterrichts aufzuspüren. Andererseits kann die Planungsmaxime: „Ich möchte einen offenen Unterricht machen" solange akzeptiert werden, als man sich des idealtypischen Charakters dieses Vorhabens bewußt bleibt. Wenn daher im folgenden von „offenem Unterricht" gesprochen wird, dann nicht im Sinne eines Faktums, sondern zur Kennzeichnung eines Unterrichts, der „offener" ist als der durchschnittliche Unterricht.

2.3 Ein Indikatorenkatalog für offenen Unterricht

Die Notwendigkeit, den hohen Abstraktionsgrad der bisherigen Ausführungen zu überwinden, führt zu der Suche nach einem geeigneten Instrument, um das Ausmaß der Offenheit eines Unterrichts näher zu bestimmen. Wenn wir versuchen, dieses Problem mit einem Indikatorenkatalog in den Griff zu bekommen, soll damit nicht der Eindruck hervorgerufen werden, solche Indikatoren könnten auf dem Wege logischer Deduktion aus dem Offenheits-Postulat abgeleitet werden. Statt dessen muß betont werden, daß jeder Indikator für sich genommen und alle zusammen eine normative Füllung dieses Offenheitsideals bedeuten.

Ein Indikatorenkatalog zur Definition und Analyse von offenem Unterricht muß daher als prinzipiell unvollkommen und revisionsbedürftig betrachtet werden. Er dient zur *tendenziellen,* nicht zur endgültigen Minderung von Begriffsvagheit und Leerformelhaftigkeit. Es wird nicht behauptet, daß die Zuordnung einzelner Phänomene von Unterricht zu den Indikatoren oder die Zuordnung der Indikatoren zu den Dimensionen der Offenheit widerspruchsfrei und eindeutig in der vorgeschlagenen Form erfolgen muß. Allerdings wird unterstellt, daß der Streit über solche Zuordnungen auf der Ebene der Indikatoren leichter zu führen sein wird, als wenn pauschal das Etikett „offen" verteilt oder verweigert würde.

Die Einsicht in den idealtypischen Charakter unseres Konzeptes kann nur die Konsequenz haben, auf die Forderung zu verzichten, Unterricht müsse *allen* aufgeführten Indikatoren gerecht werden. Das Zugeständnis der nur schrittweise möglichen Annäherung an ein gesetztes Ideal erlaubt lediglich Aussagen über eine *relative Offenheit* eines gegebenen Unterrichts, entweder im Vergleich zu einem anderen oder zum angenommenen durchschnittlichen Unterricht. Da es sich in jedem Fall um eine qualitative Beurteilung handelt und die einzelnen Indikatoren keinesfalls als gleichgewichtig betrachtet werden dürfen, sind vorschnelle Quantifizierungen ausgeschlossen. Ein Unterricht, der nur vier der aufgeführten Indikatoren gerecht wird, kann möglicherweise „offener" sein, als einer, dem sechs oder acht zugebilligt werden. Es ließe sich sogar der Fall denken, daß das Urteil „offen" in jedem Fall verweigert wird, wenn etwa ein ganz bestimmter, für zentral erachteter Indikator nicht zutreffen sollte. Damit wird deutlich, daß wir auch durch die Indikatoren nicht um *argumentative Diskussion* herumkommen. Sie können allenfalls diese Diskussion erleichtern.

Wenn wir uns somit bei der Anlage des Indikatorenkatalogs zu einem gewissen (allerdings reflexiven) Pragmatismus bekennen, muß dem bei der Formulierung der einzelnen Indikatoren Rechnung getragen werden. Dies soll dadurch geschehen, daß wir in Anlehnung an das Kriterienraster zur Unterrichtsanalyse von J. D. Raths die stereotype Formel benutzen: „Sind alle anderen Bedingungen gleich, so ist ein Unterricht offener als ein anderer, wenn . . ." (vgl. Raths 1971). Die *inhaltliche Füllung* der Indikatoren soll über die Diskussion zweier Paradigmen erfolgen:
1. dem eher aus der theoretischen Diskussion entstandenen Ansatz der „offenen Curricula" und
2. dem eher aus der Praxis erwachsenen Ansatz der „Open Education", wie er vor allem in den angelsächsischen Ländern propagiert und geübt wird, einschließlich der Versuche seiner Übertragung auf unsere Verhältnisse durch deutsche Autoren.
Wir versuchen also, einen Indikatorenkatalog für „offenen Unterricht" zu gewinnen, indem wir diese beiden Ansätze auf Aussagen über oder Konsequenzen für inhaltliche, methodische und institutionelle Offenheit befragen.

2.4 Zwei Paradigmen zur Konkretisierung von Offenheit

2.4.1 Die Theorie offener Curricula

Zum Begriff „offenes Curriculum"

Wir wollen aus der Fülle vorliegender, meist unterschiedlich akzentuierter und selten aufeinander bezogener Definitionen des offenen Curriculums eine herausgreifen, die sich durch ihre Klarheit und Unkompliziertheit auszeichnet. Der Deutsche Bildungsrat hat für offene Curricula vier Kriterien benannt, von denen die ersten drei auch auf die herkömmliche Curriculumforschung angewendet werden können: Begründbarkeit, Angemessenheit der Mittel, Überprüfbarkeit und Offenheit (Deutscher Bildungsrat 1974, S. A.22).

Dabei kann uns nicht ausschließlich das letzte Kriterium interessieren. Wenn unter „Begründbarkeit" verstanden wird, daß die Intentionen und Entscheidungen im Planungsprozeß gerechtfertigt und die dabei angewandten Maßstäbe offengelegt werden müssen (Deutscher Bildungsrat, a. a. O.), so wird damit an jenes Rationalitätspostulat angeschlossen, mit dem die Curriculumtheorie einst gegen die vorwissenschaftliche Lehrplanbastelei zu Felde gezogen war. Auch die Forderung nach Überprüfbarkeit, „das heißt die entwickelten Einheiten müssen erprobt, über festgestellte Wirkungen muß Rechenschaft abgelegt werden" (a. a. O.), ist wissenschaftshistorisch so einzuordnen. Beide Kriterien zielen auf gesicherte *Transparenz* der unterrichtsrelevanten Entscheidungsprozesse.

Es scheint müßig, die Bedeutung von Transparenz für ein Konzept offenen Unterrichts näher begründen zu wollen, so daß wir in unverhohlener Anlehnung an die Bildungsratsempfehlung formulieren können:

● *Sind alle anderen Bedingungen gleich, so ist ein Unterricht offener als ein anderer, wenn die ihm zugrundeliegenden Intentionen und Entscheidungen begründet sind und die dabei angewandten Maßstäbe offengelegt werden.*
(Methodische Dimension)

Die Forderung nach Effektivität und Überprüfbarkeit curricularer Konstruktionen kann jedoch nach Meinung des Deutschen Bildungsrates einseitig in Richtung zweckrationaler Systeme, „in denen die Lehrenden und Lernenden nur noch als Träger bestimmter Funktionen auftauchen" (Deutscher Bildungsrat 1974, S. A.23), ausgelegt werden. Deswegen wird der Kriterienkatalog um den Begriff der „Offenheit" wie folgt erweitert:

„Was immer durch wissenschaftliche Arbeit und kollektive Planung an Arbeitsmaterialien und Hilfen für den Unterricht bereitgestellt wird, soll offen sein:
— für eine Auseinandersetzung mit den in diese Vorgaben eingehenden Ziele . . . ;
— für die Entwicklung anderer Lösungen, Schlußfolgerungen, Handlungskonsequenzen als der vorgeschlagenen durch die Lernenden selbst . . . ;
— für Einfälle, Gedankenverbindungen und Auslegungen . . ., in die Erfahrungen und Absichten der beteiligten Subjekte eingehen können . . . ;
— für eine Anpassung an die jeweiligen Randbedingungen des Unterrichts . . . ;
— für die Verwendung nicht nur innerhalb eines einzigen fest umschriebenen Lernprogramms . . ." (Deutscher Bildungsrat 1974, S. 23).

Wir werden die meisten dieser Bezugspunkte von Offenheit im folgenden wiederfinden, wenn wir Schwerpunkte der Diskussion über offene Curricula im einzelnen erörtern. Uns soll an dieser Stelle besonders der dritte Unterpunkt interessieren, weil wir ihn in ähnlicher Form bereits bei der ersten Kennzeichnung dessen angetroffen haben, was wir unter „inhaltlicher Offenheit" verstehen wollen. Offenheit für „Einfälle, Gedankenverbindungen und Auslegungen (zu Ideen, Texten, Sachverhalten), in die Erfahrungen und Absichten der beteiligten Subjekte eingehen können: Dies verlangt abermals, daß das vorgelegte Material sowohl Anregungen als auch Leerstellen für solche Interpretationen enthält, also den Unterrichtsverlauf weder der Beliebigkeit überläßt noch völlig determiniert" (Deutscher Bildungsrat, a. a. O.). Diese Aussage verdeutlicht sehr anschaulich, daß thematische und methodische Dimension ihre wechselseitige Entsprechung fordern, so daß wir zwei weitere Indikatoren gewinnen:

● *Sind alle anderen Bedingungen gleich, so ist ein Unterricht offener als ein anderer, wenn Einfälle, Gedankenverbindungen, Auslegungen, Ergänzungen und Themenverschiebungen von seiten der beteiligten Subjekte zugelassen sind und zum Tragen kommen können. (Inhaltliche Dimension)*

● *Sind alle anderen Bedingungen gleich, so ist ein Unterricht offener als ein anderer, wenn das im Unterricht eingesetzte Material wie auch die Unterrichtsplanung selbst Leerstellen enthalten, in denen sich eigene Initiativen der Schüler entfalten können und von denen aus die Unterrichtsplanung revidiert werden kann. (Methodische Dimension)*

Unterrichtsplanung im offenen Curriculum

Im Bereich der Unterrichtsplanung und ihrem Verhältnis zur Lernzielfrage liegen die größten Unterschiede zwischen geschlossenem und offenem Unterricht. Das offene Curriculum verdankt dem Scheitern der herkömmlichen Curricula auf diesem Gebiet überhaupt erst seine Existenz: „Die Schwierigkeiten des geschlossenen Curriculummodells liegen darin begründet, daß die Unterrichtssituation derart komplex, die vorliegenden und auf absehbare Zeit konstruierbaren Modelle aber derart undifferenziert sind, daß brauchbare Verallgemeinerungen nur begrenzt möglich erscheinen" (Brügelmann 1972a, S. 112). Aus dieser Erkenntnis werden zumeist zwei Folgerungen gezogen: zum einen das Bekenntnis zu einer flexiblen Planung, die den experimentellen Charakter von Unterricht betont, und zum anderen die Notwendigkeit der personellen Einbindung der Betroffenen in die Planung.

Hinsichtlich des ersten Gedankens führt Brügelmann an anderer Stelle aus: „Das offene Curriculum ist also nicht planungsfeindlich, sondern relativiert nur den *Verbindlichkeitsanspruch* solcher Planung. Weder Wissenschaft noch Verwaltung können über Rahmenvorgaben und allgemeine, d. h. aber notwendig: abstrakte, Modelle hinaus Unterricht sinnvoll vorstrukturieren. Eine Vielzahl von Entscheidungen kann nur im jeweiligen Unterrichtszusammenhang, ja oft erst im Vollzug selbst, begründet gefällt werden" (Brügelmann/Brügelmann 1973, S. 172).

Flexible Planung soll durch Leerstellen, Brüche, Diskrepanzen „handelnde Subjekte dazu provozieren, ihr Lebenssubstrat, ihre situativen Kontexte, Apathien, Interessen ins Spiel zu bringen. Sie sollen den Plan verändern, differenzieren: die theoretische Vorplanung ist kein fixsternartiges, nur mehr zu exekutierendes Design — sie ist eine Arbeits- und Entdeckungshilfe für engagierte Subjekte, deren Hauptinteresse nicht die Ausführung von präfabrizierten Lernentwürfen, sondern die Realisierung eigener Lernmöglichkeiten ist" (Rumpf 1973, S. 416).

Diese Überlegungen können meines Erachtens in folgende Indikatoren gefaßt werden:

● *Sind alle anderen Bedingungen gleich, so ist ein Unterricht offener als ein anderer, wenn Planungsvorgaben laufend korrigiert, abgeändert oder fallengelassen werden können. (Institutionelle + inhaltliche + methodische Dimension)*

● *Sind alle anderen Bedingungen gleich, so ist ein Unterricht offener als ein anderer, wenn er traditionelle Fächergrenzen überschreiten kann. (Inhaltliche Dimension)*

● *Sind alle anderen Bedingungen gleich, so ist ein Unterricht offener als ein anderer, wenn die Zeitplanung (Stundenplangestaltung und -ausfüllung) in die Entscheidung der Lerngruppe gestellt ist. (Methodische Dimension)*

● *Sind alle anderen Bedingungen gleich, so ist ein Unterricht offener als ein anderer, wenn Alternativen hinsichtlich der Ziele wie Wege mitgeplant wurden und weitere Alternativen in der Unterrichtssituation ausprobiert werden können. (Methodische Dimension)*

Die Notwendigkeit der personellen Einbindung der Betroffenen in die Unterrichtsplanung läßt sich politisch, pädagogisch und pragmatisch begründen: Politisch unter dem Anspruch eines emanzipatorischen Interesses dergestalt, daß Kommunikation über die Köpfe der Betroffenen hinweg deren Chancen zur Formulierung eigener Zielsetzungen insofern mindert, als sie keine Gelegenheit haben, im Planungsprozeß selbst *andere* Ziele, Inhalte und Methoden als die zunächst vorgesehenen zu entdecken. Die Beteiligung der Betroffenen ist pädagogisch insofern zu begründen, als die Schüler in die Lage versetzt werden sollen, ihre Lernprozesse weitgehend selbst zu steuern, das heißt Gelegenheit erhalten müssen, *bei der Planung* von Lernprozessen *Planungskompetenz* zu entwickeln. Sie läßt sich schließlich pragmatisch begründen, indem darauf verwiesen wird, daß jedes Curriculum auf die Bereitschaft (Motivation) und die Fähigkeit (Kompetenz) der Betroffenen zur Anwendung von Curriculumplanungen angewiesen ist. „Als 'betroffen' gelten hier diejenigen, deren Lebensschicksale durch curriculare Entscheidungen unmittelbar berührt werden: die Schüler, beziehungsweise deren Eltern, soweit und solange sie die Interessen ihrer Kinder wahrzunehmen haben; ebenso diejenigen, deren ständige Arbeit und Verantwortung Unterricht ist: die Lehrer" (Deutscher Bildungsrat 1974, S. A.28).

Selbstverständlich muß eine solche Beteiligung der Betroffenen auf verschiedenen Ebenen des Entwicklungsprozesses in unterschiedlicher Weise durchgeführt werden (vgl. hierzu die Ausführungen bei Heipcke/Messner 1973, S. 354 ff.). Und sie kann überhaupt nur geleistet werden, „wenn Curriculumplanung schon in frühen Stadien im Kontext der zu realisierenden Praxis bzw. im Horizont des Bewußtseins der von ihr betroffenen Schüler und Lehrer stattfindet" (Heipcke/Messner a. a. O.).

Dies bedeutet für Schüler unterschiedlichen Alters Verschiedenes. Während man Oberstufenschülern ohne weiteres zumuten kann, sich mit den Vorschlägen und Strukturen der Wissenschaft, den Anforderungen des Berufslebens und den didaktischen Empfehlungen der Lehrkräfte inhaltlich auseinanderzusetzen, mag Beteiligung der Betroffenen sich im Primarbereich in Zuspruch zu, Ablehnung oder eigenwilliger Interpretation von konkreten Handlungsvorschlägen der Erzieher niederschlagen. „Die Spannung zwischen Planung und Kontrolle einerseits und situationsbezogener Aktualisierung oder individuellen Bedürfnissen andererseits" ist äußerst kompliziert „und *in allgemeiner Form nicht sinnvoll zu lösen.* Hier geht es nur darum, die Möglichkeit eines grundsätzlich anderen *Stils* von Curriculumentwicklung" im Vergleich zur herkömmlichen curricularen oder vorcurricularen Unterrichtsplanung anzudeuten (Brügelmann 1972b, S. 17; Hervorhebungen von mir; J. R.).

Diese Überlegungen sollen in folgenden Formulierungen zusammengefaßt werden:

● *Sind alle anderen Bedingungen gleich, so ist ein Unterricht offener als ein anderer, wenn die Schüler die Möglichkeit haben, eigene Unterrichtsvorhaben anzuregen und durchzuführen. (Inhaltliche Dimension)*

● *Sind alle anderen Bedingungen gleich, so ist ein Unterricht offener als ein anderer, wenn er den Schülern Gelegenheit bietet, ihre Interessen zu artikulieren, und von diesen Interessen seinen Ausgang nimmt. (Methodische Dimension)*

● *Sind alle anderen Bedingungen gleich, so ist ein Unterricht offener als ein anderer, wenn die Schüler die Möglichkeit haben, unter mehreren Unterrichtsangeboten frei zu wählen. (Inhaltliche Dimension)*

● *Sind alle anderen Bedingungen gleich, so ist ein Unterricht offener als ein anderer, wenn auf Zwangsbelehrung verzichtet wird und die Schüler das Recht haben, Unterrichtsvorgaben oder -angebote abzulehnen. (Methodische Dimension)*

● *Sind alle anderen Bedingungen gleich, so ist ein Unterricht offener als ein anderer, wenn die vom Unterricht unmittelbar Betroffenen die Möglichkeit haben, an der Unterrichtsplanung aktiv mitzuwirken. (Methodische Dimension)*

Prozeßorientierung versus Produktorientierung

Die Unterscheidung zwischen prozeß- und produktorientierten Curricula, bzw. zwischen input-Modell und output-Modell ist ein weiteres wichtiges Merkmal zur Diskrimination konträrer Curriculumtypen. Offenen Curricula wird gemeinhin eher eine input-Konzeption zugesprochen. Das heißt, daß nicht wie im streng lernzielorientierten Unterricht (output-Modell) alle Aktivitäten nur Mittel zum Zweck der Zielerreichung darstellen, sondern daß der Lernakt als solcher, die Aktivitäten auf dem Weg zu einem Produkt für ebenso wichtig eingeschätzt werden wie das Produkt selbst. Kann die Schülerrolle im ersten Modell mit der Rolle dessen verglichen werden, „der die Bedienungsanleitung eines komplizierten technischen Geräts aktiv in die Tat umsetzt, so ähnelt sie hier der des Schauspielers . . ., der probieren soll, was er mit einer Figur, einer Szene anfangen, was er aus ihr herausholen kann" (Rumpf 1973, S. 398). Brügelmann beschreibt prozeßorientierten Unterricht so:

„Ausgehend von Zielen wie 'Denken', 'Verstehen' und ähnlich komplexen Dispositionen, werden Unterrichtssituationen und Verfahren entworfen, von denen man annimmt, daß sie den angestrebten Zielen angemessene Lernerfahrungen vermitteln. Durch Experimentieren mit diesen Lernsituationen sucht man Richtlinien für eine Unterrichtsregie zu ermitteln, die im Sinne der Leitidee fruchtbare Situationen begünstigt und damit die gewünschten Erfahrungen ermöglicht. In diesem Fall wird die Leitidee in Form von 'standards' für das Lehrerverhalten oder Hypothesen über den Lernprozeß operationalisiert, nicht als Abfolge von Feinlernzielen. . . . Man muß also herausfinden, welche Schulorganisation (Hierarchie, Mitbestimmung, Selbstverwaltung), welcher Führungsstil (laissez-faire, sozial-integrativ, autokratisch), welche Methoden (Instruktion oder Diskussion, 'discovery method' oder 'chalk and talk', Einzel-, Partner-, Gruppenarbeit oder Frontalunterricht), welche Inhalte, Themen, Probleme am ehesten 'mündiges Verhalten' des Schülers zulassen, herausfordern und fördern. Vom Ergebnis her sind diese Situationen bewußt offen gehalten. Nicht die *Effektivität* als Mittel zum Zweck, sondern die inhaltliche *Stimmigkeit* im Verhältnis zur Leitidee entscheidet über die Wahl der erzieherischen Maßnahmen" (Brügelmann 1972a, S. 103 f.).

Die Leitidee im prozeßorientierten Unterricht, die Offenheit strukturiert und Beliebigkeit reduziert, steht in einem besonderen Verhältnis zu den methodischen Entscheidungen. Während sie im output-Modell in der Zielformulierung repräsentiert sein soll, wird hier versucht, die Komplexität wirklichkeitsnaher Probleme im gesamten Lernprozeß aufrechtzuerhalten.

● *Sind alle anderen Bedingungen gleich, so ist ein Unterricht offener als ein anderer, wenn in ihm verschiedene Perspektiven und Deutungen des zu bearbeitenden Gegenstandes zum Tragen kommen können. (Inhaltliche Dimension).*

Veranschaulichen wir uns dies am Beispiel der Mathematisierung der Zeit als Unterrichtsgegenstand. Die Zielformulierung „Die Schüler sollen die Einteilung des Ziffernblattes in 24 Stunden, 60 Minuten und 60 Sekunden kennen und Stunden, Minuten und Sekunden sicher miteinander verrechnen können" würde wohl eine produktorientierte Lernplanung nahelegen. Eine Zielformulierung für prozeßorientiertes Vorgehen würde hingegen lauten: „Die Schüler sollen die historische, ökonomische und kulturelle Bedeutung der Vereinbarung von Zeiteinheiten verstehen". Der Vergleich beider Intentionen macht deutlich, daß Produkt- und Prozeßmodell einander nicht ausschließen, sondern unterschiedliche didaktische Folgerungen aus unterschiedlichen Zieltypen, verschiedenen Theorien des Lernens und differierenden pädagogischen wie politischen Wertbezügen darstellen. In Hinblick auf die methodische Dimension des Unterrichts wird damit zugleich eine pauschale Zuordnung einzelner Unterrichtsverfahren zu bestimmten Unterrichtsthemen, d. h. die Bestimmung sogenannter „gegenstandsadäquater Methoden" einigermaßen fragwürdig.

„Kleingruppenunterricht ist nicht 'besser' als Frontalunterricht, sozialintegrativer Führungsstil nicht 'besser' als laissez-faire oder autokratisches Lehrerverhalten, Primärerfahrung nicht 'besser' als durch Medien vermittelte Information. Es kommt auf den jeweiligen Kontext, die spezifischen Intentionen und Randbedingungen, das Zusammenspiel einer meist überraschend großen Zahl von Variablen an, ob und in welcher Kombination einzelne Sozialformen, Methoden, Medien und Inhalte die beabsichtigten Wirkungen erzeugen" (Brügelmann 1972a, S. 112).

● *Sind alle anderen Bedingungen gleich, so ist ein Unterricht offener als ein anderer, wenn in ihm verschiedene didaktische Verfahren und Methoden zum Tragen kommen können. (Methodische Dimension)*

Lernziele und Handlungsziele

Das eben angedeutete Problem unterschiedlicher Gewichtung von Ziel und Weg im offenen Curriculum verglichen mit geschlossenen Konzepten findet sich bei der Wahl der *Lernzieltypen* in anderer Form wieder. Produktorientierter Unterricht wird im allgemeinen über operationalisierte Verhaltenslernziele organisiert. Alle wichtigen Aspekte der zugrundliegenden Intention werden in kleinste, vermeintlich logisch aufeinanderfolgende Lernschritte aufgeteilt, in beobachtbares Endverhalten des Schülers übersetzt und durch Präsentation geeigneter Stimuli vom Schüler herausgefordert. Solchen Lernsequenzen liegt die behavioristische Vorstellung der Ausbildung komplexer Dispositionen durch „pacing" zugrunde: Komplexe Dispositionen werden aus einfachen Lernakten kumulativ zusammengesetzt. Die didaktische Anordnung geht „vom Einfachen zum Komplexen". Erfahrungen mit solchen Lernmodellen haben uns gelehrt, daß hierbei oft die sozialen und affektiven Aspekte des Lernens unterdrückt werden und der Lernbegriff selbst auf kognitive Leistungen beschränkt ist.

Vertreter offener Curricula sympathisieren statt dessen mit einer umgekehrten Lernfolge: Ausgehend von akut vorhandenen oder durch den Lehrer angeregten *Handlungsintentionen* wird ein Unterrichtsgegenstand, eine Thematik, eine Aufgabe oder ein Problem in voller Komplexität ins Klassenzimmer eingebracht und dann in einzelne, sinnstiftende Erklärungsbahnen aufgespalten, die dazu beitragen sollen, das Ganze einer Sache, einen Gegenstand in seiner Totalität zu erfassen, um dem Handlungsziel näherzukommen. Solche Handlungsintentionen wären etwa: eine Ausstellung arrangieren, ein Umweltschutzproblem aufarbeiten, eine Reise vorbereiten und durchführen, ein Segelboot bauen, eine Schulzeitung herausgeben, ein Fest feiern usw. Es versteht sich, daß Handlungsziele nicht auf motorisches Handeln beschränkt sind, sondern auch intellektuelles Handeln meinen. Handeln heißt auch: ein Problem durchdenken, eine Entscheidung vorbereiten und sie dann fällen, für eine Sache eintreten usw.

Die Unterscheidung zwischen Lernzielen und Handlungszielen ist wichtig, weil das Konzept des lernzielorientierten Unterrichts lange Zeit *das* typische Kennzeichen curricularer Planung überhaupt war und in gewissem Maße Allgemeingültigkeit für sich beanspruchen konnte. Dabei wurden die impliziten Annahmen und die direkten Folgen des lernzielorientierten Unterrichts zu wenig beachtet (vgl. Gutte 1976).

Eine solche implizite Annahme ist etwa die Unterstellung, daß *alle* Lernprozesse am besten nach dem Muster des lerntheoretischen „pacing" organisiert werden, die Unterstellung, es gäbe „nur *eine* legitime Art der Beschreibung und didaktischen Übersetzung von Lernzielen" (Brügelmann 1972b, S. 18). Diese Denkrichtung ist inzwischen massiv widerlegt worden (vgl. z. B. Brügelmann 1972b; Liebe-Harkort 1972; Rumpf 1971). Die direkten Folgen der alleinigen Ausrichtung an Verhaltenslernzielen bestehen unter anderem darin, daß eine Beteiligung der Betroffenen an der Lernplanung nahezu unmöglich wird. Die Operationalisierung von Lernzielen ist ein langwieriger und mühsamer Prozeß, der höchste Konzentration hinsichtlich der sprachlichen

Formulierung und eine detaillierte Verlaufsplanung für den
Unterricht über lange Zeit hinweg erfordert. Damit wird
der Schüler unvermeidlich in die Objektrolle im Unterricht
gedrängt.

Hinsichtlich der Unterrichtsmethode richtet sich unsere Kritik am lernzielorientierten Unterricht „gegen die implizite
Hypothese, Lernen vollziehe sich immer synthetisch . . .
und fast von selbst integrativ (der Gesichtspunkt, daß Fähigkeiten und Einsichten durch Lernen in sich differenziert
werden können, geht bei solchen einsinnigen Elementarisierungen weitgehend verloren)" (Brügelmann 1972b, S. 25).
Aus diesem Vorgehen resultiert dann eine Absage an jedes
ganzheitliche Lernen oder die Beschränkung entdeckenden
Lernens auf die Wiederentdeckung von Phänomenen, für
die der Lehrer mit Sicherheit schon eine Lösung parat hat.
Die Konsequenz ist eine pädagogisch nicht zu rechtfertigende Problemverkürzung. Pädagogik, die in den Prozeß gesellschaftlicher Emanzipation eingefügt sein soll, „ohne gleichzeitig gesellschaftliche Veränderung und unterrichtliches
Handeln in eins zu setzen" (Moser 1976, S. 221), muß anders
vorgehen: „Konkretisiert ergibt diese Bestimmung eine Ansicht von Curriculumforschung, welche es den Kindern ermöglicht, ihre Erfahrungswelten zu elaborieren und in Beziehung mit der objektiven gesellschaftlichen Lebenswelt zu
setzen. D. h. im Rahmen von Lernprozessen, welche die
Lebenssituation der Kinder aufnehmen, soll versucht werden,
jene Erfahrungen, welche bisher lediglich 'gelebt' wurden,
bewußt zu machen und damit in den Zusammenhang von
Reflexion und Handeln zu bringen" (Moser 1976, S. 221 f.),
der bei Moser „Unterrichtsspiel" genannt wird und auf eine
Strategie offener Curricula angewiesen ist.

Solche Lernprozesse sind über weite Strecken unvorhersehbar, „weil sie sich auf komplexe Handlungsabläufe beziehen,
deren spezifischer Verlauf sich je nach den Handlungssituationen ganz unterschiedlich darstellen wird" (Obereisenbuchner/Pelzer 1973, S. 16). Sie entziehen sich der simplen
Erfolgskontrolle durch standardisierte Tests und haben sich
statt dessen im erfolgreichen Handeln selbst zu bewähren.
Während man im lernzielorientierten Unterricht über Dinge
redet, die andere tun oder die man selber allenfalls in der
Zukunft tun wird, zeichnet sich der handlungsorientierte
Unterricht dadurch aus, daß die Schüler *genau das tun*,
worüber sie reden. Dieser Unterricht ist durch „praktische
Interaktion, durch Kontroverse und Versuch der Konsensfindung" gekennzeichnet (Rademacher 1975, S. 4).

Handlungsorientierter Unterricht meint allerdings nicht
Aktionismus um jeden Preis. Wenn Unterricht prinzipiell
auf *konkretes* Handeln der Schüler abzielen soll (was er
nur bewirkt, wenn er aus den Interessen der Schüler hervorgeht), so muß das nicht *unmittelbar aktuelles* Handeln
bedeuten. Selbstverständlich kann und wird immer wieder
zukünftiges und außerschulisches Handeln der Schüler ebenfalls Ausgangspunkt von Unterricht sein.

Ein Unterrichtsprojekt, in dem sich die Schüler über verschiedene
Berufswege orientieren wollen, verliert nichts von seinem konkreten
Handlungsbezug, wenn die endgültige Berufswahl erst Jahre später
getroffen wird. (Der Akt der Berufsfindung beginnt ja bereits im
Unterricht selbst!). Unterricht, in dem sich Pubertierende mit verschiedenen Aspekten des geschlechtlichen Lebens auseinandersetzen,
kann nicht deswegen der Handlungsbezug abgesprochen werden, weil
Fachinformationen über Kontrazeptiva nicht in Form eines „learning
by doing" vermittelt werden können. Oder, um ein Gegenbeispiel zu
geben: Es scheint schwierig, einen Handlungsbezug in einer Gramma-
tikstunde für das vierte Schuljahr zu finden, die durch die Formulierung: „Der zweiteilige Satzkern klammert verschiedene Satzglieder
ein" erschöpfend beschrieben ist (Lehrplan für die Grundschule,
Amtsblatt des Bayerischen Staatsministeriums für Unterricht und
Kultus, Nr. 9, 10. Mai 1971, S. 348).

Für die *Planung* von handlungsorientiertem Unterricht gilt:
„Damit wird die primäre Aufgabe für Unterrichtskonstruk-
tion . . . nicht mehr in der Entwicklung von Zielen, in der
Ableitung von Teilziel-Hierarchien, in der Bestimmung von
Methoden und Inhalten sowie in der Formulierung von
Durchführungsanweisungen gesehen. Die primäre Aufgabe
besteht eher im Entwurf von Unterrichtssituationen, welche
durch gesellschaftlich relevante und für die Betroffenen bedeutsame Probleme, Themenstellungen und Aufgaben charak-
terisiert sind" (Heipcke/Messner 1973, S. 363 f.). Das ist
natürlich viel leichter geschrieben als in die Tat umge-
setzt. Hier muß vor Illusionen dergestalt gewarnt werden,
daß das Umschwenken auf Handlungsziele alle didaktischen
Probleme lösen könnte oder auch nur bruchlos in herkömmlichen Schulen praktiziert werden könnte. Unsere Gesellschaft kennt nur wenige Situationen, in denen Kinder handeln dürfen. Sie verlangt förmlich nach einer Institution, in
der Lernen auf das Lernen von Faktenwissen beschränkt
wird, unbeschadet der Einsicht, daß dieses Lernen weitgehend folgenlos bleibt. Die immensen Schwierigkeiten einer
praxisorientierten Curriculumtheorie werden denn auch bei
Heipcke/Messner (a.a.O.) ausführlich diskutiert.

Schließlich wäre es grundfalsch, unsere Erörterung dahin-
gehend auszulegen, daß Lernziele und Handlungsziele einen

unüberbrückbaren didaktischen wie lerntheoretischen Gegensatz kennzeichnen würden. Vielmehr verhält es sich so, daß Lernziele und Handlungsziele in einem komplizierten Gefüge wechselseitig aufeinander bezogen sind, ohne daß die Richtung dieser Beziehungen allgemeingültig bestimmt werden könnte. Dieses Beziehungsgefüge ist von Klaus Heipcke (1974) scharfsinnig und einleuchtend analysiert worden. Seine Erörterung kumuliert in der Aussage: Lernziele „beschreiben Qualifikationen, die zu schaffen Aufgabe des Unterrichts ist. Handlungsziele erfordern in der Regel zu ihrer Realisierung bestimmte Qualifikationen. Dennoch ist dieses Verhältnis nicht eindeutig. Weder lassen sich zu vorgegebenen Lehrzielen die geeigneten Handlungsziele formulieren, welche dann als motivierendes Angebot mit eingebracht werden können, noch lassen sich für die Realisierung von Handlungszielen in jedem Fall die optimalen Qualifikationen vorab bestimmen, denn was unter der Erreichung des Handlungsziels zu verstehen ist, ist in der Regel eine situationsspezifische Interpretation des Handlungsziels durch die Betroffenen" (Heipcke 1974, S. 44).

Für ein Konzept offenen Unterrichts sollen aus all diesen Überlegungen folgende Schlüsse gezogen werden:

● *Sind alle anderen Bedingungen gleich, so ist ein Unterricht offener als ein anderer, wenn er auf außerschulisches Handeln ausgerichtet ist. (Institutionelle Dimension)*

● *Sind alle anderen Bedingungen gleich, so ist ein Unterricht offener als ein anderer, wenn er Gelegenheit für Probehandeln bietet und Mißerfolge dabei keine Sanktionen nach sich ziehen. (Methodische Dimension)*

● *Sind alle anderen Bedingungen gleich, so ist ein Unterricht offener als ein anderer, wenn der Lernerfolg nicht in der Beantwortung von Testfragen erschöpfend gemessen werden kann, sondern in erfolgreichem Handeln gesehen wird. (Inhaltliche Dimension)*

● *Sind alle anderen Bedingungen gleich, so ist ein Unterricht offener als ein anderer, wenn er einer handlungsorientierten Leitidee folgt, Lernziele während des Unterrichtsverlaufs verworfen und neue gesetzt werden können. (Inhaltliche Dimension)*

● *Sind alle anderen Bedingungen gleich, so ist ein Unterricht offener als ein anderer, wenn Fragen, Einwände und Proteste*

der Schüler zugelassen und Konsequenzen daraus gezogen
werden. (Methodische Dimension)

Lebenssituationen und Lernhintergrund der Schüler als
Planungsprämissen

Wir haben schon mehrfach die Bedeutung einer Veranke-
rung des Unterrichts im individuellen Erfahrungshintergrund
der Schüler betont. Bei der Diskussion über die Intentionen,
an denen Unterricht ausgerichtet werden soll, haben wir als
einen Ansatz die Orientierung an Handlungszielen kennengelernt und daraus Schlußfolgerungen für das Konzept des
„offenen Unterrichts" gezogen. Aber: „Intentionen sind
nur *ein* Bezugspunkt für die Unterrichtsplanung, sie müssen
ergänzt werden durch eine Analyse von Situationnen, in
denen das Kind lebt oder leben wird, und durch eine Interpretation seiner subjektiven Biographie, also seiner individuellen Lernbedürfnisse, -chancen und -schwierigkeiten.
Erst eine solche Kombination intentionaler, situationsana-
lytischer, sozialisationstheoretischer, aber auch inhaltlicher
Gesichtspunkte ermöglicht die Konstruktion angemessener
Handlungsmodelle" (Brügelmann 1972b, S. 36 f.).

Wenn wir oben postuliert haben, offener Unterricht zeichne
sich dadurch aus, daß er seinen Ausgang von den Interessen
der Schüler nehmen sollte, so war das also erst eine unter
vielen Bedingungen, die erfüllt sein müssen, wenn Unterricht
konkretem Handeln dienlich sein soll. Interessen sind abstrakte Größen, die erst in ihrer Einbettung in den Lebens-
horizont der Kinder überhaupt dingfest gemacht werden
können. Wir müssen uns hier mit dem Problem auseinandersetzen, ob es unvermeidbar ist, daß „die Sache, deren
Präsenz Lernen provozieren soll, im Kontext des Unterrichts im Normalfall aus dem ernsthaften gesellschaftlichen
Zusammenhang ihrer Entstehung und Verwendung heraus-
geschnitten werden muß und auf ein künstlich arrangiertes
Lernen hin zu präparieren ist" (Rumpf 1973, S. 403). Im
offenen Curriculum wird versucht, die Kluft zwischen
Schulwelt und außerschulischer Realität, die in der Regelschule inzwischen den Charakter einer kaum mehr zu hei-
lenden „credibility gap" angenommen hat, zu überwinden,
indem die Alltagssituationen der Kinder zum Gegenstand
wie zur Planungsprämisse von Unterricht erhoben werden.
Dieser Ansatz stellt die curriculum-methodologische Entsprechung jenes Mündigkeitsverständnisses dar, das wir in
der Formulierung von Klaus Heidenreich an den Anfang

unseres theoretischen Bezugsrahmens gestellt hatten (s. S. 21).

Damit wird zugleich darauf verzichtet, unkritisch Heranwachsende an von außerschulischen Abnehmern fremdbestimmte Verhaltenserwartungen anzupassen. Die Qualifikationen, die Schule vermittelt, sollen vielmehr zunächst den Qualifikationsbedürfnissen der *Schüler* gerecht werden, wobei unterstellt wird, daß die selbständige Aufarbeitung momentan relevanter Lebensfragen durch die Schüler auch diejenigen Qualifikationen ausbildet, die bei der Bewältigung zukünftiger Problemlagen benötigt werden. Die zunehmende „Subjektwerdung der Betroffenen" muß hierbei „zu einem konstitutiven Bestandteil des didaktischen Konzepts" gemacht werden, was „in der Auswahl und Präsentation der Inhalte sowie in den Kommunikationsformen und im gesamten Arrangement des Unterrichts" zum Ausdruck kommt (Heipcke/Messner 1973, S. 364).

Ein Versuch der Realisierung eines solchen Konzeptes sind die Curriculumarbeiten der Arbeitsgruppe um Jürgen Zimmer (Deutsches Jugendinstitut). Dort werden „Situationen als real erfahrbare und aufklärbare Ausschnitte sozialer Wirklichkeit verstanden, die sich erst im Zuge der Entwicklung und Anwendung des Curriculum konstituieren mit auch eigenen und einzigartigen Momenten (in denen allerdings Allgemeines enthalten sein kann)" (Hemmer/Zimmer 1975, S. 196). Die Identifikation solcher Situationen ist dann ein aufwendiges Verfahren, wenn — wie bei der Münchner Arbeitsgruppe — Curricula konstruiert werden müssen, die über den Einzelfall hinaus von einer breiten Abnehmerschaft verwendbar sein sollen. Uns interessieren im Zusammenhang mit der Suche nach einem *Kriterienrahmen* für die Einschätzung von Unterricht hinsichtlich seiner Offenheit aber weniger die curriculum-theoretischen Verfahren als vielmehr die *Standards*, denen sich ein solches Projekt verpflichtet fühlt.

Die Arbeitsgruppe am Deutschen Jugendinstitut hat da insofern neue Maßstäbe gesetzt, als hier die oben schon mehrfach geforderte Beteiligung der Betroffenen mit einer in der Curriculumforschung der Bundesrepublik bislang ungekannten Konsequenz Wirklichkeit geworden ist. Um die Identifikation der relevanten Situationen nicht den immanenten Vorstellungen der Wissenschaft oder dem puren Überlebenshunger der Praktiker zu unterwerfen, wurden Eltern und Kinder in den situationsanalytischen Diskurs voll miteinbezogen. Wir haben bereits oben einen entsprechenden Indikator für offenen Unterricht formuliert. Als ein Kriterium für die Wahl von curriculumstiftenden Situationen nennt Zimmer also: „Unter Berücksichtigung der allgemeinen, bereits genannten pädagogischen Zielsetzungen sollen Situationen von *Kindern* gewählt werden, Situationen, in denen sie in der Gegenwart oder näheren Zukunft zu handeln haben" (Hemmer/Zimmer 1975, S. 198). Zur Vorbereitung solcher Wahlen fordert Zimmer, daß man die Kinder „unterstützt und sensibilisiert, Fragen und Probleme im Zusammenhang mit ihren Lebensbereichen zu thematisieren — in Berichten, in Spielen oder Dramatisierungen. Sie können befragt werden und ihren Möglichkeiten entsprechend an Recherchen über Situationen mitwirken, Beteiligte befragen, Orte in Begehungen untersuchen" (Hemmer/Zimmer, a. a. O.).

Wir finden mehrere oben schon formulierte Indikatoren bestätigt und müssen zur Sicherung der Wahl der Situationen durch die Kinder einen weiteren hinzufügen:

● *Sind alle anderen Bedingungen gleich, so ist ein Unterricht offener als ein anderer, wenn die Schüler Wünsche, Vorstellungen und Phantasien sanktionsfrei äußern können. (Methodische Dimension)*

Als weiteres Kriterium für die Wahl von Situationen gilt, daß nicht „idealtypische Situationen konstruiert werden, die für alle Kinder als gleichartig angesehen werden; es sollten reale Situationen in jeweiligen subkulturellen Milieus sein" (Hemmer/Zimmer 1975, S. 198).

● *Sind alle anderen Bedingungen gleich, so ist ein Unterricht offener als ein anderer, wenn auf ein für alle Schüler gleiches Curriculum verzichtet wird und der Unterricht an die situationstypischen Lebensverhältnisse der jeweiligen Bezugsgruppe anknüpft. (Methodische Dimension)*

„Es sollen zum dritten Situationen sein, die im Rahmen pädagogischer Situationen beeinflußbar sind, in denen beispielhaft gezeigt werden kann, daß Kinder und Erwachsene — wohl auch in Form solidarischen Handelns — Einfluß zu nehmen in der Lage sind. Deutlich werden soll, daß manche Merkmale von Situationen herstellbar, machbar und veränderbar sein können. Dies schließt nicht aus, daß Zwangsläufigkeiten gezeigt und interpretiert werden können; vermieden werden sollte jedoch, daß Entmutigung an die Stelle aktiver Auseinandersetzung tritt" (Hemmer/Zimmer 1975,

S. 198 f.). In einen Indikator umgewandelt könnte dieser
Gedanke etwa lauten:

● *Sind alle anderen Bedingungen gleich, so ist ein Unter-*
richt offener als ein anderer, wenn er den Schülern Möglich-
keiten bietet, außerschulische Realität zu beeinflussen, zu
gestalten oder zu verändern. (Institutionelle Dimension)

Wir haben damit einige zentrale Gedanken der Theoriebildung über offene Curricula erörtert und zur Gewinnung
von Standards für ein Konzept offenen Unterrichts heran-
gezogen. Wie die deutsche Curriculumtheorie insgesamt haben wir uns dabei vorwiegend auf einer Ebene der guten
Absichten bewegt, d. h. über ideale Unterrichtskonstruktio-
nen gesprochen, anstatt über reale. Für die Unterrichtswirklichkeit der Kinder zwischen Ankunft und Abfahrt des
Schulbusses könnten aber ganz andere Faktoren bedeutsam sein, als die von uns erwähnten. Als weitere Quelle
für Indikatoren müssen wir uns deshalb bereits realisiertem
offenem Unterricht (oder was dafür ausgegeben wird) zuwenden. Es ist bezeichnend für den Zustand unseres Bildungssystems, daß wir da in der Bundesrepublik nicht allzu viele Beispiele heranziehen können.

2.4.2 Open Education – offener Unterricht in der Praxis

Vieles von dem, was bei uns als Ergebnis curriculumtheo-
retischer Erwägungen gefordert wird, wird seit gut einem
Jahrzehnt in Großbritannien und den USA aus einem ganz
anderen Begründungszusammenhang heraus bereits praktiziert. Während bei uns Fragen der Lernzielformulierung,
der Bestimmung der Inhalte und der Legitimation von
Curricula im Vordergrund der Diskussion standen und, davon unberührt, die Schulen ihren vordringlichen Problemen
weitgehend selbst überlassen blieben, hat man sich dort
in erster Linie darum bemüht, die *Schulwirklichkeit* offener zu gestalten.

Hinter dem Stichwort „Open Education" oder ähnlichen
Termini wie „Informal Teaching", „The Open Classroom",
„The Leicestershire Plan" verbirgt sich weder eine strin-
gente erziehungswissenschaftliche Theorie noch ein natio-
nales Reformprogramm. Es handelt sich vielmehr um eine
Art „praktische Philosophie" im ursprünglichen Sinn des
Wortes, die aus kumulativen Veränderungsbemühungen
einzelner Schulen hervorgegangen ist. Sie nimmt wohl einzelne theoretische Konzepte auf, etwa die Lerntheorie

Piagets oder die Erkenntnisse der Motivationsforschung, und versucht, diese unmittelbar in Praxis umzusetzen, kann und will aber nicht ihre pragmatische Entstehung verleugnen. Obwohl in vielem den Gedanken der klassischen Reformpädagogik in den USA der zwanziger und dreißiger Jahre ähnlich, handelt es sich doch um eine eigenständige Entwicklung, und auch amerikanische „Open Schools" haben sich eher am praktischen Vorbild der britischen Infant School ausgerichtet als an ihren pädagogischen Ahnen im eigenen Land.

Open Education ist der Versuch, den Schulunterricht attraktiver zu gestalten, indem man sich konsequent darauf konzentriert, für jedes Kind ein individuelles Lernangebot bereitzustellen. Neben dem Wunsch, die Kinder als Individuen zu betreuen, haben die Einsicht in die Unwirksamkeit herkömmlicher Schulpraxis und die Absicht, die Aufsplitterung der Lerngegenstände in fachspezifische Einzelerfahrungen zu überwinden, solche Veränderungsbemühungen ausgelöst.

„Open Education basiert auf einem Verständnis von Kindheit als etwas, das es zu pflegen gilt; daß sie nicht einfach der Vorbereitung auf zukünftigen Unterricht oder das spätere Leben dient, sondern einen ganz wesentlichen Bestandteil des Lebens selbst darstellt, der Tag für Tag voll ausgekostet werden sollte; daß Lernen viel wirkungsvoller ist, wenn es von den Interessen des Lernenden in einer freien, Hilfe bietenden, nicht bedrohenden Umgebung seinen Ausgang nimmt. Open Education basiert auf der Erkenntnis, daß Kinder verschieden sind, auf verschiedene Weise lernen, in verschiedenen Zeiten und auch voneinander. In einem Open Education Klassenzimmer gibt es wenig Uniformität. Die Kinder gehen frei herum, reden miteinander, wählen etwas aus, arbeiten alleine oder in kleinen Gruppen und sehen sich Dinge an, die ihnen wichtig sind. Da gibt es keine Spur von bloßer Geschäftigkeit, sinnlosem Drill oder gleichförmigen Tätigkeiten. Die Materialien in einem offenen Klassenzimmer umfassen eine umfangreiche und vielseitige Auswahl von Texten, Büchern aus der Bibliothek und Nachschlagewerken von unterschiedlicher Schwierigkeit, eine Menge audiovisueller Materialien, die die Kinder benutzen können und auch benutzen, jede Menge Materialien, die man manipulieren oder mit denen man experimentieren kann, sowie Einrichtungen für Musik, Kunst und kreative Zwecke. In einem offenen Klassenzimmer gibt es reichlich lebende und wachsende Pflanzen und Tiere. Es gibt einen unendlichen Vorrat an interessanten Dingen, die man ausprobieren und mit denen man Versuche machen kann. Der Lehrer stellt — mündlich oder schriftlich — provozierende Fragen, um die Kinder anzuregen zu denken, etwas auszuprobieren, etwas zu erläutern, zu schreiben, lesen oder zeichnen. Es ist eine glückliche Lernumwelt für Kinder" (Nyquist 1972, S. 84).

Damit sind wesentliche Gedanken der Open Education angesprochen, die im folgenden näher ausgeführt werden sollen.

Individualisierung des Lernens

Fundamentalster Glaubenssatz der Open-Education-Anhänger ist das Bekenntnis zur Individualität des Lernvorgangs. Lernen kann zwar in Gruppen stattfinden und bedarf der Anregung durch eine Vielzahl von Reizen, Ideen und Aufforderungen, wie sie meist nur in Gruppen gegeben ist, bleibt aber in jedem Fall ein Prozeß, der sich in jedem Schülerhirn neu ereignen muß. Aus der Einsicht in die Unterschiedlichkeit der Kinder, die aus der Tatsache bereits vollzogener Sozialisation herrührt, wird gefolgert, daß der Unterricht diesem je persönlichen Entwicklungsstand angepaßt werden muß. Es wird hierbei die These vertreten, daß zwar alle Kinder ähnliche gedankliche Strukturen entwickeln, daß sie dazu aber unterschiedlich viel Zeit und individuell verschiedene Methoden brauchen, abhängig vom Erfahrungsschatz, über den sie bei Schuleintritt bereits verfügen. Der Prozeß der Ausbildung gedanklicher Strukturen wird dabei im Gegensatz zu der bei uns üblichen Auffassung als ein *aktiver* Prozeß von seiten des Schülers betrachtet, nicht als passive Rezeption vorgedachter Zusammenhänge und Fakten.

„Open Education betrachtet das Kind nicht als ein passives Behältnis, das mit irgendetwas gefüllt werden müßte, noch als einen unförmigen Tonklumpen, dem von irgendeinem Künstler Gestalt gegeben werden müßte, sondern als einen selbsttätigen Schöpfer von Sinn, einen *aktiven* Gestalter seiner eigenen Lernprozesse. Das Kind ist nicht jemand, mit dem einfach etwas geschieht. Lernen wird als das Resultat seiner von ihm selbst eingeleiteten Auseinandersetzung mit der Welt verstanden. Der Intellekt des Kindes wächst in einer ständigen Wechselwirkung zwischen etwas außerhalb seiner selbst — der ganzen Umwelt, einem Pendel, einer Person — und etwas in ihm selbst — seinem begriffsbildenden Apparat, seinem Verstand. . . . Zu jeder Zeit wird das Kind nicht einfach als ein Entdecker von Sinn betrachtet, sondern mehr als ein Schöpfer von Sinn, ein Gestalter von Erfahrung" (Rathbone 1971, S. 100).

Wenn jedes Kind in seiner biografisch bedingten Einzigartigkeit gewürdigt und die Erkenntnis anerkannt wird, daß man außer um den Preis der Vernichtung jeglicher Eigenmotivation das Kind nicht an die Schule anpassen kann, muß man umgekehrt die Schule an das Kind anpassen. Nicht das kindergerechte, „schülerorientierte" Curriculum heißt dann die Parole, sondern: „Jedem Kind sein eigenes Curriculum!"

Wenn man daher eine britische Open School besucht, wird man höchst wahrscheinlich die Schüler gleichzeitig an den unterschiedlichsten Dingen arbeiten sehen: Lesen, Rechnen, Schreiben, Werken und Naturwissenschaft finden zur selben Zeit und in derselben Klasse statt, wenn sie nicht ohnehin in „project work" integriert sind. Auch die Projekte können noch von Schüler zu Schüler verschieden sein. Der Klassenverband ist dabei in Gruppen oder einzeln arbeitende Kinder aufgespalten, die im übrigen, wenn schon nicht überall, so doch sehr oft ihren Tagesablauf selber einteilen können. Die Lehrer führen im allgemeinen genau Buch über die einzelnen Aktivitäten der Kinder, um ihnen bei Bedarf mit weiteren Anregungen oder gezielten didaktischen Hilfen beistehen zu können.

● *Sind alle anderen Bedingungen gleich, so ist ein Unterricht offener als ein anderer, wenn die Kinder einem individuellen Arbeitsplan folgen können und keiner Zwangsunterweisung im geschlossenen Klassenverband unterworfen sind. (Methodische Dimension)*

● *Sind alle anderen Bedingungen gleich, so ist ein Unterricht offener als ein anderer, wenn die Schule keinem allgemeinen, staatlich verordneten Curriculum oder Lehrplan unterworfen ist. (Institutionelle Dimension)*

● *Sind alle anderen Bedingungen gleich, so ist ein Unterricht offener als ein anderer, wenn sich die Schüler selbst gruppieren und zwischen verschiedenen Gruppen und Einzelarbeit frei wählen können. (Methodische Dimension)*

Didaktische Konstruktionen für Open Education

Die Auflösung des Klassenverbands und der Verzicht auf ein gleiches Curriculum für alle müssen unweigerlich Veränderungen der didaktischen Konstruktion nach sich ziehen. Diese Veränderung kann besonders schön an Flußdiagrammen des Unterrichtsverlaufes abgelesen werden. Betrachten wir zunächst ein solches Diagramm aus einem geschlossenen Curriculum für herkömmliche Schulen (Spreckelsen 1971, S. XI). Die Unterrichtseinheit für den Sachkundeunterricht des ersten Schuljahres besteht aus fünf sequentiell abzuarbeitenden Untereinheiten, die ihrerseits aus mehreren schrittweise aufeinanderfolgenden Lektionen zu jeweils 45 Minuten aufgebaut sind (a. a. O., S. XI):

A 1 – A 4	Klassifizieren

A 5 – A 6	Messen und Vergleichen

A 7 – A10	Materialeigenschaften fester Körper

A11 – A14	Flüssigkeiten und ihre Eigenschaften

A15 – A18	Luft, Luftstrom und Luftwiderstand

Eine solche Lektion aus der Untereinheit „Messen und Vergleichen" mit dem Titel „Züge und Bahnsteige – Vergleich von Längen" soll im Spreckelsen-Curriculum idealtypisch folgenden Verlauf nehmen (a. a. O., S. 18):

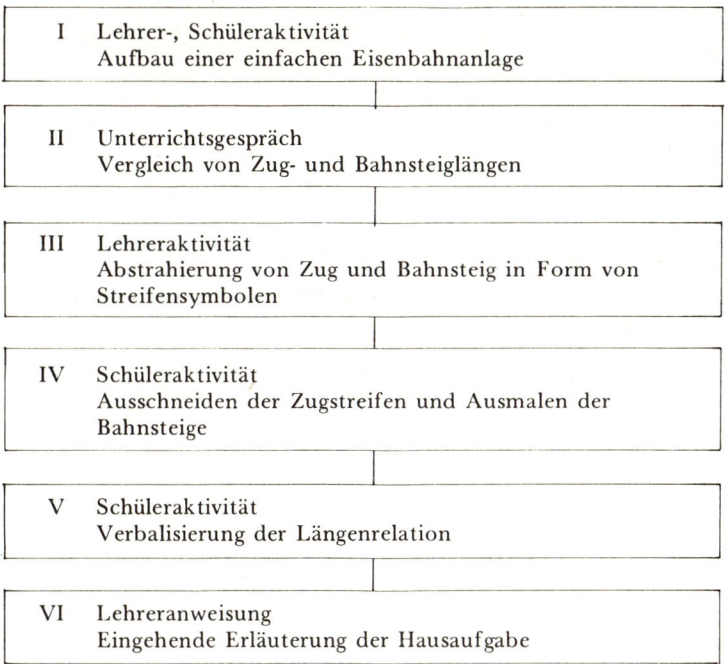

I	Lehrer-, Schüleraktivität Aufbau einer einfachen Eisenbahnanlage

II	Unterrichtsgespräch Vergleich von Zug- und Bahnsteiglängen

III	Lehreraktivität Abstrahierung von Zug und Bahnsteig in Form von Streifensymbolen

IV	Schüleraktivität Ausschneiden der Zugstreifen und Ausmalen der Bahnsteige

V	Schüleraktivität Verbalisierung der Längenrelation

VI	Lehreranweisung Eingehende Erläuterung der Hausaufgabe

Hängt man nun die Flußdiagramme zu sämtlichen Einheiten dieses Lehrgangs aneinander, so erhält man eine mehrere Meter lange Trittleiter aus kleinsten, vorgeplanten Unterrichtsschritten, deren Abfolge bis zum Ende des 4. Schuljahrs bereits bekannt ist, bevor der ABC-Schütze seine Schultüte ausgepackt hat. Er wird sich diese Trittleiter hinaufarbeiten müssen und etwaige Abweichungen nur dann beschreiten dürfen, wenn sie in Form einer Schleife wieder zum nächsten Block zurückführen. Themen und Ziele des Unterrichts sind auf lange Zeit hinaus festgelegt. Setzt man zur Verdeutlichung auf die Verbindungslinien zwischen den Blöcken Pfeilspitzen, so führen sie linear auf einen festgelegten Endzustand hin. Das Flußdiagramm entlarvt die intellektuelle Enge eines so strukturierten Unterrichts.

Selbstverständlich bleiben die Curriculummaterialien eine Antwort auf die wichtigste Frage schuldig, die Frage, was der Lehrer machen soll, wenn die Kinder sich weigern, die „Abstrahierung von Zug und Bahnsteig" mitzuvollziehen, weil sie nämlich viel lieber damit *spielen* wollen. Diese Reaktion ist nicht vorgesehen. Sie fällt offensichtlich in die Sparte der unausgewiesenen Prämissen des lernzielorientierten Unterrichts, der, wie das Beispiel zeigt, auf autoritätshörige Unterwerfung der Kinder angewiesen ist, wenn nicht gar abzielt.

Betrachten wir hingegen das Diagramm einer Unterrichtseinheit aus einem Open-Education-Unterricht, das auf der folgenden Seite abgebildet ist. Ausgehend von der Beobachtung, daß die Straße vor der Schule mit schwerem Arbeitsgerät aufgerissen wird, entwickelt sich ein komplexes Netz von Aktivitäten, die die Schüler selbst einbringen oder die vom Lehrer angeregt werden. Diese Aktivitäten werden von den Kindern arbeitsteilig ausgeführt, so daß sich das Netz in immer weitere Richtungen und Themen differenzieren läßt. Die Richtungspfeile laufen von einem zentralen Thema, dem „starter", alle nach außen, ohne daß von der Sache her diese Einheit jemals fertig bearbeitet sein könnte. Seine Grenzen findet solch ein Unterricht allenfalls in abbrechender Motivation oder an fehlenden Ressourcen, seien sie materieller, organisatorischer oder intellektueller Art. Die einzelnen Lernschritte sind weder exakt vorhersehbar noch in Fächergrenzen zu halten noch auf ein einziges Ziel hin ausgerichtet. Der Unterschied zwischen Produktorientierung und Prozeßorientierung ist in den unterschiedlichen Flußdiagrammen verbildlicht.

Offene Lernsituationen

Offenheit des Unterrichtsverlaufs setzt allerdings Offenheit der Lernsituation voraus. Wo keine Frontalbelehrung stattfindet, sondern die Schüler selbst „by doing" ihren Erfahrungsschatz erweitern sollen, sind paralelle, zur Tafel ausgerichtete Bankreihen sinnlos und störend. Freie Arbeitsflächen, Leseecken, Musikkabinen, Naßzonen und Werkbänke gewinnen an Bedeutung.

Typisches Flußdiagramm für Open Education Unterricht
(Quelle: Howes 1971, S. 73)

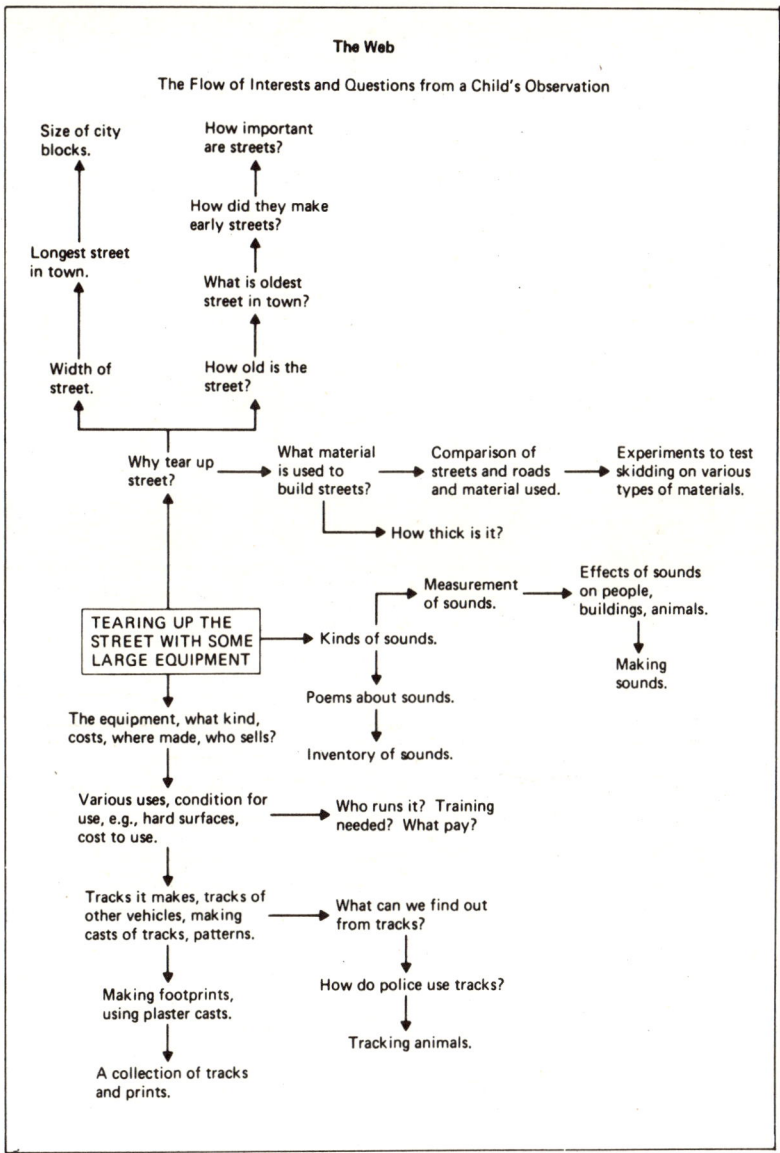

The Web

The Flow of Interests and Questions from a Child's Observation

Size of city blocks.

How important are streets?

How did they make early streets?

Longest street in town.

What is oldest street in town?

Width of street.

How old is the street?

Why tear up street?

What material is used to build streets?

Comparison of streets and roads and material used.

Experiments to test skidding on various types of materials.

How thick is it?

Measurement of sounds.

Effects of sounds on people, buildings, animals.

TEARING UP THE STREET WITH SOME LARGE EQUIPMENT

Kinds of sounds.

Making sounds.

Poems about sounds.

The equipment, what kind, costs, where made, who sells?

Inventory of sounds.

Various uses, condition for use, e.g., hard surfaces, cost to use.

Who runs it? Training needed? What pay?

Tracks it makes, tracks of other vehicles, making casts of tracks, patterns.

What can we find out from tracks?

Making footprints, using plaster casts.

How do police use tracks?

Tracking animals.

A collection of tracks and prints.

Tatsächlich hat sich die Entwicklung der Open Education so vollzogen, daß einige Lehrer zunächst die Tische aus dem Klassenzimmer entfernten, dann den Flur als Unterrichtsfläche miteinbezogen („Open Corridor Teaching") und schließlich das Schulgebäude selbst verließen und die Umgebung der Schule zum Lernort machten („Environmental Studies"). Zuletzt wurden dann bei Schulneubauten auch architektonische Folgerungen gezogen: Großraumschulen („Open Plan Schools") mit Türen rundherum, die jederzeit den Ausbruch aus dem Gebäude erlauben, sollen die didaktische Freiheit organisatorisch sichern helfen (was in ansonsten unveränderten deutschen Schulen durchaus unerwünschte Folgen haben kann; vgl. Unseld 1976).

● *Sind alle anderen Bedingungen gleich, so ist ein Unterricht offener als ein anderer, wenn zwischen verschiedenen Arbeitsraumtypen frei gewählt werden kann. (Methodische Dimension)*

● *Sind alle anderen Bedingungen gleich, so ist ein Unterricht offener als ein anderer, wenn zwischen verschiedenen Lernorten (Klassenzimmer, Schulgelände, außerschulische Örtlichkeiten) frei gewählt werden kann. (Institutionelle Dimension)*

Offenheit der Lernsituation bedeutet zugleich Offenheit für Primärerfahrungen: „Unmittelbare Erfahrung wird als für den Lernprozeß von zentraler Bedeutung erachtet. Ein Kind lernt am besten, wenn es die Freiheit hat, die Welt um sich herum mit einem Minimum an Lenkung durch andere zu erkunden. Indem es in seiner unmittelbaren Umgebung 'herumstöbert', entwickelt sich sein Handeln von einem diffusen, *zufälligen* Suchen zu einem planvolleren und spezifischeren Suchen *nach etwas;* . . . Erst nach einer längeren, forschenden Auseinandersetzung mit einem Gegenstand oder einem Begriff beginnt das Kind mit der ausdrücklichen Benennung des Gegenstandes, seines Handelns oder der Wirkung des einen auf das andere" (Rathbone 1971, S. 100).

● *Sind alle anderen Bedingungen gleich, so ist ein Unterricht offener als ein anderer, wenn die Schüler eigene Hypothesen formulieren und diese selber überprüfen können, wenn sie Versuche und Experimente selber entwerfen und durchführen, Instrumente selber bedienen, Materialien selber bearbeiten oder manipulieren, Quellen selber suchen und studieren können. (Methodische Dimension)*

Damit wird freier Zugang zu Materialien, Werkzeugen, Medien und Geräten zu einem Kennzeichen für offene Schulen: „Vor allem fällt die Vielfältigkeit des angebotenen Materials auf. Nicht nur, daß es eine große Zahl unterschiedlicher Lehr- und Lernbücher in jedem Fachbereich gibt (statt der üblichen Mehrfachexemplare ein und desselben Lehrbuchs), sondern in allen Funktionsbereichen gibt es eine Fülle verschiedener Werkzeuge, Spielzeuge, Fundgegenstände, Bilder und sonstige Dinge, die oft auf den ersten Blick in keiner erkennbaren Beziehung zu dem Inhaltsbereich zu stehen scheinen, von den Schülern jedoch in oft überraschender Weise benutzt werden" (Hopf 1975, S. 528). Wichtig ist, daß alle Dinge frei zur Benützung herumliegen und so zugleich Hilfsmittel wie Anreiz für Lernprozesse bedeuten. Verschlossene Lehrmittelsammlungen und kahle Klassenzimmer sind mit den Prinzipien selbständigen Lernens unvereinbar.

● *Sind alle anderen Bedingungen gleich, so ist ein Unterricht offener als ein anderer, wenn die Schüler auf ein reichhaltiges Material- und Medienangebot zurückgreifen und dies bei Bedarf ohne große Umstände selber benutzen können. (Methodische Dimension).*

Offenheit der Lernsituation, das meint schließlich auch Offenheit für andere als nur kognitive Aktivitäten. Die britische Open School legt erheblich mehr Wert auf soziale und emotionale Komponenten des Lernens, als wir es aus unseren Schulen gewohnt sind. Die allmorgendliche Schulversammlung — die einzige Pflichtveranstaltung für alle Grundschulen in England — dient dem ebenso wie das freie Spiel, die häufigen Sportveranstaltungen, die reichen Möglichkeiten für Tanz, Theater, handwerkliche und künstlerische Aktivitäten. Empfindungen, Gefühle, Stimmungen, zutiefst Persönliches — das alles hat im Verlauf eines britischen Grundschultages seine volle Berechtigung, erfährt dort die gleiche Wertschätzung wie Lesen, Schreiben und Rechnen.

● *Sind alle anderen Bedingungen gleich, so ist ein Unterricht offener als ein anderer, wenn er nicht nur das kognitive, sondern auch affektives und soziales Lernen fördert. (Inhaltliche Dimension)*

2.5   Der Indikatorenkatalog — Zusammenfassung

Obwohl man die Suche nach geeigneten Indikatoren zur
Erfassung von offenem Unterricht im Prinzip wohl noch
weiter fortsetzen könnte, wollen wir es mit den gefundenen Kategorien genug sein lassen. Mit den bislang ausgewiesenen Indikatoren haben wir eine zureichende Streu-
ung über die wesentlichsten Aspekte der Theorie offener
Curricula wie auch des Konzepts der Open Education erreicht, um an eine nun zu gestaltende und zu beobachten-
de Praxis heranzutreten. Die wichtigsten Determinanten
von Unterricht sollten damit erfaßbar, bzw. darunter sub-
sumierbar sein. Weitere Differenzierungen würden nicht
notwendig mit weiterer Präzisierung einhergehen, aber vermutlich die Interpretationsweite der zugrundegelegten Paradigmen überstrapazieren.

Wenn im folgenden die Indikatoren noch einmal im Zusammenhang aufgezählt werden, so sei ausdrücklich an die
oben dargelegte Definition der drei Dimensionen von Offenheit erinnert. In dieser Arbeit werden die Begriffe „Inhalt",
„Methode" und „Institution" anders verwendet als in der
gängigen didaktischen Diskussion! Wir definieren inhaltliche,
methodische und institutionelle Offenheit *nicht* aus der
Sicht des Unterricht planenden und erteilenden Lehrers,
sondern primär in Hinblick auf den potentiellen *Erfahrungsreichtum* von Unterricht *für den Schüler*. Wenn dieser Unterschied vergessen wird und z. B. „institutionelle
Offenheit", umgangssprachlich naheliegend, mit dem Ausmaß der Autonomie der einzelnen Schule von übergeordneten Aufsichtsbehörden gleichgesetzt würde, schienen
einzelne Indikatoren nicht recht verstehbar. Bei Zweifeln
hinsichtlich der Richtigkeit der Zuordnung einzelner Indikatoren zu den Dimensionen sei daher zunächst auf die
Definition der einzelnen Dimensionen (in den Abschnitten
2.2.2, 2.2.3 und 2.2.4) verwiesen. *Anschließend* wird man
über die Zuordnung diskutieren müssen.

Hinweis zur Nomenklatur (vgl. Anhang, S. 269): Die Indikatoren
wurden zur Erleichterung von Rückverweisen durchnummeriert, wobei die erste Ziffer die Dimension (1 = inhaltlich, 2 = methodisch,
3 = institutionell) anzeigt, während die Zahl hinterm Querstrich lediglich ein beliebiges Unterscheidungssymbol innerhalb der Dimension bedeutet. Da die Indikatoren sich sowohl hinsichtlich ihres
Abstraktionsgrades als auch hinsichtlich ihrer Tragweite, bzw. Ra-
dikalität unterscheiden, also in keiner Weise gleichwertig sind, und
da sie erst recht nicht hierarchisch geordnet oder gar voneinander
abgeleitet werden können, drückt die Numerierung keine Rang-
ordnung aus.

Sind alle anderen Bedingungen gleich, so ist ein Unterricht offener als ein anderer, wenn . . .

1—1 . . . Einfälle, Gedankenverbindungen, Auslegungen, Ergänzungen und Themenverschiebungen von Seiten der beteiligten Subjekte zugelassen sind und zum Tragen kommen können.

1—2 . . . Planungsvorgaben laufend korrigiert, abgeändert oder fallengelassen werden können.

1—3 . . . er traditionelle Fächergrenzen überschreiten kann.

1—4 . . . die Schüler die Möglichkeit haben, unter mehreren Unterrichtsangeboten frei zu wählen.

1—5 . . . die Schüler die Möglichkeit haben, eigene Unterrichtsvorhaben anzuregen und durchzuführen.

1—6 . . . in ihm verschiedene Perspektiven und Deutungen des zu bearbeitenden Gegenstandes zum Tragen kommen können.

1—7 . . . er nicht nur das kognitive, sondern auch affektives und soziales Lernen fördert.

1—8 . . . der Lernerfolg nicht in der Beantwortung von Testfragen erschöpfend gemessen werden kann, sondern in erfolgreichem Handeln gesehen wird.

1—9 . . . er einer handlungsorientierenden Leitidee folgt, Lernziele während des Unterrichtsverlaufs verworfen und neue gesetzt werden können.

Sind alle anderen Bedingungen gleich, so ist ein Unterricht offener als ein anderer, wenn . . .

2— 1 . . . Planungsvorgaben laufend korrigiert, abgeändert oder fallengelassen werden können.

2— 2 . . . die ihm zugrundeliegenden Intentionen und Entscheidungen begründet sind und die dabei angewandten Maßstäbe offengelegt werden.

2— 3 . . . das im Unterricht eingesetzte Material wie auch die Unterrichtsplanung selbst Leerstellen enthalten, in denen sich eigene Initiativen der Schüler entfalten können und von denen aus die Unterrichtsplanung revidiert werden kann.

2— 4 . . . die Zeitplanung (Stundenplangestaltung und -ausfüllung) in die Entscheidung der Lerngruppe gestellt ist.

2— 5 . . . Alternativen hinsichtlich der Ziele wie Wege mitgeplant wurden und weitere Alternativen in der Unterrichtssituation ausprobiert werden können.

2— 6 . . . die vom Unterricht unmittelbar Betroffenen die Möglichkeit haben, an der Unterrichtsplanung aktiv mitzuwirken.

2— 7 . . . auf Zwangsbelehrung verzichtet wird und die Schüler das Recht haben, Unterrichtsvorgaben oder -angebote abzulehnen.

2— 8 . . . in ihm verschiedene didaktische Verfahren und Methoden zum Tragen kommen können.

2— 9 . . . er den Schülern Gelegenheit bietet, ihre Interessen zu artikulieren und von diesen Interessen seinen Ausgang nimmt.

2—10 . . . er Gelegenheit für Probehandeln bietet und Mißerfolge dabei keine Sanktionen nach sich ziehen.

2—11 . . . Fragen, Einwände und Proteste der Schüler zugelassen und Konsequenzen daraus gezogen werden.

2—12 . . . die Schüler Wünsche, Vorstellungen und Phantasien sanktionsfrei äußern können.

2—13 . . . auf ein für alle Schüler gleiches Curriculum verzichtet wird und der Unterricht an die situationstypischen Lebensverhältnisse der jeweiligen Bezugsgruppe anknüpft.

2—14 . . . die Kinder einem individuellen Arbeitsplan folgen können und keiner Zwangsunterweisung im geschlossenen Klassenverband unterworfen sind.

2—15 . . . sich die Schüler selbst gruppieren und zwischen verschiedenen Gruppen und Einzelarbeit frei wählen können.

2—16 . . . zwischen verschiedenen Arbeitsraumtypen frei gewählt werden kann.

2—17 . . . die Schüler eigene Hypothesen formulieren und diese selber überprüfen können, wenn sie Versuche und Experimente selber entwerfen und durchführen, Instrumente selber bedienen, Materialien selber bearbeiten oder manipulieren, Quellen selber suchen und studieren können.

2—18 . . . die Schüler auf ein reichhaltiges Material- und Medienangebot zurückgreifen und dies bei Bedarf ohne große Umstände selber·benutzen können.

Sind alle anderen Bedingungen gleich, so ist ein Unterricht offener als ein anderer, wenn . . .

3–1   . . . Planungsvorgaben laufend korrigiert, abgeändert oder fallengelassen werden können.

3–2   . . . er auf außerschulisches Handeln ausgerichtet ist.

3–3   . . . er den Schülern Möglichkeiten bietet, außerschulische Realität zu beeinflussen, zu gestalten oder zu verändern.

3–4   . . . zwischen verschiedenen Lernorten (Klassenzimmer, Schulgelände, außerschulische Örtlichkeiten) frei gewählt werden kann.

3–5   . . . die Schule keinem allgemeinen, staatlich verordneten Curriculum oder Lehrplan unterworfen ist.

Wenn wir die erarbeiteten Indikatoren im Zusammenhang betrachten, scheinen einige weitere Ausführungen zu ihrem logischen Status und ihrer Verwendbarkeit angebracht:

— Es ist unwahrscheinlich, daß irgendwo auf dieser Welt, wo Lernen schulisch organisiert wird, sämtliche der aufgezählten Indikatoren angetroffen werden können.

— Obgleich die den Indikatoren zugrundeliegenden Überlegungen der Vertreter offener Curricula wie der Open Education gut begründet sind, ließe sich sogar der Fall denken, daß in einer bestimmten pädagogischen Situation ernsthafte Argumente *gegen* die Realisation des einen oder anderen Indikators glaubhaft gemacht werden könnten. Wie ein Überblick über Alternativschulen im In- und Ausland (vgl. Ramseger 1975) ergeben würde, haben wir aber keinen Indikator genannt, der nicht irgendwo schon einmal in einer Schule realisiert worden wäre.

— Jeder einzelne Indikator erfordert eine ausführlichere Diskussion im Zusammenhang mit einer übergreifenden gesellschaftlich wie bildungstheoretisch begründeten Theorie der Schule.

— *Die offenkundige Überlappung einzelner Indikatoren innerhalb einer Dimension wie über die Dimensionen von Offenheit hinweg, die aus dem Entstehungszusammenhang des Indikatorenkatalogs zu erklären ist, beweist, daß sich Unterricht dagegen wehrt, in Einzelfaktoren aufgespalten zu werden. Obwohl die Indikatoren als voneinander unabhängig formuliert wurden, dürfen sie nicht voneinander unabhängig gedacht werden! In Unterrichtsmodellen „gibt es keine unabhängigen Variablen, weil jede Variable zugleich Teilfaktor und Teilprodukt der anderen Variablen ist"* (Nestle 1975, S. 172).

— Aus all diesen Gründen scheidet die Verwendung des Indikatorenkatalogs in skalierter Form aus. Ein Abhaken der einzelnen Kategorien nach dem Motto „Je offener, desto besser" simplifiziert das komplexe Gewebe unterrichtlicher Wirkungsfaktoren in unzulässiger Weise.

– Der Indikatorenkatalog kann lediglich zur Vorklärung dienen, welche Aspekte von „Offenheit" überhaupt existieren. Er kann als Diskussionshilfe benutzt werden, nicht als sachlogisch begründete Konstruktionsvorschrift für Unterricht. Es handelt sich nicht um ein systematisches Strukturgitter für Unterrichtswirklichkeit, sondern um einen *Merkzettel für Gespräche über Unterrichtswirklichkeit.* Wieweit sich die Gesprächspartner an einen solchen Merkzettel halten wollen, darf niemandem vorgeschrieben werden.

Damit soll die Funktion unseres Kriterienrasters als Analyseinstrument nicht geschmälert, sondern umgekehrt: präzisiert werden. Offenheit in einen Indikatorenkatalog klemmen zu wollen, erweist sich erneut als problematisch. Erziehungswissenschaft, die an eindeutige Weltbilder, unumstößliche Normen und ein unerschütterliches Vertrauen in die eigene Wichtigkeit gewöhnt ist, gerät sichtlich in Verlegenheit, wenn in der Unterrichtspraxis Freiräume geschaffen werden sollen, die sich ihrer Prophetie entziehen.

Obwohl also anerkannt wird, daß sich Unterrichtsbeschreibungen für wissenschaftliche Zwecke um eine eindeutige Sprache bemühen sollten, kann bei der Reflexion über das Verhältnis von Planung und Wirklichkeit im offenen Unterricht die subjektive Primärerfahrung des ersten Augenblicks nicht unterschlagen werden. Jene spannenden ersten zehn Minuten sind einfach unverzichtbar, wenn man in einer neuen Schulklasse sitzt, einem neuen Lehrer und neuen Schülern gegenüber, und darauf wartet, wie sich der Schultag entwickeln wird, welche scheinbar nebensächlichen, unbeschreibbaren, auf keinen Fall in Indikatorenkataloge einzuordnenden Rituale dort ablaufen werden; wenn man über den Text des Schulgebetes nachdenkt und darüber, warum es eigentlich gesprochen wurde; wenn man die Kälte einer Schulstube fühlt und die Wärme, die ein Lehrer möglicherweise ausstrahlt; und wenn die Kinder zu agieren beginnen, ganz andere Dinge zu tun beginnen, als man erwartet hatte, und, ganz unabhängig von ihrem persönlichen Willen, eine Unterrichtsplanung aufnehmen, ausbauen und weitertragen oder jäh zusammenbrechen lassen.

Wenn Unterrichtswirklichkeit irgendwie adäquat erfaßt werden kann, dann allenfalls in Form einer „Collage"

(Brügelmann) aus solchen Eindrücken mit ganz oder teilweise objektivierten Beobachtungen und Befragungen. Wir
werden hierauf bei der Erörterung einer Beobachtungsme-
thode für offenen Unterricht im Praxisversuch noch zurückkommen.

Eine Planungshilfe für offenen Unterricht: Das Beispiel Science 5—13

Wenn offener Unterricht in der Absicht konzipiert wird, den an ihm Beteiligten vermehrte Gestaltungsfreiräume zuzugestehen, und wenn die Komplexität der sich anzueignenden Wirklichkeit möglichst weitgehend erhalten bleiben soll, kommen die für diesen Unterricht Verantwortlichen, d. h. die Lehrer, kaum ohne Planungshilfen aus. Planungshilfen entlasten vom permanenten Entscheidungsdruck, reduzieren die Anforderungen an das Kreativitätspotential der Lehrer, sichern die Übereinstimmung des Unterrichts mit dem Stand der Wissenschaften und befreien von der zeitraubenden Suche nach Sachinformationen. Planungshilfen für offenen Unterricht findet man auf dem Medienmarkt in erster Linie unter dem Markenzeichen „offene Curricula".

Das Verhältnis von Planung und Wirklichkeit im offenen Unterricht soll im folgenden anhand der praktischen Erprobung des britischen naturwissenschaftlichen Curriculums „Science 5—13" (Naturwissenschaft für Fünf- bis Dreizehnjährige) untersucht werden, das in Deutschland unter der umständlichen Bezeichnung „Naturwissenschaftlicher Unterricht Primarstufe — Bausteine für ein offenes Curriculum" erscheint (Klett-Verlag, Stuttgart, seit 1975). Eine detaillierte Curriculumanalyse dieser Planungshilfe kann im Rahmen dieser Studie nicht geleistet werden. Zur eingehenderen Beschäftigung mit dem Konzept und der auf Sc 5—13 aufbauenden Praxis sei auf die einschlägigen Veröffentlichungen hingewiesen, die vor allem von Wynne Harlen (1975), Shirley Toulson (1974), Hannelore Schwedes (1974, 1975, 1976), Klewitz / Mitzkat (1976) und Beck / Claussen (1976) vorgelegt wurden. Die vollständige Lektüre des Theoriebandes „With Objectives in Mind" (deutsche Fassung: „Lernziele/ Erste Erfahrungen", herausgegeben von Hannelore Schwedes) und wenigstens einiger der thematischen Einheiten von Sc 5—13 (vor allem „Zeit") wäre für das weitere Verständnis der Arbeit sehr hilfreich. An dieser Stelle kann lediglich eine kurze Zusammenfassung der wichtigsten Merkmale von Sc 5—13 erfolgen.

3.1 Die Konzeption des Curriculums

Science 5—13 verfolgt ein allgemeines Lernziel und vertritt eine Reihe von pädagogischen Grundannahmen. Das oberste

Lernziel lautet: „Entwickeln einer Fragehaltung und eines wissenschaftsorientierten Problemlöseverhaltens" („Lernziele", S. 49). Die pädagogischen Grundannahmen sind:

„Im allgemeinen arbeiten Kinder dann am besten, wenn sie solche Probleme zu lösen versuchen, die sie sich selber gestellt haben.
Am besten wählt man diese Probleme aus der unmittelbaren Umwelt der Kinder und läßt sie weitgehend anhand von praktischen Untersuchungen arbeiten.
Die Lehrer sind dafür verantwortlich, die Arbeit in ihren Klassen zu planen, Arbeitsvorhaben anzuregen und in die Unterrichtspraxis umzusetzen.
Dabei müssen sie Unterstützung und Hilfe finden können, wenn sie sie brauchen" („Lernziele", S. 16).

„Diese allgemeine Intention wird im Curriculum in verschiedenen Formen *zugleich* repräsentiert:
— durch *Lernziele,* 175 an der Zahl, nach Entwicklungsstand der Kinder und Tätigkeitsbereichen aufgeschlüsselt;
— durch *Themenvorschläge* in Form von Inhaltsangeboten, die für Kinder interessant und für die Naturwissenschaft bedeutsam sind;
— durch *Prozeßkriterien* zur Konkretisierung des Prinzips 'discovery learning'" (Brügelmann/Brügelmann 1973, S. 172).

Die Autoren von Sc 5—13 wollten ein betont schülerorientiertes Unterrichtswerk schaffen, bei dem der selbsttätige, forschende Umgang mit Dingen oder Phänomenen aus der alltäglichen Erfahrungswelt der Kinder im Mittelpunkt sämtlicher Unterrichtsentscheidungen zu stehen hat. Anonyme Forderungen der „Gesellschaft" an Schule wie auch die traditionellen Wissenschaftsdisziplinen werden demgegenüber für Grundschulkinder für weniger bedeutsam erachtet. Sc 5—13 zielt nicht auf den Aufbau von Fachwissen, sondern möchte eher eine generelle Lernbegeisterung wecken und eine positive Einstellung zu naturwissenschaftlichen Vorgehensweisen.

Dabei wird der Person des Lehrers große Aufmerksamkeit gewidmet. Sämtliche Curriculummaterialien sind für seine Hand bestimmt, es gibt keine Schülermaterialien zu Science 5—13. Im Theorieband wird dazu ausgeführt:

„Das vorliegende Projekt zielt darauf ab, Kindern zu helfen, indem es Lehrern hilft. . . . Die angebotene Hilfe muß so geartet sein, daß sie in möglichst schülerzentrierten Situationen den besonderen Umständen angepaßt werden kann. Sie soll Lehrer ermutigen, Situationen herbeizuführen, die die Kinder zum Fragen anregen und Aktivitäten auslösen, die eine Antwort versprechen. Sie soll den Lehrern zeigen, wie man Dinge, die man normalerweise in der Umgebung der Schule findet, benutzen kann und welche Möglichkeiten diese Dinge als Untersuchungsmaterial bieten. Sie soll einen Einblick geben, wie Untersuchungen durchgeführt werden können, sie soll ihre Durchführung unterstützen und doch den Lehrern und Schülern genügend Spielraum lassen, ihre eigenen Überlegungen anzustellen und eigene Schlüsse zu ziehen . . . („Lernziele", S. 18).

Sämtliche Einheiten wurden von Anfang an mit Lehrern *in der Praxis* entworfen, und viele Vorschläge haben die Schüler selbst entwickelt. Zur Einheit *Ourselves* („Wir selbst") etwa meinte Projektleiter Len Ennever einmal pointiert: „It was written more by the children than it was by us. You might even call it a book for teachers written by children" (Toulson 1974, S. 3). An der Entwicklung von Sc 5—13, die einer umfangreichen formativen Evaluation unterworfen wurde (veröffentlicht bei Harlen 1975), waren 430 Schulen mit zwischen 10 000 und 20 000 Schülern beteiligt.

Konkret besteht das Curriculum neben dem Theorieband, der durch eine Fülle von beispielhaften Unterrichtsbeschreibungen die grundlegenden Prinzipien des Projektes verdeutlicht, aus 25 thematischen Einheiten (z. B. „Zeit", „Arbeiten mit Holz", „Wir selbst", „Farbige Dinge", „Kleine Tiere", „Kinder und Plastik", „Gleiches und Ungleiches"). Diese Einheiten liefern keine fertig ausgearbeiteten Unterrichtsstunden, sondern einen reichen *Fundus von Anregungen* dafür, was Kinder unter der jeweiligen Thematik im Unterricht machen können und vor allem: was sie *gerne* machen. Es wäre widersinnig, diese Einheiten von vorne bis hinten durchzuarbeiten, vielmehr können und sollen sie beliebig untereinander kombiniert, nach Bedarf verändert und ergänzt oder auch nur in Ausschnitten realisiert werden. An keiner Stelle wird daraus eine bindende Handlungsvorschrift.

Als Bindeglied zwischen den Unterrichtsanregungen fungiert ein Katalog von Lernzielen, die unter acht Oberbegriffen nach verschiedenen Entwicklungsstadien der Kinder geordnet sind (vgl. „Lernziele", S. 49). Auch hier wird eine Reihenfolge der Bearbeitung ausdrücklich nicht empfohlen. Das Projektteam von Sc 5—13 hat vielmehr mit den Lehrern solche naturwissenschaftlichen Ziele gesammelt, die die Schüler bei den verschiedensten Aktivitäten erreichen *können.* Es wird weder behauptet, daß einzelne Aktivitäten durch besondere Lernziele legitimiert werden könnten, noch daß jedes Lernziel erreicht werden müsse. Statt dessen soll der Lehrer durch das Studium des Theoriebandes und des Lernzielkatalogs befähigt werden, in den Aktivitäten der Kinder *solche Handlungen wiederzuerkennen und zu unterstützen,* die der Erreichung *einiger* solcher Lernziele dienlich sein könnten.

Dabei wird eine Gewichtung der einzelnen Ziele ausdrücklich vermieden, damit der Lehrer in seiner Sensibilität für Schülerwünsche und -vorstellungen nicht eingeengt und so von vornherein dazu verleitet wird, die Kinder in eine bestimmte, vorher festgelegte Richtung zu drängen. Der Lehrer soll vielmehr in die Lage versetzt werden, mit dem Wissen um mögliche Lernziele in der konkreten Unterrichtssituation zu den Fragen und Vorschlägen der Kinder souverän spontane Entscheidungen zu fällen. Er soll — wie schon aus dem Titel des Theoriebandes hervorgeht — „with objectives in mind", also „mit Lernzielen vor Augen" oder „mit Lernzielen im Hinterkopf" an die Arbeit gehen. Während Lernziele in der bundesrepublikanischen Schulpraxis infolge unkritischer Übernahme der technokratischen Curriculumtheorie nordamerikanischer Prägung sich längst zum Selbstzweck aufgeschwungen haben, dem sämtliche übrigen Unterrichtsentscheidungen bedenkenlos untergeordnet werden, spielen sie bei Sc 5—13 also nur *eine* Rolle neben vielen anderen Determinanten der Curriculumkonstruktion: „Die Lernziele, oder was man darunter versteht, dürfen nicht störend zwischen Lehrer und Schüler treten. Sie sollten dem Lehrer stets gegenwärtig sein, aber nicht so sehr, daß er sie mehr im Auge hat als die Kinder und ihre Bedürfnisse" („Lernziele", S. 18). Das kann dann in der Praxis sehr oft bedeuten, daß die konkreten Lernziele, die einer Unterrichtseinheit zugrundeliegen, vor Unterrichtsbeginn gar nicht bekannt sind, sondern erst im Unterricht selbst — vermittelt über die Schülertätigkeiten — aktualisiert werden.

Das Curriculum propagiert nachdrücklich eine Unterrichtsgestaltung nach dem Prinzip des „entdeckenden Lernens" (vgl. hierzu neben dem Theorieband auch Klewitz/Mitzkat 1974 und 1976) und bietet hierzu umfassende methodische Hilfen an („Lernziele", S. 18 f., 23, 27—32, 37 f., 44—48). Es ist explizit auf die Entwicklungspsychologie Jean Piagets abgestimmt und unterscheidet sorgfältig zwischen den verschiedenen Entwicklungsstadien der Kinder („Lernziele", S. 16, 19—23, 40—44 u. a.). Damit verbunden ist ein eindeutiges Votum für individualisiertes Lernen in Gruppen- und Einzelarbeit („Lernziele", S. 18) zu von den Kindern selbst gewählten Themen.

Insgesamt fällt die Sorgfalt auf, mit der die Wechselwirkung der verschiedenen Determinanten des Unterrichts in den Curriculummaterialien beachtet wird: „Im Gegensatz zu den meisten anderen Curricula wird hier die grundlegende Intention *nicht* in einzelne Teilziele übersetzt, denen dann jeweils *isoliert* Inhalte, Methoden, Sozialformen und Lernkontrollen zugeordnet werden. Vielmehr gelten die Kriterien in den drei Dimensionen als grundsätzlich *gleichwertig*, d. h. erst ihre *Kombination* führt — bezogen auf eine bestimmte *Situation* — zu konkreten Einheiten" (Brügelmann/Brügelmann 1973, S. 172).

Demgegenüber läßt die *theoretische Fundierung* der Curriculumentscheidungen manche Frage offen. So schreiben die Autoren beispielsweise zur Wahl der einzelnen thematischen Einheiten: „Die Auswahl beruhte im wesentlichen auf einer persönlichen Entscheidung der Teammitglieder. Sie wurde getroffen auf der Grundlage ausführlicher Diskussionen und der persönlichen Überzeugung der Teammitglieder, daß *sie* den Kindern in dem gewählten Themenbereich Erfahrungen zugänglich machen könnten, die das Erreichen der anvisierten Lernziele fördern und wahrscheinlich machen" („Lernziele", S. 37). Auch die Gewinnung der Lernziele verlief recht praxisnah: „We discussed many possible lists of objectives with teachers before we settled on one that was acceptable to all parties" (Ennever 1974, S. 87).

Wenn man die bundesrepublikanische Curriculumtheorie überblickt, muß das unbekümmert pragmatische Vorgehen der Autoren von Sc 5–13 Verwirrung stiften. Offensichtlich wurde hier auf das bei uns übliche „Repetieren endloser wissenschaftstheoretischer Bekenntnisse" verzichtet, „die letztlich im Methodenmonismus und Wissenschaftspurismus ihre Bedeutungslosigkeit erfahren" (Warwick/ Winkel 1975, S. 8). Die Absicht, möglichst vielen Lehrern in vorfindlichen Institutionen eine brauchbare Praxishilfe an die Hand zu geben, bestimmte den gesamten Entstehungskontext wie die Präsentation der Curriculummaterialien. Tatsächlich gab das Projektteam zu, einen einheitlichen theoretischen Bezugsrahmen als Grundlage der Curriculumentscheidungen *nicht* gefunden zu haben: „This was all very fine except for that bit about the framework of concepts; the literatur gave us no help there, and the more we thought about it the less sure we became of its existence except on a personal basis" (Ennever 1974, S. 87). Damit muß man den hier verfolgten Curriculumansatz wohl als „pragmatisch-pluralistisch" einstufen, mit allen positiven wie negativen Implikationen, die diese beiden Begriffe beinhalten.

Dabei dürften die negativen Implikationen einer *theoretisch* so knapp fundierten Begründung vor allem in der Anfälligkeit für eine den Vorstellungen der Curriculumkonstrukteure zuwiderlaufende Verwendung der Materialien bestehen. Allerdings würden sich die Curriculumautoren wegen ihrer Hochachtung vor der professionellen Kompetenz des individuellen Lehrers und *dessen* Entscheidungen durch diesen Einwand nicht in Frage gestellt sehen. Da in Großbritannien Curricula nicht von Expertengruppen erstellt werden, sondern jede Schule ihr eigenes Curriculum macht, hätten sich nach britischen Gepflogenheiten *die Lehrer für ihren Unterricht* zu legitimieren, und nicht die Curriculumkonstrukteure für die Planungshilfen, die sie den Lehrern zur Verfügung stellen.

3.2   Wie offen ist Science 5–13?

Wir wollen an dieser Stelle nicht in den fruchtlosen Glaubenskrieg der Curriculumpäpste eintreten und die Frage klären, ob Science 5–13 zurecht als „offenes Curriculum" verkauft wird. Der akademische Streit um den Begriff kann hier leicht dazu führen, von den *Sachfragen*, um die es geht, abzulenken. Es soll aber kurz geprüft werden, inwieweit Sc 5–13 *unseren* Kriterien eines offenen Unterrichts gerecht wird und damit als Planungsgrundlage für Versuche mit *offenem Unterricht* dienen kann.

Bezüglich der *methodischen Offenheit* läßt sich schnell feststellen, daß sämtliche in den Curriculummaterialien empfohlenen Vorgehensweisen (individualisiertes Lernen, Gruppenarbeit usw.) mit den Indikatoren für methodische Offenheit korrespondieren, die wir oben entwickelt haben. Da keine einzelnen Stundenentwürfe vorgegeben werden und sämtliche Entscheidungen von Lehrer und Schülern in der Unterrichtssituation selbst gefällt werden müssen, bewirkt auch die eindeutige Favorisierung des entdeckenden Lernens a priori keine Einschränkung der methodischen Offenheit.

Von besonderer Bedeutung ist bei Sc 5–13 die Abhandlung der verschiedenen Entwicklungsstadien der Kinder. Hier wird der Lehrer für die Beobachtung der Kinder auf ihren individuellen Entwicklungsstand sensibilisiert und für eine optimale Abstimmung des schulischen Lernangebots auf das Alltagsverständnis der Schüler Sorge getragen. Der Leser des Theoriebandes wird mehrfach auf die unterschiedlichen kognitiven Verarbeitungsmuster der Kinder hingewiesen, auf die Notwendigkeit von Primärerfahrungen mit bekannten Dingen, Stoffen oder Erscheinungen aus der nächsten Umgebung, in der das Kind lebt. Teure Lernmittel werden ersetzt durch selbstgebastelte Materialien aus Haushaltsgegenständen, Spielzeug und ähnlichen, den Kindern bekannten Gegenständen. Nachdrücklich wird vor verfrühten Anforderungen an die Abstraktionsfähigkeit der Schüler gewarnt, die die Gefahr der Frustrierung und des Abwürgens der kindlichen Fragelust nachsichziehen würden. Die thematischen Einheiten sind auf den jeweiligen Entwicklungsstand ausgerichtet, je nachdem, ob sich ein Kind noch in den Phasen des intuitiven oder des konkreten Denkens befindet, oder ob es bereits zu formal-operationalen Denkschritten fähig ist.

Wenn wir rekapitulieren, daß Offenheit in der *inhaltlichen* Dimension bedeutet, „die Vielfalt und Komplexität faktischer und möglicher Handlungsbezüge" (Benner 1977, S. 34) eines Unterrichtsgegenstandes aufrechtzuerhalten, so stellt sich zunächst die Frage, inwieweit ein Unterricht überhaupt als „offener" betrachtet werden kann, der a priori *naturwissenschaftliche* Erfahrungen vermitteln und fördern will. Es ist dies die Frage, warum und mittels „welcher Kriterien zwischen einzelnen Gegenstandsbereichen oder -feldern unterschieden werden kann und soll, ob nach Gesichtspunkten der Einzelwissenschaften, die sich doch auf eine Vielzahl von Gegenstandsbereichen gleichzeitig richten, oder nach Gesichtspunkten der Einzelpraktiken (Naturbeherrschung, Medizin, sittliche, pädagogische, politische und ästhetische Praxis) bzw. Berufsfelder . . ." (Benner 1977, S. 32).

Um ein Beispiel zu nennen: Die Eröffnung einer Unterrichtseinheit mit dem Thema „Zeit" durch die Präsentation einer Reihe von Uhren, Chronometern usw., in der die Kinder durch „entdeckendes Lernen" am Gegenstand das Zusammenwirken von Antrieb, Hemmung und Unruh kennenlernen und „Zeit" fortan in erster Linie als technisches oder mathematisches Phänomen begreifen sollen, kann zwar recht anregend verlaufen, wäre aber alles andere als ein inhaltlich offener Unterricht,·wenn er keinen Raum für den Zeitbegriff ließe, der bei den Kindern bereits vorhanden ist und durch Unterricht bewußt gemacht werden sollte, d. h. für ihre ureigene Deutung von Natur.

Pointiert gesagt: Die Identifikation eines Themas als eines naturwissenschaftlichen bedeutet nicht nur eine Erweiterung (insofern noch keine spezifisch naturwissenschaftlichen Erfahrungen gemacht wurden), sondern immer auch eine Reduktion der möglichen Erfahrungen (insofern andere als spezifisch naturwissenschaftliche Erfahrungen unterdrückt werden). Erneut muß darauf verwiesen werden, daß auch diese Frage erschöpfend nur in einer ausführlichen Curriculumanalyse von Sc 5—13 geklärt werden könnte. Spitzen wir das Problem zu, so müßten wir uns aber zumindest andeutungsweise Gewißheit verschaffen, ob „Natur" in diesem Curriculum noch einen anderen Stellenwert haben kann, als nur der physikalischen, biologischen und chemischen Erklärung und der technischen Verwertung der menschlichen Umwelt zu dienen.

Man könnte zunächst auf einer formalen Ebene feststellen, daß die angedeutete Reduktion von Erfahrung insofern ausgeschlossen bleibt, als schon in den pädagogischen Grundannahmen, auf denen Sc 5—13 aufbaut, behauptet wird, daß Kinder im allgemeinen dann am besten arbeiten, wenn „sie solche Probleme zu lösen versuchen, die sie sich selbst gestellt haben" („Lernziele", S. 16). Tatsächlich warnen die Verfasser an mehreren Stellen vor der Überwältigung der Kinder durch eine einseitig wissenschaftsorientierte Organisation des Unterrichts:

„Wir möchten hier darstellen, was wir unter Naturwissenschaft für Kinder im Alter von fünf bis dreizehn Jahren verstehen. Mit Sicherheit verstehen wir darunter die Erforschung der Umwelt — die Untersuchung der Umgebung der Kinder — und gerade bei dieser Aktivität können alle Lehrer, ob sie nun in Naturwissenschaften ausgebildet sind oder nicht, den Kindern helfen. Denn sie alle besitzen Umwelterfahrungen, die sie mit den Kindern teilen. Sicher kann man experimentieren, aber der Hauptanteil der Arbeit wird sein, *Entdeckungen zu machen. . . .*
Erkunden bedeutet seinerseits das Sammeln von Erfahrungen — ein Prozeß, den wir unser ganzes Leben lang vollziehen. Zweifellos können wir den Kindern helfen, in ihrer Umwelt angemessene und wichtige Erfahrungen zu machen. Wir sind auch überzeugt, daß wir ihnen helfen müssen, *ihre eigenen Fragen* zu artikulieren und möglichst durch eigene direkte Erfahrungen ihre Antworten zu finden. Sie werden ihre Erfahrungen in einer ihrer Person angemessenen Struktur organisieren. Wir können ihnen dabei helfen, wenn wir mit ihnen diskutieren; doch wir müssen darauf achten, daß uns nicht unsere eigenen Vorstellungen von Naturwissenschaft und unsere Zielvorstellung von dem, was Kinder lernen sollten, den klaren Blick für die Individualität des einzelnen Kindes verstellen, so daß wir nicht wahrnehmen, was die einzelnen Kinder für die Entfaltung ihrer unterschiedlichen Begabungen benötigen" („Lernziele", S. 17; Hervorhebungen von mir; J. R.).

Indem Sc 5—13 dazu auffordert, die Kinder zur Artikulation und Bewältigung *eigener* Fragen anzuhalten, und naturwissenschaftlicher Unterricht auf dieser Altersstufe mit „Erkunden" und „Entdeckungen machen" gleichgesetzt wird, mithin an eben jene Verarbeitungsform von Realität anknüpft, die den Kindern ohnehin zu eigen ist, scheint Sc 5—13 das Problem der *inhaltlichen* Offenheit *methodisch* aufzuheben zu versuchen. Wie schon beim Nuffield Junior Science Project, dem Vorläufer von Sc 5—13, wird hier davon ausgegangen, „daß die Art, wie Kinder praktische Probleme lösen, wesentlich eine naturwissenschaftliche Arbeitsweise ist, so daß die Aufgabe der Schule nicht darin besteht, die Kinder Naturwissenschaft zu lehren, sondern vielmehr die den Kindern eigene naturwissenschaftliche Arbeitsweise als ein wirkungsvolles Instrument der Erziehung zu nutzen" (Wastnedge 1967, S. 22).

Man kann also sagen, daß Naturwissenschaft bei Sc 5—13 „direkt auf die Kinder gewandt" wird (Schwedes 1975, S. 528). Man versucht, „den Fehler zu umgehen, daß beim Erlernen von Naturwissenschaft die eigentlichen Lernwege der Kinder, ihr Suchen, Forschen und Finden, Theoretisieren und Überprüfen durch erlernte wissenschaftliche Sätze verstellt wird. Von daher werden Aufgaben immer aus dem direkten Erleben der Kinder abgeleitet, häufige Exkursionen gehören zum Unterricht, vielfach werden aus ihnen Ansätze für weitere Aktivitäten im Klassenraum gewonnen. Sammeln von Objekten und Materialien für eigene Untersuchung ist eine wichtige Tätigkeit. . . . Die Kinder lernen auswählen; *sie selbst* begrenzen beim Arbeiten mit dem Material für eine bestimmte Untersuchungszeit dieses Stück ihrer materiellen Welt auf bestimmte Funktionen" (Schwedes 1975, S. 529). Im Theorieband wird ein Beispiel gegeben, wie dieser Unterricht in der Praxis verläuft:

„Ein erfahrener Lehrer, der Kinder im Alter zwischen sieben und neun Jahren in einer Landschule unterrichtete, plante einen morgendlichen Spaziergang mit seiner Klasse in einen nahe gelegenen Wald. . . . Ein Waldspaziergang bedeutete nichts Neues für die Kinder, doch an diesem Tag richtete es der Lehrer so ein, daß sich gute Gelegenheiten zur Entdeckung und Erkundung neuer und interessanter Phänomene ergeben mußten. Sie wanderten durch dichte Waldabschnitte und übergroße, grüne Lichtungen. Dies löste bei den Kindern die Frage aus, warum es grüne Stellen gäbe, warum bestimmte Bäume umgestürzt seien, warum einige Bäume größer seien als andere und warum es unter den Bäumen viel feuchter sei als auf den Lichtungen. Es regnete am Tag des Spaziergangs. Dazu bemerkte der Lehrer später: 'Ich kann einen nassen, tropfenden

66

Wald nur empfehlen, er ist hochinteressant'. Weiter heißt es in seinen Aufzeichnungen: 'Den Kindern stand frei, alles, was sie wollten, zu sammeln, vorausgesetzt, daß sie einen Grund für das Aufsammeln hatten.' Diese Sammlungen umfaßten angefaultes Holz, Pilze, vermodertes Laub, einen großen, mit Wasser vollgesogenen Holzblock, Gestein und Versteinerungen und viele andere Dinge, die alle eingehend untersucht und später im Klassenzimmer verwendet wurden. Das war zu erwarten gewesen, denn die Kinder verfolgten ja mit den Dingen, die sie gesammelt hatten, bestimmte Zwecke. Sie brachten noch etwas mit nach Hause, nämlich -- wieder in den Worten des Lehrers — 'Diese Exkursion führte zu sehr guten, frei formulierten, völlig ohne Vorschrift verfaßten Aufsätzen über die Empfindungen und die Stimmung in dem Wald an jenem Tag'" („Lernziele", S. 27 f.).

Das Beispiel zeigt, daß naturwissenschaftlicher Unterricht bei Science 5—13 in erster Linie verstanden wird als *Auseinandersetzung mit* Natur (im Gegensatz zu Sprache, Religion oder Zahlen) und nicht als *Belehrung über* Natur. Dabei wird die erfahrungsbereichsübergreifende Betrachtung von Natur explizit propagiert („Lernziele", S. 36), und typisch kindliche Zugriffsformen auf Natur erfahren volle Wertschätzung ohne jede Diskriminierung:

„Jedes erreichbare Stück Holz, rohes und bearbeitetes, wird abgeschmirgelt. Einige Kinder erkennen Bilder in der bearbeiteten Maserung. Es ist erstaunlich, welch große Befriedigung das glatte Holz den Kindern vermittelt. Sie befühlen es mit den Händen, und drücken es an die Wange. Ich beobachtete sogar, wie Grace die glatte Oberfläche mit der Zunge abtastet" („Lernziele", S. 32).

Science 5—13 versucht, Verfahrensweisen im Klassenzimmer zu etablieren, die zwar von naturwissenschaftlichen Gegenständen ihren Ausgang nehmen mögen, aber in allen möglichen Bezügen enden können. Eine Ausstellung alter Uhren („Zeit", S. 6) führt — gesteuert durch die Interessen der Schüler — über Kerzenuhren zu König Alfred und dem Thema „Licht" im Religionsunterricht, und der Besuch im Park kann ebenso die Ausarbeitung eines Verkehrsplans der örtlichen Buslinien auslösen wie die Einrichtung eines Schulaquariums, nachdem man die Fische in einem Teich beobachtet hatte (Einheit „Trees", S. 4). „Die Lehrer, die beim Projekt Sc 5—13 mitgearbeitet haben, fanden heraus, daß Arbeiten, die mit naturwissenschaftlichen Aktivitäten begannen, zu kreativer Dichtung, Malerei, Musik und sogar Tanz und Theater führten. Jetzt, da die offizielle Veröffentlichung von Sc 5—13 nahezu abgeschlossen ist, beginnen viele Lehrergruppen damit, ihre eigenen Einheiten auszuarbeiten" (Toulson 1974, S. 4).

Damit scheint die Einschränkung der inhaltlichen Offenheit auf *naturwissenschaftliche* Gegenstände relativiert.

Tatsächlich wurde Sc 5—13 gerade entwickelt, um einen inhaltlich offenen *Gesamtunterricht* in der Grundschule zu ermöglichen: „ . . . die in diesem Curriculum vertretenen Prinzipien waren im Gesamtcurriculum der englischen Primarstufe *schon weitgehend entwickelt und realisiert,* jedoch bestanden für die englischen Lehrer Schwierigkeiten und Unsicherheiten darüber, wie die Naturwissenschaften in dieses Konzept adäquat *miteinbezogen* werden konnten". Diese Lücke sollte Science 5—13 schließen (Schwedes 1976, S. 319; Hervorhebung von mir; J. R.).

Verlassen wir die formale Argumentation und betrachten wir die diversen Unterrichtsanregungen in den verschiedenen Einheiten, so werden doch bestimmte Schwerpunkte in den als beispielshaft angeführten Handlungsvorschlägen sichtbar: Messen, Vergleichen, Klassifizieren, Bauen und Ausprobieren sind die am häufigsten auftauchenden Schüleraktivitäten. Die Gleichsetzung von „Erkunden" oder „Entdeckungen machen" mit der für diese Altersstufe angebrachten Form von naturwissenschaftlichem Unterricht, d. h. die *methodische* Entscheidung für entdeckendes Lernen ist ganz unzweifelbar *zugleich eine inhaltliche Entscheidung.* Das Curriculum muß eindeutig als verfahrensorientiert bezeichnet werden. Nicht-experimentelle Erfahrungen werden zwar durchaus zugelassen, wie die genannten Beispiele belegen, aber der Lehrer wird hierfür erheblich weniger sensibilisiert als für die Aspekte des klassischen „learning by doing" im Umgang mit Pflanzen, Tieren oder greifbaren Objekten.

Dieses Übergewicht im experimentellen Bereich wird deutlich, wenn man in den thematischen Einheiten nach Unterrichtsanregungen sucht, die die gesellschaftliche Dimension von Natur, etwa Formen ihrer Verwertung, ihrer Ausbeutung oder ihres Schutzes betreffen. Obgleich einige wenige Lernziele in dieser Richtung formuliert wurden (z. B. Lernziel 3.86: „Einsicht in die sozialen Folgen der sich ändernden Nutzung von Materialien durch den Menschen in Vergangenheit und Zukunft" oder 3.87: „Einsicht in die sozialen Folgen naturwissenschaftlicher Forschung"), vermeiden die Curriculum-Autoren politische Stellungnahmen und Festlegungen. Was wir oben als „pragmatisch-pluralistischen Ansatz" der Curriculumkonstruktion bezeichnet haben, wird hier als defizitär erkennbar. Die Herausgeberin der deutschen Fassung führt selber im Vorwort dazu aus: „Der stark individualisierende Ansatz für die Unterrichtsgestaltung und Lernziele wie 'Würdigung der Bedeutung des Werks und der Ideen einiger berühmter Wissenschaftler' (3.62) lassen vermuten, daß die Entwicklung der Naturwissenschaften nicht als ein Prozeß im Rahmen gesellschaftlicher Entwicklung verstanden wird, sondern eher als Abfolge von Leistungen einzelner genialer Wissenschaftler" („Lernziele", S. 8). Und sie ergänzt sehr richtig: „Der Lernzielkatalog" von Sc 5–13 „wird als ein immer wieder veränderbarer, keineswegs abgeschlossener oder allgemeingültiger Kanon verstanden. Den Lehrern sei daher empfohlen, selbst die ihnen wichtig und notwendig erscheinenden gesellschaftswissenschaftlichen Aspekte der einzelnen Themen aufzunehmen" („Lernziele", S. 8).

Zusammenfassend kann somit gefolgert werden, daß Sc 5–13 in der inhaltlichen Dimension so offen ist, wie sich der Lehrer frei fühlt, die *methodischen Standards* unterrichtswirksam werden zu lassen und die thematischen Vorschläge der einzelnen Einheiten so zu verstehen, wie sie von den Verfassern gedacht waren: als *Anregungen,* die der Abstimmung auf die konkreten Bedürfnisse der Schüler bedürfen und mit wachsender Übung des Lehrers wie der Schüler hinter eigenen Projekten zurücktreten können und wollen. Projektleiter Len Ennever: „You must think of it as a sensible shopping list which you are quite at liberty to alter when you get to the shops" (zit. nach Toulson 1974, S. 5). Das Risiko, daß der „kleine Teufel eines Zieldogmatismus nur durch den weit größeren eines Methodendogmatismus vertrieben" wird (Loser 1975, S. 245), muß der Lehrer individuell bewältigen.

4.1   Die Problemstellung

Planungsvorgaben für Unterricht können sich nicht in der
Theorie bewähren, sie bedürfen der praktischen Erprobung.
Das gilt um so mehr für solche Curricula, die von sich beanspruchen, offenen Unterricht zu ermöglichen. Rekapitulieren wir den unserem Indikatorenkatalog zugrundeliegenden, alle Kategorien übergreifenden gemeinsamen Faktor,
so können wir ihn mit dem Bemühen der Beteiligung der
Betroffenen an der Gestaltung ihrer eigenen Lernprozesse
umschreiben. Konfrontiert man diese Absicht mit der Einschätzung von Truefitt und Newell: „Das Curriculum bedeutet das Recht des einen, vorzuschreiben, was andere
lernen sollten" (Truefitt/Newell 1974, S. 90), so wird das
Spannungsverhältnis zwischen Planung und Offenheit noch
einmal deutlich, das sich in der Praxis unter anderem als
Differenz zwischen Unterrichtsplanung und Unterrichtswirklichkeit manifestiert. Curriculummaterialien können
Anregungen oder Festlegungen liefern, die bestenfalls auf
inhaltliche, methodische und institutionelle Bedingungen
hinweisen können; *hergestellt wird offener Unterricht erst*
im Vollzug selbst.

Durch die Erprobung einer Einheit aus Science 5—13 in
mehreren Schulen soll im folgenden der Versuch unternommen werden, eine Antwort zu finden auf die Fragen:

> *1. Was passiert in der Praxis, wenn ein offenes Curriculum*
> *in Schulen unterschiedlicher Struktur verwendet wird?*
> *2. Wie plant man offenen Unterricht?*

Eine grobe Skizze dieses Erprobungsversuchs weist dabei
folgende Schritte auf:
(1) Einigen Lehrern werden der Theorieband und eine
Einheit von Sc 5—13 mit der Bitte in die Hand gedrückt,
in ihren Klassen damit ein Unterrichtsangebot zu machen.
(2) Um unsere Fragestellung nicht von vornherein dadurch
ad absurdum zu führen, daß wir diesen Versuch innerhalb
eines einheitlichen, jede Offenheit verhindernden institutionellen Korsetts durchführen, soll die Einheit in mehreren
Schulen mit höchst unterschiedlicher institutioneller Struktur durchgeführt werden.
(3) Die Offenheit der Unterrichtswirklichkeit wird nun anhand unseres Indikatorenkatalogs *auf zwei Ebenen* überprüft:

a) *klassenintern:* Hat — immer eingedenk dessen, was wir oben hinsichtlich des idealtypischen Charakters eines offenen Unterrichts gesagt haben — die Verwendung von Sc 5–13 in der jeweiligen Klasse zu einem offenen Unterricht geführt? Wenn nicht: An welchen inhaltlichen, methodischen und institutionellen Prellböcken scheiterte die Offenheit konkret? (Es versteht sich von selbst, daß „Scheitern" nicht als persönliches Versagen der Beteiligten gewertet werden darf, sondern primär immer als Unzulänglichkeit unserer Konzeption des offenen Unterrichts gesehen werden muß!)

b) *klassenübergreifend:* Hat die Verwendung von Sc 5–13 in allen Klassen zu ähnlichen Aktivitäten geführt, was als Indiz für „Geschlossenheit" gewertet werden könnte, oder hat sich der Unterrichtsverlauf in allen Klassen anders entwickelt, was als *ein* erster Hinweis auf mögliche Offenheit gewertet werden könnte?

4.2 Das methodische Vorgehen

Allgemeine Einordnung des Versuchs

Von seiner Anlage, seinem Untersuchungsgegenstand und vor allem seinem Erkenntnisinteresse her fällt der Praxisversuch in die Kategorie der sozialwissenschaftlichen Arbeiten, die *handlungsorientierte Evaluation* genannt werden. „Evaluation" besagt, daß es sich um die Bewertung von Unterrichtswirklichkeit wie auch von Curriculummaterial handelt, die jeweils auf ihre Offenheit hin überprüft werden sollen. „Handlungsorientiert" meint, daß wir uns weniger um die Qualität der Ergebnisse dieses Unterrichts kümmern wollen als vielmehr um die Qualität der Prozesse: „Nicht was der einzelne Schüler nach Abschluß des Unterrichts leistet, steht hier als Frage im Vordergrund, sondern warum er an dieser oder jener Stelle des Lernprozesses Schwierigkeiten in der Kommunikation und Kooperation mit anderen Schülern hat, wie diese Schwierigkeiten zu deuten sind, auf welche Weise der Lehrer auf einzelne Schüler einzugehen vermag usw." (Heipcke/Messner 1973, S. 367).

Damit setzt sich dieses Vorhaben all jenen Einwänden, Gefahren und Problemen aus, die gegen die Handlungsforschung im allgemeinen und handlungsorientierte Evaluation im besonderen vorgebracht worden sind. Diese Diskussion kann hier weder aufgearbeitet noch gar einer methodologischen Klärung nähergebracht werden. Diesbezüglich kann allenfalls auf die entsprechende Fachliteratur verwiesen und zumindest das Bewußtsein vom wissenschaftstheoretischen Problemreichtum unseres Unternehmens dokumentiert werden (vgl. im einzelnen hierzu z. B.: Heipcke 1975; Obereisenbuchner/Pelzer 1973; Büttner 1974; Heinze u. a. 1975; Stenhouse 1975; das Themenheft „Evaluation – Handlungsforschung" von *Thema Curriculum;* das Themenheft „Evaluation" von *Changing Schools*).

Seiner Anlage und seinem Untersuchungsgegenstand nach eignet sich als *Forschungsmethode* für dieses Projekt am ehesten die nicht-standardisierte teilnehmende Beobachtung in mehreren aufeinanderfolgenden Fallstudien, wobei die konkrete Ausgestaltung der Beobachtungsphase sich mehr an der zugrundeliegenden Fragestellung, der Belastbarkeit, den Interessen und Anforderungen der beteiligten Schulklassen orientieren muß als an den Standards empirisch-analytischer Sozialforschung. Das Postulat der Beteiligung der Betroffenen kann sich nicht auf die Unterrichtsdurchführung beschränken, während im Evaluationsprozeß die hierarchische Subjekt-Objekt-Beziehung zwischen Forscher und Erforschten aufrechterhalten wird. Das bedeutet, daß die Interpretation der Daten nur im Gespräch erfolgen kann, ohne daß hierbei von den spezifischen Rollenproblemen der daran Beteiligten abstrahiert werden soll. Die Verantwortung für den *Inhalt* der Aussagen wird damit nicht verdrängt: Sie liegt – wenn nicht etwas Gegenteiliges ausdrücklich vermerkt wird – allein beim Verfasser.

Die beteiligten Schulen

Für den Praxisversuch haben sich drei Schulen zur Verfügung gestellt:
– eine ganz normale Grundschule in einer nordrhein-westfälischen Industriestadt (Recklinghausen),
– eine offene Grundschule (Grundschulversuch Glockseestraße, Hannover),
– eine offene Gesamtschule (Laborschule Bielefeld).
In allen drei Schulen konnte der Beobachter drei bis vier Wochen am Unterricht teilnehmen. In dieser Zeit wollten die Lehrer ein Unterrichtsangebot auf der Grundlage der Einheit „Zeit" von Sc 5–13 vorbereiten und in ihren Stammklassen durchführen. Planung und Durchführung lagen ausschließlich in der Verantwortung der Lehrer; vom Beobachter wurden mit Ausnahme der Wahl der Einheit keinerlei Vorgaben hinsichtlich des Unterrichts eingebracht (Ausnahmen von dieser Regel werden bei der Schilderung

der Projekte deutlich gemacht). Lediglich die Altersgruppe der Kinder wurde vor Versuchsbeginn mit der Zielgruppe der Einheit „Zeit" abgestimmt: Die Einheit ist für Kinder im Stadium des konkret-operationalen Denkens vorgesehen (vgl. hierzu „Lernziele", S. 20 f.). Dementsprechend wurde das Projekt zweimal in der vierten Klasse (Recklinghausen und Hannover) und einmal in der fünften Klasse (Bielefeld) durchgeführt. Eine genauere Beschreibung der Schulen folgt jeweils im Zusammenhang mit der Projektdurchführung.

Gewinnung und Interpretation der Daten und Informationen

Das Verhältnis von Unterrichtsplanung und Unterrichts-wirklichkeit wird am deutlichsten sichtbar, wenn man Planung und Wirklichkeit direkt miteinander konfrontiert und die dabei auftauchenden Differenzen (anhand des Indikatorenkatalogs für offenen Unterricht) diskutiert. Das kann auf zwei Wegen geschehen, die beide ausprobiert werden sollten:

a) in Form von *Gesprächen* über Planung und Verlauf des Unterrichts auf der Basis der Primärerfahrungen der Beteiligten. Solche Gespräche sollten im Anschluß an den Unterricht informell zwischen dem Beobachter und den Lehrern geführt, auf Tonband festgehalten und später ausgewertet werden.

b) in Form einer *Analyse von Dokumenten* über die Unterrichtsplanung und den tatsächlichen Verlauf. Hierzu sollte von den Lehrern täglich ein Planungsbogen ausgefüllt werden, auf dem sie festhalten, was sie sich für die Unterrichtsgestaltung des folgenden Tages überlegt hatten. Diese Tagesplanung wurde später mit nicht-standardisierten Unterrichtsprotokollen des Beobachters und schriftlichen Nachbesinnungen der Lehrer (Projekttagebüchern) verglichen und in einer wertenden Interpretation des Unterrichts zusammengefaßt, wobei eine fotografische Dokumentation wichtige Stationen im Projektverlauf illustrieren helfen sollte. Technisch bestanden die Beobachtungsprotokolle und Planungsbögen im wesentlichen aus weißem Papier, das fortlaufend durchnummeriert war.

Diese beiden Verfahren — informelles Gespräch und Analyse von Unterrichtsdokumenten — machten den Schwerpunkt der Informationsgewinnung aus und stellten die wichtigste Grundlage für einen Interpretationsversuch dar. Sie müssen aber um einige Instrumente ergänzt werden, die Aufschluß über die äußeren Bedingungen geben, denen das Unterrichtsangebot unterworfen ist.

Eine *Beschreibung der institutionellen Struktur* der Versuchsklassen kann unter Zuhilfenahme eines entsprechenden Fragebogens angefertigt werden. Ein offenes Interview sollte Aufschluß über die *persönliche Rollendefinition des Lehrers,* seine Probleme, Vorlieben, beruflichen Erfahrungen und pädagogischen Leitbilder geben. Ein weiterer, halboffener Fragebogen sollte die Beziehung der Lehrer zu den *Curriculummaterialien* und deren Einfluß auf den Unterricht objektivieren helfen.

Im Überblick bieten sich also folgende Informationsquellen dar:
— informelle Gespräche zwischen Beobachter, Lehrern und Schülern (auf Tonband festgehalten),
— Vergleich von Tagesplanung, Beobachtungsprotokoll und schriftlichen Nachbesinnungen der Lehrer,
— Fragebogen zu den äußeren Bedingungen der Versuchsklassen,
— offenes Interview mit den Lehrern,
— Fragebogen über die Curriculummaterialien,
— Fotodokumentation.

Damit deutet sich ein forschungsökonomisches Dilemma an: Einerseits wollten wir die Unterrichtswirklichkeit so adäquat wie möglich erfassen, und die aufgelisteten Instrumente würden dazu eine Menge von Informationen bereitstellen. Andererseits war die Gefahr vorhersehbar, in einer Flut von Eindrücken, Berichten, Äußerungen und Erfahrungen zu versinken, deren Auswertung einem Akademikerteam Monate und Jahre anregender Arbeit verschaffen würde. Aus diesem Dilemma bot sich in Anbetracht der zur Verfügung stehenden Zeit — der Versuch sollte in sechs Monaten durchgeführt und ausgewertet werden — nur ein Ausweg: die nur pragmatisch, nicht theoretisch legitimierte Konzentration auf einige Fixpunkte im Unterrichtsgeschehen, die nach dem subjektiven Urteil der Beteiligten für zentral erachtet würden. Welche das im einzelnen sein würden, konnte sich erst in der Praxis herausstellen. Immerhin konnten einige Anhaltspunkte schon im voraus die Beobachtung strukturieren helfen. Solche Punkte waren:
— die Interaktionsstruktur: Wird die Eigeninitiative der Schüler gefördert oder ist das Unterrichtsgespräch weitgehend gelenkt? Und wenn: Aus welchem Grund und in welche Richtung wird es gelenkt?
— Initiativen der Schüler: Wo kommen sie zum Tragen? Wo werden Initiativen, Anregungen, Unklarheiten der Schüler übersehen oder zurückgedrängt?

— Rückbezug auf die Curriculummaterialien: Wo lassen sich Anregungen oder Vorgaben aus den Handreichungen für den Lehrer wiederentdecken, und wie entwickeln sie sich?
— Schüleraktivitäten: Entwickeln sich verschiedene Aktivitäten oder bleibt der Unterricht im geschlossenen Klassenverband?

Diese Überlegungen zusammenfassend, deutet sich an, daß trotz gegenteiliger Absicht immer nur Stichproben aus der Totalität des Unterrichts verarbeitet werden können. Offene Unterrichtsarrangements entziehen sich standardisierter Beobachtung. Unterrichtswirklichkeit ist weder theoretisch noch methodologisch antizipierbar. Handlungsforschung gewinnt ihre Relevanzkriterien erst in der Praxis selbst. Weil unterrichtliche Realität nicht wiederholbar ist, können „Collagen" keine Abbildung der Wirklichkeit liefern, sondern nur in konzentrierter Form Erfahrungen vermitteln.

In diesem Sinne wurden die Lehrer von Anfang an in die Interpretation der Unterrichtsprozesse einbezogen, und erhielten sie die Berichte über die Fallstudien vor Fertigstellung zur Kommentierung vorgelegt. Sie sollten die Möglichkeit haben, krasse Fehlinterpretationen richtigzustellen und intime Auskünfte über ihre Schüler, die nicht zur Veröffentlichung bestimmt waren, zu tilgen. Schließlich sollten sie in einem eigenen Beitrag, der ungekürzt dieser Studie beigefügt ist und als einzige Aussage nicht vom Autor verantwortet wird, das letzte Wort erhalten und den Projektverlauf auch aus ihrer Sicht noch einmal zusammenfassen können.

Die Fragebögen

Der *Fragebogen A* (Muster der Fragebögen finden sich mit den Antworten im Anhang) versucht mit 49 Einzelfragen ein Bild der äußeren Bedingungen in den Versuchsklassen zu erstellen, das die Schule, die jeweilige Versuchsklasse, den Lehrer und die äußeren Unterrichtsstrukturen vor Projektbeginn umfaßt und im wesentlichen Informationen auf der Faktenebene liefern soll. Er wurde den Lehrern nach etwa einer Woche Projektdauer zur Beantwortung vorgelegt und beanspruchte ein bis zwei Stunden Ausfüllzeit. Die Ergebnisse wurden also noch während des Projektverlaufs zur Kenntnis genommen und standen dem Beobachter bei der Einschätzung des letzten Teils der Versuche schon zur Verfügung.

Der Fragebogen A stützt sich neben einigen Fragen, die
vom Beobachter entsprechend dem besonderen Untersu-
chungsinteresse dieser Arbeit selbst formuliert wurden, im
wesentlichen auf Evaluationsmaterialien aus der britischen
Erprobung von Sc 5—13. Dabei wurden solche Fragen, die
der Produktoptimierung der Curriculummaterialien gedient
hatten, weitgehend weggelassen, während die Aspekte übernommen wurden, die schon bei der britischen Erprobung
zur Erfassung des institutionellen Umfeldes von Sc 5—13
benutzt worden waren. Im einzelnen wurden Ausschnitte
übernommen aus:
— Evaluation of Pilot Trial Teacher's Report Form B und
— Pilot Trial Visit Report for Team Members.

Der *Fragebogen C* hatte die Funktion, die Einschätzung
der Curriculummaterialien *nach* Ablauf des Projektes durch
die Lehrer noch einmal zusammenzufassen und ihr Verhältnis zu den Curriculummaterialien zu dokumentieren.
Es handelt sich hierbei um eine halboffene Form: Einige
Fragen sind frei zu beantworten, bei anderen sind Aus-
wahlantworten vorgegeben. Auch dieser Fragebogen greift
neben eigenen Fragen des Autors auf die Evaluationsmaterialien von Sc 5—13 zurück, und zwar auf Ausschnitte des:
— Evaluation of Pilot Trials Teachers' Report Form B,
— Pilot Trial Visit Report for Team Members,
— Teachers' Report Form E on the Unit „Time",
— Teachers' Report Form of the Evaluation of 1971 Trials
of Stage I & II Units (Third Trial).
Die entsprechenden Fragen wurden vom Autor ins Deutsche
übertragen.

Beide Fragebögen haben einige Gemeinsamkeiten. Sie sollten nicht systematisch Frage für Frage in der Zusammenfassung der Beobachtungen ausgewertet werden (das hätte
die Zeitkapazitäten für die Versuche bei weitem gesprengt),
sondern als *Informationspakete* „für alle Fälle" zur Verfügung stehen, wobei unterstellt wurde, daß sich die dort
angesprochenen Aspekte in irgendeiner Form bei der Interpretation der Beobachtungen als hilfreich erweisen könnten. Beide Fragebögen haben daneben als Bestandteile
der „Collage" ihren eigenen informativen Wert.

Beide Fragebögen *zusammen* ermöglichen ferner unter
Einbeziehung der Ergebnisse der britischen Evaluation
von Sc 5—13 (vgl. Harlen 1975, S. 36) eine *nachträgliche*
Einschätzung der *Chancen,* die für eine erfolgreiche Arbeit mit Sc 5—13 in den einzelnen Versuchsklassen *vor*

Beginn der Versuche gegeben waren. Dies sei im folgenden näher erklärt (vgl. auch Harlen 1975, S. 41–47).

Die Evaluation der Curriculummaterialien von Sc 5–13 erfolgte in vier Versuchsläufen (trials). Der erste Versuch betraf die Rohfassungen des Theoriebandes und der Einheiten „Time", „Metals (Stages I & II)", „Metals (Background)", „Working with Wood (Stages I & II)", „Working with Wood (Background)" und „Trees". Die Erprobung stützte sich dabei auf 33 verschiedene Evaluationsmaterialien (vgl. Harlen 1975, S. 92 f.). Sämtliche Ergebnisse, die mit diesen Materialien gesammelt wurden, wurden auf Lochkarten geschrieben und einer Clusteranalyse unterzogen. Dabei wurden die Reaktionen auf nahezu 300 verschiedene Items je Versuchsklasse auf Korrelationen untersucht, die statistisch häufiger auftraten, als nach dem Zufallsprinzip zu erwarten gewesen wäre. Die Berechnungen ermöglichten es, aus dem Berg von Informationen jene herauszufinden, die mehr oder weniger eng zusammengehörten, d. h. Faktorenkomplexe zu entdecken, die dann auf einer gemeinsamen Dimension eingeordnet werden konnten.

Diese Dimension (die nicht mit unseren Dimensionen des offenen Unterrichts durcheinandergebracht werden darf!) wies zwei Endpunkte auf: Ein Ende wurde durch jene Faktoren beschrieben, die eine hohe *positive* Korrelation mit einer *erfolgreichen* Verwendung der Curriculummaterialien und jenen Lehrern aufwiesen, die mit Sc 5–13 *zufrieden* waren. Das andere Ende umfaßte jene Faktoren, die eine hohe *positive* Korrelation mit einer *erfolglosen oder gescheiterten* Verwendung der Curriculummaterialien und jenen Lehrern aufwiesen, die mit Sc 5–13 *nicht zufrieden* waren. Insgesamt ermöglichte die Clusteranalyse qualitative Aussagen zu der Frage, wie unterschiedliche Einschätzungen der Curriculumkonzeption und der Bedeutung von Lernzielen mit der Verwendung von entdeckendem Lernen im Unterricht zusammenhingen.

Die Faktoren, die mit einer erfolgreichen, bzw. einer erfolglosen Verwendung der Curriculummaterialien einhergingen, werden in den beiden Tabellen auf den folgenden Seiten aufgeführt. Dabei muß aber vor einer vorschnellen Interpretation dieser Tabellen nachdrücklich gewarnt werden. Die einzelnen Faktoren stehen nämlich mit der erfolgreichen Verwendung der Curriculummaterialien *nicht notwendigerweise* in einem Ursache-Wirkungs-Verhältnis,

Die Faktoren, die mit einer *erfolgreichen* Verwendung der Curriculummaterialien einhergingen, lauteten (Harlen 1975, S. 43):

Nr.	Faktor	korrespondierendes Item der Fragebögen A und C:
+ 1	The children's attitude to science activities test score increased during the trial.	———
+ 2	The class had previously been working through active discovery methods.	A—23
+ 3	The desks or tables in the classroom were arranged in irregular groups.	A—13
+ 4	The class time-table was fully integrated.	A—25
+ 5	At most times of the day the children worked individually or in groups at their own tasks.	A—27
+ 6	The children worked regularly outside the classroom.	A—35
+ 7	The children formed their own groups for working.	A—46
+ 8	Science activities were carried on by different groups at different times as chosen by the children.	A—47
+ 9	The children could work on their own ploys.	A—49
+ 10	The teacher had warmly approved the Project's ideas on first being introduced to them.	C—5
+ 11	The teacher appreciated very well the meaning of objectives.	C—9
+ 12	The teacher used a discovery approach in most areas of the curriculum.	A—24
+ 13	The teacher had made some use of the Project's Statement of Objectives apart from in connection with the trial work.	———

zumindest wird ein Ursache-Wirkungs-Verhältnis nicht durch die Clusteranalyse ausgewiesen! Die Clusteranalyse erlaubt mithin nicht die Aussage, der Unterricht sei *deswegen* erfolgreich verlaufen, *weil* die Tische und Stühle im Klassenzimmer in unregelmäßigen Gruppen angeordnet waren (Faktor ±3, Fragebogen-Item A—13). Erlaubt ist lediglich die Aussage, daß in jenen Klassen, die erfolgreich mit Sc 5—13

Die Faktoren, die am gegenüberliegenden Ende der Dimension mit einer *erfolglosen* Verwendung der Curriculummaterialien und mit unzufriedenen Lehrern positiv korrelierten, lauteten (Harlen 1975, S. 43 f.):

Nr.	Faktor	korrespondierendes Item der Fragebögen A und C
− 2	The class had been previously used to working through formal methods.	A−23
− 3	The desks or tables in the classroom were arranged in regular groups or rows.	A−13
− 5	The children worked as a whole class at most times of the day.	A−27
− 7	The teacher allocated the children to groups for science activities.	A−46
− 8	Science activities were organised so that all groups always worked at the same time.	A−47
− 9	Science activities were organised so that all children worked on much the same problem as each other.	A−49
− 11	The teacher had a poor appreciation of what objectives are.	C−9
− 12	The teacher used a discovery approach hardly at all.	A−24
− 14	The children's activities were largely directed by the teacher.	− − −
− 15	Science activities had not been included in the children's work before the trials.	A−44
− 16	The teacher thought that evaluation of whether or not objectives have been achieved is unnecessary.	C−16

arbeiteten, die Tische und Stühle *häufiger* in unregelmäßigen Gruppen angeordnet waren, als nach den Gesetzen des Zufalls zu erwarten gewesen wäre.

Diese Unterscheidung einer Korrelationsbeziehung von einer Kausalbeziehung wird wichtig, wenn man die Überlegung anstellt, inwiefern nun die Erkenntnisse der Clusteranalyse bei der Interpretation unserer Fallstudien genutzt werden können. Wenn wir nämlich mit Hilfe der zu den aufgezählten Faktoren korrespondierenden Items in den Fragebögen A und C Aussagen über die deutschen Fallstudien machen wollen, dann darf dies nicht in der Form geschehen, daß man den direkten Schluß von der Geltung einzelner Faktoren in einer der drei Versuchsklassen auf einen erfolgreichen Projektverlauf vollzieht. Abgesehen vom fehlenden Kausalitätsnachweis betreffen die hier jeweils an den beiden Enden der Dimension genannten Faktoren ja nur kleine Ausschnitte der Unterrichtswirklichkeit, während Unterrichtserfolge das glückliche Zusammentreffen einer Vielzahl von unterschiedlichsten Faktoren erfordern, einschließlich solchen emotionaler Art, die auf der oben genannten Dimension völlig fehlen.

Da die Clusteranalyse nur Wahrscheinlichkeiten des Zusammentreffens einzelner Faktoren ausweist, können wir lediglich Aussagen über die *Chancen* machen, die in den einzelnen Versuchsklassen für ein erfolgreiches Arbeiten mit Sc 5—13 gegeben waren. Wir können diese Einschätzung auch erst *im nachhinein* vornehmen, da ja der Fragebogen C erst nach Beendigung der Projekte ausgegeben wurde.

Technisch verläuft die Einschätzung der Erfolgschancen, die vor Beginn der Projekte in den einzelnen Klassen gegeben waren, relativ einfach. Bis auf die Nummern +1, +13 und −14 gibt es für alle weiteren Faktoren in einem der beiden Fragebögen entsprechende Items, wobei allerdings einzelne Übersetzungsprobleme zu verkraften waren, um Formulierungen, die im Kontext der britischen Evaluation eindeutig verstanden werden konnten, so auszudrücken, daß auch das deutsche Fragebogen-Item keine allzugroßen Interpretationsspielräume aufwies (vgl. etwa die Übersetzung von ,,objectives" in ,,ausformulierte Lernziele" = Faktor ± 11 bzw. Fragebogen-Item C−9). Nicht überzeugend gelöst wurde diese Schwierigkeit etwa beim Faktor ± 2 (= Fragebogen-Item A−23), weil unklar blieb, was *innerhalb des Evaluationsdesigns* von Sc 5−13 noch zu ,,discovery methods" (entdeckendes Lernen) gezählt wurde und was nicht.

Die Chancen für einen erfolgreichen Projektverlauf lassen sich nun daran ablesen, wie oft einzelne Faktoren aus den Endgruppen der gemeinsamen Dimension auf die einzelnen Versuchsklassen zutreffen: *Je mehr* Faktoren aus der ersten

Tabelle und *je weniger* aus der zweiten auf die Klasse zutreffen, *um so höher* waren vor Projektbeginn die Chancen
für einen *erfolgreichen* Projektverlauf (die Negation dieser
Aussage gilt ebenfalls). Wenn Faktoren von *beiden* Enden
der Dimension, also aus beiden Tabellen in annähernd glei-
chem Maße auf die Versuchsklasse zutreffen (wobei allerdings ein arithmetisches Verrechnen einzelner Faktoren un-
statthaft ist, da sich die Faktoren qualitativ unterscheiden),
ist eine Einschätzung der Erfolgschancen für die Projektarbeit nicht möglich.

Damit gestattet die Verwendung der in der Clusteranalyse
gefundenen Faktorenkomplexe in unseren Fallstudien verschiedene Aussagen:
1. Waren die Chancen für einen erfolgreichen Projektverlauf *groß* und war der tatsächliche Projektverlauf auch *erfolgreich,* so ist Sc 5—13 für diese Klasse ein brauchbares
Curriculum. (Diese Feststellung ist nur scheinbar banal. Es
ist nämlich durchaus der Fall denkbar, daß ein anerkann-
termaßen erfolgreicher Unterricht in der Versuchsklasse
nicht wegen, sondern *trotz* der Verwendung von Sc 5—13
stattfand. Die Berücksichtigung der Erkenntnisse der Clusteranalyse verhindert somit, daß das Curriculummaterial
möglicherweise mit falschem Lorbeer bedacht wird.)
2. Waren die Chancen für eine erfolgreiche Verwendung
groß, der Projektverlauf selbst jedoch *nicht erfolgreich,*
so muß anderen als den in der Tabelle erwähnten Faktoren bei der Interpretation des Projektverlaufs besondere
Beachtung geschenkt werden, da vermutlich andere Größen den Erfolg der Projektarbeit verhindert haben.
3. Waren die Chancen für einen erfolgreichen Projektverlauf *gering* und verlief das Projekt auch tatsächlich *wenig
erfolgreich,* so belegt die Berücksichtigung der Ergebnisse
der Clusteranalyse, daß das Curriculummaterial *keinen*
wesentlichen Einfluß auf die Unterrichtswirklichkeit in
der Versuchsklasse gewonnen hat.
4. Waren die Chancen für eine erfolgreiche Projektarbeit
zu Beginn des Projektes *gering* und stellte sich dennoch
nach dem Urteil der Beteiligten ein *erfolgreicher* Projektverlauf ein, so muß der Lehrer während der Arbeit mit
Science 5—13 seine Unterrichtsgewohnheiten relativ stark
verändert haben. Der Projektunterricht muß sich stark von
dem sonst üblichen Unterricht unterschieden haben. Die
Clusteranalyse objektiviert diesen Unterschied und belegt,
daß das Curriculummaterial großen Einfluß auf die Unterrichtswirklichkeit gewonnen hat.

Das Lehrerinterview (Muster im Anhang) sollte die persönliche Rollendefinition des Lehrers und seine individuelle
Bereitschaft für offenen Unterricht objektivieren helfen. Es
lehnt sich teilweise an das explorative Teachers Interview
der North Dakota Study Group on Evaluation am Center
for Teaching and Learning an, wenngleich es wesentlich
kürzer ist als die amerikanische Vorlage und nicht auf die
dort entwickelten Auswertungsskalen zurückgegriffen wird.

Es war zunächst vorgesehen, dieses Interview systematisch
auszuwerten und in die Interpretation der Projektverläufe
aufzunehmen. Da die Beantwortung den Lehrern der Versuchsklassen aus Zeitgründen nicht mehr zugemutet werden konnte (sie hätte mindestens ein bis zwei Nachmittage
beansprucht), wurden einzelne Fragen vom Beobachter in
die informellen Unterrichtsnachbesprechungen situativ ein-
gestreut und nur in Einzelfällen in die Interpretation der
Fallstudien miteinbezogen. Dem Interview kommt daher
gegenüber den anderen Datenquellen nur eine geringe Bedeutung zu.

5.1 Äußere Rahmenbedingungen der Untersuchung

Die Schule

Die erste Erprobung der Einheit „Zeit" fand in einer öffentlichen Grundschule im Zentrum Recklinghausens statt. Es handelt sich um eine Regelschule, die von ihrer äußeren Gestalt wie ihren inneren Strukturen und Regeln so normal ist, daß sich eine nähere Beschreibung fast erübrigt. Noch zu Kaiser Wilhelms Zeiten erbaut, entspricht sie in ihrer Trostlosigkeit und Anregungsarmut voll jenen typischen Innenstadtschulen, die Jochimsen so treffend „Hinterhöfe der Nation" genannt hat (vgl. Jochimsen 1971).

Die Regelschule – eine Anstalt für das Lernen nach Vorschrift und Norm

Der düstere Bau wird von acht Grundschulklassen benutzt, denen sieben hauptamtliche Lehrkräfte zur Verfügung stehen. Unterricht findet statt wie in allen anderen Schulen des Landes auch: In 45-Minuten-Blocks mit festgelegten Pausen, in festgelegten Fächern, bei fest eingeteilten Lehrern, nach zentral verordneten Lehrplänen und unter dem üblichen Noten- und Auslesezwang. Die Mitbestimmungsmöglichkeiten für die Lehrer sind sehr begrenzt. Die Schüler haben so gut wie keine Entscheidungsfreiräume.

Äußere Rituale fallen dabei kaum ins Auge: Die Kinder werden in lockeren Zweierreihen vom Hof in die Klassen geführt, es gibt einige Arbeitsdienste für die Schüler (Kakaodienst, Telefondienst in den Pausen usw.). Die üblichen Aufsichten werden unauffällig und ohne übertriebene Machtdemonstrationen seitens der Erwachsenen durchgeführt. Das Verhältnis zwischen Kindern und Erwachsenen zeichnet sich durch eine klare Rollenverteilung aus. Es ist schulmäßig, korrekt und nicht unfreundlich.

Die Versuchsklasse

In dieses Bild fügt sich der Klassenraum der vierten Klasse, in der unser Projekt durchgeführt wurde, nahtlos ein. Es handelt sich um eine typische deutsche Schulstube: Tafel vorne, Licht von links, eine Seitentafel, drei Schränke, die von der Lehrerin verwaltet werden, aus denen sich die Schüler aber bei Bedarf mit Material und Büchern versorgen können. Die Schultage beginnen regelmäßig mit einer gemeinsamen Begrüßung, einem Lied nach Wahl der Kinder und dem gemeinsamen Gebet. Die 33 Kinder sitzen an sechs Tischgruppen, wobei sie sich wöchentlich neu setzen dürfen, ohne daß die Lehrerin in die Wahl des Sitzplatzes eingreift. Die Kinder kommen vorwiegend aus gesicherten materiellen Verhältnissen, das Einzugsgebiet ist innerstädtisch, das Durchschnittsalter der Schüler beträgt 10;0 Jahre.

Die Schüler sind Besucher im Unterricht gewohnt, da einerseits gelegentlich Eltern den Vormittag in der Klasse verbringen, zum anderen im vergangenen Schuljahr eine Lehramtsanwärterin der Klasse zugewiesen war, was die üblichen Seminarleiterbesuche und Gruppenhospitationen mit sich gebracht hatte. Ferner sind die Schüler Tonbandaufnahmen gewöhnt, von denen sie wissen, daß die Lehrerin sie mit Beobachtern nach dem Unterricht auswertet. Die Kinder schenkten dem mitlaufenden Bandgerät während des gesamten Projektverlaufs so gut wie keinerlei Beachtung.

Die Lehrerin

Die Erprobung offenen Unterrichts in dieser Schule war nur möglich, weil einerseits der Rektor, ein unkomplizierter Mann, ohne große Umstände seine Zustimmung gab, andererseits die Lehrerin sich durch ein ungewöhnliches Interesse für die Fortentwicklung der pädagogischen Fachdiskussion auszeichnete. Sie hatte schon Erfahrungen mit (geschlossenen) Curricula gemacht, die Durchführung von Projektunterricht durch eine Lehramtsanwärterin in ihrer Klasse ermöglicht und jahrelang neben dem Unterricht Berufsfortbildungskurse besucht sowie selbst informelle Lehrertreffen zur Diskussion neuer Unterrichtsmethoden oder -inhalte organisiert. Zudem verfügte sie über das gesunde Selbstvertrauen, das vonnöten ist, um die ständige kritische Beobachtung des eigenen Unterrichtsverhaltens wie auch die Risiken und Unsicherheiten eines pädagogischen Experiments überhaupt durchzustehen und kleinere Pannen oder Mißerfolge ohne Hemmungen zugeben zu können. Dieses Selbstvertrauen resultiert sicher zu einem beträchtlichen Teil aus dem guten Verhältnis zu den Eltern, das in intensiver Elternarbeit aufgebaut wurde, wie auch aus der Position als Konrektorin der Schule, die fragende Blicke im Kollegium und Rechtfertigungszwänge gegenüber Vorgesetzten, mit denen veränderungsfreudige Junglehrer so oft zu kämpfen haben, weitgehend ausschaltete.

Wie aus mehreren Unterrichtsbesprechungen, aus dem Fragebogen (Fragen C—1 + C—8) wie auch aus ihrem ausgleichenden Verhalten im Unterricht hervorgeht, ist die Lehrerin ständig (und mit bemerkenswertem Erfolg) bemüht, ein angenehmes, angstfreies Lernklima herzustellen. Konkurrenzneid, Strebertum, Petzen und auffallende Aggression waren in dieser Klasse überdurchschnittlich selten zu beobachten. Die Atmosphäre war herzlich, kindzentriert und — soweit es in der Macht der Lehrerin stand — relativ stressarm. Dem entspricht auch die Reaktion der Lehrerin auf die Frage B—10 im Lehrerinterview. Wenn sie die Schule nach Belieben verändern könnte, würde sie zunächst den Kindern mehr Platz schaffen wollen, individuelle Ecken und separate Räume einrichten, in die sich die Kinder zurückziehen könnten, die gesamte Schulorganisation individualisieren, mehr Arbeitsmaterial anschaffen und den Formalismus zurückdrängen wollen. Als berufliches Tief (B—8) empfindet sie daher auch weniger Mißerfolge im Unterricht als vielmehr, wenn sie merkt, „daß die Kinder geduckt oder gedrückt aus der Schule gehen".

Der Unterricht vor Projektbeginn

Wie aus dem Fragebogen A hervorgeht, bedeutet „offener Unterricht" für diese Klasse tatsächlich eine Innovation. Entsprechend der äußeren Organisation unserer Grundschulen waren die Kinder weitgehend lehrergesteuerten

Unterricht im geschlossenen Klassenverband gewohnt, der vollständig an einem starren, für alle Kinder gleichen Lehrplan orientiert ist und über Notengebung und Ausleseprüfung Konkurrenzlernen favorisiert. Die Kinder hatten bislang keine Möglichkeit, auf die Stundenplangestaltung Einfluß zu nehmen, und waren nur selten an der Unterrichtsvorbereitung beteiligt. Sämtliche Entscheidungen fielen letztlich der Lehrerin zu. Die Beteiligung der Betroffenen beschränkte sich damit weitgehend auf stillen Protest oder unbewußtes Fluchtverhalten.

Institutionelle Bedingungen der Projektarbeit

Der Versuch, offenen Unterricht zu realisieren, kann nur richtig eingeschätzt werden, wenn man sich die institutionellen Zwänge einmal im einzelnen vor Augen führt, denen sich die Lehrerin täglich ausgesetzt sieht. Das beginnt bei der Nötigung, 30 Klassenarbeiten im Jahr vorzubereiten, schreiben zu lassen, korrigieren und nach einem Notensystem bewerten zu müssen, das in jedem Fall Versager schafft, unabhängig von den individuellen Voraussetzungen, unter denen einzelne Kinder lernen müssen. Der Zwang zur Gleichmacherei und die permanente Zeitnot angesichts der bevorstehenden Ausleseprüfung für das weiterführende Schulsystem mindern nicht nur generell die Bereitschaft zu Experimenten, sondern wurden von der Lehrerin in der Versuchsklasse ständig als Widerspruch zu ihren eigenen Intentionen einer optimalen Förderung der Kinder (auch auf affektivem und sozialem Gebiet) erfahren, wie sie im Fragebogen C (Item C–8) ausführte:

„Bei allen guten Vorsätzen bei der Planung spielt aber gerade bei der Stoffverteilung im 4. Schuljahr der Übergang zu den weiterführenden Schulen eine wichtige Rolle. Gewisse Dinge müssen erarbeitet werden! (Vergleich mit anderen Schulen). So bleiben oft nur die Förderstunden mit kleineren Gruppen, um auch den schwächeren Schülern Gelegenheit zu geben, Erfolge zu erzielen und Freude zu bekommen. Hier sehe ich große Widersprüche. Auf der einen Seite sollen wir in den vier Grundschuljahren ein grundlegendes 'Wissen' vermitteln, das durch Tests (für alle gleich) überprüfbar ist; auf der anderen Seite ist es mein Wunsch, allen Kindern die Freude an der Schule zu erhalten oder ihnen zu zeigen, daß Schule wirklich Spaß machen kann. Dabei muß ich aber Leistungen an Normen messen, die für einige Kinder wirklich zu hoch sind."

Dabei kommt dem Lehrplan ein erheblicher Stellenwert zu. Einerseits sind die inhaltlichen Vorgaben so umfangreich und detailliert, daß zusätzliche oder gar konträre Bedürfnisse der Kinder in jedem Fall unterdrückt werden müssen. Andererseits ist die Überwachung der Lehrer perfekt. Standortpläne, Lernzielkataloge und damit korrespondierende Klassenbucheintragungen kennzeichnen die Möglichkeiten einer Vollzugskontrolle durch vorgesetzte Dienststellen, die zwar nicht permanent, dafür im Konfliktfall um so penibler die pädagogische Arbeit *anhand von Aktenvorgängen* überprüfen. Hinzu kommt die ständige Gängelung durch teilweise lächerliche Einzelvorschriften, deren einzige Funktion darin zu bestehen scheint, den Lehrer zu entmündigen. Wie sehr diese Kleinigkeiten die Arbeit in der Praxis belasten, machen folgende Ausführungen der Lehrerin deutlich (Nachbesprechung vom 12. Projekttag):

„Die Schulaufsicht fordert, daß wir unsere Grobplanung vorlegen, unsere zweimonatige Feinzielplanung vorlegen, daß ein Standortplan erstellt werden muß von der Schule, daß im Grunde genommen alles auf diese vorgefaßten, kleinen Schritte hinarbeitet: 'Das kann ich abstreichen, das kann ich abstreichen'. Das ist fürchterlich (auf was man alles überprüft wird):
– hat Aufsicht geführt,
– hat alle Fenster geschlossen beim Feueralarm,
– hat die Kinder anständig runtergeführt,
– hat die Kinder bis zum Hof geführt . . ."

Das Bewußtsein von der Kontrollierbarkeit jeder Handlung gewinnt noch an Schärfe, wenn man erfährt, daß die Lehrerin neben der Schulaufsicht in Einzelfällen auch noch von Eltern systematisch überwacht wird. Drei Elternpaare der Klasse besitzen den Lehrplan, und eine Mutter hat sogar ein Jahr lang mit Hilfe des Lehrerhandbuches den Mathematikunterricht nachgeprüft und Seite für Seite angestrichen, was die Lehrerin durchgenommen hatte und was nicht. All diese Punkte, die Spontaneität begrenzen und sicherheitsorientierte Konformität angebracht erscheinen lassen müssen, werden durch den ständigen Entscheidungsdruck in der Unterrichtssituation noch vermehrt, so daß für „Offenheit" im Lehrerverhalten kaum noch Raum bleibt. Nachbesprechung vom 12. Projekttag:

„Es passiert einfach zuviel nebenher: Entweder ist der Zeitdruck da, oder vor Unterrichtsbeginn ist etwas gewesen; dann weiß ich, es kommt Feueralarm dazwischen, und irgendwie soll die Stunde noch einen Abschluß kriegen; oder ich muß wieder in eine andere Klasse . . .
. . . Wenn ich weiß, es steht jetzt gleich in der dritten Stunde ein anderer Fachlehrer vor der Tür (dann müssen die Kakaobecher ausgetrunken sein, weil er es nicht mag, wenn noch Kakao getrunken wird in der Stunde) – das ist etwas, was einen fürchterlich hemmen kann. Das ist all das, was meine Konzentration beeinträchtigt. All die Dinge, die ich nebenher berücksichtigen muß, nehmen mir die Kraft, die ich brauche, um für die Kinder da zu sein."

Trotz dieser Arbeitsbedingungen erklärte sich die Lehrerin auf eine Anfrage hin sofort bereit, ein Experiment mit offenem Unterricht in ihrer Klasse durchzuführen. Von den 25 Schülerwochenstunden wurden durchschnittlich 12 bis 13 auf die Projektarbeit verwandt, darunter sämtliche Sachkunde- und Sprachstunden. Der Religionsunterricht, der Schwimmunterricht und die Mathematikstunden waren prinzipiell aus der Projektarbeit ausgenommen. Die Lehrerin wollte einerseits die Kinder nicht mit der Projektarbeit erschlagen, zum anderen in Mathematik angesichts der bevorstehenden Übergangsauslese nicht hinter dem Lehrplansoll zurückbleiben.

Die Abstimmung mit dem amtlichen Lehrplan bereitete keine Probleme. Die im Curriculummaterial favorisierten methodischen Verfahrensweisen (Projektunterricht, Individualisierung, Gruppen- und Einzelarbeiten, fachübergreifender Unterricht) werden ausdrücklich empfohlen (vgl. Richtlinien und Lehrpläne für die Grundschule in NRW, Düsseldorf 1973, S. SU 2 f.). Die Thematik „Zeit" kommt innerhalb des Lernbereichs „Soziale Studien" (!) in den Rahmenrichtlinien aller vier Grundschulklassen vor (vgl. Richtlinien, a. a. O., S. SU/66, SU/124, SU/176, SU/236).

Während der Projektdurchführung versuchte der Beobachter so gut es ging, sich aus dem Unterrichtsgeschehen herauszuhalten. Er überließ die Unterrichtsplanung für den nächsten Tag grundsätzlich der Lehrerin. Dennoch hatten seine ständige Anwesenheit wie auch vor allem die informellen Besprechungen nach dem Unterricht, in denen er versuchte, den Zusammenhang des faktisch gelaufenen Unterrichts mit den Curriculumvorgaben zu erfragen, sicher einigen Einfluß auf den Projektverlauf, indem die Lehrerin gezwungen war, sich ständig auf die Intentionen des offenen Unterrichts wie auch auf ihre eigenen Intentionen zu besinnen und diese zu erklären.

In Unterrichtsphasen, in denen in Gruppen gearbeitet wurde, der Klassenverband aufgelockert war und alle Kinder frei im Raum umhergehen konnten, wurde der Beobachter von diesen mehr und mehr ins Unterrichtsgeschehen miteinbezogen und neben der Lehrerin um Anregungen, Rat und Hilfe gebeten, wenn sie gerade mit einem anderen Kind beschäftigt war. So konnte es nicht ausbleiben, daß sich der Beobachter hin und wieder gezwungen sah, selbst unterrichtsrelevante Entscheidungen zu fällen, wobei er sich bemühte, den Intentionen des Curriculums gerecht zu werden, ohne in Konkurrenz zur Lehrerin zu treten. Diese unfreiwillige Ernennung zu einer Art von Nebenlehrer ermöglichte ihm dabei die eindrucksvolle Erfahrung, wie schwer es Pädagogen fallen kann, sich aus der Rolle dessen, der alles entscheidet, zu lösen und Probleme der Kinder unbeantwortet an die Klasse zurückzugeben, wo immer man erwarten durfte, daß die Kinder selbst eine Lösung finden konnten. Besonders zu Projektbeginn bedeutete die häufige Schülerfrage: ,,Darf ich dies, darf ich das . . .?" für den Beobachter eine ständige Herausforderung der selbst gesetzten, bislang nur auf einer theoretischen Ebene plausiblen Standards für offenen Unterricht. Es dauerte einige Tage, bis diese Rollenvermengung von Beobachter und Bezugsperson aufgefangen war und beide Funktionen gleichzeitig wahrgenommen werden konnten. Der Handlungsforschungsansatz kam also mit der Zeit immer stärker zum Tragen.

Den Kindern wurden die Funktion des Beobachters wie auch sein technisches Vorgehen vom ersten Tag an offengelegt. Sie konnten ihm jederzeit beim Ausfüllen der Beobachtungsprotokolle über die Schulter sehen. Es zeigt sich, daß sie an seiner Arbeit keinen Anstoß nahmen und sich allenfalls darüber wunderten, wie ein Mensch in einer Stunde so viele Seiten vollschreiben konnte.

5.2 Der Projektverlauf

1. Projekttag

Der Unterricht begann notgedrungen mit einer geschlossenen Situation, da die Themenstellung ,,Zeit" versuchsbedingt von vornherein feststand. Die Kinder mußten also irgendwie ,,motiviert" werden, sich mit einem Schulproblem auseinanderzusetzen, ohne daß an diesem Tag die Verbindung zu Lebensfragen der Kinder hergestellt werden konnte. Die Lehrerin hatte sich verschiedene Motivationen ausgedacht, sich dann aber für eine Bildgeschichte als Gesprächsanlaß entschieden (Bildgeschichte auf der folgenden Seite). Insgesamt war der Stundenablauf deutlich vorstrukturiert. Die Tagesplanung (s. S. 284!) sah drei verschiedene Schritte vor: Die Schüler sollten erst verbalisieren, daß Zeit meßbar ist, dann eine Möglichkeit der Zeitmessung für die Bildgeschichte suchen und zuletzt verschiedene Arten der Zeitmessung aufzählen.

Bildgeschichte zur Einführung in die Projektarbeit. Erster Projekttag in Recklinghausen. (Zeichnung Morez)

Die erste Unterrichtsphase wurde als Kreisgespräch organisiert, bei dem die Schüler zunächst relativ lange Sprechzeiten hatten und sich wechselseitig das Wort gaben. Zum Schluß hin nahm der Lehrer-Sprechanteil deutlich zu, die Konzentration der Schüler ebenso deutlich ab. Die Bildgeschichte erwies sich als relativ interpretationsarm. Die Schüler kamen auch prompt auf das Problem der Relativität des Zeitmaßes zu sprechen. Sie erkannten, daß man verhindern müsse, daß der eine der tauchenden Jungen den anderen betrügt („daß er schmuggelt"). Es gelang der Lehrerin nur nach und nach, die Schüler von der Frage des „Schmuggelns" abzubringen und zur abstrakteren Problemstellung der Zeitmessung im allgemeinen hinzuführen.

Die Intention der Lehrerin, zur Zeitmessung hinzuführen, kam deutlich zum Ausdruck, als sie fragte, warum die Formulierung der Problemstellung „Wer am *längsten* unter

Wasser bleiben kann" besser sei als die sinngleiche Formulierung
„Wer *am besten tauchen* kann". Man gewann den Eindruck, für die Schüler sei das sie zunächst stark interes-
sierende Problem, wie man feststellen könne, welcher
Junge der bessere Taucher sei, durch die bis dahin erörterten Vorschläge („Taucheruhr mitnehmen", „unter Wasser
mitzählen") im wesentlichen gelöst. Die Nervosität stieg
in den folgenden Minuten erheblich an, als die Lehrerin
die Frage, wie man den beiden Jungen helfen könne, ohne
auf die Uhr zurückzugreifen, mehrfach in verschiedener
Form wiederholen mußte.

Die Lehrerin leitete dann die zweite Unterrichtsphase mit
dem Arbeitsauftrag ein: „Ihr sollt Euch etwas ausdenken,
wie ihr den Kindern helfen könnt." Die Schüler gingen an
ihre Tische zurück und teilten sich in Gruppen auf. Im wesentlichen wurde pro Tisch nur eine Lösung erarbeitet,
nämlich den eigenen Herzschlag als Zeitmesser zu benutzen.

Diese Lösung wurde schnell von anderen Tischgruppen
übernommen, ohne daß eigentlich die damit verbundenen
Probleme der Exaktheit bzw. der Relativität der Zeitmessung weiter diskutiert worden wären. Die Kinder sahen
ihre Aufgabe eher darin, das nächste, die Lösung darstel-
lende Bild in der Bildgeschichte „richtig" oder „schön"
zu malen, als die Frage der Durchführbarkeit solcher Zeit-
messungen zu erörtern, wie es die Lehrerin wohl erwartet
hatte. Dies zeigte sich noch einmal, als das Unterrichtsgespräch bei der Besprechung der Lösungsversuche (frontal
zentriert, deutlich gelenkt) sehr zäh verlief und die Schüler die Versuche der Lehrerin, das Problem der Zeitmessung immer wieder in den Vordergrund zu stellen, kaum
noch aufnahmen.

Die Situation änderte sich erst, als alle Schüler ihren Puls
messen und laut mitzählen sollten. Auf einmal wurde die
Relativität dieses Zeitmaßes klar, was als erster Hinweis
auf das Entwicklungsstadium der Kinder gewertet werden
könnte. Was als Abstraktion die Schüler kaum reizte, wird
zu ihrem eigenen Problem, nachdem die „konkrete Ope-
ration" des Pulsvergleiches zu Widersprüchen hinsichtlich
der Brauchbarkeit dieses Maßes führte. An dieser Stelle
schien die starke inhaltliche Lenkung seitens der Lehrerin
zunächst an Bedeutung zu verlieren. Verschiedene Vorschläge für Zeitmesser sprudelten förmlich aus den Kindern
hervor und konnten teilweise gar nicht mehr aufgenommen
werden. Eine Schülerin, die auch sonst das Unterrichtsge-

spräch stark trägt, stellte die kritische Frage, ob es überhaupt ein Zeitmaß gäbe.

An diese Bemerkung schloß die Lehrerin unmittelbar die Geschichte vom Kapitän auf Sansibar an, mit der in der Einheit *Zeit* der Zeitbegriff eingeführt wird (vgl. „Zeit", S. 6). Die Kinder unterbrachen sie mehrfach spontan mit Vorschlägen zur Zeitmessung, die ihnen auf das Stichwort „Kapitän" einfielen, wurden aber von der Lehrerin zurückgedrängt, die ihre Geschichte zu Ende bringen wollte. Die Pointe wurde mit allgemeinem Gelächter aufgenommen und noch einmal von einer Schülerin richtig zusammengefaßt: „Es gibt wohl vielleicht gar keine Maße. Nur: Man hat sich die Maße ausgedacht: Das sind jetzt fünf Zentimeter, und jetzt ist es zwölf Uhr, und früher war es hier vielleicht ein Uhr oder so." Die Lehrerin reagierte hierauf mit mehrfacher Bekräftigung und deutlichem Lob — ein Zeichen für die Erleichterung, daß die Problematik der Willkür von Zeiteinheiten verbalisiert worden war. Es war dies ein typisches Beispiel für Schul-Lernen: Wiederentdeckung vorgedachter Sinnstrukturen.

Die dritte Unterrichtsphase nahm die Form einer längeren Erklärung der Hausaufgabenstellung an. Nachdem zunächst die Aufgabe formuliert war, ein *Maß* zu finden, mit dem man die Zeit messen könnte, und die Lehrerin als Hilfestellung den Wasserhahn tropfen ließ, erreichte die Aufmerksamkeit der Schüler einen Höhepunkt. Diverse Hypothesen wurden formuliert, diskutiert und ausprobiert. Der Versuch, das Ausklingen einer angeschlagenen Triangel als Zeitmaß zu nehmen, führte zu ersten experimentellen Vergleichen (Triangelschlag/Herzschlag/Wassertropfen), die bis zum Stundenende andauerten.

Damit war die Unterrichtsplanung weitgehend durchgezogen. Einige kreative Phasen traten vor allem im Schlußteil des Projekttages auf, als die Schüler über mögliche Zeitmesser zu spekulieren begannen. Hier kam es beim Triangelversuch zu kurzen Momenten entdeckenden Lernens, wenn auch nur im vorgeplanten und von der Lehrerin offenkundig determinierten Rahmen.

Zur Verdeutlichung, wie sich die Geschlossenheit einer Unterrichtssituation in der Kommunikation zwischen Schülern und Lehrer niederschlägt, soll im folgenden ein Ausschnitt aus dieser Stunde näher ausgeführt werden. Dabei dürfen solche Ausschnitte aber nicht als erschöpfender Beweis für Geschlossenheit gewertet werden, sondern allenfalls als einzelne, nur im Gesamtbild der Stunde zu verstehende Indizien: als Beispiele, wie eine starke inhaltliche Lenkung durch den Lehrer zum Abblocken von Schüleranregungen führt.

Als die Klasse gerade intensiv damit beschäftigt war, sich verschiedene *Zeitmesser* auszudenken und deren Brauchbarkeit zu erörtern, kam die Frage einer Schülerin, ob es überhaupt ein Zeitmaß gäbe. Daraufhin entstand folgende Gesprächssituation:

Lehrerin: „Ich will euch einmal eine Geschichte erzählen, genau zu dieser Frage: Gibt es ein Maß? Auf einer einsamen Insel wohnt jemand, der gerne allein ist, ein Nachfahre vom Robinson . . .“
Schüler (unterbricht): „Die kenn' ich!“
Lehrerin: „Die kennst Du?“
Schüler: „Ich glaube.“
Lehrerin: „Die Geschichte vom Robinson, die kennst Du?“
Schüler: „Ja, die Sie erzählen wollen . . .“
Lehrerin (unterbricht): „Ja, dann warte . . .“
Schüler (gleichzeitig): „Er erfindet ein Maß!“
Viele Schüler aufgeregt durcheinander: „Ich weiß! Sonnenuhr! Sonne! Der hat sich nach dem Schatten gerichtet! Sterne! Die Sonnenuhr!“
Lehrerin: „Würdet Ihr machen? Diese Geschichte geht aber etwas anders − nur um Euch das mit dem Maß zu verdeutlichen . . .“
(erzählt die Geschichte weiter).

Die Lehrerin wird im folgenden mehrmals unterbrochen, weil einzelne Schüler wieder auf die Sonnenuhr zu sprechen kommen und raten, daß der Kapitän seine Glocke nach der Sonnenuhr schlägt. Während die Schüler noch mit dem vorangegangenen Thema beschäftigt sind, *Zeitmesser* zu finden, und dabei neue Perspektiven in den Unterricht einbringen, bringt die Lehrerin diese Ansätze zu Fall, indem sie die Kinder darauf aufmerksam macht, daß man sich auf die Sonnenuhr nicht verlassen könne (Wolken). Sie führt die Schüler von ihren Erörterungen, ob die Sonnenuhr funktionieren könne, weg zu der Erkenntnis der *Willkür des Zeitmaßes* als menschlicher Setzung.

Die Vorgaben aus den Curriculummaterialien − die Geschichte vom Kapitän auf Sansibar wie überhaupt das gezielte Hinführen auf Probleme der *Zeitmessung* − wurden also in einer die Schüler bei der Formulierung eigener Probleme einschränkenden Weise eingesetzt. Die Lehrerin sagte später selbst hierzu (Nachbesprechung vom 3. Projekttag): „Man sucht sich (aus dem vorbereiteten Material) ganz schnell etwas raus, was man noch gerade hat und was passen könnte, ohne zu wissen, daß es nicht paßt in diesem Moment. Aber als es raus war und ich die Reaktion der Klasse bemerkte, da wußte ich: Jetzt war es falsch!“

2. Projekttag

Der 2. Projekttag begann damit, daß die Lehrerin die Hausaufgaben vortragen und im Klassengespräch erörtern ließ. Die Kinder hatten eine Menge Beispiele für gleichförmige Bewegungen oder rhythmisch wiederkehrende Ereignisse gefunden (z. B. Blinker, Ampel, Uhren, Pendel, das morgendliche Vogelgezwitscher, Ebbe und Flut, Sanduhr usw.). Die Lehrerin konnte dabei einige Demonstrationsobjekte (Sanduhr, Warnblinkleuchte) einbringen und auf einen Tisch stellen, der sich im Laufe der folgenden Projekttage zu einem reichen Materialtisch entwickeln sollte. Anschließend mußten die Schüler die diversen Beispiele aufschreiben, damit sie nicht verloren gingen, wobei zugleich Wetten abgeschlossen wurden, wie lange wohl die Sanduhr laufen würde. Nach Beendigung dieser Einzelarbeit versuchte die Lehrerin, eine geeignete Überschrift zu finden. Mehrere Schülervorschläge („Gleichmäßigkeit", „Zeitabstände") wurden zwar für richtig befunden, als Überschrift aber nicht angenommen. Schließlich brachte die Lehrerin einen Schüler dazu, das Wort „Zeitmesser" auszusprechen, das sogleich an die Tafel geschrieben wurde.

Nachdem das Gespräch auf den Abstand zwischen zwei Ereignissen gekommen war und ein Schüler den Begriff Rhythmus eingeführt hatte, wurde der Kanon „Große Uhren machen tick-tack" gesungen und anschließend das Gedicht von Susanne Kilian: „Irgendwann fängt etwas an" verlesen. In der folgenden Besprechung, bei der die Kinder sehr konzentriert mitarbeiteten, wurde der logische Gehalt des Wortes „Zeit" sehr deutlich. Die Kinder erklärten sich mehrmals gegenseitig die Bedeutung der Zeile „morgen ist morgen heute" sowie die Metapher: „Schwimm wie ein Schiff auf der Zeit!" Die Projektarbeit endete nach zwei Schulstunden mit der Hausaufgabenstellung, das Gedicht weiterzuspinnen.

Obwohl der Unterricht unmittelbar an das Vortragsgeschehen anschloß (vermittelt über die Hausaufgabe), unterschied er sich doch wesentlich von diesem. Die Lehrerin hatte zwar einige Demonstrationsobjekte und einige Gedichte vorbereitet, und in ihrer Grobplanung war sie auch weiterhin daran orientiert, zu Zeitmessern vorzudringen. Eine ausgearbeitete Verlaufsplanung war diesmal aber nicht erstellt worden, d. h. die Reihenfolge der Gesprächsgegenstände und die dabei auftauchenden Probleme wurden von der Lehrerin situationsabhängig gesteuert.

Das hatte zwei Konsequenzen: Zum einen nahm sich die Lehrerin für die Erörterung der Schülerbeiträge mehr Zeit als am Vortag. Zum anderen verlief das Unterrichtsgespräch, wiederum einzige Sozialform über zwei Schulstunden, sehr viel ruhiger und konzentrierter. Das Arbeitsklima war von hohem Interesse an der Sache auf seiten der Schüler und einer ausgewogenen Kommunikation zwischen Schülern und Lehrer gekennzeichnet. Schülerbeiträge wurden häufiger um ihrer selbst willen anerkannt und nicht abgewürgt, wenn sie nicht unmittelbar das Klassengespräch (in Richtung auf Zeitmessung) weiterbrachten. Allerdings wurde diese Richtungsvorgabe seitens der Lehrerin auch nie konkret durch konträre Schüleräußerungen bedroht. Indem die Lehrerin zwar vorbereitet war, Fragen der Zeitmessung aufzunehmen und weiterzuführen (durch den Einsatz von Anschauungsmaterial oder ein Gedicht oder ein Lied, das die Kinder kannten), aber eben keinen konkreten *Unterrichtsablauf* vorweggenommen hatte, war sie frei, die Kinder selber Phänomene entdecken zu lassen, die in diesen Rahmen paßten. Während sie am Vortag deutlich auf eine Abfolge fixiert gewesen war und diese durchzog, hatte sie jetzt allenfalls eine Richtung vor Augen. Die Kommunikation verlief lediglich einmal zwanghaft, als sie die Kinder auf die Überschrift „Zeitmesser" förmlich hinstoßen mußte. Hingegen hatte das Gedicht von Susanne Kilian genügend Aufforderungscharakter, um von den Schülern selbst erschlossen zu werden.

Gemessen an der Realität der Durchschnittsschule war diese Stunde ebenso fruchtbar wie emotional befriedigend. Die Schüler überraschten Lehrerin wie Beobachter mit eigenen Einfällen. Das kann aber nicht von der inhaltlichen wie methodischen Geschlossenheit ablenken: In beiden Dimensionen des Unterrichts lag die Steuerung des Geschehens eindeutig in der Hand der Lehrerin. Die häufigen Versuche, den Schülern selbst die Diskussionsleitung zu überlassen, indem jeder Redner einen Nach-Redner benennen sollte, wurden regelmäßig nach wenigen Sätzen wieder aufgegeben. So konnten sich die Schüler zwar anerkannt fühlen, und sie beteiligten sich dementsprechend stark an der Problemdiskussion; eine Beteiligung an der *Unterrichtsgestaltung* blieb aber noch aus. Der Verzicht auf eine detaillierte Verlaufsplanung führte somit noch nicht zu einem offenen Unterricht: Die latent immer vorhandenen Planungsstrukturen setzten sich — vermittelt über die Hausaufgaben (als Einstieg), das Festhalten an der Grobplanung in Richtung Zeitmesser (als Inhalt) und die Erfahrung der

Lehrerin in der Gesprächssteuerung (als Methode) — unbeirrbar durch.

3. Projekttag

Der 3. Projekttag war geprägt von dem ebenso entschlossenen wie erfolgreichen Versuch der Öffnung des Unterrichts. Dabei waren die Ausgangsbedingungen hierzu keineswegs ideal: In der ersten Stunde mußte die Klasse ein Diktat schreiben, das die Kinder sichtlich anstrengte. Nach der großen Pause faßte die Lehrerin noch einmal zusammen, was bislang besprochen worden war (man kann Zeit mit etlichen Dingen messen; das Messen ist wichtig, um Anfang und Ende einer Sache festzulegen), dann fragte sie die Kinder: ,,Wie stellt ihr euch jetzt vor, geht es weiter? Was möchtet ihr jetzt wissen, was würde euch interessieren, wo würdet ihr jetzt gerne weitermachen? " Es schloß sich ein intensives und von großem Schülerinteresse gekennzeichnetes *Klassengespräch* an, in dem die verschiedensten Themen und Fragen geäußert, diskutiert und zum Teil gleich zu Anschlußfragen ausgeweitet wurden. Die Fragen wurden von der Lehrerin mitgeschrieben:

Woher gibt es überhaupt Zeit? Wie ist die Zeit entstanden? — Wer hat die Zeit festgelegt? — Warum ist die Zeit auf jedem Erdteil verschieden? — Wieso gerade diese Zeit und keine andere? — Wieso ist es jetzt 12 Uhr und nicht ein Uhr? (Ein italienischer Schüler berichtet sogleich von der Sommerzeit in Italien.) — Warum gibt es eine Uhr? — Warum heißt es nachts 24 Uhr und mittags 12 Uhr? — Wann hört die Zeit auf? (Wird mit dem Hinweis auf das Gedicht von Susanne Kilian von einer Schülerin beantwortet: ,,Die Zeit geht immer weiter.") — Warum haben wir jetzt Zeit? Die Steinzeitmenschen hatten doch auch keine Zeit! — Woraus besteht Zeit? (Mehrere Schüler: ,,Aus Minuten, Stunden, Tagen usw." Ein Schüler: ,,Ja, wie sind die denn entstanden? ") — Woher wissen die Menschen, daß die Erde rund ist?

Obgleich sie immer wieder die Sprecher aufrief, wurde dieser Unterrichtsabschnitt *inhaltlich* von der Lehrerin nicht gesteuert. Erst anschließend ordnete sie diese Schülerfragen in schulmäßig bearbeitbare Kategorien:

,,Wir haben jetzt so viele Fragen. Grob geordnet, geht einmal die Frage nach den Uhrzeiten und Weltzeiten. Der zweite große Punkt wäre die Entwicklung der Zeitmesser. Dann war die Frage: Wie kommt man zu der Einteilung in 24 Stunden, soundsoviel Sekunden, soundsoviel Minuten. . . . Dann ging X etwas weiter und sagte: Wenn das alles davon abhängig ist — die Einteilung der Weltzeit und der Uhr — davon abhängig ist, daß die Erde rund ist und sich dreht: Woher wissen wir, daß die Erde rund ist und sich dreht? "

Interessant an dieser Stelle war der Einwurf eines Schülers, eine weitere Fragestellung aufzunehmen: „Woraus besteht die Zeit?" Während nun einige Mitschüler hierin eine Wiederholung sahen und die *Zeiteinteilung* (Stunden, Minuten usw.) assoziierten, erkannte die Lehrerin offenbar wie auch der Beobachter darin die Frage nach dem *logischen Status* des theoretischen Konstruktes „Zeit". Sie reagierte dementsprechend mit einer Minute Nachdenken und antwortete dann: „Die Frage habe ich eingerahmt. Die kann ich noch nicht ganz einordnen." Es wird unter dem Aspekt der thematischen Offenheit interessant sein, ob hierauf in späteren Stunden noch einmal eingegangen werden wird.

Die Lehrerin hatte dazu in diesem Moment keine Gelegenheit, weil eine andere Schülerin bereits begann, die Probleme zu erörtern, warum die Erde rund ist und woher die Menschen das wissen. Die Mondfahrer, die das mit eigenen Augen gesehen hätten, wurden sogleich von den Mitschülern als Lösung abgelehnt, weil die Menschen es schon früher gewußt hätten. Ein Schüler erzählte von Columbus, der auf all seinen vielen Schiffsreisen nie ans Ende der Welt gekommen sei.

Hier nutzte die Lehrerin die Chance, um mit der Frage: „Woher habt ihr aber eure Weisheit?" zur Besprechung der Informationsquellen überzugehen, die den Kindern zur Verfügung standen. Die Schüler brachten folgende Vorschläge: Zu den Mondfahrern gehen, Lexikon, Bücher. Dabei wurde kurze Zeit diskutiert, woher eigentlich die Bücherautoren ihr Wissen beziehen. Ein Schüler schlug vor, zur Sternwarte zu gehen und sich dort zu informieren. (Der Schülervorschlag, den Mann von der Sternwarte einzuladen, scheiterte an dem Einwand, daß die Fernrohre sicher festgeschraubt seien, und ein Astronom ohne Fernrohr kam nicht in Frage!) Man beschloß, die Sternwarte anzurufen und um einen Besuchstermin für diejenige Gruppe zu bitten, die sich mit der Frage befassen wollte, warum die Erde rund ist und wie das mit den Weltzeiten sei.

Daraufhin lockerte die Lehrerin den Klassenverband auf und ließ die Schüler sich selbst zu verschiedenen Gruppen zusammenschließen. Nach einigen kleineren Eifersuchtsszenen bei der Gruppenwahl kam es an den Gruppentischen zu ausführlichen und höchst variantenreichen Diskussionen unter den Schülern, die ihre Gruppenprozesse weitgehend selbst strukturierten.

Das konnte mitunter für Erwachsene lustige Formen annehmen, etwa wenn sich beim Sammeln von Fragen, die man dem Mann von der Sternwarte vorlegen wollte, folgender Dialog entwickelte:

Schüler 1: „Woher kommen die Erdbeben? Wie lange dauert ein Erdbeben?"

Schüler 2: „Woher kommen die Vulkane?"

Schüler 3 (über die Ignoranz seiner Mitschüler empört): „Das können die Leute in der Sternwarte doch nicht wissen. Die gucken doch nur in den Himmel. Das ist doch Naturwissenschaft!" (!) (Die Fragen wurden gestrichen.)

In anderen Gruppen hatten sich die Schüler sogleich über die Bücher hergemacht, die die Lehrerin gekauft und auf dem Materialtisch ausgebreitet hatte. Andere durchstöberten die Klassenbücherei und zogen mit dem Schülerlexikon an ihren Tisch. Wieder andere malten die Erde, die sich um die Sonne dreht. Ein Schüler las einer Gruppe, die ihn aufmerksam umringte, einen Ausschnitt aus einem Sachbuch zum Thema „Zeit" vor.

Währenddessen ließ die Lehrerin – zum ersten Mal auf Zwangsbelehrung der ganzen Klasse verzichtend – denjenigen, die Lust dazu hatten, das Metronom von der Schülerin erklären, die es am Vortag als Möglichkeit für einen Zeitmesser ins Gespräch gebracht und heute mitgenommen hatte. Die Schüler äußerten dabei selbständig entdeckend diverse Vermutungen über die Variablen beim Pendel. Einer erklärte die Bedeutung der Länge des Pendels für die Taktgeschwindigkeit wie folgt: „Wenn das Schiebegewicht am Metronom unten ist, braucht es nicht so tief zu fallen und ist schneller wieder oben. Wenn ich vom Stuhl falle, brauche ich ja auch nicht so lange, bis ich unten bin, als wenn ich vom Tisch falle!" Die Lehrerin regte an, das einmal zu Hause zu untersuchen, worauf einige Schüler sogleich auf Fischertechnik und Metallbaukästen als Hilfsmittel hinwiesen.

Insgesamt unterschied sich dieser Projekttag durch eine ganze Reihe von Punkten von den beiden vorangegangenen: Der Lehrersprechanteil war fühlbar geringer, der Geräuschpegel war erheblich höher und zugleich die Zahl der Störungen und die der disziplinierenden Äußerungen von seiten der Lehrerin viel geringer! Es wurde eine Fülle verschiedener Einzelprobleme aufgegriffen, teilweise andiskutiert, teilweise von sich überschlagenden Schülerideen auch zugedeckt.

Während die meisten inhaltlichen und organisatorischen Fragen diesmal weitgehend von den Schülern eingebracht wurden, beschränkte sich die Lehrerin im wesentlichen darauf, das Ganze in zwei Bahnen zu lenken: „Welche Fragen haben die Kinder?" und „Wie können wir darauf eine Antwort finden?" Dabei schlug nur ein einziges Mal diese didaktisch begründete *Kanalisierung* in eine *Einschränkung der Offenheit* um, als auf die Lehrerfrage, was die anderen Gruppen machen könnten, während die Sternwartenbesucher in der Sternwarte seien, der Schülervorschlag „Malen!" mit einem abwertenden „Darauf habe ich gewartet" verworfen wurde. Es kam zu einer Art allgemeinem Konsens zwischen Schülern und Lehrerin hinsichtlich der organisatorischen Fragen.

Wenn wir einen Blick auf den Indikatorenkatalog für offenen Unterricht werfen, ergibt sich für den dritten Projekttag folgendes Bild: Die Auflösung des Klassenverbandes, der zeitweise Verzicht auf Zwangsbelehrung aller Schüler, die freie Wahl der Arbeitsgruppen durch die Schüler als methodische Kriterien korrespondierten mit einer beachtlichen inhaltlichen Offenheit: Einfälle, Gedankenverbindungen und Themenerweiterungen („Woher wissen die Menschen, daß die Erde rund ist?") wurden zugelassen und kamen voll zum Tragen. Die Schüler durften sich eigene Arbeitsthemen stellen. Planungsvorhaben der Lehrerin (Zeitmesser untersuchen), die noch die beiden Vortage deutlich determiniert hatten, wurden fallengelassen. Die Schüler hatten die Möglichkeit, eigene Unterrichtsvorhaben anzuregen und ihre Durchführung selber vorzubereiten. Am Metronom, das von den Schülern eingebracht worden war, wurden eigene Hypothesen formuliert und ohne Anleitung der Lehrerin unter den Schülern interessiert erörtert.

Rückblickend auf die vorangegangenen Tage ergibt sich das Bild einer kontinuierlichen Öffnung des Unterrichts von einer absolut geschlossenen Situation, in der das Thema eingebracht wurde, über einen nicht mehr in Einzelschritten geplanten, aber deutlich gelenkten Unterricht, in dem einige Grundbegriffe wie Zeitmessung, gleiche Abstände als Grundlage des Messens usw. angesprochen wurden, hin zu einem wohl geordneten, aber nicht mehr so streng eingegrenzten Lernen. Allerdings blieben die Schülervorschläge im Rahmen des Themas, d. h. *Themenverschiebungen* über die Fachgrenzen des naturwissenschaftlichen Unterrichts hinaus fanden nicht statt.

Tonbandabschrift der informellen Nachbesprechung vom 3. Projekttag:

Frage: „Sie haben gesagt, daß Sie sich (verglichen mit dem ersten
Projekttag) gestern viel wohler fühlten, als Sie auf eine sequentielle
Tagesplanung verzichtet hatten und das Konzept aufgenommen haben, Sachen 'im Hinterkopf' zu haben, was ja auch der Intention
des Curriculummaterials entspricht. Können wir mal klären: Welche
Sachen haben Sie schon 'im Hinterkopf'? Oder ist das noch nicht
systematisch?"

Lehrerin: „Es ist im Grunde noch nicht systematisiert. − All das,
was kommen könnte! Einmal habe ich natürlich das Lehrerheft 'im
Hinterkopf', die Anregungen, die sitzen da hinten drin. Dann jetzt
die Möglichkeiten der Bücher: Ich bin durch die Buchgeschäfte ge-
gangen und habe versucht, etwas zu dem Thema zu finden, um den
Kindern etwas an die Hand zu geben; durch Lexika; dann durch die
verschiedenen Eingangsmotivationen: Von daher sitzt auch eine Menge
'hinten drin'. Nur: Worauf es mir gestern ankam, daß ich − im Gegensatz zum anderen Unterricht − *für den Tag* Material plane, geht
meines Erachtens im offenen Unterricht nicht. Ich muß die große
Sequenz im Hinterkopf haben und alle möglichen Arbeitsmittel, die
mir dazu erst einmal einfallen, schon bereitstellen, damit ich sie ab-
rufen kann, wenn ich sie brauche; (ich muß) nicht mehr nur von
Montag auf Dienstag, sondern von Montag vielleicht in die nächsten
vierzehn Tage (voraussehen): Das könnte kommen, damit muß ich
rechnen. Und *das* muß ich planen."

4. Projekttag

Bevor der Verlauf des 4. Projekttages (ein Montag), näher
beschrieben wird, muß auf zwei Ereignisse am Wochenende
hingewiesen werden. Obwohl die Projektarbeit am Samstag
ausfallen sollte, wurde sie entgegen der ursprünglichen Absicht der Lehrerin doch kurz wiederaufgenommen, weil
zwei Schüler zu Hause mit Baukastenteilen Metronome gebastelt hatten, die nun vorgeführt werden mußten. Dabei
wurde von den Schülern erkannt, daß das Pendel einen
ständigen Antrieb braucht. Sodann bot das Wochenende
der Lehrerin Gelegenheit, eine Grobplanung für den gesamten Projektverlauf zu erstellen (siehe nächste Seite), die sie
allerdings unmittelbar darauf wieder verwarf, da durch ihre
inhaltlichen Zielvorstellungen der Lernweg der Schüler oft
übersehen werde. Diese Grobplanung ist in erster Linie
nach Themenbereichen geordnet. Ein Rückbezug auf die
Curriculummaterialien ist dabei für die Themenbereiche I
bis V möglich, die alle in irgendeiner Form als Aktivitäten
in der Curriculumeinheit „Zeit" aufgeführt werden.

Die Lehrerin erklärte dazu in der Nachbesprechung vom
5. Projekttag, daß sie zunächst vorgesehen hatte, die Themenbereiche nacheinander abzuarbeiten, dann aber vom
Unterrichtsverlauf der ersten Tage davon überzeugt wurde,

Projektplanung der Lehrerin nach dem 3. Projekttag

Eingangsmotivation: Bildergeschichte mit der Absicht, daß die Kinder erkennen sollen:
— Zeit kann man messen.
— Die Dauer von Vorgängen kann man messen, die einen genau bestimmten Anfang und ein bestimmtes Ende haben.
(Diese Vorgänge finde ich im Schulraum — Eigentätigkeit der Kinder).

Mögliche Weiterentwicklung:

I. Zeitmesser:
— Welche Zeitmesser gibt es?
— Wie funktionieren sie?
— Woher kommt das Maß dieser Zeitmesser?
— Erfinden von Uhren.
— Kenntnis berühmter Leute, die sich mit der Entwicklung von Zeitmessern befaßt haben.

II. Pendel (Ausgang vom Metronom):
— Wo gibt es in der Natur Pendel?
— Hänge selbst ein Pendel auf.
— Versuche, zwei Pendel gleichmäßig schwingen zu lassen. Beobachte!
— Ändere Gewicht und Länge des Pendels.

III. Wie entstehen Tag und Nacht?
— Besuch des Planetariums (Fragen an den Leiter der Sternwarte).
— Versuche, den Ablauf der Zeit grafisch darzustellen:
— Mondphasen.

IV. Wie entstehen die Jahreszeiten?
— Woran erkenne ich sie?
— Erstelle einen Wandfries oder ähnliches.
— Natur.
— Mode.

V. Wie läuft mein Tag ab?

VI. Wie läuft ein Jahr ab?
— Kalenderjahr
— Schuljahr
— Kirchenjahr

VII. „Zeit" im Sprichwort

VIII. „Zeit" in der Literatur
— Gedichte
— Erzählungen
— Roman „Momo" von Michael Ende

daß dieses Vorplanen des Lernweges von den Kindern nicht nachvollzogen werden könne. Sie wollte nun diese Grobplanung für sich als Orientierungsrahmen benutzen, innerhalb dessen sich das Projekt bewegen sollte, wobei sowohl auf eine festgelegte Reihenfolge als auch auf ein vollständiges Abarbeiten der Themen verzichtet werden sollte. Orientierungsrahmen sollte diese Grobplanung aber insoweit sein, als sie auf Themenverschiebungen, wie sie sich in den folgenden Tagen andeuten werden, möglichst nicht eingehen wollte. Sie begründete diese Entscheidung mit der Furcht, ihre Schüler zu überfordern, die bislang im Unterricht — wie sie selber sagte — zu sehr „gegängelt" worden und einen inhaltlich so offenen Unterricht nicht gewohnt seien.

Der Unterrichtsverlauf am 4. Projekttag stand unter dem ungünstigen Einfluß einer zweifachen institutionellen Einengung des Projektes. Zunächst gelang es der Lehrerin nicht, die Auflösung des Klassenverbands vom 3. Projekttag in einzelne Arbeitsgruppen mit unterschiedlichen Themenbereichen aufrechtzuerhalten. Versicherungsbestimmungen und Aufsichtspflicht machten es ihr unmöglich, mit der Sternwartengruppe ins Planetarium zu gehen, während die anderen Gruppen an ihrer Arbeit alleine weiterarbeiteten. Ebenso war es nicht möglich, die anderen Schüler schon nach der zweiten Stunde nach Hause zu schicken. So forderte die Institution Schule notgedrungen die Wiederherstellung des geschlossenen Klassenverbandes und den gemeinsamen Besuch aller Schüler in der Sternwarte. Die Sternwarte selbst aber ließ, wie noch ausgeführt werden wird, den Schülern keine Gelegenheit zur Entwicklung und Verfolgung eigener Ideen und Hypothesen.

Die Lehrerin begann die Projektarbeit mit der Bitte, den Zettel mit den Fragen hervorzuholen, die am 3. Projekttag für den Sternwartenbesuch vorbereitet worden waren. Die Fragen wurden verlesen, doppelt notierte gestrichen und einige kurz andiskutiert. Die Klasse war sehr unruhig und unkonzentriert, sicher mitbedingt durch das vorangegangene Wochenende und die Erwartung auf den bevorstehenden Unterrichtsgang. Die Teilnahme am Gespräch war erheblich geringer als an den Vortagen, und die Schüler gingen inhaltlich kaum aufeinander ein. Die Lehrerin drängte auf die Frage „Wie entstehen Tag und Nacht", die aber von den Schülern nicht kam. In dem Bemühen, diese Frage aufzubringen, ging abermals die Sonnenuhr unter, die von einem Schüler eingebracht wurde. Ebenso blieb die Schüler-

frage „Warum gibt es die Erde?" von weiterer Bearbeitung
ausgespart, als die Lehrerin — offensichtlich die Schwierigkeiten antizipierend — die Ausweitung des Projektes auf
theologische Dimensionen mit der leisen Bemerkung zu
dieser Schülerin: „Das können wir nicht fragen" verhinderte.
Sodann demonstrierte ein zweiter Schüler ein selbstgebautes
Metronom, das mit großem und kritischem Interesse der
Mitschüler beobachtet und besprochen wurde. Das Gespräch
darüber mußte aber nach wenigen Minuten abgebrochen
werden, weil die Religionsstunde begann (methodische Geschlossenheit: Indikator 2—4 und 2—7 sind nicht gegeben).

In der Sternwarte stürzten sich die Kinder sogleich auf ein
dreidimensionales Modell des Weltalls, in dem sich auf
Knopfdruck unser Planetensystem bewegt. Genau dieses
Modell hätte wohl die Antwort auf fast alle Schülerfragen
ermöglicht, konnte aber nicht benutzt werden, da der Leiter der Sternwarte sogleich mit der Vorstellung im Planetarium beginnen wollte. Die Planetariumsvorstellung war inhaltlich in gewissem Maße auf die Altersstufe abgestimmt
und brachte die Kinder sichtlich zum Staunen, dauerte
aber viel zu lange, so daß die Schüler mit Stoff überfüttert
wurden. Eine Schülerin mußte sich übergeben, was den Abbruch der Vorführung nach sich zog. Danach wurde der Be-
obachtungsturm bestiegen, auf dem es aber (heller Tag, be-
wölkt) nicht viel zu sehen gab. Anschließend stellten die
Kinder im Hörsaal dem Leiter der Sternwarte ihre Fragen.
Sie kamen sehr mechanisch und auch dann, wenn sie durch
den Planetariumsvortrag eigentlich schon hätten geklärt sein
können. Die Kinder trauten sich nicht, nachzubohren, wenn
sie etwas nicht verstanden hatten. Schließlich mußten alle
noch einen Werbefilm der NASA über Kap Kennedy und
den Start einer Apollo-Rakete sehen, der sie völlig überfor-
derte. Der Tag war insgesamt für die Kinder wie die Erwachsenen überaus anstrengend. Es wurde eine Fülle von Informationen aufgenommen, diese aber sicher noch nicht kritisch verarbeitet.

Es fällt schwer, den Ausbruch aus der Schule, der ja von
den Schülern selbst angeregt war, als Indiz für institutionelle
Offenheit zu werten: Wenn auch nicht in der Schule statt-
findend, handelte es sich doch um eine typische Belehrungs-
situation, der die Schüler im Planetarium ausgesetzt waren.
Die Volkssternwarte selbst ist ja als Bildungsinstitution konzipiert. Erst die Nutzung der Institution im ursprünglichen
Sinne, also zur selbständigen Forschung, hätte als Faktor
institutioneller Offenheit in diesem Projekt betrachtet wer-

den können. Offenbar ist die außerschulische Welt auf entdeckendes Lernen bei Grundschulkindern nicht eingerich-
tet; sie müßte von Lehrern, die offenen Unterricht realisieren wollen, erst explizit darauf vorbereitet werden, damit
sie nicht den Kindern mit eben jener Belehrungshaltung
entgegentritt, die man in der Schule abzubauen gerade bemüht ist.

Gegenüber herkömmlichem Unterricht machte sich immer
wieder die starke Anteilnahme der Schüler an der Projektarbeit bemerkbar, selbst wenn — wie an diesem Tag — die
Bedingungen äußerst ungünstig waren. Kein Kind hat es
sich wohl nehmen lassen, über das selbstgebaute Metronom
des Mitschülers genauso zu staunen wie über den Planetariumsvortrag. Viele äußerten den Wunsch, abends mit den
Eltern noch einmal in die Sternwarte zu gehen, um durchs
Fernrohr zu schauen. Solche affektiven Erfolge sind in
unseren Regelschulen keineswegs der Regelfall. Sie sind um
so bemerkenswerter, wenn die Planungsvorgaben („Zeit"
als Generalthema, das nicht verlassen werden soll; Unterricht im geschlossenem Klassenverband) so enge Grenzen
setzen.

5. Projekttag

Sicherlich weniger, um einem unserer Indikatoren für methodische Offenheit (2—18) gerecht zu werden, als vielmehr aus Einsicht in die fruchtbare Wirkung selbstinstru-
ierender Materialien hatte die Lehrerin schon am Vortag
einen Projekttisch aufgebaut, von dem sich die Kinder bei
Bedarf Unterrichtsmaterial holen konnten. Zu Stundenbeginn lagen dort aus: 1 Warnblinkleuchte, 1 Sanduhr,
1 Schülerlexikon, 1 Rechtschreibduden, 5 Sachkundebü-
cher zum Thema „Zeit" oder ‚Astronomie', 6 Schulbücher (Sachkunde und Deutsch), 15 Poster (letztere hatte
der Beobachter mitgebracht). Im Laufe des Vormittags
wurde diese Sammlung von der Lehrerin noch um 10 weitere Schulbücher und ein großes Bindfadenknäuel ergänzt.

Die Lehrerin eröffnete den Unterricht mit dem üblichen
Klassengespräch, indem sie die Worte „Sternwarte" und
„Planetarium" an die Tafel schreiben ließ. Auf ihre Frage,
wer sich denn gestern nachmittag noch etwas aufgeschrie-
ben habe (war nicht Hausaufgabe gewesen!), meldete sich
ein Legastheniker, der sich gewöhnlich vor jeder Schreib-
arbeit drückt. Der Sternwartenbesuch hatte ihn so fasziniert,
daß er einen halbseitigen Aufsatz geschrieben hatte, der nun

verlesen und entsprechend gewürdigt wurde. Der Schüler
wollte auch noch einmal mit seinem Bruder in die Sternwarte gehen. Er arbeitete im folgenden mit größtem Interesse an den Sachbüchern, die auf dem Projekttisch aus-
lagen. Es sei an dieser Stelle angemerkt, daß der Aufsatz
und das Engagement gerade dieses Kindes für die Lehrerin
eines der wichtigsten Erfolgserlebnisse in der Projektarbeit
darstellten.

Auf den anschließenden Wunsch eines Schülers, mit den
Wörterbüchern zu arbeiten — die Wörterbücher als Informationsquelle waren im Aufsatzunterricht am vorausge-
gangenen Samstag eingeführt worden — ging die Lehrerin
sogleich ein. Sie ließ die Bücher austeilen und die Kinder
alle Wörter aufschreiben, die ihnen zum Sternwartenbesuch
noch einfielen. Die Kinder arbeiteten über 20 Minuten sehr
eifrig an dieser Aufgabe, wobei sie sich bankweise halfen.
Sie machten von den bereitliegenden Materialien unaufgefordert Gebrauch, indem sie unbekannte Worte, die im
Schülerwörterbuch nicht vorkamen, in den Sachbüchern
suchten. Damit wurde das Planungsvorhaben, die Schüler
mündlich vom Planetariumsbesuch berichten zu lassen und
die Tonbandaufnahme vom Interview mit dem Mann von
der Sternwarte auszuwerten, hinter den Schülerwunsch,
mit den Wörterbüchern zu arbeiten, zurückgestellt. Mehr
noch: Beide Intentionen wurden in einer Aktivität situa-
tionsgerecht verbunden. Unterschiedliche Lernbereiche
(Sprachlehre/Wortschatzübungen und Naturwissenschaft/
Sachkunde) wurden miteinander integriert, ein deutlicher
Impuls in Richtung auf einen offenen Unterricht (Indikatoren 1—1, 1—2, 1—3, 1—5).

Während nun der Beobachter diese Flexibilität auf seiten
der Lehrerin freudig beobachtete, beurteilte diese selbst
die Stunde weniger positiv, weil sie den Schülern zu wenig
Gelegenheit geboten hätte, spontan zu reagieren. Ihre in
der schriftlichen Planung nicht offenbarte, aber in der
Nachbesprechung dieses Tages ausgesprochene Intention,
durch mündliche Schülerberichte die Sternwartenerlebnisse
noch einmal für die schwächeren Schüler zu wiederholen,
war ihrer Meinung nach durch die Wortschatzarbeit zu kurz
gekommen. Sie half sich selbst, ihrer Intention doch noch
gerecht zu werden, durch Einzelgespräche an den Gruppentischen mit diesen Schülern, was einem Indikator für methodische Offenheit (2—8) entspricht.

In der anschließenden Unterrichtsphase bewährte sich ein

weiteres Mal die von der Lehrerin aufgegriffene Form der *Unterrichtsplanung als Materialplanung* über längere Zeiträume. Bei der Besprechung der Wörtersammlungen stellte eine Schülerin die Frage: „Was ist der 'blaue Planet'?" Die Lehrerin konnte nun auf den Stapel Verlagsprospekte zurückgreifen, die bislang unbeachtet auf dem Tisch gelegen hatten, und deren Innenseite mit einem riesigen Foto der blauen Erde vor dem schwarzen Weltall bedruckt war. Die Schüler erkannten sogleich, daß die Erde wegen des hohen Anteils der Meere an der Erdoberfläche für Mondfahrer den Eindruck eines „blauen Planeten" erweckt. Daraus entstand ein kurzes Gespräch über die Schwerkraft (thematische Offenheit, Indikator 1—1), weil eine Schülerin wissen wollte, warum das Wasser nicht unten von der Erdkugel abfließe. Die Erklärung, daß die Erdanziehungskraft alles festhalte, so wie sich Magnete anziehen, konnte diese Frage zunächst beantworten.

Anschließend eröffnete die Lehrerin mit dem Impuls „Wie können wir das festhalten, was wir gestern erlebt haben?" eine neue Phase überaus engagierter Mitarbeit der Schüler. Der Vorschlag, etwas anzufertigen, das den Eltern eine Rückmeldung über die Arbeit geben würde, wurde begeistert aufgenommen. Diverse Vorschläge wurden eingebracht (Aufsatz, Tonband besprechen, etwas malen, zeichnen, kleben) und sofort mit Ideen der Kinder ausgefüllt und diskutiert, wobei die Lehrerin nachdrücklich darauf aufmerksam machte, daß jedes Produkt, das Erlebnisse aus dem Planetarium widerspiegele, erlaubt sei. Die wiederholte Schülerfrage: „Darf ich dies machen?" signalisiert, daß die Kinder es nicht selbstverständlich fanden, sich eigene Aufgaben zu stellen.

Das Einbringen des Posters gab für die Lehrerin noch zu weiteren Überlegungen Anlaß, die uns noch beschäftigen werden. In der Nachbesprechung vom 5. Projekttag äußerte sie:

„Es ist furchtbar schwer, wenn in einer Klasse, die bis jetzt 'normal' geführt wurde, plötzlich Gruppenarbeiten an verschiedenen Themen geschehen sollen, weil der Reiz, das zu tun, was der andere tut, einfach viel zu groß ist. Es fragte mich irgendjemand: 'Ich möchte was basteln, ich möchte das ausschneiden'. Und er ging nach vorne und holte sich das (Plakat). Da sah dann bloß einer: da gibt's was, (und schon rannten alle anderen) ab nach vorne. Ganz kritiklos wird da gegriffen. Ich habe unwahrscheinlich mit mir kämpfen müssen, das nicht abzuwürgen. . . . Für mich war heute ganz deutlich — und ich muß mich da belehren lassen durch die nächste Zeit —, daß es nicht möglich ist (an verschiedenen Themen zu arbeiten); daß ich zwar individuelle Gruppenarbeit machen kann, aber *nur zum gleichen Thema.* Es geht also nicht, daß sich eine Gruppe mit Zeitmessern beschäftigt, die andere Gruppe mit der Entstehung der Zeit (Tag und Nacht usw.), und daß sich eine andere Gruppe damit beschäftigt, selbst Zeitmesser zu entwickeln. Es geht einfach nicht in unseren Klassen, die von Anfang an gegängelt sind."

6. Projekttag

Die Projektarbeit begann nach einer Sprachlehre- und Mathematikstunde und dauerte nur 40 Minuten. Die Schüler stellten vor der Klasse ihre Hausaufgaben vor. Sie hatten mehrere große Bilder mit astronomischen Motiven gemalt. Ein Schüler hatte einen Aufsatz über das Planetarium verfaßt. Die Arbeiten wurden der Reihe nach diskutiert und an der Seitentafel aufgehängt. Die Schüler waren sehr stolz auf ihre Werke und zeigten sie schon vor Stundenbeginn herum.

Erneut lief der Projektunterricht weitgehend als *lehrergesteuertes Klassengespräch* ab. Die Beteiligung war geringer als sonst, da viele Schüler unbeschäftigt waren, wenn die Bilder von Tisch zu Tisch gereicht wurden. Insgesamt fehlte es sowohl den Kindern als auch der Lehrerin an der von den Vortagen gewohnten Ruhe. Zweimal wurden die Schüler von der Lehrerin daran gehindert, Themen weiter auszudiskutieren, die sie noch beschäftigten, und zwar einmal die Frage, ob die Sonne wirklich rot sei, wenn sie untergehe, zum anderen die Besprechung der baulichen Konstruktion des Planetariums, dessen kuppelförmige Decke zu diversen Spekulationen Anlaß gegeben hatte. Neue Initiativen seitens der Schüler kamen nicht auf, das Interaktionsklima war nicht günstig.

Die Lehrerin stand — wie sie später bekannte — stark unter dem Eindruck der eigenen Machtlosigkeit bei der Bewältigung der Probleme, die das Sorgenkind der Klasse laufend aufwirft. Ihr Versuch der Kooperation mit dem Elternhaus des Jungen scheiterte an der mangelnden Bereitschaft der Eltern, sich um ihr Kind zu kümmern, nachdem die Familie Nachwuchs erhalten hatte. Der Schüler ist in der Klasse in einer typischen Außenseiterposition und hat nicht die Kraft, sich selbst aus dieser Rolle zu lösen. Obwohl die Lehrerin im Vergleich zur üblichen Schulpraxis viel Verständnis für das Kind aufbringt, war ihr doch die Enttäuschung über die Fruchtlosigkeit ihrer Integrationsbemühungen deutlich anzumerken, was sich notgedrungen auf den Unterricht auswirken mußte.

7. Projekttag

Am 7. Projekttag wurde die Spannung zwischen Festlegung durch Planung und einem irgendwo verorteten Offenheitsideal besonders manifest. Die Projektarbeit begann wiederum als Klassengespräch, wobei die Lehrerin weitere Hausaufgaben der Schüler vorstellen ließ. Es kamen nur noch Gemälde zum Thema Weltall (diverse Raketen, die Planetenbahnen, die Planeten in ihrem Größenverhältnis zur Sonne und in ihrer Entfernung von der Sonne dargestellt).

Schon frühzeitig ging die Lehrerin von ihren ursprünglichen Intentionen ab und nahm den Schülerkommentar zu einem Raketenbild: „Ein bißchen viel Feuer auf dem Bild" zum Anlaß, über den Antrieb einer Rakete zu sprechen. Es kam zu einer relativ angeregten Erörterung, in der die Kinder die verschiedensten Hypothesen über den Raketenantrieb äußerten. Unter anderem wurde vermutet, daß das Feuer die Rakete hochhebe und daß die heiße Luft die Rakete aufsteigen lasse, weil ja heiße Luft bekanntlich nach oben steige. Zur Klärung der Frage wurden Lexika verteilt, und die Klasse versuchte, an ihren Gruppentischen eine Antwort darauf zu finden, was das Feuer mit der Rakete zu tun habe. Wie schon an den Vortagen zogen die Schüler selbsttätig weiteres Informationsmaterial vom Projekttisch zu Rate. Nach zehn Minuten las ein Schüler einen Abschnitt aus einem Buch vor: „Raketen sind Flugkörper, die mit Rückstoß abgeschossen werden.. . ." Im anschließenden Klassengespräch versuchte die Lehrerin, den Rückstoß zu erklären, wobei sie sich auf das Teilchenkonzept stützte, das anhand des Spreckelsen-Curriculums in der Klasse behandelt worden war. Weitere Themen, die im Zusammenhang mit der Mondfahrt angesprochen wurden, waren die Fragen, ob in der Rakete Fenster sind (anschließend an eine Unklarheit auf dem Bild einer Schülerin) und warum die Kapsel beim Wiedereintritt in die Atmosphäre glühe (ausgehend von einem Bild, das ein Schüler in einem Buch fand). Schließlich wurde darüber gesprochen, ob bei einer Mehrstufenrakete alle Stufen gleichzeitig brennen und ob das Weltall dunkel oder hell sei. Wenn man bedenkt, daß die Lehrerin eigentlich zum Thema „Zeit" zurückkehren wollte, ein erhebliches Maß an inhaltlicher Offenheit, in dem eine Reihe naturwissenschaftlicher und technischer Sachverhalte zur Sprache kam.

Nachdem so eine volle Zeitstunde vergangen war und nur noch 25 Minuten bis zur großen Pause blieben, kehrte die

Lehrerin zu ihrer ursprünglichen Planung zurück und stellte
die Frage: „Was hat das alles in der Sternwarte mit 'Zeit'
zu tun?" Sie ließ die Kinder ein weiteres Mal in Gruppenarbeit eine Antwort suchen, wobei — wie zuvor — die Grup-
penzusammensetzung mit der vorhandenen Sitzordnung
identisch war. Die Gruppenarbeit lief nur mühsam an. Den
Kindern war die Fragestellung unklar oder nicht wichtig.
Die Lehrerin mußte von Tisch zu Tisch gehen und die Arbeit noch einmal gruppenweise erläutern und dazu Anlei-
tungen geben.

Nach zehn Minuten wurden die ersten Ergebnisse vorgetra-
gen. Eine Gruppe hatte sich auf den Begriff des Lichtjahres
gestützt, der in der Sternwarte erklärt worden war und den
sie in einem Buch wiederentdeckt hatten. Ein weiterer Schüler las für seine Gruppe einen Buchabschnitt über das Verhältnis von Mondbahn, Mond-Monat und Kalender-Monat
vor. Auch die Mondphasen waren Gegenstand des Planeta-
riumvortrags gewesen. Die Lehrerin, die offenkundig auf
die Herstellung dieses Zusammenhangs gewartet hatte, nahm
die Erklärung sofort auf und insistierte: „Warum ist es denn
so wichtig, zu wissen, daß der Mond, die Sonne und die Erde
in einem Bewegungsablauf sind?"

Im Anschluß an diese Äußerung entstand ein massiv lehrergesteuertes Unterrichtsgespräch in typischer Frontalstellung,
in dem die Lehrerin auf die Artikulation der Begriffe „Zeitmesser", „Zeiteinteilung" und „Zeitlauf" hindrängte. Die
Schüler reagierten wie bei einem Fernsehquiz: Sie rieten um
die Wette, welches Wort die Lehrerin wohl gerne hören würde. Während im ersten Teil der Stunde die Schüler für eigene
Vermutungen und Fragen relativ viel Zeit bekamen und diese
auch zur Diskussion gestellt wurden, stieg im letzten Unterrichtsabschnitt der Lehreranteil an der Kommunikation ra-
pide an. Die Schüler erhielten nur noch Gelegenheit zu Ein-
Wort-Sätzen. Während im ersten Teil beharrlich darauf gewartet wurde, bis alle Schüler zur Ruhe kamen, bevor die
Kinder weitersprachen, konzentrierte sich nun die Aufmerksamkeit der Lehrerin voll auf eine relativ begrenzte Zahl
äußerst engagiert mitratender Kinder. Daß ein Großteil der
Schüler bereits abgeschaltet hatte, entging zwar nicht der Beobachtung der Lehrerin, so doch ihrem momentanen Interesse. Der zweifache Hinweis eines Schülers auf einen fehlenden I-Punkt bei der Tafelanschrift wurde mit fühlbarem Miß-
mut sowohl von der Lehrerin als auch von den in der Schluß-
phase des Unterrichtsgesprächs engagierten Kindern quittiert.

Als die letzten Sätze mit dem Pausezeichen einhergingen und die Lehrerin sich anschickte, zügig den Raum zu verlassen, kam — angesichts der konzentrierten Bemühungen der Lehrerin, zur „Zeit" zurückzuführen, auf den Beobachter wie ein Donnerschlag wirkend — die von der ganzen Hektik der vergangenen zehn Minuten absolut unberührte und fast getragen vorgebrachte Äußerung eines Kindes: „Ich wollt noch was zur Rakete, zum Start sagen. Hier (zeigt auf ein Buch) ist auch ein Luftballon, 'n aufgeblasener. Wenn man den aufbläst, strömt die Luft auch raus und der fliegt nach oben!"

Obwohl beide Unterrichtsphasen dieselbe Sozialform (Unterrichtsgespräch) aufwiesen, in einem thematischen Zusammenhang standen und derselben Stunde zuzuordnen sind, unterschieden sie sich doch fundamental. Das ungeplante Gespräch über den Antrieb der Rakete verlief nicht ohne Steuerung seitens der Lehrerin, und zentrale Begriffe („Antrieb", „Rückstoß") wurden von ihr aus den übrigen Schüleräußerungen hervorgehoben und der weiteren Besprechung zugeführt. Es bestand mithin keine Freiheit für die Schüler, aus dem Gesprächsverband auszubrechen und ihre Probleme selbständig weiterzuverfolgen. Jeder Schüler wußte, was von ihm erwartet wurde: zielgerichtete Kommunikation im Klassenverband nach den dort gültigen Regeln. Die in gewissem Maße gegebene Offenheit im inhaltlichen Bereich blieb also ohne Entsprechung in der methodischen Dimension. Was diesen vom folgenden Abschnitt unterschied, war daher nicht *der Grad* der Lenkung, sondern *die Art* der Lenkung. Impulse („Da hat jemand 'Antrieb' gesagt. Was hat denn das mit dem Feuer zu tun?"), die mehrere Antworten und das Auftauchen neuer Fragestellungen („Warum glüht die Raumkapsel?") ermöglichten, bestimmten den Gesprächsverlauf.

Ganz anders der zweite Stundenteil: Der Plan der Lehrerin, zum Zeitbegriff zurückzukehren, drängte sich völlig in den Vordergrund und beherrschte Inhalt wie Methode. Es kam zu dem für Frontalunterricht typischen „Aus-dem-Mund-Ziehen" von einzelnen Worten und Satzstückchen. Daß die Schüler teilweise mit ihren Gedanken ganz woanders waren, wurde in der Unterrichtssituation nicht einmal dem Beobachter klar, der — wie die Lehrerin und die am Ratespiel beteiligten Schüler — auch voller Spannung auf den erlösenden Begriff („Zeitmesser") wartete. Erst die Äußerung des Mitschülers, der noch mit dem Problem des Raketenantriebs befaßt war, führte den Beobachter dazu, diesen Unterrichtsabschnitt noch einmal anhand der Tonbandaufnahme genauer zu untersuchen.

Abschließend soll noch kurz über die Gründe für den besprochenen Stundenverlauf nachgedacht werden. Dabei ist zu betonen, daß es sich weder um eine besonders dramatische, noch irgendwie ungewöhnliche Schulstunde handelte. Der Wechsel vom ruhig-erörternden zum drängend-fragenden Unterricht vollzog sich nicht schlagartig, und die Stunde war bestimmt kindzentrierter, kooperativer und effektiver als die meisten anderen Schulstunden im Lande. Die Gründe sind daher nicht in der Person der Lehrerin zu suchen. Was man hier beobachten konnte, war vielmehr die typische und notwendige Folge einer Unterrichtsplanung, die ausschließlich im Kopf des Lehrers stattfand und *für die Kinder* nicht transparent war. Sie konnten, da sie das Ziel und die Zusammenhänge nicht vor Augen hatten, letztlich kein anderes als ein Rateverhalten an den Tag legen. Daß *die Lehrerin* ihrerseits sich nicht mehr von ihren ursprünglichen Intentionen lösen konnte, hatte ebenso banale wie folgenreiche Gründe: Sie war zur Pausenaufsicht eingeteilt und mußte mit dem Klingelzeichen auf den Hof runter. Der institutionelle Druck, ja nicht zu spät zur Aufsicht anzutreten, verbot den Ausweg aus dieser von ihr selbst als starke Lenkung bezeichneten Situation, den sie normalerweise genommen hätte: die Weiterarbeit über das Pausezeichen hinweg. Nachdem sie einmal beschlossen hatte, zum Zeitbegriff zurückzukehren und weitere thematische Ausweitungen möglichst zu vermeiden, konnte sie unter dem Eindruck institutioneller Verpflichtungen gar nicht mehr anders, als auch methodisch die Möglichkeiten für Eigeninitiativen der Schüler weitgehend zu begrenzen.

8. Projekttag

In gewisser Weise wiederholte sich das Ablaufschema vom Vortage. Nach einer Klassenarbeit in Mathematik (Doppelstunde) und der großen Pause begann der Unterricht erneut als Klassengespräch, wobei wiederum zu Hause angefertigte Schülerarbeiten (ein Modell vom Saturn mit seinem Ring; eine Erdscheibe, aus dem Atlas fotokopiert und drehbar gelagert; ein großes Bild einer Rakete) den Ausgangspunkt bildeten. Es kam erneut zu einer — wenn auch weniger engagierten — Diskussion über Raketen und deren zeichnerische Wiedergabe. Danach durfte ein Schüler einen Versuch mit dem Luftballon durchführen. Dazu ließ die Lehrerin zunächst Vermutungen über den Verlauf des Fluges anstellen, nachdem die Schüler noch einmal den Anlaß für das Experiment — die

Klärung des Rückstoßprinzips – wiederholt hatten. Der Junge durfte den Ballon nur einmal fliegen lassen, obwohl die Klasse und er den herumschwirrenden Ballon als solchen sehr genossen und sich über die Geräusche amüsierten. Die Lehrerin bemühte sich, mit der Frage: „Wozu machen wir denn so ein Experiment?" die Kinder bei der Sacherörterung des Rückstoßprinzips zu halten.

Da die Fragen, Vermutungen und Spekulationen zum Ballon-Versuch wild durcheinander gingen und die Kinder sich nicht aufeinander bezogen, unterbrach die Lehrerin sie, um ein Handlungsschema einzuführen. Sie schrieb ein Schaubild an die Tafel, das im folgenden mit den Schülern gemeinsam nach und nach vervollständigt wurde. Es ergab sich das typische Handlungsschema empirischen Vorgehens:

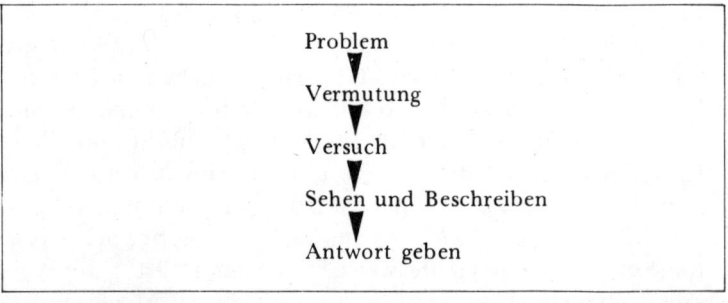

Dieses Schema vorzugeben war von der Lehrerin nicht geplant. Sie tat es zunächst als Reaktion auf die unsystematischen Schüleräußerungen, aber natürlich auch mit dem Hintergedanken, die Kinder an Standards naturwissenschaftlichen Vorgehens heranzuführen. Sie wollte „schon einmal anfangen, mit den Kindern empirisches Arbeiten wirklich zu lernen; daß es anders ist als beim Märchenerzählen oder Erlebniserzählen: daß man sich ganz konkret an Fakten hält" (Nachbesprechung vom 8. Projekttag).

Anschließend lenkte die Lehrerin das Gespräch auf die Frage, ob der Weltraum dunkel oder hell sei, die am Vortage mit einer Unklarheit beendet worden war. Es folgte ein längerer Unterrichtsabschnitt zum Problem der Lichtausbreitung, in dem die Lehrerin einige Experimente mit einer Kerze machte. Nachdem ein Schüler die Frage aufgeworfen hatte, wo bei der Erdkugel unten und oben ist, trat beim Versuch, hierauf eine Antwort zu finden, erneut eine Phase vollständiger Frontallenkung auf, die bis zur Pause anhielt (die Lehrerin hatte wiederum Aufsicht zu führen!). Es wurde ein Tafelbild entwickelt, indem die Lehrerin die

Begriffe „Zeitlauf", „Zeiteinteilung" und „Zeitmesser" voneinander abhob und mit den Schülern besprach. Der speku-
lative Charakter, mit dem die Kinder die „richtigen" Antworten suchten, entsprach dem am Vortag als „Fernsehquiz" bezeichneten Unterrichtsverlauf. Der Beobachter
konnte dabei nicht den Eindruck gewinnen, als wäre die
abstrakte Systematik, die nun Unterrichtsgegenstand wurde, von der Klasse verstanden worden, sieht man einmal
von den Spitzenschülern ab.

Schließlich regte die Lehrerin an, zum Thema „Zeit" eine
Ausstellung anzufertigen. Sie stellte damit in gewisser Weise einen Handlungsbezug für die weitere Arbeit her, wenngleich auch dieser Anstoß nicht von den Schülern kam.
Nichtsdestoweniger sprangen die Schüler begeistert darauf
an. Sie hatten bereits in einem früheren Projekt eine Ausstellung gemacht und damit großen Erfolg geerntet. Sie erhielten die Hausaufgabe, sich zu überlegen, „wie und was
in die Ausstellung muß, damit jeder, der in unsere Klasse
kommt, Bescheid weiß und umfassend über Zeitmesser in-
formiert wird".

9. Projekttag

Nachdem in der ersten Stunde die Mathematikarbeit zu-
rückgegeben worden war, eröffnete die Lehrerin die Projektarbeit mit dem Aufklappen der Tafel, an der noch das
Begriffsschema vom Vortag stand, und ließ sich die Hausaufgabenstellung wiederholen. Es erfolgte eine längere Diskussion, warum man Ausstellungen mache und sie besuche
(Klassengespräch mit geringer Beteiligung).

Nach etwa 30 Minuten wurde der Klassenverband aufgelöst, wobei die Lehrerin die Aufgabe stellte, in Gruppen
zu überlegen, wie die Ausstellung gemacht werden könnte.
Nachdem sich die Kinder selbständig auf verschiedene
Gruppen verteilt hatten, machten sie sich sogleich daran,
für die Ausstellung zu arbeiten. Viele Kinder fingen an, zu
malen; andere holten sich Bücher vom Materialtisch, wieder andere gingen kurze Zeit im Klassenzimmer herum,
um sich erst einmal zu informieren, was man alles machen
könnte. Nach und nach begannen mehrere Kinder aus Be-
chern, Gläsern, Pappen und dergleichen Materialien Zeitmesser zu bauen, wobei sie meist in kleinen Gruppen arbeiteten und sich gegenseitig, auch über die Gruppen hinweg, halfen. Sie konsultierten öfters die ausliegenden Bücher oder bauten sogar ganze Uhren aus Büchern nach.

Die Beteiligung der Schüler an der Projektarbeit stieg deutlich an: Viele Kinder ließen sich von Mitschülern zu eigenen Modellen anregen. Die Lehrerin verzichtete auf Zwangsbelehrung und ließ die Schüler, die sich noch nicht für etwas Bestimmtes entschieden hatten, aus der Projektarbeit aus, war aber ständig bemüht, ihnen Vorschläge zu machen oder in Gruppen mit ihnen Fragen anzuregen.

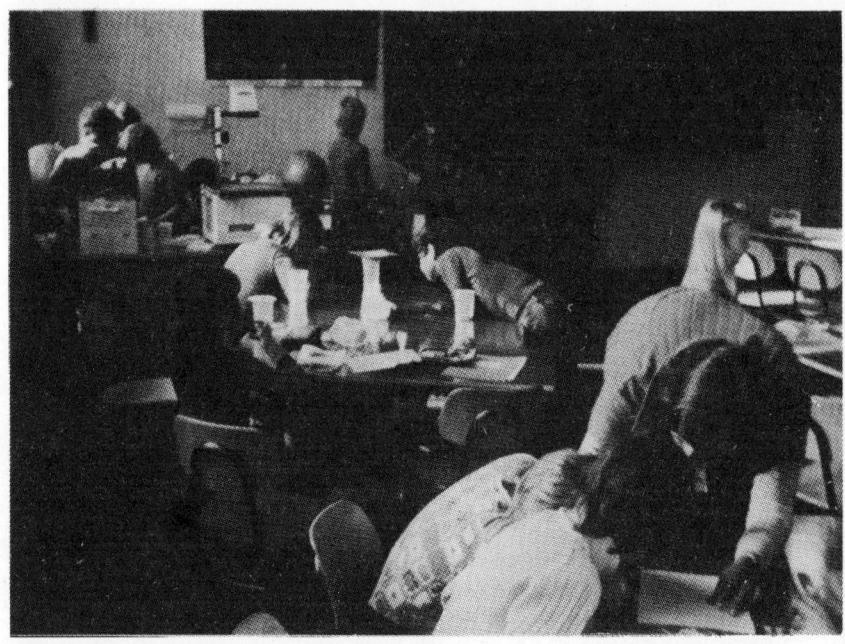

Die Individualität des Lernvorgangs fordert individuelle Lernwege. Methodische Konsequenz: Gruppen- und Einzelarbeit.

Es entstand eine intensive Arbeit in Kleingruppen mit wechselnder Teilnehmerzahl und zu verschiedenen Themen, die aber ausschließlich unter die Problemstellung „Zeitmessung" subsumiert werden konnten. Es wurden Sanduhren, Kieseluhren, Steinuhren, Wasseruhren, Sonnenuhren und eine ägyptische Schattenuhr gebaut und verschiedene Variablen dabei unter den Schülern diskutiert. Eine Schülerin schrieb einen Ausstellungstext, der verschiedene Uhrtypen aufzählte. Zwei Kinder verkrochen sich unter das Lehrerpult, verdunkelten es mit einem Handtuch und rekonstruierten mit Globus und Taschenlampe die Entstehung von Tag und Nacht infolge der Drehung der Erde um ihre eigene Achse. Mehrere malten Metronome. Ein Junge, der ein Metronom gebastelt hatte, konnte angeregt werden, dazu noch einen erklärenden Ausstellungstext zu verfassen.

Insgesamt dauerte dieser Unterrichtsabschnitt 80 Minuten, wobei die Kinder zum Teil gar nicht merkten, daß sie auch die Pause durchgearbeitet hatten. Da es regnete, war die Lehrerin nicht gezwungen, die Kinder bei ihrer Arbeit zu stören und auf den Hof zu führen. Lehrerin wie Beobachter waren ständig damit beschäftigt, Material zu beschaffen und Antworten zu geben, wenn die Schüler auf ein Problem gestoßen waren, wobei beide bemüht waren, diese Fragen zurückzugeben, wenn sie der Meinung waren, daß die Kinder selbst eine Antwort finden konnten.

In dieser Stunde wurde deutlich, daß die meisten Kinder erwartungsgemäß noch im Stadium des konkret-operationalen Denkens steckten. Sie legten ein unübersehbares trial-and-error-Verhalten an den Tag und erkannten wichtige Variablen (z. B. die Notwendigkeit, eine Einheit zu finden und an den Uhren zu markieren) erst, nachdem sie beim Uhrenbau auf Probleme gestoßen waren oder von den Mitschülern hinsichtlich der Funktionstüchtigkeit ihrer Modelle befragt wurden. Einige Kinder konnten sich die ganze Stunde nicht von ihrem Platz lösen und verbrachten die Zeit weitgehend damit, staunend herumzuschauen oder zu malen.

Nur zwei Schülergruppen arbeiteten schon auf dem Niveau des formal-operationalen Denkens (Stadium 3 bei Sc 5—13): die beiden Schüler, die eine Wasseruhr nach einer Vorlage aus einem Buch bauten, und die Gruppe, die die Erddrehung als Ursache für die Entstehung von Tag und Nacht anhand des Globusses ausprobierte. Beide Gruppen hatten sich zuvor an Büchern orientiert und alle wesentlichen Variablen unter Kontrolle gebracht, wobei sie die meisten Probleme durchdachten, *bevor* sie sie in der Praxis ausführten.

Ein Indiz dafür, daß sich die Kinder überwiegend noch im Stadium des konkret-operationalen Denkens (= Stadium 2) befanden, kann man auch in dem Gespräch sehen, das sich bei der Vorstellung der Sonnenuhren im Klassenplenum ergab. Die Lehrerin hatte im Anschluß an die Gruppenarbeit die Kinder zu einem Kreisgespräch gesammelt, in dem die einzelnen Uhrenmodelle und andere Arbeiten vorgestellt wurden. Dabei entstand eine engagierte Diskussion der Frage, ob man angesichts der Wolken am Himmel zum Eichen der Sonnenuhren auch die Zimmerlampe nehmen könne. Es wurde vorgeschlagen, die Uhr unter der Lampe zu drehen, um ein Zifferblatt zu erhalten, eine typische

Verwechslung von Ursache und Wirkung der bei der Sonnenuhr wirksamen Variablen. Nur die beiden Schülergruppen, die oben als dem Stadium 3 zugehörig eingeschätzt worden waren, konnten ihre Mitschüler unter Zuhilfenahme eines Buches und des Versuchs mit dem Globus davon überzeugen, daß die Sonnenuhr nur bei Sonnenschein funktionieren könne. Dabei ergab sich zugleich, daß man die Wasseruhr erfunden habe, weil sie auch nachts und bei bewölktem Himmel funktioniert, worauf die Lehrerin ein kurzes Gespräch über die historische Reihenfolge der von den Schülern erarbeiteten Zeitmesser auslöste. Ihre Frage, welche Uhr in der Ausstellung in Entsprechung zu ihrer historischen Entwicklung zuerst kommen müsse, beantwortete die Schülerin, die den Globusversuch gemacht hatte, völlig richtig mit: „Die Drehung der Erde!" (der Wechsel von Tag und Nacht).

Damit ist auch das Niveau gekennzeichnet, zu dem das Projekt bis zu diesem Tage bereits vorgestoßen war. Die lange Phase des ungelenkten, entdeckenden Lernens in der Mitte des heutigen Stundenverlaufs (Gesamtdauer der Projektarbeit heute dreieinhalb Stunden!) hat zahlreiche, bislang nur theoretisch erörterte Phänomene nun bei der Arbeit am Gegenstand manifest werden lassen. Viele neue Einsichten wurden von den Schülern im Experiment gewonnen, z. B. die Bedeutung der Trichterform bei der Sanduhr, die Bedeutung der Durchflußöffnung der Wasseruhr für ihre Eichung und die Erkenntnis, daß man eine Sonnenuhr nach einer festen Himmelsrichtung ausrichten muß. Die propädeutischen Arbeiten mit Lexikon und Wörterbuch trugen ihre Früchte bei der selbständigen Informationsbeschaffung aus den Sachbüchern. Es verwundert nicht, daß diese Stunde den Kindern wie den Erwachsenen großen Spaß machte.

Hinsichtlich der Offenheit dieses Unterrichts ist damit noch nichts ausgesagt. Überprüfen wir das Geschehen des Tages mit dem Indikatorenkatalog, so fällt die relativ strenge thematische Bindung der einzelnen Arbeiten auf: Zeitmessung als einziger Gegenstand der Schüleraktivitäten war zu keiner Minute in Frage gestellt. Die stark lenkenden Einflüsse von seiten der Lehrerin in den vergangenen Tagen ließen hier keinen Spielraum mehr für Themenverschiebungen und die Formulierung eigener Interessen. Auch die an den Vortagen noch so dominante Mondfahrt wurde von den Schülern nicht mehr angesprochen. Ferner verblieben die Schüleraktivitäten alle im Rahmen des Sachkundeunterrichts. Hingegen dürfte die Verbindung von kognitivem, affektivem und sozialem Lernen (Indikator 1—7) in dieser Stunde voll gelungen sein. Unterstellt man, daß die vom Lehrer vorgegebene Ausstellung von Zeitmessern von den Schülern als eigene Zielsetzung übernommen wurde, würde der Unterricht auch den Indikatoren 1—8 und 1—9 gerecht geworden sein.

Die deutliche thematische Eingrenzung, die von der Lehrerin in Nachbesprechungen mit der Furcht vor Ausuferungen begründet wurde, verschaffte ihr anscheinend die nötige Entlastung vom permanenten Entscheidungsdruck, um *an diesem Tag* im Bereich der Methodik große Offenheit zuzulassen. Schon der äußere Rahmen deutete das an: Die große Phase der Gruppen- und Einzelarbeit, die ja eine wesentliche Voraussetzung für die Entwicklung von Eigeninitiative seitens der Schüler darstellt, beherrschte das Bild des Tages eindeutig. Wiederum konnten sich die Schüler selbst gruppieren und sogar während des Unterrichts die Gruppen wechseln (Indikator 2—15). Sie konnten eigene Experimente entwerfen und durchführen, Materialien selber manipulieren, eigene Hypothesen formulieren und überprüfen (Indikator 2—17). Sie konnten ein inzwischen relativ vielseitiges Materialangebot ohne große Umstände selber benutzen (2—18), wobei auch Gegenstände außerhalb des Klassenzimmers gesucht wurden. Im einzelnen standen den Kindern neben zwei Globen und rund 15 verschiedenen Sachbüchern viele leere Kakaobecher zur Verfügung, Knetmasse, Scheren, Klebstoff, Bindfaden, Pappen, Sand und eine Kerze. Ferner verschaffte die Lehrerin den Kindern bei Bedarf Zugang zum schulüblichen Lehrmittelschrank für den Sachkundeunterricht in der Grundschule. Eine Schülerin, die Sand aus der Sandkiste geholt hatte, legte ihn im Lehrerzimmer zum Trocknen auf die Heizung, da der Heizkörper im Klassenzimmer nicht funktionierte — ein erstes Aufbrechen innerschulischer Tabuzonen. Zwar hatten die Schüler weiterhin keine Möglichkeit, direkt an der Unterrichtsplanung mitzuwirken (Indikator 2—6), wohl aber durfte man dem Unterricht Leerstellen (etwa hinsichtlich der konkreten Ausgestaltung der Ausstellung) zubilligen (2—3), in denen sich eigene Initiativen der Schüler entfalten konnten.

In der institutionellen Dimension war keine Öffnung des Unterrrichts auf außerschulische Einflußfelder oder Lernanlässe gegeben.

Nach dieser methodisch sehr offenen Stunde, die weitgehend durch entdeckendes Lernen gekennzeichnet war, erhielt die Lehrerin zwei Anrufe von Eltern, die sich beklagten, daß ihre Kinder in der Mathematikarbeit so schlecht abgeschnitten hätten. Sie beklagten die Ausdehnung der Projektarbeit und bemängelten den fehlenden Sprachunterricht. Dabei hatte die Lehrerin gerade die Mathematikstunden außerhalb des Projektes regulär durchgeführt und in der Klassenarbeit keine neuen Aufgabentypen verlangt. Der Projektunterricht hatte den Schülern ausführlich Gelegenheit zum mündlichen Sprachtraining geboten und in die selbsttätige Informationsbeschaffung und -verarbeitung mit Hilfe von Sachtexten eingeführt. Im Grunde genommen folgte die bisherige Arbeit genau den Ansprüchen eines kommunikativen Deutschunterrichts. Interessanterweise hatte sich auch die Mutter des Jungen beschwert, der an diesem Tag mit der Wasseruhr das bei weitem ausgereifteste Modell konstruiert und den höchsten Entwicklungsstand in der Klasse demonstriert hatte. Er war von dem Projekt so gefangen, daß er noch am Wochenende permanent an seinem Modell gearbeitet hatte. Aus diesem Grund antwortete die Lehrerin auf die Frage, ob sie durch die Elternklagen verunsichert sei: „Im Gegenteil: Ich lerne jetzt, mich zu wehren. Was können wir denn noch mehr wollen, als daß die Schüler vom Unterricht so gepackt werden? "

5.3 Zwischenbilanz

Nach neun Tagen ergibt eine Zwischenbilanz des Projektverlaufs ein uneinheitliches Bild. Gegenüber dem in unseren Regelschulen üblichen Unterricht waren diese Tage außergewöhnlich produktiv und abwechslungsreich hinsichtlich dessen, was alles behandelt wurde. Die Schüler konnten themenbezogen eigentlich jede Frage einbringen, die ihnen kam, und die Lehrerin ließ sich auf die Erörterung einer Menge von Problemen ein, die weder von ihr noch vom Beobachter erwartet worden waren (z. B.: Raumfahrt, Rückstoß, Schwerkraft, die Ausbreitung des Lichts). Das Interaktionsklima war im allgemeinen freundlich, der Disziplindruck erträglich und ausschließlich auf die Einhaltung der in der Klasse vereinbarten Kommunikationsregeln gerichtet. Sachfremde Autoritätsrituale fielen dem Beobachter mit Ausnahme eines Kaugummiverbotes nicht auf. Die Beteiligung der Schüler am Unterricht war relativ hoch, und die Kinder äußerten in Gesprächen wiederholt ihre Freude an dem Projekt. Sie arbeiteten des öfteren auch dann zu Hause für das Projekt, wenn keine Hausaufgaben gestellt worden waren. Dies alles ist keineswegs selbstverständlich.

Was nun die Frage der Offenheit betrifft, so konnte an diesen Tagen ein Wechsel von offeneren mit geschlosseneren Perioden beobachtet werden. Der einzige Tag, an dem sowohl in der methodischen als auch in der thematischen Dimension die Voraussetzungen für die Entwicklung von Eigeninteressen seitens der Schüler in gewisser Weise gegeben waren, war der 3. Projekttag, als die Lehrerin den Klassenverband mit der Aufforderung auflockerte, sich in Gruppen oder alleine zu überlegen, wie das Projekt weitergehen könne. Hätte dieser Ansatz ausgebaut werden können und zu individuellen Arbeitsgruppen über längere Zeit geführt, so wäre nicht auszuschließen gewesen, daß sich daraus ein Unterricht entwickelt hätte, der dem im theoretischen Bezugsrahmen ausgeführten Offenheitsideal in großem Maße entsprochen hätte. Der institutionelle Zwang zum Unterricht im geschlossenen Klassenverband verhinderte dies. Der Besuch im Planetarium lenkte die Kinder von ihren eigenen Fragen weg, bevor sie einer Beantwortung zugeführt werden konnten. Damit geriet die Lehrerin in ein Dilemma: Einerseits wollte sie nicht das Thema Zeit fallenlassen, das eben erst angetippt worden war und noch viele Perspektiven ungenutzt gelassen hatte. Andererseits konnte sie sich nicht entscheiden, den starken Impuls der Kinder in Richtung Raumfahrt einfach abzuwürgen.

„Ich möchte die Kinderfragen ernst nehmen. Ich möchte nicht sagen: 'Hört mal, ihr habt jetzt zwar Fragen, aber das interessiert mich im Moment gar nicht, weil es jetzt nicht hierher gehört', weil ich weiß, daß ich für viele Kinder, z. B. XYZ, die einzige Institution bin, die ihnen antworten kann. Die Eltern haben keine Zeit. Das ist also die Verpflichtung, einfach als Partner dazusein. . . . Auf der anderen Seite die Verpflichtung, zum Projekt 'Zeit' zu kommen, weil das ja nicht ins Uferlose gehen soll und auch irgendwie zeitlich begrenzt sein soll" (Nachbesprechung vom 5. Projekttag).

Diese doppelte Verpflichtung ging voll in die Unterrichtswirklichkeit ein, wie beispielhaft in der Zusammenfassung des 7. Projekttags dargelegt wurde.

Die für unsere Schulen doch relativ ungewöhnliche thematische Flexibilität wurde dabei mit Ausnahme des 3. und 9. Projekttages aufgefangen durch eine gewisse methodische Selbstbeschränkung. Wenn man anhand der Beobachtungsprotokolle beispielsweise die Verteilung der verschiedenen Sozialformen auf die gesamte Unterrichtszeit untersucht, so ergibt sich folgendes Bild:

Projektzeit in Minuten (ohne Pausen)	Klassenge- spräch oder Vortrag	Gruppen-, Partner-, Einzelarbeit im Rahmen eines Klassen- gesprächs	Gruppenarbeit als eigenständige Sozialform
1.Tag: 140	110	30	
2.Tag: 85	65	20	
3.Tag: 105	60		45
4.Tag: 90	90		
5.Tag: 70	40	30	
6.Tag: 40	40		
7.Tag: 85	65	20	
8.Tag: 70	70		
Summe: 685	540	100	45
9.Tag: 160	25		135
Summe: 845	565	100	180

Die Tabelle belegt auf einen Blick, daß der Löwenanteil der Projektarbeit als Klassengespräch organisiert wurde. Nur 100 von 845 Unterrichtsminuten wurden bis zum 9. Projekttag in Gruppen-, Partner oder Einzelarbeit organisiert, die aber auch nur die Funktion der Informationsbeschaffung oder Informationsaufbereitung *innerhalb* eines anschließend fortgesetzten Klassengesprächs erfüllten. Bis zum 8. Projekttag einschließlich nahmen das Klassengespräch oder diesem dienende Gruppen-, Partner- und Einzelarbeiten 640 von 685 Unterrichtsminuten (= 93 %) in Anspruch. Selbst mit der langen Periode am letzten Tag wurden bis zum 9. Projekttag nur 180 von 845 Minuten (= 21 %) in Gruppen- und Einzelarbeit verbracht, die als *eigenständige* Sozialform das Projekt inhaltlich vorantrieb und den Schülern Gelegenheit bot, an der Ausgestaltung des Unterrichtsverlaufs *direkt* mitzuwirken.

Wenn wir davon ausgehen, daß der geschlossene Klassenverband den Schülern bei der Entdeckung, Formulierung und vor allem Durchsetzung eigener Interessen und Fragen die größten Schwierigkeiten entgegensetzt, nicht nur wegen der großen Zahl konkurrierender Bedürfnisse, sondern auch aus psychologischen und gruppendynamischen Gründen, so wird offenkundig, wie es der Lehrerin eigentlich gelang, doch die gesamte Klasse wieder zum Thema ,,Zeit`` zurückzuführen.

Damit ist keine Kritik an der Lehrerin geäußert. Es wäre völlig irreal, zu unterstellen, daß die Dominanz der Lehrerrolle im Unterrichtsgeschehen innerhalb von neun Tagen außer Kraft gesetzt werden könnte, insbesondere, wenn man bedenkt, daß der Versuch von vornherein auf vier Wochen limitiert war und neben dem Projekt etwa in den Fächern Mathematik, Sport, Religion der herkömmliche Unterricht einschließlich traditioneller Klassenarbeiten weiterlief. Zudem darf die Arbeitsbelastung, die mit einer solchen Curriculumerprobung verbunden ist, nicht übersehen werden. So wies die Lehrerin in einer Nachbesprechung darauf hin, daß der offene Unterricht höchste Konzentration von ihr verlange, weshalb sie auch immer dann zur Gängelung der Schüler neige, wenn diese Konzentration nicht mehr voll vorhanden sei. Dieselbe Erfahrung hatte auch der Beobachter gemacht, der sich beim Mitschreiben der Stundenprotokolle mehrmals bei Ausfällen ertappte, wo es ihm nicht mehr gelang, die Unterrichtsgeschehnisse vollständig zu erfassen, obwohl er ja nicht einmal, wie die Lehrerin, auf die Schüleräußerungen *inhaltlich* eingehen und mit eigener Aktion reagieren mußte. Solche Ausfälle kamen regelmäßig vor, wenn die Schüler über ein bislang unbekanntes Phänomen zu spekulieren begannen und 33 Kinderhirne gleichzeitig kreativ tätig wurden. Aus dieser Perspektive erweist sich die häufige Konzentration im methodischen Bereich auf einige wenige, meist lehrergesteuerte Sozialformen als eine Form der Handlungsentlastung angesichts eines permanenten inhaltlichen Entscheidungsdrucks in offeneren Unterrichtsphasen.

Übertragen wir diese Überlegungen auf die Einflüsse, die das Curriculummaterial auf den Unterricht gewonnen hat, so läßt sich erkennen, daß der Rückbezug auf die dort niedergelegten Anregungen vor allem ein *thematischer* war. Man konnte in jeder Stunde die Versuche der Lehrerin spüren, trotz aller inhaltlichen Offenheit zur *Zeitmessung* vorzudringen, die ja in der Curriculumeinheit den größten Raum einnimmt. (Die Möglichkeit, etwa in religiöse Bereiche vorzudringen, wird dort zwar zugestanden, nicht aber weiter ausgeführt.) Sie mußte dies solange auf einer verbalen Ebene tun, als die Kinder noch vom Weltraumthema fasziniert waren, weil ja deren Faszination — wie bereits ausgeführt — nicht zerstört werden sollte.

Damit gerieten ungewollt die methodischen Hinweise aus den Curriculummaterialien etwas ins Hintertreffen. Hätten nämlich die *methodischen* Standards von Sc 5–13 die Unterrichtsplanung determiniert, so hätten zwei Entscheidungen anders ausfallen müssen. Einerseits hätte der große Abschnitt verbaler Auseinandersetzung mit dem Thema nicht *vor* den Experimenten beim Bauen von Zeitmessern stattfinden dürfen, sondern *dabei*. Wie wir in der Zusammenfassung vom 9. Projekttag herausgefunden haben, befindet sich der überwiegende Teil der Klasse noch im Stadium der konkreten Operationen (Stadium 2) und kann theoretische Zusammenhänge am besten in der Auseinandersetzung mit konkreten Dingen, d. h. in der Aktion mit dem Gegenstand erfassen. Zum anderen sieht die Grundkonzeption von Sc 5—13, „mit Lernzielen vor Augen" zu arbeiten, in einer Verlagerung des Projektthemas, etwa von „Zeit" auf „Weltraumfahrt", keine Bedrohung der umfassenden Zielsetzung der „Entwicklung einer Fragehaltung und eines wissenschaftsorientierten Problemlöseverhaltens". Die Lehrerin stimmte denn auch mit dem Beobachter darin überein, daß hinsichtlich der Erreichung dieses umfassenden Zieles eigentlich keine Stunde verloren war, auch dann nicht, wenn das Thema „Zeit" hinter der Raumfahrt zurückgetreten war.

Fragt man nach den Gründen, warum sich inhaltliche Entscheidungen so in den Vordergrund drängen konnten, daß davon die methodische Planung und der tatsächliche Unterrichtsverlauf weithin beherrscht wurden, so kann das verständliche Bedürfnis nach Entlastung von Entscheidungen und die prinzipielle Begrenzung des Innovationspotentials in einer so weitgehend festgelegten Institution wie der Schule diese Erscheinung sicher nicht vollständig erklären. Hier sind weitere Überlegungen notwendig.

Bedenken wir etwa das Verhältnis von Inhalt und Methode im Unterricht außerhalb dieses Projektes, so stoßen wir auf die fehlende Berücksichtigung ihres Implikationszusammenhanges, wo immer man hinschaut. So hat bei uns — im Gegensatz zur Konzeption von Sc 5—13 — die Methode überall nur dienende Funktion zur Erreichung von Lernzielen und zur Bearbeitung von Stoffen. Unterrichtsthemen und Lernziele werden in Lehrplänen verordnet, und die Lehrer sind gezwungen, die Arbeit in der Schule an Stoffverteilungsplänen auszurichten. Die Unterrichtsmethode wird als einziger Freiraum pädagogischer Entscheidung dem Lehrer überlassen. Rahmenrichtlinien werden in der Öffentlichkeit und im Parlament wegen ihrer Inhalte kritisiert; die Formen der Vermittlung bleiben von der Diskussion solange ausgespart, bis die Folgeschäden fehlender Übereinstimmung von Inhalt und Methode bei den Kindern manifest geworden sind. Junglehrer müssen weitgehend Unterrichtsentwürfe nach dem Muster der lerntheoretischen Didaktik erstellen, in denen die Reihenfolge der

Planungsbeschreibung (erst die Intentionen, dann die Thematik, dann die methodischen Überlegungen) meist auch eine den Implikationszusammenhang verdrängende Reihenfolge der Planungsüberlegungen widerspiegelt. Selbst wo die realen Planungsüberlegungen — wie es auch oft der Fall sein dürfte — genau umgekehrt verlaufen (erst die Verlaufsskizze, dann eine nachträglich zurechtgebastelte Begründung derselben), wird diese Spaltung kaum überwunden, da sie bereits in der Begrifflichkeit angelegt ist.

Daß, wie bei Sc 5—13, methodische Überlegungen ihrer dienenden Funktion für die adäquate Behandlung von Stoffen enthoben werden und eine eigene Qualität im Gesamtcurriculum erhalten, zum Planungsfaktor um ihrer selbst willen erklärt werden, ist für deutsche Verhältnisse ungewöhnlich. Es wird aber sofort verstehbar, wenn wir uns erinnern, daß im Herkunftsland Großbritannien Lehrpläne als zentral verordnete Stoffkataloge oder Lernzielsammlungen unbekannt sind. Unter diesen Bedingungen, wo jede Schule ihr eigenes Curriculum entwerfen muß, wäre eine Planungshilfe, die den Bereich der Methodik aus dem Implikationszusammenhang aussparen wollte, von vornherein zum Scheitern verurteilt: Ihre Funktionstüchtigkeit würde in der Praxis sofort offenkundig, ohne daß man — wie bei uns — das Scheitern des Unterrichts dem Lehrer ankreiden würde.

Daraus sind folgende Konsequenzen zu ziehen:
1. Es hat sich herausgestellt, daß der Theorieband bei den Curriculummaterialien weit wichtiger ist als die konkrete Einheit. Ein erfolgreiches Arbeiten mit Sc 5—13 darf in erster Linie dann erwartet werden, wenn man die Einheiten tatsächlich nur als Anregungen für *mögliche* Unterrichtsaktivitäten benutzt, hingegen dem Theorieband die größte Aufmerksamkeit schenkt.
2. Der Versuch der landesweiten Steuerung des Unterrichts durch Lehrpläne, die Stoffangaben oder Lernziele in *verbindlicher* Form beinhalten, verengt den Implikationszusammenhang von Inhalt, Methode und Schulorganisation auf eine rein funktionalistische Zweck-Mittel-Relation. Da die Verordnung *sämtlicher* Faktoren unter der Maxime einer möglichst vollständigen Kontrolle des Bildungsbereichs durch die Machtspitze an der Vernachlässigung der situativen Bedingungen vor Ort scheitern muß, die von Klasse zu Klasse und von Tag zu Tag verschieden sind, bleibt nur der umgekehrte Ausweg aus dem Dilemma: Die konsequente Dezentralisierung sämtlicher unterrichtsrelevanter Ent-

scheidungen an die Basis des Geschehens, wie es in den Konzepten einer praxisnahen Curriculumentwicklung von kompetenter Seite empfohlen wurde (vgl. Deutscher Bildungsrat 1974). Die Praxisversuche in den beiden anderen Projektschulen, die über solche Entscheidungsfreiräume verfügen, werden erweisen müssen, ob eine Spaltung von thematischer, methodischer und institutioneller Dimension dort vermieden werden kann.

5.4 Fortsetzung des Projektverlaufs

10. Projekttag

Der Unterricht verlief wiederum als lehrergesteuertes Klassengespräch über drei Schulstunden. Ausgehend von den Arbeiten, die die Schüler übers Wochenende zu Hause gebastelt hatten (zwei Sanduhren, eine Wasseruhr mit Baumwollfaden als Tropfenleiter) wurden die Vor- und Nachteile dieser Modelle diskutiert. Ein Großteil der Unterrichtsaktivitäten war dabei um eine Sanduhr zentriert, die ein Mädchen aus zwei am Boden zusammengeklebten und an der Öffnung mit Pappe verschlossenen Kakaobechern angefertigt hatte. Die Schüler erkannten, daß um das Loch, das in den Boden gebohrt war, stets ein Sandring liegenblieb, und erörterten, ob diese Konstruktion wohl einen brauchbaren Zeitmesser abgäbe.

Bei der Erörterung der Frage, ob durch den Becherrand immer gleich viel Sand zurückgehalten werde, war die Lehrerin ständig bemüht, die Kinder an das Handlungsschema für empirische Arbeiten heranzuführen und die Beobachtungen mit dessen Hilfe zu strukturieren. Das gelang über weite Strecken nicht. Die Schüler wollten immer gleich *Lösungen* für verschiedene Probleme einbringen, anstatt die Probleme, Vermutungen und Lösungsvorschläge erst einmal für die ganze Klasse verbal darzustellen, worauf die Lehrerin bestand. Die unterschiedlichen Bedürfnisse der Lehrerin und der Schüler konnten kaum vermittelt werden, was zu einem stark gelenkten Unterricht und abbröckelnder Beteiligung seitens der Schüler führte. Die Schüler schafften es nur selten, ihre eigenen Aussagen auf deren logischen Status zu befragen und zu entscheiden, ob sie nun gerade ein Problem, eine Vermutung oder einen Lösungsversuch von sich gegeben hatten.

Nachdem mit starker Hilfe der Lehrerin drei verschiedene Hypothesen über die Kakaobecheruhr formuliert waren, wurde eine Versuchsreihe gestartet. Die Schüler gruppierten sich an ihren Tischen um Armbanduhren mit Sekundenzeigern und maßen mehrmals hintereinander die Durchlaufzeit der Sanduhr, die von dem Mädchen vor der Klasse in Gang gesetzt wurde. Es entstand eine Tabelle, in der vier Meßversuche von jeweils sechs Gruppen kontrolliert wurden. Darauf folgte eine kurze Erörterung der Ergebnisse und die Hausaufgabenstellung, sich zu überlegen, welche Schlußfolgerungen man der Tabelle entnehmen könne. Obgleich von der Lehrerin nicht selber ausgeführt, kann man dieser Stunde doch eine Orientierung an typischen Lernzielen von Sc 5–13 unterstellen, z. B.:

1.43: Einsicht in die Notwendigkeit, Messungen zu machen;

2.41: Fähigkeit, Fragen so zu formulieren, daß sie voraussichtlich durch Versuche beantwortet werden können.

1.75: Fähigkeit, Informationen tabellarisch anordnen und Tabellen benutzen zu können;

2.94: Erkennen der Rolle des Zufalls beim Messen und Experimentieren.

Für diesen Projekttag können nach Auffassung des Beobachters kaum Indikatoren offenen Unterrichts geltend gemacht werden. Dennoch war der Tag für die Fragestellung dieser Arbeit insofern von großer Bedeutung, als der Unterricht – zum ersten Mal – an den individuellen Problemen eines Kindes zu scheitern drohte. Der Schüler, der schon an den Vortagen dadurch aufgefallen war, daß er von zu Hause Modelle aus seinem Experimentierkasten in den Unterricht einbrachte (Metronom), bekam auf seinen eigenen Wunsch Gelegenheit, seine Wasseruhr mit dem Baumwollfaden vorzuführen. Der Schüler ist stark gehemmt und unfähig, sich am Sprachgeschehen des Unterrichts zu beteiligen. Er bringt selten ein Wort heraus und zieht sich von jeder verbalen Aktivität zurück. Es ist extrem schwierig, sich mit dem Jungen zu unterhalten, obwohl er oft Kontakt sucht, indem er sich mit Arbeitsprodukten verkniffen grinsend an die Erwachsenen anschleicht und deren Bestätigung sucht. Da er sich nicht traute, seine Uhr alleine der Klasse zu präsentieren, hatte er sich das andere Problemkind, den stärksten Schüler, mit nach vorne genommen. Er fummelte diverse Male an seiner Uhr herum, die aber nicht zu laufen begann. Der Rest der Klasse wurde dabei etwas unruhig, weil die Mitschüler nicht verstanden, worum es ging, und der Junge den mehrfachen Aufforderungen der Mitschüler wie der Lehrerin, seinen Zeitmesser doch zu erklären, nur zögernd und nahezu flüsternd nachkam. Obwohl sich die Lehrerin geduldig um ihn kümmerte,

war er doch durch das Versagen seines Modells völlig verunsichert und nicht mehr in der Lage, vor der ganzen
Klasse zu sprechen.

Im Zusammenhang mit der Frage, wieviel Offenheit man
den Schülern zumuten darf, erhält der Fall dieses Kindes
einen besonderen Stellenwert. Hätte der vorangegangene
Projekttag mit dem individualisierten Arbeiten dem voreiligen Urteil Nahrung geben können, offener Unterricht
sei nur für die leistungsstarken Schüler geeignet, die ohnehin schon in der Lage sind, selbständig zu arbeiten, während die üblicherweise stillen und leistungsschwächeren
Kinder ohne die lenkende Hand des Lehrers nicht auskommen können, müssen wir nun unseren Eindruck differenzieren. Offener Unterricht erweist sich gerade am Beispiel der Problemkinder als besonders geeignete Unterrichtsform, um individuelle Stärken zum Tragen kommen
zu lassen und somit Erfolgserlebnisse zu produzieren,
ohne — wie heute beim Unterricht im geschlossenen Klassenverband — die individuellen Schwächen vor aller Öffentlichkeit bloßlegen zu müssen. Gerade im Hinblick auf
die Problemkinder erhalten einzelne Indikatoren für methodische wie inhaltliche Offenheit ein dramatisches Gewicht. Jene Kategorien, die auf eine Individualisierung des
Lernprozesses abzielen (1–4, 1–5, 2–5, 2–7, 2–8, 2–13,
2–14), erweisen sich als Voraussetzung für die gezielte
Förderung derer, die den Standards eines abstrakt angenommenen Durchschnittsschülers eben nicht gerecht werden können.

*Offener Unterricht heißt also auch: die methodischen, in-
haltlichen und institutionellen Bedingungen herstellen, die
es dem Lehrer ermöglichen, verschiedenen Schülern einer
Klasse zur selben Zeit verschiedene Grade von Offenheit,
von Steuerung und Eigenverantwortlichkeit beim Lernen
zuzumuten.*

Lernsituationen müssen so offen organisiert werden, daß
diejenigen Schüler, die auf Lenkung und zusätzliche Hilfe
durch den professionellen Erzieher noch nicht verzichten
können, Lenkung und zusätzliche Hilfe erhalten können,
ohne die anderen in ihrer Selbstentfaltung bremsen zu
müssen.

Die Konfrontation einer relativ offenen Lernsituation
(9. Tag) mit einem ziemlich geschlossenen Unterricht
(dieser Tag) liefert somit über das Negativbeispiel die

experimentelle Erfahrung der Richtigkeit wesentlicher
Prämissen aus dem theoretischen Bezugsrahmen, der vor
Beginn des Versuchs erstellt wurde. Sie verdeutlicht zugleich die erweiterten pädagogischen Möglichkeiten wie
auch zusätzlichen Verpflichtungen für den Erzieher, der
sich nicht dem abstrakten Durchschnittsschüler, sondern
den konkreten Kindern in seinem Klassenzimmer verpflichtet fühlt.

11. Projekttag

Zu Schulbeginn waren die Kinder in heller Aufregung.
Nahezu die gesamte Klasse erörterte heftig einen Fernsehfilm, der am Vorabend gelaufen war, und ahmte einzelne
Szenen im Rollenspiel nach. Als die Lehrerin erkannte,
daß die Kinder nicht zur Ruhe kommen würden, gab sie
deren Kommunikationsbedürfnis nach, verzichtete aufs
Singen und aufs Frühgebet und gab den Kindern noch etwas Zeit, sich auszutauschen. Nach fünf Minuten brachte
die Lehrerin mit einem Schlag an die Triangel nach und
nach die Klasse zur Ruhe. Die Kinder waren nun einigermaßen gelöst und bereit, mit dem Unterricht zu beginnen.
Es folgte ein 60minütiges Klassengespräch, das der Besprechung der Hausaufgabe diente. Da nur wenige Kinder die
Aufgabe im von der Lehrerin erwarteten Sinn gemacht
hatten, bemühte sie sich erneut, die Kinder im Gespräch
an das Handlungsschema für empirisches Arbeiten heranzuführen, und ließ die einzelnen Schülerbeiträge diesem
Schema zuordnen.

Das Gespräch verlief zäh, und die Beteiligung beschränkte
sich über weite Strecken auf die Klassenbeste im mündlichen Unterricht, die sich durch „falsche" Beiträge ihrer
Mitschüler herausgefordert sah. Nach 35 Minuten themati-
sierte die Lehrerin die Schwierigkeiten und fragte die
Schüler selbst, warum der Unterricht nicht laufe. Eine
Schülerin antwortete, daß die Reflexion über Sprache,
die bislang Unterrichtsgegenstand gewesen war, „zu langweilig" und „zu langsam" sei. Dennoch gelang es mit der
Einbeziehung einer weiteren Schülerarbeit, die einzelnen
Beiträge in das Handlungsschema (vgl. 8. Projekttag) einzuordnen und somit vor und mit der Klasse den Ablauf
eines empirischen Experimentes nachzuvollziehen.

Anschließend ging die Lehrerin zu einer längeren Phase
mit Gruppenarbeit über. In den folgenden 35 Minuten
wurden von kleineren oder größeren Gruppen oder von

einzelnen Schülern diverse Ausstellungstexte geschrieben. Einige Kinder bauten weiter an ihren Zeitmessern, wieder andere hörten noch einmal die Tonbandkassette vom Sternwartenbesuch ab. Zwei Schülerinnen liehen sich die Kamera des Beobachters aus, um ihre Reisuhr für die Ausstellung zu fotografieren. Als die Pause längst begonnen hatte, war noch die halbe Klasse mit der Projektarbeit befaßt. Ein Viertel der Klasse hatte mit der Frühstückspause begonnen, drei Kinder hörten noch das Tonband, und der Rest lief herum und beschäftigte sich mit Papierfliegern. Die Projektarbeit endete damit, daß alle Kinder in den Pausehof hinunter mußten.

Zusammenfassend ähnelte dieser Tag weitgehend dem 9. Projekttag, und zwar sowohl hinsichtlich der Aktivitäten als auch der Schülerbeteiligung und des Grades der Offenheit. Die Lehrerin zeigte sich hinsichtlich des Verlaufs des ersten Stundenteils etwas frustriert. Sie verstand zunächst nicht, warum die Kinder nicht in der Lage gewesen waren, die Schülerbeiträge in das Schema einzuordnen, obwohl sie sonst auch verschiedene Arbeiten miteinander vergleichen und einschätzen könnten. Bedenkt man, daß nach zwei Stunden noch immer mehrere Schüler Einzelszenen aus dem Fernsehfilm nachspielten, wird eine Erklärung für die geringe Schülerbeteiligung deutlich. Das verständliche Bedürfnis, die Kinder nicht auf ihrem Entwicklungsstand stehenzulassen, sondern ihnen Strukturierungshilfen für ihre Erfahrungen und Vermutungen an die Hand zu geben und diese gemeinsam zu erproben, scheiterte an den Verführungstechniken der Filmindustrie.

Allerdings wollte die Lehrerin die Ursache für den zeitweiligen Kommunikationsstillstand nicht nur beim Fernsehen suchen. Am nächsten Tag meinte sie: „Das war es nicht. Das war gestern wirklich *ich*! *Für mich* standen in dem Augenblick meine eigenen Vorstellungen von naturwissenschaftlicher Arbeit derart im Vordergrund, daß mir mitten im Unterricht einfiel: 'Du hast es doch gelesen, (daß es so nicht geht)' " (Nachbesprechung vom 12. Projekttag). Wenn die Selbsteinschätzung der Lehrerin zutrifft, wäre dieser Stundenteil ein typisches Beispiel für einen Kommunikationszusammenbruch infolge eines für Revision seitens der Schüler verschlossenen Lernarrangements. (Es braucht hier nicht betont zu werden, daß solche Kommunikationszusammenbrüche genauso zu erwarten sind, wenn an offenen Strukturen festgehalten wird, wo sie nicht situationsadäquat sind.)

Am 12. und 13. Tag wurde ausschließlich, am 14. Tag überwiegend in Gruppen- und Einzelarbeit für die Ausstellung gebaut. Die Kinder arbeiteten an verschiedenen Themen und Gegenständen zur Zeitmessung, wobei sie sich wiederum selbst gruppierten und mit Material versorgten. An allen drei Tagen war das Klassenzimmer von geschäftigem Treiben erfüllt. Nahezu sämtliche Kinder waren mit Projektarbeiten befaßt, nur einzelne vagabundierten im Klassenzimmer umher und waren zeitweise unbeschäftigt.

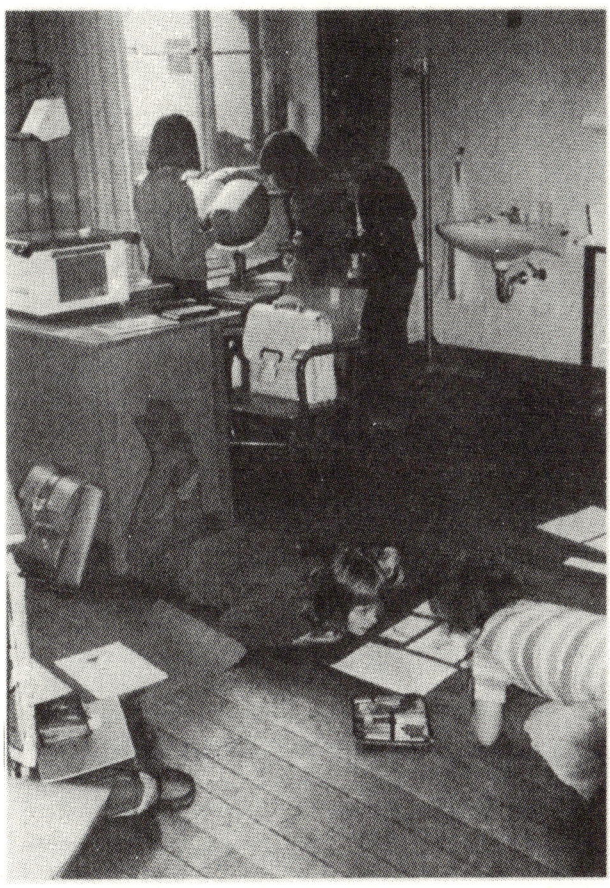

Warum nicht im Liegen arbeiten, wenn es den Bedürfnissen der Schüler entspricht?

Es ist unmöglich, sämtliche Aktivitäten aufzuzählen: Es wurden noch mehrere Sanduhren gebaut; viele Kinder schrieben Ausstellungstexte aus Büchern ab oder verfaßten zu ihren Produkten selbst welche, die sie auf große Pappen aufklebten. Ein Kind verfaßte ein Gedicht über die Uhr, ein anderes schrieb 20 Wortverbindungen mit „-zeit" auf. Es wurde auch das Klassenzimmer verlassen: Zwei Schülerinnen gingen in nahegelegene Geschäfte und beschafften sich Prospekte von Uhren und Schallplattenspielern (als Beispiel für eine gleichförmige Bewegung), die sie zer- · schnitten und auf Ausstellungsbögen klebten. Weitere Wasseruhren wurden ohne Überwachung durch eine Lehrkraft auf dem Flur ausprobiert, weil sich dort ein tieferes Waschbecken befindet. Die Mitschüler verließen, um die anderen Schulklassen nicht zu stören, das Klassenzimmer in Vierer-Gruppen zum Zuschauen, wobei sie selbst reibungslos organisierten, wer wann raus durfte. Ein Kind brachte eine alte Wohnzimmeruhr aus Großmutters Zeiten mit, die herumgezeigt wurde und dann als Objekt für diverse Manipulationen am Läutwerk diente. Hier wurde nicht mehr Naturwissenschaft im schulischen Sinne betrieben, sondern vielmehr ästhetische Erziehung: Die Kinder hörten andächtig das Mehrton-Läutwerk an und versuchten, die Hammer festzuhalten, um andere Tonfolgen zu produzieren. Eine kleine Gruppe probierte mit der Stoppuhr aus, wie lange Plastikfrösche zum Aufziehen mit den Beinen strampeln. Andere begannen, ihre Wasseruhren zu eichen. Zwei Kinder malten (nach Anregung durch die Lehrerin) Diagramme von den Durchlauftests mit der Sanduhr (vgl. den Bericht vom 10. Projekttag).

Beide Tage zeichneten sich durch die hohe Produktivität des Unterrichts aus: Nach einer gewissen Anlaufzeit, die einige Schüler brauchten, um sich bei Mitschülern oder bei der Lehrerin Anregungen zu holen, betrug die Schülerbeteiligung nahezu 100 Prozent, obwohl die Lehrerin niemanden zur Arbeit zwang! Die Kinder hätten sich leicht vor der Mitarbeit drücken können. Offensichtlich hatte aber die geplante Ausstellung doch einen handlungsorientierenden Charakter für sie angenommen: Jeder wollte was tun. Die Kinder fertigten mit viel Zeitaufwand große Einladungen an und vertrieben sofort zufällig hereinschauende Schüler aus anderen Klassen mit der Bemerkung: „Die Ausstellung ist noch nicht eröffnet!"

An allen drei Tagen war etwa ein Viertel der Kinder mit Malen beschäftigt, davon nur ein geringer Teil fast ausschließlich. Sie verwendeten unendliche Mühe auf die künstlerische Umrandung ihrer Ausstellungsbögen, und eine Reihe von ihnen traute sich zunächst nicht an eigene Konstruktionen. Die Lehrerin bemühte sich immer wieder, von Gruppe zu Gruppe gehend, mit diesen Kindern, die noch sehr unselbständig sind, ins Gespräch zu kommen, um weiterführende Aktivitäten anzuregen.

Am 13. Tag wurde für die wenigen Kinder ohne Beschäftigung gezielt ein Arbeitsblatt eingesetzt, auf dem die Schülerfragen vom 3. Projekttag zusammengestellt waren und die Kinder angeben sollten, welche sie davon inzwischen beantworten konnten und welche noch geklärt werden müßten. Wiederum halfen sich die Kinder beim Ausfüllen gegenseitig, wobei die Fragen auch inhaltlich von ihnen diskutiert wurden. Der Bogen wurde am Nachmittag von der Lehrerin ausgewertet, und die Ergebnisse wurden am folgenden Tag der Klasse bekanntgegeben, wobei die Lehrerin ein Klassengespräch darüber beginnen wollte. Sie brach dieses Gespräch nach wenigen Minuten ab und ging wieder zur Projektarbeit über, weil kaum ein Schüler zuhörte. Statt dessen setzte sich die Lehrerin mit zwei Schülern zusammen, die sich für den Fragebogen interessiert hatten, und besprach ihn mit ihnen in Einzelarbeit.

Bevor wir die drei Projekttage anhand des Indikatorenkatalogs diskutierten, sei eine Aussage aus dem Lehrertagebuch zitiert: „Die beiden letzten Projekttage haben mir doch gezeigt, daß es möglich ist, verschiedene Gruppen an unterschiedlichen Themen arbeiten zu lassen. Auch wurden heute die Erwachsenen als 'rettende Station' etwas weniger hoch eingeschätzt, vielmehr verständigten sich die Schüler mit Klassenkameraden, wenn ein Problem auftrat" (Lehrertagebuch vom 12. Projekttag; vgl. hierzu die zunächst gegenteilige Einschätzung der Lehrerin in der Nachbesprechung vom 5. Projekttag!).

Die Frage nach der inhaltlichen Offenheit dieses Unterrichts hat insofern eine neue Qualität bekommen, als zum ersten Mal die Wirkung einer handlungsorientierenden Leitidee (Indikator 1—9) in Form der geplanten Ausstellung voll zum Tragen gekommen ist. Dadurch haben sich den Kindern einige zusätzliche Aufgaben gestellt: Sie mußten sich Gedanken hinsichtlich der Präsentation ihrer Werke machen (ästhetische Erziehung), sie mußten Sachbeschreibungen anfertigen (Aufsatzübung), sie mußten hohe Sekundenbeträge, die beim Eichen der Wasseruhren auftraten, in Minuten umrechnen, sie mußten die technische Funktionstüchtigkeit ihrer Modelle sicherstellen (Werken). Sie mußten aber auch: geeignete Informationen aus Sachtexten entnehmen und verständliche Versuchsbeschreibungen entwerfen (wissenschaftspropädeutisches Arbeiten), sich die vorhandenen Bücher und Materialien mit Kameraden teilen (soziales Lernen) und die inhaltliche Gestaltung ihrer Arbeit weitgehend selbst überlegen (Lernen lernen), weil die Lehrerin entsprechend den Curriculumintentionen nun immer mehr dazu übergegangen war, die Kinder solche Probleme auch selber lösen zu lassen.

Selbstgesteuerte Problemdiskussion in der Schülergruppe ersetzt im offenen Unterricht weitgehend die übliche Frontalbelehrung.

Immer eingedenk der Tatsache, daß die Kinder nur zum Thema Zeit, bzw. Zeitmessung arbeiteten und ein Verlassen dieser Thematik zugunsten neu auftauchender Probleme nach dem bisherigen Projektverlauf nicht mehr zu erwarten war, sind in gewisser Weise fast alle Indikatoren für inhaltliche Offenheit an diesen drei Tagen erfüllt gewesen. Was diese Tage von den vorangegangenen abhebt, ist die erhöhte Korrespondenz von inhaltlicher und methodischer Offenheit: Die Spaltung zwischen beiden Dimensionen war deutlich geringer ausgeprägt als noch zu Wochenbeginn.

Wenngleich die Kinder nicht aktiv in den Prozeß der

Unterrichtsvorbereitung eingebunden waren (Indikator 2—6), so nahmen sie doch Einfluß auf die weitere Projektgestaltung durch die Lehrerin, indem sie über ihre Arbeitsprodukte Rückmeldungen über den Lernstand lieferten und Fragen einbrachten, an denen sich die Lehrerin orientierte. Abgesehen von den unmittelbar planungsbezogenen Indikatoren waren fast alle anderen Kriterien methodischer Offenheit gewährleistet, so z. B. die Indikatoren 2—3, 2—5, 2—7, 2—10, 2—12, 2—14, 2—15, 2—17, 2—18.

Weitgehend ausgespart von der erfolgreichen Öffnung blieb die *institutionelle Dimension.* Auch die Intention, eine Ausstellung vorzubereiten, bleibt solange eine typische Schulveranstaltung, als sie nicht Anlaß des Projektes ist, sondern eine methodische Hilfe mit motivationsfördernder und Orientierung stiftender Funktion. Die Schulumwelt diente wohl als Materialquelle, jedoch nur in Ausnahmefällen als Lernort, etwa wenn sich die Eltern zu Hause ebenfalls mit dem Projektthema auseinandersetzten und ihren Kindern diese oder jene Anregung gaben.

Unter der Fragestellung, wie sich Lehrerintentionen und Schülerbedürfnisse in einem so informellen Lernklima durchsetzen, wie es diese Tage kennzeichnete, sind zwei verschiedene Erscheinungen von Interesse: Einerseits war dieser Unterricht bemerkenswert offen für Schülerideen, die in den gesetzten Rahmen paßten. So kam die Schülerin selbst auf die Idee, daß man einen Schallplattenspieler als Zeitmesser benutzen könne, und beschloß von sich aus, in den Radioladen zu gehen, sich Prospekte zu beschaffen und damit einen Ausstellungsbogen zu gestalten. Die Möglichkeiten, zu malen oder eine alte Uhr nicht als Zeitmesser, sondern als eine Art Musikinstrument zu benutzen, sind weitere Beispiele für thematische Offenheit. Andererseits brachen doch immer wieder Lehrerintentionen durch einzelne Gruppenarbeiten durch. Die unbestreitbare Verpflichtung (vor allem auch Selbstverpflichtung!) der Lehrerin, dafür Sorge zu tragen, daß die Kinder nicht auf ihrem momentanen Entwicklungsstand stehen bleiben, kann dann zu Überredungsmanövern führen, deren gute Absicht nicht zu bezweifeln ist, die aber die Grenzen der Offenheit oder besser: den idealtypischen Charakter des Offenheitsanspruchs manifest werden lassen.

Ein Beispiel hierfür kann in dem Versuch der Lehrerin gesehen werden, einen Schüler in Einzelgesprächen dazu zu bewegen, ein Schaubild von den Messungen mit der Kakao-becher-Sanduhr vom 10. Projekttag anzufertigen. Solche Anregungen, hinter denen eine bestimmte Auffassung von Naturwissenschaft steht, wie sie auch in den Curriculum-materialien propagiert wird, werden selten als direkter Auftrag formuliert, wie denn auch die Lehrerin nicht auf der Befolgung ihres Hinweises bestand (Verzicht auf Zwangsbelehrung). Die Kommunikation spielt sich in solchen Gesprächen subtiler ab. Nachbesprechung vom 12. Projekttag:

Frage: „Haben Sie angeregt, die Tabelle anzufertigen?"
Lehrerin: „Nein, ich habe mit P. darüber gesprochen, ob es nicht eine andere Möglichkeit gäbe, den Besuchern (der Ausstellung) klar-zumachen, daß wir Versuche gestartet haben, diesen Zeitmesser zu untersuchen. . . . (Ich habe ihm gesagt:) Das Tafelbild lösche ich aus, und wir können es dem Besucher nicht noch einmal vorführen! Wir können dem nicht zumuten, da solange zu sitzen mit der Stopp-uhr (und der Anweisung:) 'Nun stoppen Sie man schön! Was stellen Sie fest?'. Das müßte man ihm anders klarmachen können. . . . 'Ja, (hat der Schüler geantwortet), man könnte ihm die Zeiten ja auf-schreiben'. . . . (Ich habe daraufhin eingeworfen:) Das sei aber sehr schwer, dann müsse er die Zeiten lesen. Es müsse also etwas sein, was er auf einen Blick sehen könnte. Dann habe ich gesagt: 'Denk mal ans Mathematikbuch.' Und dann kam er auf Tabellen. Wir ha-ben ja auch Statistiken (im Unterricht) schon gehabt."

Die Behauptung, daß der Schüler kein *eigenes* Problem zu lösen versuchte, als er dann anschließend brav ein sehr exaktes Diagramm der einzelnen Meßversuche aufmalte, kann damit belegt werden, daß der Beobachter mit seinem Versuch, ihn in den folgenden Tagen auch noch dazu zu bewegen, einen erklärenden Text neben dem Schaubild an-zubringen, spürbares Mißfallen erntete. Der Schüler sah nicht ein, daß andere Leute sein Diagramm ohne Legende nicht gebrauchen könnten, was bedeutet, daß es *ihm nicht* darauf ankam, potentiellen Ausstellungsbesuchern die Orien-tierung zu erleichtern. Vielmehr war er voll damit zufrie-den, ein Schaubild gemalt zu haben, noch dazu, wo es so schön geworden war. Er erklärte einen Mitschüler, der die Tabelle ebenfalls nicht lesen konnte, schlicht für „blöde" und war fest davon überzeugt, eine perfekte Arbeit im Sinne der Lehrererwartungen angefertigt zu haben.

Die Freude an der Herstellung eines eigenen Produkts, des-sen Funktionstüchtigkeit viele Kinder gar nicht interessierte, verdrängte oft den in einem vordergründigen Sinne „natur-wissenschaftlichen" Anspruch der Projektarbeit. So wurden mehrere Sonnenuhren und eine ägyptische Schattenuhr ge-baut und von den Kindern stolz auf den Projekttisch gestellt, ohne daß sie das Bedürfnis gehabt hätten, sie auch zu eichen, so daß sie als Zeitmesser gebraucht werden könnten. Statt dessen wurden mit Knetmassekügelchen Phantasieeinheiten angebracht, die den Charakter des Zeitmessers verdeutlichen sollten, indem — bei einer Sonnenuhr sinnlos — kreisrunde Ziffernblätter (anstatt halbkreisförmigen) um den Stab herum geformt wurden.

Daß diese — aus der Sicht von Erwachsenen vielleicht unvollkommen erscheinende — Beschäftigung mit selbstgebauten Dingen, die Freude am Gegenstand unabhängig von dessen zweckrationaler Verwertbarkeit *didaktisch* aber keine Zeitverschwendung bedeutet, sondern ganz im Sinne des Curriculums war, haben wir oben ausgeführt (vgl. 3. Kapitel; ebenso „Lernziele" S. 17). Tatsächlich war der Schüler, der das Diagramm malte, noch nicht so weit, die Brauchbarkeit seines Produktes in Frage zu stellen, ebenso wenig wie jene Mädchengruppe, die aus einer Haarschampoo-Flasche eine Wasseruhr baute, welche als Zeitmesser untauglich war, da sie in Sekundenschnelle auslief und das Auffanggefäß regelmäßig zum Überlaufen brachte. Prozeßorientierter Unterricht hängt sich nicht an der äußeren Perfektion des hergestellten Gegenstandes auf: Wichtig war, daß die Mädchen *das Prinzip erfaßt* und dabei einige Variablen selber entdeckt hatten.

15. Projekttag

Am 15. Tag wurde durch die Lehrerin die Beendigung der Projektarbeit eingeleitet. Bis zum Beginn der Herbstferien verblieben nur noch fünf Schultage, und der Beobachter hatte angekündigt, daß er nur noch bis zum übernächsten Tag anwesend sein könne, wobei aber von vornherein feststand, daß dies kein Kriterium für einen verfrühten Abbruch des Projektes bedeuten dürfe.

Da die Kinder seit drei Wochen nahezu an jedem Schultag die meiste Zeit auf das Projekt verwandt hatten und da eine Themenverschiebung hin zu neuen Problemen einerseits von der Lehrerin nicht gewünscht wurde, andererseits die geplante Ausstellung gesprengt hätte, die nun auch in den Augen der Kinder eine Ausstellung über Zeitmesser sein sollte, schien das Ende für den Beobachter durchaus zum richtigen Zeitpunkt zu kommen, wenn ein rapider Motivationsverfall vermieden werden sollte, der im Nachhinein vieles zerstört hätte, was bei den Kindern an Begeisterung für die Arbeit gewachsen war. Schließlich ließen einige Elternäußerungen am *folgenden* Tag auch darauf schließen, daß bei manchen Eltern die Unsicherheit hinsichtlich des neuen Unterrichtsstils doch nicht zu unterschätzen war, so daß eine Fortsetzung über einen längeren Zeitraum sicher einer intensiveren Elternarbeit bedurft hätte.

Wenngleich unter den gegebenen Bedingungen also die Entscheidung, das Projekt allmählich auslaufen zu lassen, nicht kritisiert werden kann, ist es doch von Interesse, *wie* sich eine solche Intention seitens des Lehrers im offenen Unterricht durchsetzt. So steht etwa in der Tagesplanung nicht: „Die Ausstellung muß jetzt endlich stattfinden, weil die Herbstferien bevorstehen, die Erwachsenen erschöpft sind und der Beobachter abzieht", sondern „offener": „Heute soll die Frage im Vordergrund stehen: Können wir die Ausstellung schon zum Besuch freigeben?" (!) Hinzu treten einige Lernziele, die inhaltlich auf Nachbesinnung und Reflexion über geleistete Arbeit ausgerichtet sind. Was sich hier schriftlich noch relativ revisionsfähig darstellt, offenbarte sich aber als feste Absicht, als die Lehrerin vor Stundenbeginn dem Beobachter direkt mitteilte: „Ich möchte morgen mit dem Projekt Schluß machen", womit dieser so unvermittelt überhaupt nicht gerechnet hatte.

Die Lehrerin eröffnete konsequenterweise die Projektarbeit mit einem *Klassengespräch* und der Frage, wann denn die Ausstellung eröffnet werden solle, obgleich eine Schülergruppe schon vor dem offiziellen Unterrichtsbeginn, wie er durch das Einleitungsritual Grüßen/Singen/Beten angedeutet wird, an den herumstehenden Uhren zu hantieren und irgendeine Frage zu untersuchen begonnen hatte.

Es entstand eine kurze Diskussion über den Ausstellungstermin, in der die Schüler relativ ungesteuert Vorschläge einbringen konnten. Erst als in Anbetracht der bevorstehenden Ferien ein Schüler den Gedanken aufbrachte, die Ausstellung erst nach den Ferien zu eröffnen, meldete sich die Lehrerin mit dem Einwand zu Wort, daß womöglich der Hausmeister (!) fordern könnte, die Wände müßten vor Ferienbeginn wieder frei gemacht werden. Damit stand fest, daß die Ausstellung schon in den folgenden Tagen veranstaltet werden müsse. Nach einer kurzen Erörterung des Textes, der auf das Einladungsplakat geschrieben werden sollte, und der von der Lehrerin eingebrachten Frage, was eine Ausstellung eigentlich sei, schloß sie das Klassengespräch mit dem Satz ab: „Ich wollte nämlich fragen, ob die Ausstellung fertig ist." Der Schülereinwand, es würden noch mehr Ausstellungstische gebraucht, wurde nicht mehr im Klassenverband erörtert, sondern mit der Bemerkung: „Tische können wir nicht kriegen, überlegt euch selbst was" in die folgende Gruppenarbeit abgeschoben. (Die Schüler lösten das Problem nach einer kurzen Diskussion in einer Kleingruppe, indem sie einen Gruppentisch freimachten und sich zu den übrigen Tischen dazusetzten.)

Wie sehr die Lehrerin auf das bevorstehende Ende des Projektes fixiert war, beleuchtet eine kleine Szene während der Gruppenarbeit, die wiederum so frei und informell organisiert war, wie an den drei vorangegangenen Tagen. Gleich zu Beginn der Gruppenarbeit kam ein relativ stilles Mädchen, das an den vorangegangenen Tagen fast ausschließlich gemalt hatte und erst jetzt „aufzutauen" schien, mit einem Buch zur Lehrerin und fragte, ob sie eine neue Wasseruhr bauen dürfe, die sie darin entdeckt hatte. Während die Lehrerin solche Anfragen an den Vortagen stereotyp beantwortet hatte: „Es ist eure Ausstellung, entscheidet euch selbst!", entgegnete sie nun: „Nein, nichts Neues mehr anfangen!" Aber schon nach wenigen Minuten ließ sie sich von der ungebrochenen Entdeckerfreude der Kinder in der Gruppenarbeit mitreißen und gab einer Kindergruppe, die eine Feueruhr bauen wollte, den Schlüssel zum Physikschrank, ließ die Kinder sich selbständig mit Material versorgen und half ihnen anschließend sogar bei Versuchen, den Rauch einer Kerze aufzufangen und als Zeitmesser zu benutzen.

Die Gruppenarbeit dauerte etwa eine Stunde und wurde von der großen Pause beendet. Auffällig war, daß heute mehr Kinder als sonst unbeschäftigt umhergingen oder nur noch kürzere Arbeiten übernahmen. Der Zwang, das Projekt in der geschlossenen Lerngruppe zu beenden, schuf in einigen Fällen notgedrungen Leerstellen, die nicht mehr mit projektbezogener Arbeit gefüllt werden konnten, sondern dafür genutzt wurden, sich darüber zu informieren, was die anderen Schüler eigentlich gemacht hatten, und den noch Beschäftigten über die Schulter zu schauen.

16. Projekttag

Am Ausstellungstag brachten einige Kinder ihre Eltern in der Früh gleich mit und führten ihnen ihre Modelle vor. Im Laufe des vierstündigen Vormittags kamen etwa zwölf Väter und Mütter sowie vier andere Schulklassen zu Besuch.

Sie bestaunten die Zeitmesser und betrachteten die Ausstellungsbögen, wobei die Schüler von den Erwachsenen teils befragt, teils zusätzlich belehrt wurden.

Handlungsorientiertes Lernen — zum Beispiel: Eine Ausstellung gestalten und anderen Klassen die Produkte der eigenen Arbeit vorführen.

Es fiel einigen wenigen Eltern schwer, die Werke ihrer Kinder kommentarlos anzunehmen oder in ihrer Bedeutung voll zu erfassen, da der eigentliche *Lernprozeß* ja vorbei war und die mannigfaltigen Erfahrungen, die die Kinder in den vergangenen Tagen gemacht hatten, den Produkten selbst nicht unmittelbar anzusehen waren. So mokierte sich eine Mutter ausführlich über einige Rechtschreibfehler, die sie in den Ausstellungsbögen erkannte, und ließ es sich nicht nehmen, den Bogen ihrer Tochter „besser" zu plazieren. Diese Mutter beklagte das „geringe Niveau" der Produkte. Die überwiegende Mehrheit der Eltern äußerte allerdings ihre Genugtuung darüber, daß die Projektarbeit den Kindern soviel Spaß gemacht hatte und daß so vielfältige Ergebnisse erzielt worden waren. Die Freude der Kinder über ihre Ausstellung war beträchtlich, und sie erklärten auch dem zehnten Besucher noch unverdrossen ihre Werke.

Wie ernst die Arbeit den Kindern war, läßt sich daran ablesen, daß eine Schülerin, ohne ein Wort zu sagen, heim-
lich die Schule verließ, nach Hause rannte und ihre Mutter
holte, als diese kurz vor Schulschluß noch immer nicht gekommen war! Der Schüler, der die Tabelle von den Versuchen mit der Sanduhr angefertigt hatte und dem sein
Vater versprochen hatte, die Ausstellung zu besuchen,
wurde zunehmend aggressiver, als dieser ausblieb, und begann heftige Streitereien mit seinen Mitschülern. Ein Kind,
dessen Wasseruhr von Ausstellungsbesuchern beschädigt
wurde, konnte nur mühsam die Tränen zurückhalten.

Zwischendurch versuchte die Lehrerin immer wieder mal,
einen Gesprächskreis zusammenzubringen, was regelmäßig
mißlang, wenn ein neuer Besucher kam und die Kinder
zum Ausstellungstisch stürmten, das Klassenzimmer verdunkelten und die Entstehung von Tag und Nacht mit
einem Autoscheinwerfer am Globus demonstrierten. Immerhin wurde zweimal in einem Kreis mit etwa zwölf
Schülern ein Gedicht („Warum?" von Gina Ruck-Pauquèt)
besprochen, das die Lehrerin als Arbeitsblatt vorbereitet
hatte. Die Besprechungen ergaben, daß die Kinder den
Zeitbegriff sicher handhaben. So fanden die Kinder heraus, daß man die Zeit wie den Wind und den lieben Gott
nicht sehen, sondern nur an ihren Auswirkungen spüren
könne, was in etwa zu der Schülerfrage vom 3. Projekttag
nach dem logischen Status der Zeit hinführte.

Es soll nicht verschwiegen werden, daß am Ende dieses
Tages die Lehrerin wie der Beobachter reichlich erschöpft
waren. Dabei ist nicht sicher, ob dies nur auf das ständige
Kommen und Gehen der Besucher an diesem Tag zurückgeführt werden kann. Die Erstellung einer schriftlichen
Nachbesinnung und Tagesplanung durch den Lehrer und
das tägliche Zusammenfassen des Unterrichtsgeschehens
durch den Beobachter forderten mehr Zeit und Nerven als
ursprünglich angenommen worden war.

17. Projekttag

Der letzte Projekttag wurde von der Lehrerin zu einer gemeinsamen Lernerfolgskontrolle im Klassengespräch genutzt. Die Lehrerin ließ sich zunächst die Elternkommen-
tare zu der Ausstellung berichten. Sodann bot ein Schüler,
der an den Vortagen gefehlt hatte, einen Anlaß, gemeinsam zu rekapitulieren, was man eigentlich in der vergangenen Woche gemacht hatte. Es folgte eine Besprechung des

Gedichtes, das eine Schülerin zum Thema „Zeit" angefertigt hatte. Danach ließ die Lehrerin die Kinder in Einzelarbeit die Frage beantworten, was sie denn in den vergangenen Wochen wohl alles gelernt hätten. Ein Schüler kommentierte die Aufgabenstellung: „Das ist aber schwer – man lernt so viel, ohne daß man es merkt!" Die Antworten der Schüler wurden eingesammelt und ausgewertet. Es wurden im einzelnen folgende Angaben gemacht (vollständige Aufzählung, grammatikalisch und orthographisch bereinigt und im nachhinein nach Lernbereichen geordnet):

Was die Schüler gelernt zu haben glaubten	Zahl der Nennungen
Wissen	
... wie ein Planetarium aussieht	1
... wie sich die Erde um die Sonne dreht	2
... daß Tag und Nacht 24 Stunden sind	1
... wie lange die Sanduhr läuft	2
Wasseruhren kennengelernt	2
Sanduhren kennengelernt	1
die Sternformen kennengelernt	1
den Beobachter kennengelernt	1
die Namen der Sterne	3
was ein Zeitmesser ist	2
daß die Welt ein Magnet ist	1
etwas von der Zeit	7
wie ein Spiegelteleskop funktioniert	1
eine Feueruhr kennengelernt	1
wie Tag und Nacht entstehen	5
etwas über den Zeitlauf	1
Fertigkeiten	
wie man eine Stoppuhr bedient	7
wie man Zeitmesser baut	14
wie man eine Ausstellung macht	5
wie man richtig klebt	3
Rechnen	3
Malen und Zeichnen	3
Schreiben	3
sich ohne Uhr helfen	1
einen Aufsatz schreiben	1
Lesen	1
wie man Einladungen macht	1
Arbeitstechniken	
ein Lexikon benutzen	2
selbst überlegen	1
etwas selber entwerfen	1
in Gruppen arbeiten	2
sich zu helfen	1
Geduld haben	3

Obwohl die einzelnen Nennungen sehr weit variieren und eine Vielzahl von Einzelzielen genannt wurde, ist damit nicht ausgesagt, daß die Kinder völlig unterschiedliche Dinge gelernt hätten. Vielmehr zeigen die wenigen Antworten pro Zettel, daß es den Kindern noch schwer fiel, die eigenen Lernprozesse bewußt wahrzunehmen. Daß die Schüler doch sehr vieles auch gemeinsam gelernt hatten, ergab die Besprechung eines Lernzielkataloges, den die Lehrerin anschließend auf einem Arbeitsblatt (siehe hier unten) einbrachte und im Klassenzimmer Schritt für Schritt durchging. Dabei wurden einige Lernziele (1. Teil: Nr. 2, 4, 5, 9; 2. Teil: Nr. 1, 2, 5) durch pauschale Zustimmung als erreicht eingestuft. Andere Lernziele wurden nach Widerspruch von Schülern in einem kurzen Gespräch auf konkrete Aktionen der Kinder in den vergangenen Tagen zurückgeführt und dann von der ganzen Klasse als erreicht eingestuft (1. Teil: Nr. 1, 3, 8; 2. Teil: Nr. 3, 4). Lediglich die Entstehung der Jahreszeiten wurde von einer großen Mehrheit als ein noch nicht behandeltes Thema erkannt. Nachdem auch der Beobachter noch eine kurze Einschätzung dessen gegeben hatte, was die Kinder seiner Meinung nach gelernt hätten, wurde das Projekt abgeschlossen.

Lernzielkontrolle vom 17. Projekttag in Recklinghausen

Haben wir wohl einiges davon gelernt?

1. Zeit ist eine Folge von Ereignissen.
2. Zeit kann man messen.
3. Zeitabschnitte haben einen genau bestimmten Anfang und ein genau bestimmtes Ende.
4. Es gibt verschiedene Zeitmesser.
5. Man kann Uhren erfinden.
6. Entstehung von Tag und Nacht.
7. Entstehung der Jahreszeiten.
8. Wie man früher die Zeit gemessen hat.
9. Es gibt verschiedene Zeiten auf der Welt.

Haben wir wohl auch dieses geschafft?

1. Bereitsein zur Teilnahme an Gruppenarbeiten.
2. Erkennen, daß es verschiedene Möglichkeiten gibt, Ideen auszuprobieren und Beobachtungen zu machen.
3. Erkennen, daß es notwendig ist, Messungen zu machen.
4. Erkennen, daß eine beobachtete Veränderung mehrere Ursachen haben kann.
5. Erfahren, daß Vermutungen durch Versuche bestätigt werden können.

Natürlich bedeutet die gemeinsame Beendigung der Projektarbeit, unabhängig vom individuellen Entwicklungsstand der Schüler, die, wie schon angedeutet, teilweise erst jetzt eigene Arbeitsmöglichkeiten innerhalb des thematischen Rahmens zu entdecken schienen, eine vollständige Rücknahme des über weite Strecken ansatzweise doch realisierten Offenheitsideals. Der geschlossene Klassenverband als zentraler Organisationsfaktor schulischer Lernprozesse fordert hier unerbittlich seinen Tribut. Solange Lehrer unter Lehrplanzwängen stehen und Schüler einem allgemeinen, für alle gleichen, zentral verordneten Pflichtcurriculum ausgeliefert sind, werden fremdbestimmte Zeitmarken kaum zu umgehen sein.

Aber gerade diese Fallstudie offenbart die Gefahren, die darin liegen, daß man Unterricht nur nach einem einzigen Kriterium, wie dem der Offenheit, bewertet. Wie bereits im Bericht vom 16. Projekttag angedeutet, schien der vorläufige Abschluß der Projektarbeit zu dem von der Lehrerin gewählten Zeitpunkt trotz der damit verbundenen Einschränkung der Offenheit goldrichtig. Die Motivierbarkeit der überwiegenden Mehrheit der Schüler hatte ihren Höhepunkt überschritten, einzelne Eltern hatten teilweise ihre Unsicherheit hinsichtlich des Nutzens eines offenen Unterrichts und der damit einhergehenden „Vernachlässigung" des herkömmlichen Fachunterrichts thematisiert, die Lehrerin wie der Beobachter hatten beide das Bedürfnis nach einer ruhigeren Phase (nicht im Unterricht, sondern hinsichtlich der von beiden aufzubringenden Arbeitsintensität).

Alle diese Faktoren treten in Konkurrenz zu einem noch so gut begründeten Offenheitsideal. Sie um der Offenheit willen zu negieren, hätte mit Sicherheit fatale Folgen für die anschließende Unterrichtspraxis nach sich gezogen und — dann ungesteuert — ebenfalls zu einer geschlossenen Situation geführt. Das Bedürfnis, eine überschaubare, „abgeschlossene" Arbeit geleistet zu haben, was langfristig das Selbstvertrauen stärkt und die Freude am Lernen erhält, setzte sich voll durch und konnte relativ gut befriedigt werden. Es stellte sich das Gefühl ein, die Zeit gut genutzt und einen erfolgreichen Unterricht erlebt zu haben, in dem die Schüler ein überdurchschnittliches Interesse geäußert und sich ungewöhnlich stark engagiert hatten. Damit ist der Zeitpunkt für eine abschließende Wertung gekommen.

Die wichtigsten Beobachtungen der ersten Fallstudie wurden in den täglichen Berichten ausgewertet. Insbesondere die Zwischenbilanz nach dem 9. Projekttag wurde im weiteren Verlauf des Versuches in ihrer Tendenz bestätigt: Offene und geschlossene Phasen wechselten in diesem Projekt einander ab. Allerdings gelang es der Lehrerin in den letzten Tagen vor der Ausstellung, die Monotonie der Sozialformen aufzulockern und den großen Anteil lehrerzentrierten Unterrichts zu Projektbeginn zugunsten von längeren Perioden mit Gruppen- und Einzelarbeit in informellerer Atmosphäre zurücktreten zu lassen. Dabei erhöhte sich gleichzeitig die Intensität der Schülermitarbeit beträchtlich.

Nachbesprechung vom 16. Projekttag:

Frage: „Wie schätzen Sie den Ertrag der Projektarbeit für die Schüler jetzt ein?"
Lehrerin: „Unwahrscheinlich positiv, weil sie gelernt haben, selbständig zu arbeiten, zu planen, ihre Fehler zu entdecken und zu versuchen, sie auch zu beseitigen. Wenn ich an die Feueruhr denke: daß sie so richtig 'trial-and-error' durchgemacht haben. Sie sind auch bereit gewesen, in verschiedenen Gruppen an verschiedenen Sachen zu arbeiten. . . . Im Ganzen meine ich, die Freude der Kinder heute, als sie ihre Ausstellung hatten, ist eigentlich *der* Lohn und Grund genug, das ganze noch einmal zu machen oder es gemacht zu haben."

Vergleicht man diese Einschätzung mit den Chancen, die vor Projektbeginn für einen erfolgreichen Verlauf gegeben waren, so können wir kein eindeutiges Urteil fällen. Von jenen Faktoren, die in der britischen Erprobung überdurchschnittlich häufig mit einer erfolgreichen Arbeit mit Sc 5—13 einhergingen, haben gemäß den Antworten in den Fragebögen A und C die Nummern +7, +10 und +11 für diese Klasse Geltung. Da nach Auskunft der Lehrerin (Fragen A-23 und A-24) die Klasse auch vor Projektbeginn bereits nach dem Prinzip des „entdeckenden Lernens" gearbeitet hatte, würden sich die Chancen noch erhöhen. Der Beobachter vertritt allerdings die Ansicht, daß gemäß den Kriterien in der britischen Didaktik-Diskussion der Unterricht, der vor Projektbeginn in der Klasse üblich war, eher unter die Kategorie „formal teaching", d. h. lehrergesteuertes Lernen fallen würde (vgl. zur mangelnden Spezifität des Begriffs „entdeckendes Lernen" Seite 80!).

Dem steht aber eine Reihe von Faktoren gegenüber, die in der britischen Erprobung eher mit erfolglosem Arbeiten und mit Sc 5—13 unzufriedenen Lehrern einhergingen, nämlich die Faktoren -3, -5, -8, -9 und -16. Damit können die Erfolgsaussichten, die vor Beginn in dieser Klasse bestanden, allenfalls als ambivalent bezeichnet werden. Wenn der Projektverlauf dennoch (von allen Beteiligten) eindeutig positiv empfunden wurde, dann vielleicht nicht zuletzt deshalb, weil die Lehrerin bereit gewesen war, ihre eigene Rolle im Klassenzimmer ständig in Frage zu stellen und sich auf Freiräume einzulassen, die in dieser Konsequenz in der Klasse zumindest nicht alltäglich waren.

Die wichtigsten Veränderungen hat die Lehrerin selbst dokumentiert (Ausschnitte der Fragebogenantworten C-1 und C-4):

„Die Veränderung meiner Arbeit, die die Beschäftigung mit Science 5—13 mit sich bringt, liegt in der Ermutigung, Kindern öfter und intensiver Gelegenheit zu geben, selbst gestalterisch in den Unterricht eingreifen zu können. Ich werde auch aus folgendem Grund versuchen, meinen Unterricht 'offener' werden zu lassen: In den letzten drei Wochen erwarb ich durch die andere Arbeitsweise ein größeres Wissen um die individuelle Veranlagung und Arbeitsweise einzelner Kinder.
Mit der Arbeit der Kinder war ich voll zufrieden, ja, oft wurde ich selbst mitgerissen, daß ich Störungen und Besucher an der Klassentür gar nicht bemerkte. Häufig riß auch die Pause die Kinder aus der Arbeit. Am konkreten Unterrichtsverlauf hat mir besonders gefallen, daß alle Kinder begeistert mitarbeiteten, ihre Freude über gelungene Experimente zeigen konnten und ich guten Gewissens mit einer Gruppe intensiv arbeiten konnte, ohne immer 'Polizist' sein zu müssen. Leider ist mir aber die Umstellung selbst sehr schwer gefallen. Oft war ich versucht (und manchmal aktiv), mein wissenschaftliches Verständnis in den Vordergrund zu stellen. . . . Ferner war ich begeistert über die Offenheit des Arbeitsansatzes, eben über die Naturwissenschaften hinaus die Probleme zu beleuchten. Das mag den Beobachter verwundern, nur wird hier deutlich, wie schwer es dem Lehrer unserer 'normalen' Schule fällt, sich plötzlich über die einzelnen Fachdisziplinen hinwegzusetzen."

Vielleicht sollte man neben diesem — in unseren Grundschulen so wichtigen — Einstellungswandel die vielen kleinen Schritte nicht geringer schätzen, die zur „Öffnung" des Unterrichts gegen alle institutionellen Bräuche getan werden mußten. Das beginnt bei der Auseinandersetzung mit der Putzfrau, die eine ungewohnte Tischanordnung und einen täglich wachsenden Materialtisch hinnehmen mußte, den man nicht einfach zum Fegen auf die Seite rücken durfte. (Eine Pralinenschachtel half, die Dame bei guter Laune zu halten.) Das geht weiter mit der Bereitschaft, die Kinder Ausstellungsbögen anfertigen zu lassen, die einzelne orthographische Fehler enthielten, um nicht die Freude der Kinder *an der Sache* einzuschränken —

eine Handlung, die manchen Junglehrer in Schwierigkeiten bringen würde und auch hier von kritischen Blicken aus dem Kollegium begleitet war. Eine Veränderung bedeutete es ferner, wenn die Kinder sich von der Lehrerin als Informationsspender lösen konnten, indem auf die schulüblichen Arbeitsblätter verzichtet wurde und die Schüler die Möglichkeit erhielten, sich aus vielfältigen Büchern und selbtgewählten Quellen (Planetarium, Elternhaus, eigene Bücher, die sie mitbrachten) Auskünfte und Anregungen zu beschaffen.

Nicht weniger bedeutsam scheint aber auch die Veränderung im *Planungsverhalten* der Lehrerin gewesen zu sein, die wir schon mehrfach angesprochen haben und die sich unmittelbar auf den Unterricht auswirkte. Es kamen im einzelnen folgende Planungsarten vor (s. S. 284!):
— Verlaufsplanung (1. Tag),
— Planung von Aktivitäten mit ausformulierten Lernzielen (4. Tag),
— Planung von Aktivitäten ohne Benennung einzelner Lernziele (z. B. 14. Tag).

Es fällt auf, daß die am wenigsten detaillierten Planungen (12., 13. und 14. Tag) mit dem offensten Unterricht einhergingen, daß aber insgesamt im Laufe der Projektarbeit die *Nachbesinnungen* (Lehrertagebücher) für die Lehrerin immer wichtiger wurden, während die Tagesplanungen demgegenüber zunehmend an Bedeutung verloren! Die Lehrerin selbst meinte dazu (Nachbesprechung vom 16. Projekttag):

„Es war für mich äußerst wichtig, daß man, wenn man sich die Zeit nimmt, zu reflektieren, was gelaufen ist, dadurch einen ganz anderen Start am nächsten Morgen hat, als wenn ich mich nur an Lernzielen orientiere und weiß: 'Das streiche ich ab, das muß ich morgen noch einmal neu aufnehmen.' Ich habe mich meines Erachtens beim Lehrertagebuch oft auf Reaktionen der Kinder bezogen, um da einen neuen Ansatz zu finden."

Obgleich die Projektarbeit also eine fühlbare „Öffnung" des Unterrichts in der Regelschule mit sich brachte, können doch die vielfältigen Einschränkungen, denen die Lehrerin, die Schüler und der Unterricht insgesamt ausgesetzt waren, nicht übersehen werden. Die Verschulung des Lernens äußerte sich dabei nicht nur in einem (versuchsbedingt) fremdbestimmten Projektthema, sondern auch in der unaufhebbaren Verpflichtung, daß *alle* Kinder an dem Projekt teilnehmen mußten und nur *innerhalb* der Projektgrenzen individuell unterschiedliche Arbeiten machen durften. Es existierte mithin ein unausweichlicher Lernzwang, dem sich die Kinder — auch im offenen Unterricht — nur durch partielle Nichtbeteiligung entziehen konnten. Wie diese Form der Lernorganisation auf Kosten der langsamen Schüler erfolgte, haben wir in der Zusammenfassung des 15. Projekttages ausgeführt.

Der Gedanke der Individualisierung des Lernens, der einen zentralen Faktor der britischen Grundschulreform des vergangenen Jahrzehntes darstellte und die Entwicklung von Curricula wie Sc 5—13 erst provoziert hat, muß in der Bundesrepublik seine Anhänger noch finden (vgl. dazu Ramseger 1977, S. 42). Nicht ohne Grund ist die Sozialform „Klassengespräch" im deutschen Schulalltag so dominant, wie wir es zu Beginn dieser Fallstudie erleben konnten. Die Lehrerin meinte dazu (Nachbesprechung vom 12. Projekttag):

> „Ich muß ja auch im Hinterkopf haben, daß alle Kinder das gleiche Bildungsangebot bekommen sollen und versucht werden soll, die Informationen möglichst an alle zu geben, damit nicht einer sagt: 'Davon habe ich nie etwas gehört'. . . Wenn ich an einem Tisch etwas ganz Interessantes habe, dann habe ich das Gefühl, das müßten jetzt eigentlich alle wissen und auch den Denkschritt mitkriegen. Das ist natürlich — und da gebe ich dem Projekt Sc 5—13 völlig recht — eine glatte Überforderung. Die kriegen die Information sowieso nicht mit. Auch wenn ich meine, mein gutes Gewissen beruhigt zu haben, weiß ich genau: X, Y und Z malen weiter. Die kriegen die Information doch nicht mit."

Der verordnete Gleichschritt, der de facto Ungleichheit des Lernerfolges nach sich zieht, schmälert natürlich von vornherein die Bereitschaft, sich Versuchen wie diesem überhaupt auszusetzen. Angesichts der Begeisterung und der Intensität, mit der die Kinder in unserem Projekt gearbeitet haben, muß es empören, daß solche Unterrichtsformen in der herkömmlichen Schule fast nie durchführbar sind. Tatsächlich hätte die Lehrerin das Projekt in dieser Klasse von sich aus nicht gewagt, wenn nicht die amtliche Genehmigung des Experimentes vorgelegen hätte! Von sich aus hätte die Lehrerin offenen Unterricht, wie er von Sc 5—13 propagiert wird, allenfalls in einer ersten Klasse versucht, bei der sie vom ersten Schultag an die Möglichkeit gehabt hätte, über intensive Elternaufklärung und Verwendung entsprechender Materialien auch in anderen Erfahrungsbereichen (z. B. Leselehrgang) diese Unterrichtsform konsequent aufzubauen.

Vor diesem Hintergrund wird verständlich, daß einige Indikatoren für offenen Unterricht aus der Sicht der Regelschule unrealistisch erscheinen müssen. Nach unserem Experiment hielt die Lehrerin folgende Indikatoren für *prinzipiell* nicht oder nur sehr schwer zu verwirklichen:

. . . daß die Schüler die Möglichkeit haben, unter mehreren Unterrichtsangeboten frei zu wählen (1—4);

. . . daß die Zeitplanung in die Entscheidung der Lerngruppe gestellt ist (2—4);

. . . daß auf ein für alle Schüler gleiches Curriculum verzichtet wird (2—13);

. . . daß zwischen verschiedenen Arbeitsraumtypen frei gewählt werden kann (2—16);

. . . daß zwischen verschiedenen Lernorten frei gewählt werden kann (3—4);

. . . daß die Schule keinem allgemeinen, staatlich verordneten Lehrplan unterworfen ist (3—5).

Es wird interessant sein, zu erfahren, welche dieser Indikatoren auch von den Alternativschulen für unrealistisch erklärt werden werden.

5.6 Kommentar der Lehrerin

„Vor der Erprobung des Projektes 'Zeit' lief der Unterricht in meiner Klasse 'normal', also im geschlossenen Unterricht ab. Allerdings versuchte ich im Rahmen der mir noch verbleibenden Möglichkeiten, den Unterricht so frei wie eben möglich zu gestalten. Wie in den einführenden Passagen über die äußeren Rahmenbedingungen der Untersuchung deutlich wird, stimmte ich spontan dem Vorhaben von Herrn Ramseger zu, mit meiner Klasse ein offenes Curriculum durchzuführen. Spontan deshalb, weil ich im Sachkundeunterricht des dritten Schuljahres einen 'Spreckelsen-Lehrgang' (Teilchenvorstellung) mit meiner Klasse 'durchgezogen' hatte, mit dessen Verlauf Kinder und Lehrer nicht einverstanden waren.

Allerdings wußte ich zu dem Zeitpunkt nicht sehr viel über offenen Unterricht. Nachdem mein 'Ja' gegeben war und auch die zuständigen Institutionen grünes Licht zur Durchführung gegeben hatten, beschäftigte ich mich intensiver mit der einschlägigen Literatur. Ein Berg unbekannter und von mir noch nicht praktizierter Unterrichtswege türmte sich vor mir auf. Aber von den geplanten Gesprächen mit dem Beobachter erhoffte ich mir Unterstützung.

Diese trat während des Projektes auch tatsächlich ein. Die Anwesenheit des Beobachters wirkte sehr positiv für alle

Beteiligten. Durch sie eröffnete sich für die Schüler eine zusätzliche Informationsquelle, und für den Lehrer ergab sich eine einmalige Chance (auch unabhängig vom Projekt), ein Echo auf seinen Unterricht zu erhalten. So waren die zahlreichen informellen Besprechungen zwar zeitaufwendig, aber konstruktiv und anregend, ja oft sogar ermutigend. Durch das intensive Diskutieren blieb die Unterrichtsbeobachtung nicht im Ablesen und Festhalten von Schüleräußerungen und Reaktionen stecken, sondern das Verhalten der Kinder wurde hinterfragt und ergründet. Durch die objektive Unterrichtsbeobachtung mit Protokollen und Tonbandaufzeichnungen wurde vom Beobachter eine sachliche Grundlage geschaffen, die solche intensiven Gespräche ermöglichte. Im Verlauf dieser Besprechungen wurde mir immer wieder deutlich, daß wir Lehrer von unserem 'normalen' Unterricht so geprägt sind, daß wir sogar im Unterbewußtsein (oft wider besseren Wissens) in den uns von den Richtlinien aufgesetzten Normen denken, ja, daß es Verhaltensmuster gibt, die man sich als Lehrer im Laufe der Dienstjahre zulegt (um zu 'überleben'?!).

Ich fühlte mich zunächst im offenen Unterricht unsicher und hilflos, und ich mußte mich oft zwingen, den Kindern nur Wege zur Problemlösung aufzuzeigen und ihnen nicht die Lösung anzubieten. Doch mit zunehmender Dauer des Projektes wurde ich sicherer und mutiger, Fragen an die Kinder zurückzugeben, mit der Maßgabe, selbst eine Antwort zu suchen und dabei alle verfügbaren Informationsquellen auszunutzen. Sicher ist dieser Weg zeitraubend und oft mühselig (Irrtümer sind ja nicht ausgeschlossen); aber die Freude der Kinder beim 'Selbstfinden' macht Mut, die Forderung einiger Pädagogen zu bejahen, weniger vollständiges Sachwissen zu vermitteln als vielmehr den Kindern zu helfen, das Lernen zu lernen, ihnen ein Handwerkszeug mitzugeben, womit sie selbst umgehen und weiterbauen können.

Damit bin ich schon bei den Folgen des Projekts, bei den Auswirkungen. Die Kinder und der Lehrer haben Mut bekommen, einmal etwas anderes zu tun, sich über die Normen der normalen Schule hinwegzusetzen. Die Kinder haben außerdem erlebt, daß das eigene Tun Richtschnur und Ansporn zum Weiterarbeiten sein kann, denn sie waren stellenweise bereit, in verschiedenen Gruppen an unterschiedlichen Themen zu arbeiten. Vor Beginn des Projekts war die Arbeit des Nachbarn zu interessant, als daß die einzelnen Kinder bereit waren, sich eigene Vorstellungen und Ideen zu bestimmten Themen zu erarbeiten. Den Mut zu diesem selbständigen Tun gab ihnen der positive Verlauf des Projekts 'Zeit', nicht zuletzt auch die positive Reaktion auf die erzielten Ergebnisse während der Ausstellung der erarbeiteten Uhren, Übersichten und Tabellen.

Die wenigen negativen Äußerungen einiger Eltern auf die ausgestellten Gegenstände und ihre technische Unvollkommenheit hat die Kinder selbst nicht belastet. Sie bestätigten aber meine Meinung, daß es sehr schwer sein wird, alle Eltern vom positiven Arbeiten der Kinder während eines offenen Unterrichts zu überzeugen. Es wird ein Umdenkungsprozeß stattfinden müssen, bis alle Eltern bereit sind, einzusehen, daß die Arbeit der Kinder mit anderen Maßstäben beurteilt werden muß als die der Erwachsenen. Das wird um so schwerer, wenn wir den notorischen Zeitmangel in Schule und Elternhaus berücksichtigen und auch die Forderungen der Leistungsgesellschaft nach meßbaren 'Erfolgen' (sprich Zensuren) nicht außer acht lassen.

Nach Abschluß des Projekts 'Zeit' ist meine Neugier in der Weise geweckt worden, daß ich mich zunächst selbst mit den anderen Themen des Science 5—13 beschäftigen werde. Dazu wünschte ich mir von der Institution Schule allerdings etwas mehr Bewegungsfreiheit."

6.1   Äußere Rahmenbedingungen der Untersuchung

Die Schule

Die zweite Fallstudie wurde in der 4. Klasse der Glockseeschule durchgeführt. Die Konzeption des an dieser Schule laufenden Grundschulversuchs kann hier nicht näher vorgestellt werden — es sei auf die umfassende Selbstdarstellung der Schule verwiesen, deren Kenntnis im folgenden vorausgesetzt wird (vgl. Arbeitsgruppe Glocksee-Schule 1975; Schulversuch Glocksee 1975). Lediglich in Stichpunkten seien hier wesentliche Determinanten des Schulversuchs aufgezählt:

— *Schule ohne Angst:* Der Schulversuch versteht sich als tendenziell repressionsfreie Schule.

— *Selbstregulierung:* Die Schule möchte den Kindern die Möglichkeit verschaffen, den Schultag selber zu gestalten, ihre Konflikte selber zu bearbeiten und ihre eigenen Bedürfnisse ohne vorgängige Interpretation durch die Erwachsenen zu erkennen und durchzusetzen.

— *Angebotsunterricht:* Der Unterricht ist niemals verpflichtend; die Kinder haben vielmehr das Recht und die Möglichkeit, Unterrichtsangebote der Lehrer wahrzunehmen oder abzulehnen, eigene Unterrichtsaktivitäten zu initiieren oder auch zeitweise „aus dem Felde zu gehen", d. h. überhaupt keine Unterrichtsaktivitäten im herkömmlichen Sinne auszuführen.

— *Raum- und Zeitstruktur:* Die übliche Parzellierung des Unterrichts in Fächer, Stunden und Räume entfällt. Die Unterrichtsgegenstände werden nicht „durchgenommen", weil sie vom Lehrplan gefordert werden, sondern man versucht, von aktuellen Fragen der Kinder (oder der Erwachsenen) auszugehen. Die Jahrgangsklassen existieren wohl als Organisationsform, nicht aber als Begrenzung der Erfahrungsräume: Die Kinder können jederzeit umhergehen und sich unabhängig von ihrem Alter allen Lerngruppen anschließen. Gelernt wird nicht nach der Uhr, sondern nach vorhandenen Motivationen. Fest geregelt sind lediglich die Belegzeiten der Turnhalle (wegen der Aufsichtspflicht der Lehrer) und Schulbeginn wie Schulschluß.

— *Integriertes Lernen:* „Kognitive Lernprozesse und soziales Lernen dürfen kein rein additives Verhältnis haben, das den Schüler einem Wechselbad von objektbezogenem 'Denken-Sollen' und subjektbezogenem 'Bedürfnisse-Haben' unterwirft. Denken muß bedürfnisbezogen bleiben können, und

Bedürfnisse sind nicht vorzugsweise unreflektiert. Im Schulversuch wird es unternommen, kognitive Lernprozesse als eine Dimension des sozialen Lernens zu verwirklichen und, umgekehrt, die Form sozialen Lernens auch kognitiv differenzierter werden zu lassen" (Zur Didaktik im Schulversuch, unveröff. Mskr. der Glockseeschule, Juni 1976, S. 3).

– *Projektunterricht:* Neben einzelnen Unterrichtsangeboten der einzelnen Lehrer findet Projektunterricht für die ganze Schule statt, der im Kollektiv von den Lehrern, Eltern und Mitarbeitern der wissenschaftlichen Begleitung vorbereitet wird. Es wird versucht, das Erlernen von Fertigkeiten und Kulturtechniken, das auch in speziellen Kursen betrieben wird, in solche größeren, themenzentrierten Projekte zu integrieren.

– *Versuchsschule:* Die wissenschaftliche Begleitung orientiert sich an einem Handlungsforschungsansatz. Eltern und Schüler sollen an allen fundamentalen Entscheidungen des Schulversuchs beteiligt werden. Es wird in Erziehungsfragen keine Trennung von öffentlichen und privaten Problemen mehr vorgenommen. Neben den Lernprozessen der Schüler erhalten die Lernprozesse der Eltern wie der Lehrer ihre eigene Bedeutung und Wertschätzung.

Der Schulhof als Lernort. (Glockseeschule)

Die Schule umfaßt momentan sechs Klassen mit acht hauptamtlichen Lehrkräften (davon drei mit reduzierter Stunden-
zahl). Daneben stehen regelmäßig etwa sechs Praktikanten
aus dem Sozialbereich als Bezugspersonen zur Verfügung.
Elternbesuche und -mitarbeit im Unterricht sind üblich.
Nach Abschluß der 6. Klasse werden die Schüler geschlossen von einer integrierten Gesamtschule übernommen. Es
gibt weder Klassenarbeiten noch Zensuren, und statt Zeug-
nissen werden umfassende Berichte über den kognitiven
wie sozialen Entwicklungsstand der Schüler geschrieben.

Der Schultag beginnt regelmäßig mit einer halbstündigen
Lehrerkonferenz, auf der vor allem Organisatorisches geklärt wird. Nach Ankunft der Schulbusse werden die Kinder im Flur begrüßt, wo die Lehrer ihre Unterrichtsangebote
für alle sichtbar auf Zetteln aushängen. Die Schüler verteilen sich nach Kenntnisnahme der Angebote (oder auch ohne
sie zur Kenntnis zu nehmen) auf die einzelnen Klassen, je
nachdem.wofür sie sich entscheiden. Bei gutem Wetter können sie auch jederzeit auf dem Hof spielen, radfahren, etwas
bauen oder auch ausrangierte Autos in ihre Bestandteile zer-
legen usw.

Die Versuchsklasse

Die 4. Klasse umfaßt 23 Mädchen und Jungen, deren soziale Herkunft über alle Schichten streut: fünf Eltern sind
Arbeiter, elf untere und mittlere Angestellte, vier Akademi-
ker und zwei Studenten. Sieben Kinder kommen aus un-
vollständigen Familien, eine Schülerin kommt aus dem Ausland (Chile), spricht aber einigermaßen gut deutsch. Ein
Junge und ein Mädchen arbeiten seit geraumer Zeit schwerpunktmäßig in der 5. Klasse und ein Junge in der 2. Klasse
mit.

Als Stammraum, in dem sich auch der Lehrer meistens auf-
hält, insbesondere zu Schulbeginn, dient ein altes Bürozim-
mer (die Schule ist im ehemaligen Fuhramt der Stadt unter-
gebracht), etwa 4 x 8 Meter groß, mit einem daran anset-
zenden, etwa halb so großen Nebenraum. Der Eingangstür
gegenüber auf der anderen Seite des Flures befinden sich
noch zwei kleine Nebenzimmer (Kammern), die hin und
wieder als Gruppenraum oder als Rückzugsraum für Einzel-
aktivitäten dienen. Die Türen stehen — wie in der ganzen
Schule — meist offen, und die Kinder können zwischen den
verschiedenen Klassen umherwandern oder auch auf den
Fluren spielen.

Das Klassenzimmer ist karg bis ärmlich ausgestattet und bietet wenig Anregungen: einige alte Schulmöbel, ein paar alte Sofas und Sessel, die zu einer Sitzecke zusammengestellt sind, aber auch je nach Bedarf verschoben werden, eine Tafel, eine Pin-Wand, ein Kartenständer, ein Radio. Dazu in einem Regal ein paar Bücher und Aktenordner, Papier und ein alter Nähkasten, der Dutzende von Stiften und einige Scheren enthält. Es gibt keine fest Sitzordnung und keinen privaten Raum für jedes Kind, wo es irgendwelche Sachen ablegen könnte. Abgesehen von Stiften, Klebstoff und Papier, die offen ausliegen, werden die Unterrichtsmaterialien bei Bedarf vom Lehrer ausgegeben.

Das Klassenzimmer in der Glockseeschule.

Die ganze Atmosphäre erinnert mehr an einen Kinderladen als an eine Schule. Hier haben sich nicht die Kinder äußeren Regeln und Ritualen unterzuordnen, sondern werden umgekehrt die äußeren Umstände den jeweiligen Zwecken angepaßt. Dies bedeutet: Die Kinder *dürfen* die Wände bemalen, wenn sie dies wollen (die Eltern malen manchmal mit); die Kinder *dürfen* auf den Tischen sitzen und auf den Sofas liegen, *während* des Unterrichts und während sie arbeiten; Essen muß nicht *unter* der Bank geschehen, wenn der Hunger größer ist als die Lesewut; körperliche Bewegung (umhergehen, hopsen, sich balgen) wird nicht als außerschulisches Bedürfnis ausgegrenzt oder gar sanktioniert, sondern erhält in der Schule den Raum, den die Kinder dafür beanspruchen. Für den Fremdbeobachter auffallend ist der intensive Körperkontakt, der alle Aktivitäten begleiten kann: Die Lehrer entziehen sich den Zärtlichkeitsbedürfnissen der Kinder nicht und lesen auch mit Viertklässlern auf dem Schoß oder gar auf den Schultern Geschichten vor. Selbstverständlich duzen die Schüler alle Erwachsenen (sofern sie ihnen sympathisch sind), wie sich auch Lehrer, Eltern und wissenschaftliche Begleitung untereinander duzen.

Es gibt in dieser Klasse mehrere Fixpunkte in der Woche, die den Schulalltag mehr oder weniger strukturieren. So beginnt man morgens im allgemeinen mit einem Gesprächskreis, in dem der Lehrer seine Angebote erläutert und die Schüler ihre Wünsche äußern. Jeden Freitag wird in der letzten Stunde eine Klassenversammlung abgehalten, auf der ein Rückblick auf die vergangene und die Unterrichtsplanung für die kommende Woche vorgenommen werden. Montags findet regelmäßig Schwimmunterricht statt, mittwochs geht etwa ein Drittel der Schüler ohne Lehrer zu einem Backkurs. Die Klasse verfügt über zwei feste Zeiten in der Turnhalle, und einmal wöchentlich wird relativ regelmäßig eine Englisch-Stunde abgehalten. Es versteht sich, daß keine dieser Veranstaltungen obligatorisch besucht werden muß und die Schüler sie unterschiedlich wahrnehmen.

Der Lehrer

Das Projekt „Zeit" wurde vom Klassenlehrer angeboten, der seit Beginn des 2. Schuljahres die Hauptbezugsperson für die Kinder darstellt. Er arbeitet seit sechs Jahren in diesem Beruf. Da er kürzlich vom Angestellten- ins Beamtenverhältnis übergewechselt war, mußte er neben der Arbeit im Schulversuch noch die Seminare der zweiten Ausbildungsphase besuchen, weshalb er während unseres Experimentes eigentlich nur drei Tage in der Woche unterrichtet hätte. Es gelang ihm aber, für das Projekt vom Seminarbesuch beurlaubt zu werden, damit nicht die fehlende Kontinuität des Angebots den Projektverlauf stören würde.

An den Seminartagen des Klassenlehrers stand der Klasse ein Aushilfslehrer zur Verfügung, so daß während des Projekts „Zeit" zeitweise zwei Lehrer gleichzeitig in der Klasse waren. Um den Informationsberg nicht allzu sehr anschwellen zu lassen und die möglichen Interpretationen des Projektverlaufs nicht zu verkomplizieren, bat der Beobachter darum, daß der zweite Lehrer nach Möglichkeit keine Eigeninitiative im Projekt entfalten, sondern sich auf andere Angebote (Werken, Turnen etc.) konzentrieren sollte. Allerdings machten die Schüler wie gewohnt auch innerhalb des Projekts von allen anwesenden Erwachsenen Gebrauch, so daß neben Besuchern und dem Beobachter auch dieser zweite Lehrer zeitweilig in die Projektarbeit miteinbezogen war.

Der Unterricht vor Projektbeginn

Die verglichen mit herkömmlichen Grundschulen völlig anderen Unterrichtsstrukturen kommen in den Antworten zum Teil IV des Fragebogen A deutlich zum Ausdruck. Vom Lehrer angeleitetes entdeckendes Lernen war — wenn auch nicht häufig — in allen oder zumindest den meisten Unterrichtsgebieten schon vor Projektbeginn üblich. Der Stundenplan, den die Schüler völlig gleichberechtigt mit dem Lehrer zusammen erstellen, erlaubt regelmäßig fachübergreifenden Unterricht, die Projektmethode wird häufig benutzt. Die Kinder arbeiten ausschließlich an Gegenständen ihrer eigenen Wahl. Sie setzen sich selbst zu Gruppen zusammen, wobei sie entweder dem Interesse an der Sache oder persönlichen Bindungen an die Bezugsperson oder an Mitschüler folgen. Eine Frontalbelehrung des geschlossenen Klassenverbands kommt überhaupt nicht vor; es wird auch meistens an verschiedenen Gegenständen gleichzeitig gearbeitet.

Institutionelle Bedingungen der Projektarbeit

Entsprechend den anderen, informellen Umgangsformen im Schulversuch verlief auch die Beobachtung des Projekts anders als in der Regelschule. Der Beobachter wohnte bereits eine Woche vor Projektbeginn bei Glockseelehrern und zog dann in die Wohnung des Klassenlehrers, der das Projekt durchführte. Das enge Zusammenleben erhöhte die Kommunikation beträchtlich, hatte aber die negative Nebenwirkung, daß viele kleine Informationen beim Frühstück, auf dem Weg zur Schule oder zwischen Tür und Angel ausgetauscht wurden, die wohl die Wahrnehmungen des Beobachters beeinflußten, aber nicht systematisch festgehalten und damit der Auswertung zugänglich gemacht wurden. Während der Beobachter in der ersten Fallstudie für einzelne Verhaltensweisen der Lehrerin regelmäßig Erklärungen erfragen mußte, machte er sich hier aus der Kenntnis des gesamten Tagesverlaufs des Lehrers seine eigenen Gedanken, wobei er — wie sich in intensiveren Gesprächen herausstellte — durchaus Fehlinterpretationen aufsaß. Auch konnte es somit nicht ausbleiben, daß der Beobachter, zwar nicht in Form dessen, der Anweisung geben würde, sondern einfach als ständig anwesender Gesprächspartner, schon vor Projektbeginn in die Planungsüberlegungen des Lehrers miteinbezogen wurde, wobei auch Erfahrungen aus der ersten Fallstudie mitgeteilt wurden. Dennoch wurde versucht, die Rollentrennung zwischen Lehrer und Beobachter in der Unterrichtssituation so weit wie möglich aufrecht zu erhalten. Entscheidungen, die den Unterrichtsverlauf steuerten, wurden stets vom Lehrer, bzw. den Schülern gefällt.

Die Schüler waren sowohl systematische Beobachtung (durch die wissenschaftliche Begleitung) als auch Besucher, die in großer Zahl durch die Schule laufen, gewohnt. Das bedeutet aber nicht, daß die Tätigkeit des Beobachters alle Beteiligten kalt gelassen hätte. Als eines der letzten noch aus den frühen siebziger Jahren stammenden Reformprojekte steht die Glockseeschule angesichts der konzentrierten Rücknahme sämtlicher Reformbemühungen im Bildungsbereich unter einer latenten Existenzangst. Hinzu kommt, daß sich die Schule, gerade weil sie funktioniert und bislang von den üblichen Repressionen verschont blieb, permanenten Anfeindungen von seiten derer ausgesetzt sieht, bei denen sich an kurzen Besuchertagen der Neid auf das unbürokratische Klima und die großen Freiräume der Schule mit der Einsicht in die Aussichtslosigkeit der eigenen Situation verbinden. Das kann im Einzelfall dazu führen, daß auf seiten der Lehrer durchaus solidarisch gemeinte Kritik mit dem Infragestellen des gesamten Schulversuchs gleichgesetzt wird, eine Situation, die den Beobachter in einen ernsten Konflikt zwischen dem Bemühen um eine ungeschminkte Darstellung der Unterrichtswirklichkeit einerseits und der bildungspolitischen Selbstverpflichtung zur Unterstützung eines in der Bundesrepublik einzigartigen Schulmodells andererseits stürzte.

Wenn im folgenden der Versuch unternommen wird, die Unterrichtswirklichkeit doch so darzustellen, wie sie vom Beobachter empfunden wurde, dann sind dazu drei Erläuterungen notwendig:
1. Es sei noch einmal ausdrücklich darauf hingewiesen, daß es sich im folgenden um die subjektive Interpretation des Beobachters handelt, die nicht von der Glockseeschule, sondern ausdrücklich von ihm selbst verantwortet wird. Diese Interpretation erfolgt auf der Basis einer notwendiger-

weise selektiven Wahrnehmung und einer in Unkenntnis der langfristigen Entwicklungen und Prozesse beschränkten Beurteilungskompetenz. Verallgemeinerungen des Projektverlaufs auf die Unterrichtsrealität im Schulversuch generell schließen sich schon infolge der kurzen Projektdauer (11 Tage) von vornherein aus. Der Faktor „Zufall" bleibt in unserem Experiment unkontrolliert. Ein anderer Lehrer, eine andere Klasse oder auch nur ein anderer Zeitpunkt der Durchführung unseres Experimentes hätten mit Sicherheit einen völlig anderen Unterrichtsverlauf nach sich gezogen. (Dies gilt auch für die beiden anderen Fallstudien).
2. In einer Zeit, da dem öffentlichen Schulsystem von der Fachwelt wie von den Massenmedien permanentes Versagen vorgeworfen wird, kann niemand behaupten, Alternativschulversuchen unparteiisch gegenüberzustehen. Tatsächlich ziehen Alternativschulen alle unerfüllten Hoffnungen und Reformwünsche der vergangenen Jahre auf sich. Leerlauf, Pannen und Mißerfolge, wie sie in jeder Schule vorkommen, werden daher hier oft nicht mit der für den Versuch notwendigen Gelassenheit betrachtet, sondern angesichts des extremen Erwartungsdrucks pauschal und vorschnell *der Konzeption* zugeschrieben, ja, die Sensibilität der meisten Besucher richtet sich a priori eher auf das, was nicht klappt, als auf die bemerkenswerten Erfolge, die die Schule etwa hinsichtlich der Angstfreiheit und Selbständigkeit der Schüler zweifellos für sich verbuchen darf. (Dies gilt auch für die dritte Fallstudie: die Laborschule.)
3. Der Verfasser vertritt nicht die Ansicht, daß angesichts des Zustandes unserer Regelschulen, über die seit einigen Jahren in erster Linie in Kategorien des Leides diskutiert wird, das sie den Kindern zufügen (vgl. die „Schulstreß"-Debatte; ferner: Singer 1973; Silberman 1973; Holt 1974; Starck 1974), diejenigen zu besonderer Legitimation ihres Vorgehens aufgerufen sind, die neue Wege im Bildungsbereich zu eröffnen versuchen. Vielmehr wird davon ausgegangen, daß gerade das Festhalten an den bestehenden Organisationsformen schulischen Lernens jeglicher Rechtfertigung entbehrt.

Dennoch würde es einem *fachwissenschaftlichen Versäumnis* ersten Ranges gleichkommen, wenn die noch offenen Fragen alternativer Konzeptionen von Schule aus Furcht vor politischer Repression unausgesprochen blieben (die Repression ist auf die Fachwissenschaft auch nicht angewiesen). Diese offenen Fragen werden auch *innerhalb* des Schulversuchs mit einer Schonungslosigkeit und professionellen Fundiertheit erörtert, die dem Fremdbeobachter immer wieder Respekt abverlangt und die Vordergründigkeit der herkömmlichen, um möglichst *reibungslose* Unterrichtsprozesse bemühten und von den Bedürfnissen der Kinder total abstrahierenden Didaktik radikal offenbart. Von daher kann die Glockseeschule es sich leisten, offene Fragen vor aller Öffentlichkeit zu diskutieren. Die Fachwelt kann *nur* von solchen öffentlichen Diskussionen profitieren.

Projektorganisation

„Projektarbeit" im Sinne der Glockseepädagogik „kann nicht mit der Formulierung von Lernzielen beginnen, ebenfalls nicht mit der Festlegung einer Zielgruppe, z. B. einer bestimmten Schulklasse oder einer bestimmten Altersstufe. Beginnen muß Projektarbeit in diesem Sinne mit der Feststellung generalisierbarer individueller Erfahrungen von Eltern, Kindern und Lehrern und der Formulierung eines Problemkreises, z. B. Wohnen. Darauf sollte eine allgemeine und möglichst umfassende Aufarbeitung dieses Problemkreises erfolgen" (Arbeitsgruppe Glockseeschule 1975, S. 168). Folgt man dieser Definition, so kann das Projekt „Zeit" nicht als „Projektarbeit" im Sinne der Glockseepädagogik bezeichnet werden. Das Thema war versuchsbedingt vorgegeben, es wurde nur von einem Lehrer und in erster Linie in einer Klasse angeboten. Was wir im folgenden „Projekt" nennen, unser *Forschungsprojekt*, entspricht im wesentlichen dem, was in der Glockseeterminologie „Angebotsunterricht" genannt wird. Diese Angebote wurden vom Klassenlehrer vorbereitet und vom Beobachter über zwei Wochen verfolgt. Die Aktivitäten des Klassenlehrers beschränkten sich weitgehend auf diese Angebote, andere Unterrichtsgegenstände wurden von ihm (abgesehen von einer Turnstunde) im Beobachtungszeitraum nicht vorbereitet.

6.2   Der Projektverlauf

Um dem Leser im folgenden den Überblick über die einzelnen Projektaktivitäten zu erleichtern, wird zunächst der Projektverlauf in der Glockseeschule im Flußdiagramm zusammengefaßt (s. folgende Seite). Es sei darauf hingewiesen, daß diese Verlaufsskizze *nach Beendigung* des Projektes erstellt wurde und nicht etwa vom Lehrer vorweg geplant wurde! Die Ziffern geben den Projekttag an, an dem der entsprechende Unterrichtsschritt realisiert wurde.

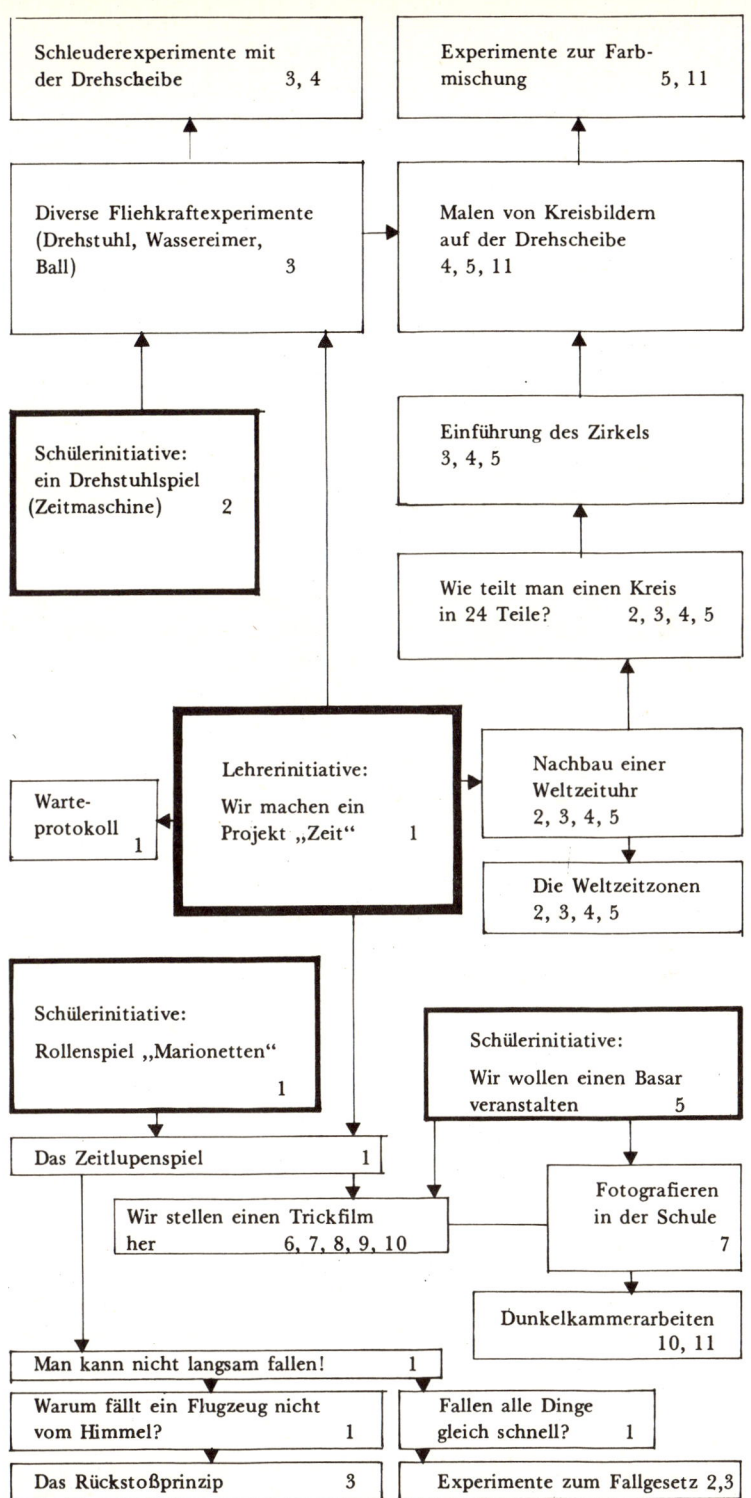

Schleuderexperimente mit der Drehscheibe 3, 4

Experimente zur Farbmischung 5, 11

Diverse Fliehkraftexperimente (Drehstuhl, Wassereimer, Ball) 3

Malen von Kreisbildern auf der Drehscheibe 4, 5, 11

Schülerinitiative: ein Drehstuhlspiel (Zeitmaschine) 2

Einführung des Zirkels 3, 4, 5

Wie teilt man einen Kreis in 24 Teile? 2, 3, 4, 5

Warteprotokoll 1

Lehrerinitiative: Wir machen ein Projekt „Zeit" 1

Nachbau einer Weltzeituhr 2, 3, 4, 5

Die Weltzeitzonen 2, 3, 4, 5

Schülerinitiative: Rollenspiel „Marionetten" 1

Schülerinitiative: Wir wollen einen Basar veranstalten 5

Das Zeitlupenspiel 1

Wir stellen einen Trickfilm her 6, 7, 8, 9, 10

Fotografieren in der Schule 7

Dunkelkammerarbeiten 10, 11

Man kann nicht langsam fallen! 1

Warum fällt ein Flugzeug nicht vom Himmel? 1

Fallen alle Dinge gleich schnell? 1

Das Rückstoßprinzip 3

Experimente zum Fallgesetz 2, 3

1. Projekttag

Für das Projekt „Zeit" hatte sich der Lehrer in der Glockseeschule verschiedene Einstiegsmöglichkeiten überlegt. Als
erstes war ihm der Gedanke gekommen, mit der Klasse
eine Zeitmaschine zu bauen. Obwohl er diesen Gedanken
nicht näher konkretisieren konnte, wurde er doch unter
der Perspektive, den Kindern einen Handlungsbezug anzudeuten, auch vom Beobachter für sehr reizvoll empfunden.
Beide stellten sich vor, die Konkretisierung mit den Kindern selbst zu erbringen. Als zweite Möglichkeit bot sich
eine Materialdarbietung zum Thema „Zeit" an, die allerdings von vornherein komplexer sein sollte, als nur die in
den Curriculummaterialien vorgeschlagene Ausstellung alter
Uhren (vgl. „Zeit", S. 6). Die Kinder sollten dann über ihre
Reaktion auf eine solche Darbietung den Projektverlauf
steuern. Der dritte Weg bestand darin, den Kindern einfach
anzukündigen, man wolle ein Projekt „Zeit" machen, und
sie selbst von der ersten Minute an in die konkrete Ausgestaltung als Planende mit einzuspannen. Da dem Lehrer die
Zeitmaschine zu utopisch schien und für eine Materialsamm-
lung die Vorbereitungszeit fehlte, entschloß er sich für den
letzten Weg.

Der Tag verlief so vielschichtig und komplex, daß auch die
vollständige Lektüre des Beobachtungsprotokolls und des
Lehrertagebuchs nicht annähernd das Klassengeschehen
nachvollziehbar machen würden. Der Lehrer hatte folgenden
Text am schwarzen Brett ausgehängt, der aber nur von wenigen Schülern zur Kenntnis genommen wurde:

Klassenversammlung
Problem der Fete (zuviel Getränke-Geld)
Planung

Die Kinder sammelten sich zu dem in der Klasse üblichen
Gesprächskreis in einer Ecke des Raumes. Es war ein Montag, und wie in allen Schulen kamen die Kinder leicht aufgekratzt aus dem Wochenende und sprudelten von Gesprächs-
bereitschaft und Kontaktsuche zu ihren Mitschülern förmlich über. Es entstand eine halbstündige Phase von diversen
Gruppen- und Einzelgesprächen, ziemlich lautstark und ohne
Rücksichtnahme auf die Kommunikationsnormen von Erwachsenen. Hin und wieder machte der Lehrer den Versuch,
zum Thema vorzudringen, ließ aber den Schülern immer wieder Zeit für ihre Austauschbedürfnisse.

Das Gespräch war, wie der ganze Schultag überhaupt, stets von einer Reihe von kleineren oder größeren Rangeleien, mehr oder weniger zärtlichen Berührungen der Erwachsenen, spontanen Unmutsäußerungen, Gelächter, unzähligen Rollenspielen und mehrmaligem Einbezug des Beobachters in das Klassengeschehen begleitet. Ein Großteil dieser Aktivitäten war dabei auf den Versuch der Kinder zurückzuführen, teils spielerisch, teils ernsthaft zu üben, Beziehungen zwischen Mädchen und Jungen anzuknüpfen, Freundschaftsverhältnisse aufzubauen oder anzudeuten oder anderen zu unterstellen, die nicht mehr in gemeinsamen Spielen, sondern in der unterschiedlichen Geschlechtlichkeit begründet waren — eine völlig neue Erfahrung, die die Kinder erst vor wenigen Tagen zum ersten Mal gemacht hatten.

Nachdem die Frage der Verwendung überschüssiger Getränke von einem Kinder-Elternabend der vergangenen Woche geklärt worden war, leitete der Lehrer die Projektarbeit mit einer Reihe von über mehrere Minuten verteilten Äußerungen ein, wie z. B.: „Wir haben uns überlegt — und dafür ist der Jörg auch da — ein Projekt über 'Zeit' zu machen". Auf diese Impulse sprangen die Kinder sofort mit lauten Assoziationen zum Thema 'Zeit' an, in die der Lehrer situativ themenbezogene Problemfragen einwarf. Infolge des großen Durcheinanders wandte er sich dabei einige Male nur den unmittelbar neben ihm sitzenden Schülern zu und versuchte, sie einzeln zu Arbeiten zum Thema zu motivieren.

Nach 25 Minuten Projektunterricht stand der Lehrer in einer Situation kompletten Durcheinanders auf und stellte sich mit verschränkten Armen in den Raum: „Wenn ihr alle macht, wozu ihr Lust habt," erklärte er, „mache ich auch, wozu ich Lust habe. Ich warte jetzt, daß die *Zeit* vergeht, will jemand mitwarten?" Es begann ein 70-minütiger Unterrichtsabschnitt, in dem der Lehrer sich ausschließlich darauf beschränkte, die Schüler zu beobachten und einzelne Aktivitäten von ihnen unter Angabe der bis dahin gewarteten Zeit zunächst an der Tafel, später auf einem Blatt Papier mitzuprotokollieren. Die Tafel füllte sich mit Sätzen wie: „Nach 7 1/2 Minuten waren Silke, Nina, Maren, Natascha, Sandra, Stefan wieder da." Dazwischen rief er alle paar Minuten aus, wie lange er nun schon warte. Die Kinder rannten inzwischen, ohne den Lehrer eigentlich zu beachten, durch den Raum und spielten Fangen.

Eindreiviertel Stunden nach Projektbeginn sammelte sich dann nach und nach eine Kindergruppe auf den Sofas und

Stühlen und begann, sich über Langeweile zu beklagen. Es kam zu einem heftigen Streitgespräch zwischen einem Schüler, der den Lehrer wegen seiner vermeintlichen Passivität angriff, und einer Mitschülerin, die diesen verteidigte. Mehrere Schüler forderten den Lehrer nachdrücklich auf, etwas zu unternehmen. Schließlich schlugen sie ihm vor, mit ihnen Fangen zu spielen, damit er wenigstens *etwas* tue. Bis auf den Beobachter und eine Schülerin, die Tropfbilder anfertigen wollte, spielten alle Anwesenden dann Fangen.

Die lange Phase des bewußten „Wartens" des Lehrers, die in einem Aggressionsausbruch der sich langweilenden Schüler endete, darf nicht vorschnell als eine Gebärde der Ungeduld mißinterpretiert werden. Hier kam zweierlei zusammen. Zum einen wollte der Lehrer *wirklich abwarten*, was geschieht, weil er gemerkt hatte, daß die Kinder auf einer rein verbalen Ebene nicht für die Projektarbeit gewonnen werden konnten. Zum anderen wollte er auch einen neuen Zugang zur Projektthematik einbringen. Nachbesprechung vom 1. Projekttag:

„Ich habe die Anfangssituation eingeschätzt, daß keine Möglichkeit mehr bestand, auf 'Zeit' zu kommen durch direktes Gespräch. Und da habe ich mir gedacht: Vielleicht kannst du durch eine *andere* Zeitbestimmung, eine Gegen-Zeitbestimmung, durch einen Gegenpol — einfach indem ich warte, mich hinsetze und abwarte, was geschieht —, vielleicht kannst du da was in den Kindern erwecken. Was genau, wußte ich nicht. Und erst fünf Minuten später . . . fiel mir das mit dem Protokoll ein: daß ich jetzt wirklich mal warte und auch festhalte, was geschieht, und es dann auch gleichzeitig (durch die Tafelanschrift für die Klasse) sichtbar machen wollte. Was ich jetzt daraus mache, war mir noch nicht klar. Ich habe das 'produktive Zufälligkeit' genannt."

Anschließend an das Fangen begannen die Kinder mit einer Besucherin „Marionetten" zu spielen, wobei sie sich von der Frau an Phantasiefäden führen ließen und sich betont eckig bewegten. Eine Schülerin forderte den Lehrer auf, sie wie eine Marionette zu führen. Sie erklärte: „Das sind ganz langsame und komische Bewegungen". Der Lehrer: „Wie Zeitlupe. Wollen wir Zeitlupe spielen?" Die beiden spielten zehn Minuten lang eine Begrüßungsszene, später im Nebenraum „ein Buch nehmen und lesen", „einen Becher aufheben" und „hinfallen". Aus diesen, zunächst von einem, später von fünf Kindern sehr ernst gespielten Szenen erwuchs dann die Idee, einen Zeichentrickfilm anzufertigen, weil ein Kind gemerkt hatte, daß es solche Zeitlupen schon einmal in einem Zeichentrickfilm gesehen hatte.

Bei dem Versuch, einen Blumentopf in Zeitlupe fallenzulassen, kam dann die Thematik des Fallgesetzes auf. Die Kinder erkannten, daß es ihnen unmöglich war, sich selbst oder irgendwelche Dinge „in Zeitlupe" fallenzulassen. Es stellten sich dieser Kleingruppe mehrere Fragen: Alles fällt herunter, warum fällt ein Flugzeug nicht? Warum ein Vogel nicht? Wie sieht das mit einer Feder aus? Der Lehrer brachte die Frage ein: Fällt alles gleich schnell? Daran schlossen sich einige Experimente an: Fällt ein Stuhl schneller als ein Buch? Fallen alle Bücher gleich schnell?

Die Kinder gingen noch die Bücher wiegen, dann führte die Ankunft der Schulbusse zum Abbruch der Beschäftigungen. Der Rest der Kinder war schon nach dem Fangen-Spiel nicht mehr mit projektbezogenen Fragestellungen befaßt. Drei Kinder hatten sich zu dem Mädchen mit den Tropfbildern gesellt und machten dort mit, bis auch für sie die Busse das Ende des Schultages signalisierten. —

Die Eröffnung eines Unterrichtsprojektes mit den Worten: „Wir haben uns überlegt, ein Projekt 'Zeit' zu machen" und der Einräumung der Schülerbeteiligung bei der konkreten Projektausgestaltung von der ersten Minute an ist der ehrlichste und offenste überhaupt denkbare Ansatz, sofern nicht auch die Themenstellung selbst schon aus Schüleraktivitäten erwächst. Tatsächlich hatte der Lehrer keine einzige Schüleraktivität vorausgeplant, sondern allenfalls für sich eine Art Sachanalyse des Gegenstandes vorgenommen. Der in dieser Schule übliche Angebotsunterricht läßt Vorgaben solcher Art ohnehin nur in manchen Fällen und nur bei einigen (zwischendurch auch wechselnden) Kindern unterrichtswirksam werden.

Damit können hinsichtlich der Frage der Offenheit des Unterrichts zunächst einmal sämtliche Indikatoren der inhaltlichen Dimension als gegeben bezeichnet werden. Lediglich eine handlungsorientierende Leitidee (1—9) war für die Schüler noch nicht sichtbar geworden. Auch auf methodischem Gebiet wurden Faktoren der Offenheit erkennbar, die in der Regelschule von vornherein kaum denkbar scheinen. So waren die Kinder an der Zeitplanung beteiligt (2—4) und es wurde auf Zwangsbelehrung im geschlossenen Klassenverband ebenso verzichtet (2—14) wie auf ein für alle Kinder verbindliches Curriculum. Die Kinder konnten sich nicht nur individuell gruppieren, sondern auch jederzeit den Raum verlassen. Wie schon in der Regelschule war auch heute die Öffnung der Institution auf oder für außerschulische Lernfelder nicht gegeben, wenngleich natürlich der Indikator 3—5 (Unabhängigkeit vom staatlichen Lehrplan) in der Glockseeschule in gewisser Weise immer gilt.

Zum besseren Verständnis des Unterrichtsgeschehens muß angefügt werden, daß sämtliche projektbezogenen Aktivitäten um den Lehrer konzentriert blieben und nur von einer kleinen Schülerzahl ausgeführt wurden. Der überwiegende Teil der Klasse war meist in das Anknüpfen von Beziehungen zwischen der Jungengruppe und der Mädchengruppe verwickelt. Für den Lehrer waren die auf dieser Ebene ablaufenden Prozesse mindestens ebenso bedeutsam wie die von ihm intendierte Projektarbeit, da er die Verfestigung einer von den Kindern vollzogenen Geschlechtertrennung in seiner Klasse mit Sorge beobachtet hatte.

2. Projekttag

Am 2. Projekttag war die Atmosphäre im Klassenzimmer viel ruhiger als am Vortag. Die Kinder waren nicht so aufgeregt und saßen relativ friedlich in der Sofaecke, als der Lehrer mit seinem Angebotszettel hereinkam. Angeboten waren:

> Woran liegt es, daß alle Dinge fallen?
> Warum fällt ein Flugzeug nicht herunter?
> Woher kommt die richtige Zeit?
> 12 Uhr: Turnhalle, Ringe

Wie am Vortag erläuterte der Lehrer im Gesprächskreis seine Angebote. Erneut wurden im Gesprächskreis diverse Themen und neue Fragestellungen aufgebracht und andiskutiert. Es entstanden aber daraus für die Kinder mit einer Ausnahme, die noch ausführlich besprochen wird, keine neuen Probleme für die Arbeit im Klassenzimmer. Nach und nach liefen mehrere Kinder weg und wandten sich anderen Dingen zu.

Bei der Erörterung, woher die richtige Zeit käme, in einem Zwiegespräch zwischen dem Lehrer und einem Schüler, wurde die Frage nach den verschiedenen Zeiten auf der Erde angesprochen. Diese Frage bestimmte insofern den weiteren Tagesverlauf, als sich daraus eine fast dreistündige Bastelarbeit ergab, in der nach einer Vorlage Modelle einer Weltzeituhr aus Pappe nachgebaut wurden. Eine weitere projektbezogene Aktivität bestand in der Fortsetzung der Fallexperimente vom Vortag. Der Klassenlehrer bat den zweiten Lehrer, mit den beiden Mädchen, die diese Experimente am Vortag begonnen hatten, in einen Nebenraum zu gehen und sie dort fortzusetzen.

Diese beiden Gruppen — die Weltzeituhr-Bastler und die Fallversuche — liefen den ganzen Vormittag als räumlich und personell getrennte Angebote, an denen im ersten Fall drei, im zweiten Fall zwei Schüler relativ konstant arbeiteten. Der Rest der Klasse hielt sich anderswo im Haus oder auf dem Hof auf. Nur hin und wieder kamen einzelne Kinder ins Zimmer, setzten sich kurz dazu und betrachteten schweigend die Aktivitäten. Ein Schüler wollte dreimal bei den Uhrenbauern mitmachen, rannte dann aber doch wieder weg, nachdem er einige Sekunden zugeschaut hatte.

Der Beobachter konzentrierte sich zunächst auf die Mädchengruppe, die im Nebenraum mit einigen Gewichten, einer Pfannenwaage und einer Briefwage diverse Fallexperimente durchführte. Beide waren eigentlich wenig motiviert und kaum zu einer zusammenhängenden Arbeit zu bewegen. Der Lehrer bemühte sich mehrfach, die Kinder zur Formulierung naturwissenschaftlicher Problemstellungen zu bewegen und aus den Versuchen ein Gespräch zu entwickeln, worauf die Kinder aber nicht eingingen. Sie begnügten sich damit, spontan Hypothesen aufzustellen und sogleich zu überprüfen, indem sie unterschiedliche Gewichte, Blei und Papier zusammen von der Decke zu Boden fallen ließen und beobachteten, ob sie gleichzeitig unten ankämen. Auf die Versuche des Lehrers, in ihre Aktivitäten Struktur zu bringen, reagierten sie teils mit Achselzucken, teils mit kurzen Antworten.

Für den Beobachter war die Orientierung des Lehrers am Curriculummaterial deutlich sichtbar: Er regte an, Versuche mehrfach durchzuführen, um Sicherheit bei der Beantwortung der Fragestellungen zu gewinnen (Lernziele 2.94, 1.43, 1.44, 3.04 u. a.), er versuchte im Gespräch, die bei den Fallgesetzen wirksamen Variablen zu isolieren, er bemühte sich um die Herstellung eines „fairen Tests" (vgl. „Lernziele", S. 41 f.), indem er ein Brett einbrachte, damit die Schülerin zwei Gewichte im gleichen Moment von der Decke fallen lassen konnte, und er versuchte, die Mädchen dazu zu bewegen, von ihren Überlegungen Berichte für die Mitschüler anzufertigen, was sie aber ablehnten. Bei alledem war er stets bemüht, den Kindern keine Aufgaben aufzudrängen, sondern sie selbst die Experimente durchführen zu lassen, zu denen sie Lust hatten.

Experimente zum Fallgesetz: Fällt ein Blatt Papier genauso schnell
zu Boden wie ein ganzes Buch?

Trotz der geringen Motivation — eine Schülerein beklagte
sich mehrfach, daß es so langweilig sei — wurden einige
Erkenntnisse gewonnen, etwa die Einsicht, daß — mit Ausnahme von Papier, das zu sehr „segelt" — die Gegenstände
beim Fallen gleich schnell am Boden auftreffen. Die weiterführende Fragestellung, ob die Geschwindigkeit in Abhängigkeit von der Höhe konstant bleibt, wurde auf den nächsten
Tag verschoben, weil keine Stoppuhr verfügbar war. Nach
etwa 70 Minuten gingen die Mädchen zum Töpfern zu
einer anderen Lehrerin. Ein inzwischen hinzugekommener
Junge der 5. Klasse führte noch kurz einige Fallexperimente
mit dem Papier und Gewichten durch, um dem Lehrer zu
demonstrieren, daß der Luftwiderstand der Gegenstände
deren Falldauer bestimme. Dann rannte auch er weg.

Währenddessen waren im Hauptraum aus großen Pappe-
bögen von drei Schülern mit dem Klassenlehrer Drehschei-

ben ausgeschnitten worden, die im folgenden in 24 Abschnitte unterteilt und mit Städten und Uhrzeiten beschriftet wurden. Dabei erklärte der Lehrer diesen Schülern individuell die Einteilung des Globusses in Weltzeitzonen und die Zeitenverschiebung in Abhängigkeit vom Längengrad und vermittelte ihnen am Modell basales Faktenwissen (Nullmeridian, Datumsgrenze, einige geographische Bestimmungen).

Hierbei kam es zu einem kurzen Zwischenfall, als ein Schüler die Nerven verlor, der (als Viertklässler) bei der Aufteilung seiner Uhr das Problem nicht lösen konnte, 22 durch 6 zu teilen. Er bat den Lehrer um Hilfe, der aber der Meinung war, daß der Schüler die Aufgabe selber ausrechnen solle, da er schon mit viel höheren Zahlen rechnen kann. Bemerkenswert war diese Szene insofern, als sie die informellen und äußerst persönlichen Beziehungsstrukturen in der Glockseeschule deutlich werden läßt. Während nämlich der Schüler, der eine äußerst geringe Frustrationstoleranz hat, im wahrsten Sinne des Wortes völlig „außer sich" den Lehrer angriff, mehrmals gegen das Schienbein trat und mit Kraftausdrücken bombardierte, weil er ihm angeblich nicht helfen wolle, geriet der Lehrer nicht eine Sekunde aus der Ruhe. Er ließ die Beschimpfungen einige Zeit über sich ergehen und fragte, nachdem die erste Wut abreagiert war, ohne ein Zeichen der Aufregung begütigend: „Wollen wir das zusammen ganz ruhig rechnen, ja?" In trotziger Abwehr verkroch sich zwar der Schüler aufs Sofa und versteckte sein Gesicht in den Kissen. Es dauerte aber nur wenige Minuten, bis alle wieder in ihre Bastelarbeiten vertieft waren und auch der Junge, der die Nerven verloren hatte, sich bereitwillig vom Lehrer und einem Mitschüler helfen ließ. Daß der Lehrer in dieser kritischen Situation als *Pädagoge* reagieren konnte und nicht wie ein Unterrichtsbeamter reagieren mußte, der in solchen Fällen zur Erhaltung der „Autorität" seines Amtes unweigerlich auf schultypische Sanktionen gegenüber dem Jungen hätte zurückgreifen müssen, untermauert nachdrücklich die einzigartigen Chancen eines solchen Schulmodells.

Im Zusammenhang mit dem Projekt „Zeit" kann schließlich ein kurzes Spiel von etwa sechs Kindern gesehen werden, die irgendwann zwischendurch „Figuren schleudern" machten, wobei sie sich von einem Mitschüler von einem Drehstuhl hinunterschleudern ließen und wie versteinert liegen blieben. Dieses Fliehkraftspiel wurde nach kurzer Zeit von einem Schüler in eine „Zeitmaschine" umgestaltet, ohne daß allerdings dieser Begriff fiel oder überhaupt der Zusammenhang mit dem Projektthema den Kindern bewußt geworden war. Der Schüler machte aus dem Drehstuhl ein Karussell, für das er imaginäre Eintrittskarten verkaufte, und schleuderte die Mitschüler je nach Wunsch „in die Vergangenheit" oder „in die Zukunft".

Bevor wir den Unterricht auf seine Offenheit befragen, scheint es sinnvoll, die Entscheidungsprozesse etwas näher zu analysieren, die zur Aufnahme einer konkreten Aktivität im offenen Unterricht führen. Beide heute ausgeführten Arbeiten waren zwar nicht in ihrer spezifischen Ausgestaltung, wohl aber als Themenstellung oder in Form von vorbereitetem Material bereits in der Tagesplanung vorgesehen. Andere Vorgaben (Flugzeug; die Frage der „objektiven" Zeit) wurden nicht aufgenommen, weil sich niemand dafür interessierte. Beide Projektaktivitäten waren ferner deutlich personengebunden: Die Lehrer arbeiteten zunächst mit *den* Schülern, die auf einzelne Impulse unmittelbar angesprungen waren.

Der Verlauf des Entscheidungsprozesses zeigt, daß die Kinder bislang von der Thematik „Zeit" offensichtlich nur begrenzt angesprochen wurden. Das Erkenntnisinteresse bezüglich dieses Gegenstandes war noch gering, weiterreichende Perspektiven hatten sich nicht aufgetan. Die Kinder reagierten so, wie sie — im Gegensatz zur Regelschule — hier reagieren sollten: indem sie sich Angeboten in anderen Klassen zuwandten oder selbst welche initiierten, z. B. in Form einer „Hitparade", wobei eine Mädchengruppe auf einer Bühne aus mehreren zusammengestellten Tischen die Schlager der Woche sang und dabei die Bewegungen der „Stars" imitierte.

Dem Beobachter drängen sich hierbei Parallelen zur ersten Fallstudie auf, etwa zum Anfang des 11. Projekttags in Recklinghausen, als, für alle Beteiligten deutlich fühlbar, im Grunde nur eine Schülerein vom Unterricht erreicht wurde. Dort durften die anderen Kinder aber nicht aus dem Felde gehen, sondern mußten ihre Unbeteiligtheit durch Hin- und Herrutschen auf den Stühlen und heimliche Tätigkeiten unter der Bank oder Geflüster mit dem Nachbarn kompensieren, ohne daß der Beobachter wie die Lehrerin der Meinung gewesen wären, daß die Schüler zu diesem Zeitpunkt von ihrer erzwungenen Anwesenheit in irgendeiner Weise profitiert hätten.

168

Hinsichtlich der Offenheit zeichnete sich der Unterricht erneut durch die Einbeziehung der Kinder in die Tagesplanung aus, auch, wenn sie von den Kindern nicht dergestalt genutzt wurde, daß sie in großem Stil Aktivitäten planten oder annahmen. Immerhin darf dem Gesprächskreis als Entscheidungsinstanz doch ein erhebliches Maß an Transparenz zugebilligt werden, so daß eigentlich zum ersten Mal der Indikator 2—2 vorgefunden wurde. Diese Transparenz der Planungsprozesse wird äußerlich dadurch belegt, daß der Lehrer (wie schon am Vortag) auch heute das Lehrerheft „Zeit" dabei hatte, die Kinder darin bei Bedarf blättern ließ und auch selbst vor ihren Augen einzelne Informationen darin nachschlug. Im Gegensatz dazu hatte etwa die Lehrerin in der Regelschule den Kindern zwar 15 Sachbücher zur Verfügung gestellt, nicht aber den Lehrerband aus den Curriculummaterialien von Sc 5—13. In der Regelschule hatten die Kinder also lernen können, wie man sich selbst Informationen beschafft, nicht aber erfahren, worauf die Lehrerin unter anderem ihren Unterricht aufbaute.

Es bedeutet sicherlich keine Überspitzung der Interpretation, wenn in solchen Kleinigkeiten die unterschiedliche Rollendefinition des Lehrers in der offenen und in der Regelschule wiedererkannt wird. Während die Lehrerin in der Regelschule ihre Planungskompetenz nur begrenzt an die Kinder abtreten wollte, und dies in vollem Umfang in dieser Institution auch kaum gekonnt hätte, wenn sie nicht einen totalen Unterrichtsausfall in ihrer Klasse provozieren wollte, wird in der Alternativschule der Lehrer als Entscheidungen fällendes und selber Informationen suchendes Wesen (zumindest tendenziell) dargestellt.

3. Projekttag

Für den 3. Tag hatte sich eine Seminarleiterin zur Unterrichtshospitation beim Klassenlehrer angemeldet. Die übliche Vorführstunde mußte also in die Projektarbeit integriert werden, was bei der Unterrichtsvorbereitung einige Schwierigkeiten bereitete.

Der Lehrer hatte diverse Materialien zur Erprobung der Fliehkraft vorbereitet (Drehstühle, Wäscheschleuder, Elektromotor, Wassereimer, einen Tennisball am Gummiband, Schallplattenspieler), mit denen er an das Drehstuhlspiel vom Vortage anknüpfen wollte. Dieser neue Impuls innerhalb des Projektes wurde gemeinsam mit den Schülern für

Die Hitparade — ein Beispiel für projektunabhängige Schülerinitiativen.

den Zeitpunkt angesetzt, wenn die Seminarleiterin eingetroffen wäre, so daß der Unterricht zunächst mit anderen Dingen begann.

Die beiden Mädchen, die am Vortag die Experimente zum freien Fall durchgeführt hatten, verzogen sich mit dem zweiten Lehrer schnell wieder in den Nebenraum und setzten ihre Versuche dort über eine Stunde lang fort. Nach Auskunft des Lehrers machte ihnen die Arbeit heute sehr viel mehr Spaß, da sie nun eine Stoppuhr zur Verfügung hatten. Es wurden mehrere Versuchsreihen mit den verschiedensten Meßergebnissen durchgeführt und dabei einige Variablen manipuliert. Die Kinder erkannten anhand ihrer Messungen, daß die Fallgeschwindigkeit bei allen Gegenständen gleich ist, wenn man den Luftwiderstand konstant hält. Anschließend wurden, ausgehend von der Frage, warum ein Düsenjäger nicht vom Himmel falle, mit Gummischläuchen und Glasröhrchen einige Blasversuche durchgeführt, mit Hilfe derer die Kinder das Rückstoßprinzip erfahren konnten. Diese Arbeiten wurden nicht vom Beobachter verfolgt.

Vier Mädchen übten inzwischen im zweiten Nebenraum erneut eine Hitparadenimitation ein, die sich fast alle Klassenmitglieder ansehen mußten, wobei die Perfektion überraschte,

mit der die gestischen und mimischen Verrenkungen der
Fernsehsänger kopiert wurden.

Im Hauptraum hatten kurz nach Schulbeginn die drei
Schüler vom Vortag mit der Arbeit an ihren Weltzeituhren
weitergemacht. Wie schon beim Bau eigener Zeitmesser in
der ersten Fallstudie wurden auch heute weitere Kinder
nach einer Art Schneeballprinzip zur Arbeit an solchen
Modellen animiert. (Der Klassenlehrer wies darauf hin, daß
dies eine häufige Erscheinung in der Schule sei.) Währenddessen versuchte der Lehrer (für die Seminarleiterin?) die
Klasse etwas gemütlicher zu gestalten. Er richtete einige
Arbeitstische ein und rückte Stühle zurecht. Dabei war er
ständig bemüht, den Kindern bei der Weltzeituhr zu helfen und ihre Fragen zu beantworten.

Unmittelbar nach Erscheinen der Seminarleiterin wandte
er sich von diesen Arbeiten ab und bemühte sich, die Kinder mit Sätzen wie: „Wollt ihr das Spiel mit dem Drehstuhl
noch einmal machen und das näher untersuchen?" für Experimente zur Fliehkraft zu gewinnen. Er ließ mehrere
Schüler mit unterschiedlicher Geschwindigkeit bis hin zum
Umfallen im Drehstuhl rotieren und befragte sie nach ihren
Empfindungen. Das Ganze fand in einer sehr hektischen
Atmosphäre statt, weil mehrere Mädchen gleichzeitig Fangen spielten und dabei quer durch den Raum rannten.

Anschließend brachte er eine Drehscheibe aus der physikalischen Lehrmittelsammlung herbei, die über einen Treib-
riemen von einer zweiten Scheibe mit Handkurbel betrieben wird. Es schlossen sich eine Reihe von Drehversuchen
von wechselnden Kindern an, bei denen die verschiedensten
gerade greifbaren Gegenstände vom Drehteller geschleudert
wurden. Die Schüler stellten hierbei verschiedene Hypothesen
über Gesetzmäßigkeiten der Fliehkraft auf, die sie sogleich
überprüften, ohne dabei jedoch die einzelnen Variablen
(Gewicht, Größe, Geschwindigkeit, Reibung auf dem Drehteller etc.) schon systematisch zu kontrollieren.

Als das Interesse an der Scheibe zurückging, beschaffte der
Lehrer zwei Eimer mit etwas Wasser, die er von den Schülern, die es sich zutrauten, mit großem Schwung herum-
schleudern ließ, wobei die Fliehkraft das Wasser im Eimer
hielt. Erst bei einem späteren Versuch wurde etwas Wasser
übergeschwappt, wobei auch der Lehrer eine Portion abbe-
kam, ohne daß ihn das aus der Ruhe brachte. Sodann holte
er einen Tennisball hervor, der an einem langen Hosengummi

befestigt war und sofort von einem Mädchen in weitem Bogen über den Köpfen der Anwesenden herumgeschleudert und dann durch die Klasse geworfen wurde.

Im Nebenraum hatte inzwischen eine andere Gruppe ein Spiel „strenge Schule" organisiert, mit Bankreihen, Heften und einer ständig um Disziplin kämpfenden Schüler-Lehrerin. Diese Gruppe lockte nach und nach eine ganze Reihe von Schülern an und trat so in Konkurrenz zu den Bemühungen des Lehrers mit den Fliehkraftexperimenten.

Die noch im Klassenzimmer verbliebenen Schüler wurden vom Lehrer mit einer Kette von Warum-Fragen konfrontiert, ohne daß ihnen eigentlich Möglichkeiten deutlich wurden, hierauf eine Antwort zu finden. Die Bemühungen des Lehrers, ein Gespräch über die sinnlichen Erfahrungen in Gang zu bringen, die die Kinder soeben gemacht hatten, blieben ohne Resonanz. Erneut machte der Schüler, der schon an den Vortagen dem Lehrer vorgehalten hatte, seine Rolle nicht wahrzunehmen, ihm Vorhaltungen und erklärte, daß die Schüler seine Fragen mangels Informationen gar nicht beantworten könnten. Der Lehrer versuchte, ihm sein Vorgehen zu erläutern, dann brach er die Tätigkeiten ab, um sich zur Nachbesprechung mit der Seminarleiterin zu begeben. Die Klasse hatte sich weitgehend aufgelöst oder war zum „Strenge-Schule-Spiel" hinübergewechselt. Ein Schüler hatte sich von dem ganzen Geschehen um ihn herum überhaupt nicht beeinflussen lassen und arbeitete drei Stunden lang unbeirrt an seiner Weltzeituhr.

Unternimmt man den Versuch, die Beobachtungen an diesem Projekttag zusammenfassend zu interpretieren, so muß vorab die äußerst untypische Situation in Rechnung gestellt werden, in der sich der Klassenlehrer befand. Die auf ihn bezogenen und von ihm organisierten Aktivitäten standen eindeutig unter dem dominierenden Einfluß des Besuches der Seminarleiterin. Schon am Vortag hatte der Lehrer einige Schwierigkeiten gehabt, die Projektarbeit mit dem Demonstrationsritual einer „guten" Unterrichtsstunde im Rahmen der zweiten Ausbildungsphase unter einen Hut zu bringen, obwohl ihm bekannt war, daß die Seminarleiterin in Grenzen durchaus bereit war, die besonderen Bedingungen des Schulversuchs bei der Beurteilung des Lehrers in Rechnung zu stellen. Unter dem Eindruck, der Besucherin einen (nach den Maßstäben der Regelschule) erfolgreichen Unterricht vorführen zu müssen, äußerte er Verhaltensweisen, die sonst in der Glockseeschule undenkbar wären. Er blockte die Initiative eines Mädchens ab, das just in dem Moment mit dem Bau einer Weltzeituhr beginnen wollte, als die Seminarleiterin erschien, und äußerte sein Mißfallen über die Kinder, die lieber Fangen spielen wollten. In der Nachbesprechung meinte er: „Ich weiß ganz genau: Auch wenn ich das mit der Fliehkraft auf dem Plan gehabt hätte, hätte ich tatsächlich mit der Weltzeituhr weitergemacht. Dann wäre das weitergelaufen. Also war *ich* heute (wegen der Seminarleiterin) ein eindeutiger Störfaktor (für die Kinder)!" In seinem ständigen Bemühen, die Kinder in Gespräche über ihre Erfahrungen mit der Fliehkraft zu verwickeln, verkehrte sich die spielerische Untersuchung der Kräfte am Drehstuhl in eine Kette aufeinanderfolgender Fragen, Anregungen und Materialeingaben durch den Lehrer, von denen keine in Ruhe weiterverfolgt wurde. Angesichts der mitschreibenden Seminarleiterin, die bei einigen von der Drehscheibe auf sie zufliegenden Gegenständen sichtlich erschrak, steigerte er vielmehr seine Bemühungen, immer neue Anreize einzubringen, bis die Kinder schließlich sichtlich überfordert waren und ihn wegen seiner permanenten Fragen angriffen.

Es darf diesem Unterrichtsabschnitt unterstellt werden, daß die Kinder eine ganze Reihe naturwissenschaftlicher Erfahrungen gemacht hatten: Die Wirkung der Fliehkraft wurde am eigenen Körper und mit Gegenständen auf der Schwungscheibe sowie mit den Eimern und dem Tennisball von den Kindern selbst *erfahren*; es wurden spontan die verschiedensten Hypothesen über die Wirkung der Fliehkraft gebildet und sofort mit der Schwungscheibe überprüft. Zwei Kinder prüften in mehrfachen Zählversuchen die Übersetzung der Antriebsscheibe auf den Drehteller und erkannten den Schlupf des Treibriemens als Störfaktor bei ihren Zählungen. Bei einem kleinen Spiel, in dem der Drehteller als „Plattenspieler" und Lineale als „Tonabnehmer" eingesetzt wurden, vollzogen die Kinder frühere Erfahrungen nach, in denen sie die Abhängigkeit der Tonhöhe von der Umdrehungszahl kennengelernt hatten. Sie erkannten in einem weiteren kurzen Rollenspiel, daß der Drehteller einer Schleifmaschine ähnlich sei. Der Bau von Weltzeituhren mit allen dazugehörenden Lernmöglichkeiten auf manuellem wie kognitivem Gebiet war weiter fortgeschritten.

Wenn der Lehrer wie der Beobachter dennoch frustriert den Raum verließen, dann vielleicht deswegen, weil man sich durch den Besuch in eine Zwangssituation begeben hatte, die die Kinder nicht verstehen konnten und die einen

Bruch im gewohnten Unterrichtsverhalten des Lehrers bedeutete. Die seinen Planungsüberlegungen zugrundeliegenden Ziele wurden dadurch vereitelt: „Es ist die ganze Zeit mein Ziel – mein wichtigstes eigentlich –, daß sie wirklich einmal versuchen, intensiver zu beobachten, und sich von Fragestellung zu Fragestellung langhangeln, um dann Untersuchungen oder Problemstellungen zu finden. Das ist meiner Meinung nach bei den Kindern (bisher) überhaupt nicht drin" (Lehreräußerung aus der Nachbesprechung vom 3. Projekttag).

In der Material- und Frageflut von seiten des Lehrers gingen statt dessen Spiele, kurzzeitiges Suchen nach einer Antwort, Rangeleien, Hin- und Herlaufen und lustvolle Inbesitznahme der Materialien ständig ineinander über. Die Kinder nahmen sich das Recht, die eingebrachten Materialien zu betasten, zu erproben und auf ihre Belastbarkeit zu überprüfen, d. h. auszuprobieren, wie die Gegenstände auf ihre körperliche Einwirkung reagieren würden. Aber sie blieben bei diesen Primärerfahrungen stehen, die ja in den Curriculummaterialien ausdrücklich propagiert werden (vgl. „Lernziele" S. 23, 40 u. a.), ohne sie in dieser Stunde auch auf der Ebene des Gespräches und der konzentrierten Reflexion zu verarbeiten, so wie es in den Regelschulen permanent, ja oft ausschließlich und um jeden Preis, versucht wird.

Für einen offenen Unterricht können wir aus dem heutigen Tag positiv die Lehre ziehen, daß er den Kindern unbedingt Zeit und Raum zugestehen muß, um Materialien und Gegenstände, die eingebracht werden, zunächst einmal unstrukturiert und ohne didaktische Fremdsteuerung in Besitz nehmen zu können. Lehreräußerung in der Nachbesprechung vom 3. Projekttag: „Wenn ich ein Gerät einbringe, und sei es nur ein Ball: Der hat so einen komplexen Aufforderungscharakter – zu spielen, zu werfen und wer weiß alles –, daß die Einengung auf eine Fragestellung (wie Fliehkraft) überhaupt nicht möglich ist."

Die teilweise recht wilden und für die Erwachsenen auch bedrohlich wirkenden Kurbelversuche mit der Drehscheibe, d. h. die Untersuchung des Lehrmittels selbst, waren also eine notwendige Voraussetzung für die *anschließende*, heute nicht mehr erfolgte Formulierung und Verarbeitung gegenstandsbezogener Fragestellungen. Wo diese Primärerfahrungen nicht ermöglicht werden, kann die Weiterarbeit nur unter äußerem Zwang und unter Preisgabe vorhandener

Erfahrung als Grundlage des Lernbegriffs: Die Gesetze der Fliehkraft erkennen die Kinder im Spiel mit der Drehscheibe.

oder gerade erst entstehender Motivationen erfolgen. Wo sie nicht die Basis für weiterführende Auseinandersetzungen abgeben, verbleibt die Konfrontation mit dem Gegenstand auf der Stufe des Beobachtens und Staunens, ohne zu „progredienter Erfahrung" vorzudringen.

4. Projekttag

Den ganzen Tag über liefen im wesentlichen zwei projektbezogene Aktivitäten ab, die diesmal auf den Hauptraum konzentriert blieben: die Fortsetzung des Baus von Weltzeituhren, woran die meisten Kinder beteiligt waren, und der spielerische Umgang mit der Drehscheibe. Der Lehrer hatte beide Aktivitäten angeboten. Zusätzlich versuchte er, die Kinder zur Herausgabe einer neuen Ausgabe der Schulzeitung („Die 3. Presse") zu bewegen. Er schloß damit an den 1. Projekttag an, als er das Thema „Zeit" eingeführt hatte und die Kinder in lockerer Assoziation die Zeitung erwähnt hatten. Keines der Kinder sprang heute auf diesen Impuls an.

Der Bau von Weltzeituhren verlief ähnlich wie an den beiden Vortagen. Der Lehrer gab den Kindern auf Wunsch das nötige Material oder sie holten sich selbst von dem, was

bereitlag (Pappen, Stifte, Lineale, fertige Modelle), das, was
sie brauchten. Erneut stand der Lehrer im Zentrum des Geschehens. Die Kinder bestanden darauf, die Konstruktion
von *ihm* erklärt zu bekommen und jedes Problem von *ihm*
gelöst zu erhalten. Da heute wieder neue Kinder mit dem
Uhrenbau anfingen, kam es zu häufigen Engpässen hinsichtlich der Lehrerkapazität: Er hätte sich zerreißen müssen,
um allen Fragen und Wünschen der Kinder gerecht zu werden, was viele Kinder zeitweise von der Weiterarbeit abhielt.
Obwohl sie sich bei motorischen Problemen auch gegenseitig halfen, etwa wenn es darum ging, eine Kreisscheibe aus-
zuschneiden, den großen Zirkel zu bedienen oder ein Lineal
im Kreis zu biegen, waren sie hinsichtlich der Reihenfolge
der Konstruktionsschritte wie auch der konkreten Ausgestaltung der Scheiben (Aufteilung des Kreises in 24 Abschnitte) auf den Lehrer angewiesen. Er mußte seine Anleitung für jedes Kind individuell noch einmal vortragen
und zwei, vier oder auch sechs Kindern gleichzeitig beim
Bau helfen, eine Aufgabe, die er mit unendlicher Geduld
wahrnahm. Eine Schülerein hatte sich relativ frühzeitig den
zweiten Lehrer reserviert und weitgehend mit ihm allein an
der Wandkarte gearbeitet, wo sie die Einteilung der Erde in
Längengrade und die Zeitverschiebung auf der Erde erklärt
bekam.

Die Aussicht, in absehbarer Zeit ein vorzeigbares Produkt zu erstellen, erfüllte die Kinder mit starker Motivation.

Fragt man nach der Motivation der Kinder zur Teilnahme am Uhrenbau, so ist sicherlich die Chance, ein vorstellbares Produkt (einige Uhren waren bereits fertig) in absehbarer Zeit erstellen zu können, von nicht geringer Bedeutung. Wir hatten ja bereits in der ersten Fallstudie erfahren, wie sehr die Kinder an selbsthergestellten, vorzeigbaren Dingen Freude haben, und jeder Besucher von offenen Schulen, etwa britischen Primary Schools, kennt die zahllosen Momente im Laufe eines Vormittags, wenn ein Kind irgendeinem gerade anwesenden Erwachsenen stolz sein Gemälde, seinen Rechenturm oder seine kleine Geschichte mit der stummen Aufforderung entgegenhält, eine kleine Anerkennung auszusprechen.

Wie wenig den Kindern der Projektzusammenhang wirklich bewußt war, wird deutlich, wenn man eine kurze Szene des heutigen Tages überdenkt. Eine der beiden Schülerinnen, die am Vortag mit den Fallexperimenten befaßt gewesen waren und die heute beide ebenfalls Weltzeituhren bauten, hatte bereits mehr als eine Stunde daran gearbeitet und schon zwei große Drehscheiben ausgeschnitten, als sie, einen Moment stutzig werdend, die Frage an den Beobachter richtete: „Wozu sind die Dinger eigentlich gut?" Sie hatte also weder die Konstruktion noch den Zweck der Weltzeituhr erfaßt, an der sie längst arbeitete!

Neben dem Bau der Uhren waren parallel nahezu den ganzen Vormittag lang Kinder an der Drehscheibe beschäftigt und machten einige Schleuderexperimente, die wie am Vortag ausschließlich auf einer spielerischen Ebene verblieben. Immerhin wurden sehr viele Kinder — auch solche, die aus anderen Klassen kamen und mal kurz hereinschauten — motiviert, selber einmal das Schwungrad auszuprobieren und die Wirkung der Fliehkraft zu erleben.

Ein einziges Kind hatte gleich zu Beginn des Tages den Arbeitsauftrag übernommen, den der Lehrer als Ergebnis einer Unterrichtsnachbesprechung mit dem Beobachter heute an die Wand geheftet hatte. Die Aufgabenstellung lautete: „Fallen schwere oder leichte Gegenstände *eher* vom Plattenteller?" Der Junge hantierte immer wieder einmal mit den Gewichten an der Scheibe herum und führte, völlig selbständig jeweils zwei Gewichte vergleichend, eine komplette Meßreihe durch. Er hielt auf Anregung des zweiten Lehrers die Ergebnisse in einer selbst gefertigten Tabelle fest, die er gegen Ende des Tages dem Klassenlehrer vorzeigte und auf dessen Anregung noch einmal umgestaltete. Das Endprodukt wurde vom Klassenlehrer neben dem Arbeitsauftrag an die Wand geheftet.

Andere Kinder entdeckten zufällig beim Spiel an der Drehscheibe, daß man schöne farbige Kreismuster auf dem Plattenteiller herstellen konnte, wenn man bunte Filzstifte einfach auf die rotierende Scheibe drückt. Im Laufe des Vormittags wurden dann unzählige runde Pappen ausgeschnitten, auf den Plattenteller gelegt und mit den verschiedensten Farben bemalt, wobei die Kinder ihre Reihenfolge am Gerät reibungslos untereinander regelten. Diese Aktivitäten machten den Kindern großen Spaß und liefen ohne jede Lehrerbeteiligung ab. Viele Kinder, die mit dem Uhrenbau beschäftigt waren, unterbrachen dafür ihre Arbeit, fertigten zwei oder drei Kreisbilder an und machten dann mit ihren Uhren weiter.

Nicht-projektbezogene Aktivitäten fielen dem Beobachter neben den üblichen kurzen Rollenspielen, den Verfolgungsjagden und einer weiteren Einübung und Vorstellung der Hitparade nicht auf. Allerdings war seine Wahrnehmung naturgemäß in erster Linie auf die Projektaktivitäten konzentriert.

5. Projekttag

Der Unterricht unterschied sich in seiner äußerlich wahrnehmbaren Struktur nicht wesentlich von den Vortagen. Erneut war Einzelarbeit die wichtigste Sozialform, standen die Lehrer im Zentrum der Schülerfragen und war die projektbezogene Arbeit eingebunden in mannigfaltige kurze Spiele sowie in von den Kindern veranstaltete Zusatzangebote ("Hitparade"). Die beiden wichtigsten Projektaktivitäten waren dabei weiterhin der Bau von Weltzeituhren und die Anfertigung von Kreisbildern mit der Drehmaschine.

Es mag interessieren, was die Kinder beim Bau der Weltzeituhr auf kognitivem Gebiet alles lernten. Es wurde gelernt,
— Orte gemäß den Längegraden auf dem Globus und der Landkarte herauszusuchen (topographische Übungen),
— Einteilung eines Kreises in 24 Teile mit Hilfe des Zirkels,
— Halbieren einer Strecke mit Hilfe des Zirkels,
— Errichten der Senkrechten mit Hilfe des Zirkels,
— Bestimmung des Mittelpunktes eines Kreises mit Hilfe des Zirkels.

Einige Kinder bauten Miniuhren, in die sie die Ortsnamen nicht mehr eintragen konnten. Sie entschlossen sich selbständig, ihre Uhren unter Verwendung von Symbolen und Legende funktionstüchtig zu gestalten. Mit dem Angebot, die Wand des Klassenzimmers durch massenhafte Produktion von Kreisbildern zu verschönern, das die Kinder begeistert aufgriffen, gelang es dem Lehrer, beide Tätigkeiten miteinander zu verbinden: Der Umgang mit dem Zirkel, der zunächst für die Drehscheiben der Weltzeituhr eingeführt worden war, wurde durch die Massenproduktion von Scheiben für die Kreisbilder erheblich trainiert und auch von den Kindern selbst als Lernzuwachs erfahren.

Während einige Kinder die ersten Kreisbilder an die Wand klebten, machten zwei Schüler zufällig eine Entdeckung. Sie hatten eine Pappscheibe bereits angemalt, bevor sie sie auf die Drehmaschine legten, und zwar eine Hälfte gelb, die andere blau. Als sie diese Scheibe dann auf dem Plattenteller rotieren ließen, bemerkten sie, daß sich die Farbe veränderte: Das Ganze bekam einen grünlichen Schimmer. Von den Kindern auf diese Erscheinung aufmerksam gemacht, holte der Lehrer nun Temperafarben herbei, die auf Pappe besser decken als Filzstifte, und regte an, den Versuch mit diesen Farben zu wiederholen.

Etwa eine dreiviertel Stunde vor Schulende sammelten sich die Kinder mehr oder weniger von alleine in der Sofaecke für die jeden Freitag stattfindende Planung der nächsten Woche. Die Stimmung war relativ hektisch, und die Kinder riefen häufig durcheinander. Das eigentliche Planungsgespräch wurde vom Lehrer eingeleitet und von diesem auch weiterhin fühlbar vorangetrieben. Mit den Worten: „Vielleicht wollen wir uns einmal bewußt machen, was da alles abgelaufen ist, was die einzelnen oder auch Gruppen gemacht haben", hängte er eine große Pappe an die Wand und begann zusammen mit den Kindern aufzuschreiben, was alles von welchen Kindern gemacht worden war. Es entstand nach und nach folgende Übersicht:

Zeit

1. Weltzeituhr gebaut: Natascha, Sandra, Ralf, Rici, Sören, Moritz, Stefan, Helge, Martin, Tommi
2. Küssen: (fünf Schülernamen, die sofort wieder von den Kindern durchgestrichen wurden)
3. Drehscheibe:
   a) mit Gewichten: Manu, Martin, Silke, Moritz, Sören, Iris
   b) Malmaschine: die ganze Klasse
4. Disco + Hitparade: Silke, Maren, Anja, Anke, Anja (2. Klasse), Nina
5. Runterfalltest/Falltest/Flugzeugtest: Sandra, Natascha, Helmut
6. Zeitlupe: Sandra, Natascha, Sören
7. Backen

Die Tatsache, daß die Kinder hier *sämtliche* Wochenaktivitäten aufgezählt hatten, einschließlich Backen und der Hitparade, belegt erneut, daß ihnen der Zusammenhang der übrigen Tätigkeiten im Projekt „Zeit" trotz der vielfachen Hinweise des Lehrers und der Überschrift noch immer nicht bewußt war.

Der Lehrer bat die Kinder, darauf zu achten, „wo überall Zeit vorkommt und wo ihr noch Interessen habt, etwas mehr über Zeit zu erfahren". Er eröffnete damit die Wochenplanung für die kommenden fünf Tage. Als erstes Angebot verlangten die Schüler eine Fahrradprüfung, bzw. die Vorbereitung darauf. Ein Schüler brachte noch einmal die Zeitung ins Gespräch. Der Lehrer selbst erinnerte daran, daß einige Kinder einen Trickfilm hatten machen wollen. Auf seine Frage, ob jemand die Farbmischversuche fortsetzen wolle, stimmte ein Schüler zu. Schließlich wurde noch das Problem der Finanzierung eines geplanten Landschulheimaufenthaltes in Asche erörtert und der Beschluß gefaßt, einen Basar zu veranstalten, auf dem Bastelarbeiten verkauft werden sollten.

Auch dieses Planungsgespräch wurde insofern vom Lehrer gesteuert, als *er* die Vorschläge der Kinder aufschrieb und um weitere Vorschläge bat. Dennoch war die *inhaltliche* Lenkung gering. Die Kinder konnten ihre Vorstellungen ungehindert einbringen, und es wurden weder Anregungen noch Abschweifungen unterdrückt. Allerdings war die Beteiligung an dem Planungsgespräch selbst äußerst wechselhaft und nur auf wenige Schüler beschränkt. Die meisten waren erschöpft oder auch aufgekratzt und unterhielten sich mehr oder weniger laut untereinander. Am Ende des Gespräches war folgende Aufstellung entstanden:

Wochenplanung

Fahrradprüfung
Trickfilm mit Zeitlupe
Farbmischversuche
Geld für Asche (Basteln
für den Basar)

Damit wurde der Unterricht heute einer Vielzahl von Indi-katoren für methodische Offenheit gerecht, die bislang in beiden Fallstudien nur selten erreicht worden waren (2—2, 2—6, 2—17). Die Klassenversammlung erlaubte es den Schülern, in ihrer Art und im Rahmen ihres Horizontes möglicher Aktivitäten, unmittelbar an der Unterrichtsplanung der kommenden Woche teilzuhaben (Indikatoren 2—4, 2—9). Es liefen ferner die verschiedensten Unterrichtsangebote und Schülerinitiativen nebeneinander her, ohne daß die Kinder zu irgendwas verpflichtet gewesen wären. Mit Ausnahme der Anknüpfung an die situationstypischen Lebensverhältnisse der jeweiligen Bezugsgruppe (Indikator 2—13), die nicht durch einfaches Beobachten für gegeben erklärt werden kann, sondern einer umfassenderen Analyse der Schülerherkunft und der Schüleraktivitäten im Einzelfall bedarf, sind somit nahezu alle Indikatoren der inhaltlichen wie methodischen Dimension gegeben gewesen. Es handelte sich zudem um einen äußerst produktiven Tag, an dem bei einer insgesamt verhältnismäßig ruhigen Atmosphäre sehr viele Kinder mit irgendetwas beschäftigt waren.

6. Projekttag

Nachdem die Projektarbeit wegen Erkrankung des Lehrers zwei Tage ausgefallen war, in denen nur noch einzelne Kinder Kreisbilder auf der Drehscheibe malten, nahm dieser die Schüleranregung vom ersten Projekttag wieder auf und begann mit Vorübungen zum Zeichentrickfilm. Er brachte einige Bücher zur Geschichte des Films, mehrere Kartons, Gummibänder und einen Hefter mit und ließ die Kinder zunächst Taschenkinos und Daumenkinos malen, um die Entstehung von Bewegungen aus Einzelbildern anschaulich werden zu lassen. Von diesem Angebot machten sechs bis sieben Kinder Gebrauch, die an einem Tisch in Raummitte den ganzen Vormittag damit befaßt waren. (Der Unterricht dauerte heute wegen einer Pflichtveranstaltung für die Lehrer nur 90 Minuten.) Gegen Ende der Unterrichtszeit brachte der Lehrer noch zwei Schmalfilmkameras und zwei Fotoapparate mit und ließ die Kinder in Ruhe damit herumspielen, wobei sie sich untereinander und unter Einbeziehung des Lehrers mit der Konstruktion und der Bedienung vertraut machten.

Die Arbeit verlief als Gruppenarbeit. Daneben hatte sich eine andere Gruppe von sechs bis acht Mädchen im Nebenraum gesammelt, wo sie zusammen mit dem zweiten Lehrer Topflappen häkelten, die sie auf dem Basar verkaufen wollten. Der Lehrer las eine Geschichte vor, und es kamen des öfteren andere Kinder zum Zuhören, so wie auch bei der Filmgruppe hin und wieder Kinder aus anderen Klassen kurz mitmachten.

7. und 8. Projekttag

Der 7. und 8. Tag waren gekennzeichnet von dem kontinuierlichen und nur in Ansätzen erfolgreichen Ringen um eine Story für den geplanten Trickfilm. Besonders am 7. Tag waren die Kinder nur schwer für die Arbeit zu motivieren, und der Lehrer äußerte schon recht früh die enttäuschte Frage: „Rede ich denn hier gegen eine Wand?", weil die Kinder von anderen Dingen erfüllt waren.

Während der vier Stunden an diesem Vormittag versuchte der Lehrer immer wieder von neuem, einzelnen Kindern die Technik des Trickfilmens zu erläutern und sie dazu zu überreden, sich eine Geschichte auszudenken, die sie verfilmen könnten. Obwohl die Schüler recht früh *mit dem Filmen beginnen* wollten, war der Lehrer auf seine Tagesplanung fixiert und beharrte darauf, sich *zuerst zu überlegen*, was man eigentlich verfilmen wolle, bevor die Kameraarbeit beginnen sollte. Man einigte sich nach einiger Zeit darauf, Figuren aus Knetmasse zu formen, die auf einem Tisch als Unterlage aufgestellt und bewegt werden könnten. Die Kinder beschlossen, eine Familie mit kleinen Kindern und Tieren zu kneten.

Währenddessen fertigte im Nebenraum wiederum eine Mädchengruppe unabhängig vom Projekt für den Basar Häkelarbeiten an. Einige Jungen, die an den Knetarbeiten kein Interesse hatten, bauten die Kameras und Scheinwerfer auf. In Ermangelung von Filmmaterial überließen sie sich wie am Vortage dem natürlichen Aufforderungscharakter der Apparate. Alle Geräte wurden ausgiebig bestaunt, geöffnet und untersucht, wobei die Schüler sich gegenseitig auf ihre Entdeckungen aufmerksam machten und nach und nach die Bedienungsorgane kennenlernten. Der Lehrer und ein Schüler, der in Sachen Fotografie schon weit fortgeschrittene Kenntnisse aufweist (Mitglied der Fotogruppe der Schule), halfen mit zusätzlichen Erläuterungen. Hin und wieder riskierte es auch ein Mädchen, einen kurzen Blick durch eine der Kameras zu werfen, ohne sich die Geräte aber ernsthaft anzueignen. Ein Junge ging sich einen Film kaufen und machte Aufnahmen von der Schule, die er auf dem Basar verkaufen wollte.

Gegen elf Uhr waren die Figuren fertig, und es breitete sich allgemeine Ratlosigkeit aus, wie es denn nun weitergehen solle, da niemand einen zündenden Gedanken für eine Filmstory fand. Anderthalb Stunden lang kam nahezu jede Unterrichtstätigkeit zum Erliegen, und die Klasse leerte sich weitgehend. Dann, 30 Minuten vor Schulschluß, begannen zwei Mädchen, aus Pappe kleine Möbel zu basteln und den Grundriß eines Hauses zu entwerfen, in dem die Geschichte spielen sollte, während der Fotoexperte zusammen mit dem Klassenlehrer die Kameraposition erörterte und mit dem Ausleuchten des Aufnahmetisches begann. In unzähligen, weitgehend unzusammenhängenden kurzen Gesprächen, bei denen der Lehrer sich darum bemüht hatte, zu einer Story zu kommen, hatten sich nach und nach folgende Ideen herauskristallisiert:
— Es sollte eine Familienstory werden.
— Der Hund der Familie sollte weglaufen und dabei allerlei Abenteuer durchstehen.
— Die Geschichte mußte aber zugleich im Haus spielen, weil die Kinder darauf bestanden, daß Betten darin vorkommen müßten, für die bereits einige Mädchen Decken häkelten.
Es war aber nicht gelungen, einen Zusammenhang zwischen diesen Einzelvorschlägen herzustellen.

Auch am folgenden, dem 8. Projekttag, war der Lehrer zunächst stark bemüht, eine Story zu erhalten, und er lenkte die Aufmerksamkeit der Kinder mehrmals auf das, was man sich schon am Vortag überlegt hatte. Während unbeirrt von der Projektarbeit die Häkelgruppe im Nebenraum ihre Tätigkeit wieder aufgenommen hatte, begannen die beiden Schülerinnen vom Vortag, aus großen Pappen eine Kulisse anzufertigen, wobei ihnen der zweite Lehrer half.

183

Gegen elf Uhr wurden sämtliche Aktivitäten dadurch unterbrochen, daß der Lehrer fertige Zeichentrickfilme der Stadtbildstelle vorführte und mit Hilfe der Einzelbildschaltung am Projektor die Entstehung eines Trickfilms aus vielen Einzelbildern demonstrierte. Der kleine Nebenraum, wo der Projektor stand, füllte sich nach und nach mit Schülern aller möglichen Klassen, die begeistert die Filme sehen wollten und die wiederholten Eingriffe des Lehrers in den Ablauf mit der Frage „Wißt ihr, wie das gemacht wird?" nur widerwillig erduldeten.

Nach einiger Zeit übernahm der Fotoexperte unter den Schülern die Bedienung des Projektors, weil einige Kinder den Lehrer aufforderten, mit ihnen im Hauptraum endlich mit dem Filmen anzufangen. Dann begannen sich die Ereignisse zu überschlagen: Mehrere Kinder spielten mit den Knetmassefiguren in der Kulisse. Ein Schüler setzte sich hinter die Filmkamera und wartete auf den Drehbeginn. Die Kinder erörterten mit dem Lehrer diverse Anfänge für die Filmstory, ohne sich aber auf etwas einigen zu können. Man überlegte sich einen Filmtitel. Die Schüler verteilten die Knetmassefiguren auf einzelne Kinder, die „den Hund spielen" oder „das Baby spielen" wollten. Eine Mutter, die zunächst bei dem Medienprojekt der fünften Klasse mitgearbeitet hatte, drängte sich in die Gruppe, nahm einen Block und begann ein Drehbuch zu schreiben. Es kam zu mehreren Auseinandersetzungen, welches Kind beim Filmen mitmachen dürfe, wobei sich die Schülerinnen, die die Kulissen gebaut hatten, von den nun hinzuströmenden Kindern ausgestochen fühlten und mit Eifersucht reagierten. Eine Schülerin rannte heftig heulend davon und brachte die Projektarbeit für den Rest des Tages damit zum Erliegen, daß sie durch einen Boten einen Brief schicken ließ, in dem sie darauf hinwies, daß sie in der Klasse keine Freunde habe.

Es folgten mehrere Versuche von seiten der Mitschüler, das Mädchen zu trösten und wieder in die Klasse zurückzuholen. Anschließend wurde ihr Problem unter großer Anteilnahme der Kameraden auf einer Klassenversammlung ausgiebig und offen diskutiert, die bis zur Ankunft der Schulbusse dauerte. Wochenrückblick und Wochenplanung wurden zugunsten der Aufarbeitung des Konfliktes zurückgestellt.

Befragt man die beiden Tage auf ihre Relevanz für das Verhältnis von Planung und Wirklichkeit, so bietet es sich an, das Unterrichtsverhalten der Kinder zum Gegenstand weiterer Überlegungen zu machen, das hier in deutlichem Gegensatz zu den Lehrerintention stand und sich gegen diese allmählich durchsetzte. In der Auseinandersetzung zwischen sofortigem Drehbeginn und vorgängiger Erstellung des Drehbuches waren insgesamt *vier Parteien* zu unterscheiden.

Der Lehrer war von vornherein darauf festgelegt, vor Drehbeginn ein Drehbuch zu erstellen, um das wenige vorhandene Filmmaterial (er hatte zunächst nur einen Super-8-Film gekauft) rationell auszunutzen und auch allzu aufwendige und schwierige Schnittarbeiten nach Möglichkeit zu vermeiden. Nahezu sämtliche Aktivitäten seinerseits waren darauf gerichtet, die Kinder auf eine Story zu verpflichten, worauf diese aber nicht eingingen. Das führte am 7. Projekttag zum zeitweiligen Erliegen jeglicher Unterrichtsarbeit (der Lehrer hatte nicht projektbezogene Unterrichtsangebote nicht vorbereitet) und zu einem Kommunikationsstillstand zwischen Schülern und Lehrer. Obgleich er sich der Fruchtlosigkeit seines Bemühens wohl bewußt wurde (einmal sagte er laut zu sich selber: „Ich dränge ja heute unheimlich"), war er erst am achten Tag bereit, von *seinen* Vorstellungen der Trickfilmherstellung allmählich abzurücken und den Planungsmöglichkeiten der Kinder Aufmerksamkeit zu schenken.

Die Schülergruppe war in zwei Teile gespalten. *Einige Schüler*, vornehmlich Jungen, wollten sofort nach dem Einbringen der Kameras mit dem Filmen beginnen, d. h. eine Story eigentlich erst *bei der Arbeit* mit der Kamera entwickeln. Sie entsprachen in ihrem deutlich auf Aktion gerichteten Verhalten dem Entwicklungsstadium 2 des Curriculumbuches, in dem die abstrakte Vorwegnahme zukünftiger Handlungen und die gleichzeitige Berücksichtigung mehrerer Variablen (Figuren, Rollen, Handlung, Aufnahmetechnik, Zeitplanung für den Film) nur in Ausnahmefällen gelingt.

Eine andere Schülergruppe, überwiegend Mädchen, ließ sich von dem kreativen Umgang mit der Knetmasse hinreißen und identifizierte sich bei der Herstellung von Figuren für den Trickfilm mehr mit diesen Figuren als mit dem Unternehmen, den Trickfilm herzustellen. Sie fanden volle Befriedigung in der Bearbeitung der Knetmasse und der Übertragung ihrer Beziehungsspiele auf die kleinen Männchen. Das Bemühen des Lehrers, zu klären, welche Handlungen die Figuren im Film vollziehen sollten, führte sie nicht dazu,

Handlungen vorweg zu denken, sondern in den bereitstehenden Kulissen mit ihren Figuren Handlungen *vorweg
zu spielen!* Sie konnten dabei zwischen dem *konkreten
Handeln* mit den Figuren und der Forderung des Lehrers,
eine Filmhandlung für diese Figuren *zu formulieren*, nicht
unterscheiden, mit dem Effekt, daß sie angeregt spielend
die Kulissen umringten und dem Kameramann ständig im
Weg waren, der der Ansicht war, die Dreharbeiten könnten jetzt, da tatsächlich jemand die Figuren bewegte, auch
schon beginnen.

Während nun der Lehrer diese Entwicklung zunehmend
distanziert beobachtete und nach und nach die Bereitschaft
entwickelte, die Kinder ihrer eigenen Logik folgend handeln zu lassen, platzte als vierte Partei in diese Szene *die
Schülermutter* hinein, die an den Vortagen mit dem Medienprojekt der 5. Klasse befaßt gewesen war. Diese Mutter hatte wie der Klassenlehrer neben anderen Leuten aus
der Schule kürzlich an einem Medienseminar teilgenom-
men, in dem die Möglichkeiten für die Arbeit von Schülern mit modernen Kommunikationsmedien (Film, Video
usw.) diskutiert worden waren, die nun in der 5. Klasse
praktisch erprobt wurden. Sie begann genau das zu tun,
wovon der Klassenlehrer inzwischen Abstand genommen
hatte. Sie wollte angesichts der Unentschlossenheit der
Kinder ihrerseits die Rollen verteilen, lenkte die Diskussion über den Titel des Filmes sehr stark und begann, ein
Drehbuch anzufertigen, indem sie die Rollenverteilung auf
einen großen Block schrieb und die Kinder zu einer Einigung hinsichtlich des Beginns der Filmhandlung anhielt.
Die Kinder reagierten mit fühlbarer Abwehr und machten
darauf aufmerksam, daß dies *ihr* Filmprojekt sei! Der Lehrer wiederum konnte die Frau von ihrem Vorgehen nicht
abhalten, obwohl sich die Situation gerade in dieser Minute
so entwickelt hatte, daß beim Beobachter das Gefühl auf-
kam, die Kinder würden — ohne Drehbuch und ohne Rücksichtnahme auf die Vorstellungen der Erwachsenen — jeden
Moment von sich aus zu filmen beginnen, d. h. den Weg
des entdeckenden Lernens beschreiten, an dessen *Ende* die
Einsicht stehen würde, daß man ein Drehbuch braucht, bevor man zu filmen beginnt. Die Beteiligung der Eltern am
Unterrichtsgeschehen ist nämlich ein erklärtes Ziel der
Glockseeschule, und auf einem Elternabend hatten sich
gerade erst am Vortag einige Eltern beklagt, daß sie von
den Lehrern aus dem Unterricht gedrängt und ihre Angebote für einzelne Unterrichtsvorhaben nicht ernst genommen worden seien.

Diese aparte Unterrichtskonstellation — Rücknahme von
Steuerung durch den Lehrer, Hinwendung zum entdeckenden Lernen auf seiten der Schüler und gleichzeitig erneute
Fremdsteuerung durch die hinzukommende Mutter — konnte sich dann allerdings nicht fortentwickeln, weil durch den
aufbrechenden Konflikt des Mädchens, das sich aus der
Filmgruppe ausgeschlossen fühlte, die Aufmerksamkeit von
der Filmherstellung völlig abgezogen wurde und die Probleme des Mädchens alle Anwesenden beschäftigten. Jedermann fühlte, daß diese Probleme ganz zweifelsfrei erst geklärt werden mußten, bevor auch die anderen Schüler hätten weiterfilmen können.

Obwohl diese emotionalen Prozesse die Unterrichtswirklichkeit in der letzten Phase des 8. Projekttags absolut beherrschten, stehen zur Erfassung solcher Szenen offenkundig keine
Indikatoren bereit (der Indikator 1—7 erscheint zur Bewertung dieses äußerst dramatischen Unterrichtsabschnittes
reichlich blaß). Wenn „offener Unterricht" auch Offenheit
für soziale Prozesse beinhalten soll, deutet sich somit eine
Revisionsbedürftigkeit unseres Indikatorenkatalogs an.

9. Projekttag

Der 9. Projekttag war ein Montag, und wie immer waren
die Kinder aufgeregter, als es während der Woche üblich ist.
Die morgendliche Klassenversammlung verlief entsprechend
quirlig und lautstark. Es kam zu einigen sehr lustigen Szenen,
und der Lehrer ließ die Schüler in Ruhe agieren, ohne den
Versuch zu unternehmen, sie durch disziplinierende Eingriffe zu einem zusammenhängenden Klassengespräch zu zwingen. Bei dem so für einen Fremdbeobachter sicher etwas
unruhig erscheinenden Wochenrückblick äußerten zwei Schüler, daß sie unzufrieden wären, weil man in der vergangenen
Woche nicht mit dem Filmen begonnen habe. Sie drängten,
heute endlich zu beginnen. Insgesamt dauerte dieses Klassengespräch 35 Minuten. Als von den Schülern keine weiteren Anregungen für Unterrichtsaktivitäten kamen, stand der
Lehrer auf und baute die Scheinwerfer mit der Bemerkung
auf: „Ich werde jetzt mal anfangen."

Von da an gab es zwei verschiedene Aktivitätszentren: Im
Nebenraum hatten einige Kinder individuell begonnen, die
vom Lehrer mitgebrachten Diaserien zur Trickfilmtechnik
anzusehen. Der Lehrer setzte sich dazu und erklärte diese
Diaserien etwa eine dreiviertel Stunde lang bei wechselnder
Teilnehmerzahl. Anschließend bedienten die Schüler selber

den Schmalfilmprojektor und führten sich alleine diverse Zeichentrickfilme vor, die ebenfalls parat lagen. Im Hauptraum waren inzwischen relativ viele Schüler sitzen geblieben. Auf die Anregung des dorthin zurückkommenden Lehrers, nun den Trickfilm weiterzumachen, sprangen die beiden Mädchen an, die die Kulissen gebaut hatten. Es ergab sich ein mehr als zweistündiger Unterrichtsabschnitt, in dem die Filmarbeiten mit deutlicher Lenkung durch den Lehrer nun tatsächlich ausgeführt wurden.

Die Schüler selbst hatten relativ schnell im Spiel mit den Figuren herausgefunden, daß sich die Knetmasse-Familie erst einmal vorstellen müßte. Es wurden der Filmtitel und Namensschildchen für die Figuren geschrieben, und die Dreharbeiten liefen an. Dabei erklärte der Lehrer noch einmal die Kamerabedienung, achtete auf die richtige Ausleuchtung und überprüfte immer wieder die Einstellungen der Schüler, um — wie er zwischen Tür und Angel erklärte — den Kindern unnötige Frustrationen zu ersparen („die haben ohnehin noch genug Fehler gemacht"). Die Schüler wechselten sich hinter der Kamera ab und achteten anfänglich auch darauf, daß die Figuren nur von den Schülern bewegt wurden, die die einzelnen Rollen übernommen hatten. Der Beginn der Dreharbeiten lockte mehrere Zuschauer aus den verschiedensten Klassen an.

Kinder an der Kamera. Die Filmaufnahmen haben begonnen.

188

Nachdem sich die Knetmasse-Familie der Reihe nach vorgestellt hatte, tauchte erneut das Problem der fehlenden Story auf. Es wurden mehrere kurze Vorschläge gemacht, ohne daß es aber zu einer Konsensbildung kam. Schließlich regte der Lehrer an, zunächst die ganze Kulisse in der Totale zu filmen und dann auf das Schlafzimmer zu schwenken, in dem nach der Vorstellung der Kinder die Geschichte beginnen sollte. Der Vorschlag wurde akzeptiert und ausgeführt. Anschließend filmten im wesentlichen drei bis vier Schülerinnen eine lange Szene mit in der Wohnung herumlaufenden Figuren, wobei verschiedene Handlungsfixpunkte, die sich aus den Einzelunterhaltungen der vergangenen Tage herausgeschält hatten, miteinander verbunden wurden, wie es sich gerade ergab. Diese Handlungsfixpunkte wurden meist auch von den Schülern durchgesetzt, die sie in die Diskussion gebracht hatten, im wesentlichen zwei auch sonst sehr dominante Mädchen. So entstand, aus dem Spiel sich stückchenweise weiterentwickelnd, eine Filmstory, nicht ohne Zwischenzeiten der Ratlosigkeit.

Der Zusammenhalt dieser Unterrichtsaktivität durch den Lehrer war unverkennbar. Der Beobachter konnte den Gedanken nicht unterdrücken, daß die eine extreme Sorgfalt und langfristige Planung erfordernde Trickfilmarbeit für Kinder diesen Alters eine Überforderung darstellte, noch dazu in einem Lernarrangement, das auf *äußeren* Zwang zu kontinuierlichem Arbeiten bewußt verzichten will. Die *Sachmotivation* war aber nicht mehr so stark, als daß die Kinder von sich aus die nötige Konzentration und Organisation für die Dreharbeiten hätten aufbringen können.

10. Projekttag

Die Filmarbeiten wurden am 10. Projekttag auf Drängen der Kinder relativ früh wiederaufgenommen, nachdem der Versuch des Lehrers, zusammen mit den Schülern einen Arbeitsplan für die Trickfilmtechnik aufzustellen, nicht deren Interesse fand. Wie an den Vortagen erwies es sich als äußerst schwierig für den Lehrer, mit der Klasse ins Gespräch zu kommen, da die Kinder von anderen Dingen ausgefüllt waren.

Beim Filmen beherrschten wieder dieselben beiden Mädchen wie am Vortag die Szene, wobei eine von ihnen ihre Vorstellung des weiteren Handlungsverlaufs durchsetzte, ohne eine Diskussion zuzulassen. Die Dreharbeiten wurden den ganzen Vormittag von sechs bis zehn Schülern aufmerksam verfolgt, wobei sie über lange Perioden stumm zuschauten und den beiden Hauptakteurinnen das Feld überließen. Nach einiger Zeit kam es zu kleinen Auseinandersetzungen, weil so viele Kinder nichts zu tun hatten, die sie aber selber lösten, indem sie sich schließlich auf eine Reihenfolge bei der Kameraführung einigten. Der Lehrer half erneut mit technischen Hinweisen und Ermahnungen, überließ aber den Schülern über längere Zeit weitgehend das Feld, als er (nun ohne deren Mitarbeit) ein Handlungsschema für Trickfilmarbeit an die Tafel schrieb.

Nachdem mit Hilfe des Lehrers eine Schlußszene gefunden worden und die Filmkassette abgelaufen war, wurden die Geräte wieder abgebaut. Die Kinder hatten nach vier Tagen keine Lust mehr zum Filmen. Auf ihren Beschluß wurden aber die Kulissen und die Knetmasse-Figuren verwahrt, um die Filmarbeit fortsetzen zu können, wenn zu einem späteren Termin (etwa nach Rückkehr des Films aus der Entwicklungsanstalt) dafür Interesse bestehen sollte.

Während die Dreharbeiten noch liefen, wurde auf Initiative der Schüler noch einmal der 16-mm-Projektor geholt. Die Schüler organisierten eine weitere Filmvorführung mit den Streifen, die schon an den vergangenen Tagen gezeigt worden waren (Beispiele für und Lehrfilme über Trickfilmtechnik). Diese Veranstaltung dauerte — ohne daß sich ein Erwachsener darum kümmern mußte — zwei Stunden lang. Es sahen zunächst drei, später bis zu 15 Kindern zu. Inzwischen entwickelte der Lehrer mit sechs Schülern im Fotolabor den Kleinbildfilm, den ein Schüler im Anschluß an den spielerischen Umgang mit den Kameras am 7. Projekttag verknipst hatte.

Dem Beobachter fiel an diesem wie vor allem auch dem vorhergehenden Tag besonders ins Auge, wie wenig Kinder eigentlich jeweils gleichzeitig *aktiv* an der Filmarbeit beteiligt waren, sieht man einmal vom Zuschauen bei den *Filmvorführungen* ab. Obwohl die Kinder ihr Interesse am Filmen des öfteren dadurch bekundet hatten, daß sie auf den Beginn der Dreharbeiten drängten und weitere vorgängige Diskussionen ablehnten, erlahmte ihr Engagement rasch, als sich herausstellte, daß nur ein Schüler zur Zeit hinter der Kamera stehen konnte. Auch die Verteilung der Knetmasse-Figuren auf einzelne Schüler, die noch zwei Tage zuvor einen so heftigen Konflikt ausgelöst hatte, verlor ihre Bedeutung für die Kinder, als einerseits viele der eingeteilten Schüler

190

nicht am Tricktisch stehen blieben, sondern sich anderen
Aktivitäten zuwandten, andererseits die beiden Kulissen-
bauerinnen weniger selbstbewußte Kinder vertrieben, wenn
diese nicht sofort auf ihre Vorgaben des weiteren Verlaufs
der Filmhandlung eingingen. So saß an beiden Tagen über
lange Perioden hinweg eine Anzahl von Kindern auf Sofas
und Sesseln und schaute mehr oder weniger unbeteiligt
durch den Raum. Obwohl wiederholt Kinder äußerten,
daß sie nichts zu tun hätten, begnügten sich erstaunlich
viele von ihnen damit, hin und wieder etwas Knetmasse
durch die Finger zu drehen, ab und zu ein paar Minuten
auf einem Sessel zu hopsen (eine köstliche, in allen Klassen der Schule verbreitete, weitgehend ritualisierte Form,
sich kurz Bewegung zu verschaffen, ohne das Geschehen
im Klassenzimmer aus dem Auge zu verlieren, ja, ohne dabei Gespräche zu unterbrechen!) und im übrigen der Dinge
zu harren, die da noch kommen mochten.

Unter dem Aspekt der Offenheit des Unterrichts läßt sich
diese Erscheinung verschieden interpretieren. Einerseits ist
der Verzicht auf Zwangsbelehrung (Indikatoren 2–7 und
2–14) radikal realisiert. (Wie man in Schulversammlungen
oder auch in vielen kleinen Szenen im Unterrichtsalltag erleben kann, scheinen auch die mit der Forderung nach Verzicht auf Zwangsbelehrung verknüpften Erwartungen einer
vermehrten Selbständigkeit der Kinder in dieser Schule dergestalt erreicht worden zu sein, daß die Kinder sich gegen
Zumutungen der Erwachsenen überlegt und geschickt argu-
mentierend zur Wehr zu setzen in der Lage sind, wenn sie
eigene Interessen unterdrückt sehen.) Andererseits war die
Angebotsstruktur offensichtlich nicht reichhaltig genug, um
alle Kinder anzusprechen. Mit Ausnahme der Projektion
von fertigen Filmen und der Trickfilmarbeit wurden keine
weiteren projektbezogenen Aktivitäten realisiert. Der Projektverlauf blieb ständig an die Anwesenheit des Lehrers
geknüpft, so offen dieser auch für Anregungen seitens der
Schüler war.

Eine Ursache muß sicherlich in der Sache selbst gesehen
werden. Wie bereits angedeutet, erforderte die Trickfilmerei
zuviel neue Informationen, Kenntnisse und Fertigkeiten, als
daß man den Kindern die Geräte einfach hinstellen und sie
damit ohne weitere Hilfe hätte hantieren lassen können
(wie dies etwa beim Fotoapparat möglich war). So mußte
der Lehrer ständig eingreifen und war für zusätzliche Aktivitäten nicht mehr frei. Hinzu kam die extreme Arbeitsbelastung des Lehrers, der neben den Aufgaben des Schulver-

suchs viele Stunden in die täglichen Projekttagebücher investierte, die ihm bei der Aufarbeitung neuer Unterrichtsgegenstände fehlten.

Die Kinder reagierten auf diese Situation insgesamt recht unterschiedlich. Neben den beschriebenen Gruppen gab es einzelne, auch sonst sehr aktive Kinder, die von sich aus Tätigkeiten einbrachten. Hier wäre z. B. jene Schülerin zu nennen, die von zu Haus altes Kerzenwachs mitgebracht hatte, um daraus neue Kerzen zu ziehen, die auf dem geplanten Basar (Handlungsperspektive!) verkauft werden sollten. Neben den auffallenden Initiativen der Kinder beim Spielen oder im künstlerischen Bereich (Malen/Basteln) gab es ferner immer ein oder zwei Schüler, die still in einem Sessel oder auf einem Tisch saßen und in ein Buch vertieft waren, ohne die oft sehr lautstarken Aktivitäten um sich herum zu bemerken. Häufig gehen auch Kinder mit einem Buch in der Hand zu irgendwelchen anwesenden Erwachsenen und bitten diese, ihnen daraus vorzulesen. Das bedeutet, daß die Kinder nicht nur auf dem Papier, sondern in der Realität die Möglichkeit haben und nutzen, unter mehreren Angeboten frei zu wählen (Indikator 1–4), eigene Vorhaben anzuregen und durchzuführen (1–5) sowie einem individuellen Arbeitsplan zu folgen (2–14).

11. Projekttag

Am letzten vom Beobachter mitprotokollierten Projekttag liefen wieder zwei Aktivitäten parallel nebeneinander her, die aus den vergangenen Tagen hervorgegangen und vom Lehrer vorbereitet worden waren. Zum einen wurden die Dunkelkammerarbeiten bei relativ starker Schülerbeteiligung fortgesetzt. Insgesamt wurden fast zweieinhalb Stunden lang Vergrößerungen angefertigt. Daneben hatte der Lehrer ein Angebot zur Farbmischung vorbereitet, um entsprechenden Wünschen, die bei der Wochenplanung am 5. Projekttag geäußert worden waren, gerecht zu werden und auch das Projekt selbst wieder neu zu beleben. Dabei wurde in Ermangelung von Vorbereitungszeit auf Versuche aus der Einheit „Coloured Things" von Sc 5–13 zurückgegriffen und ein Arbeitsbogen mit Aufgaben zum Farbmischen angefertigt. Der Lehrer brachte diese Arbeitsbögen zusammen mit einem halben Dutzend Bücher, Pulverfarben, Kaliumpermanganat, vielen Mischbechern und mehreren Plastikgefäßen in die Klasse und regte selbst einige Experimente mit Kaliumpermanganat an. Hierauf sprang eine Schülerin unmittelbar an, die bis zum Beginn des Backkurses eine halbe Stunde lang mehrere Experimente zur Farbmischung durchführte, wobei sie sich weitgehend selbst motivierte und begeistert eine Entdeckung nach der anderen machte. Unter dem ständigen Druck der anderen Schüler, die endlich in die Dunkelkammer wollten, erklärte der Lehrer noch die Bücher, die er ausgebreitet hatte, sowie die Arbeitsbögen. Beide wurden aber kaum von den Schülern beachtet.

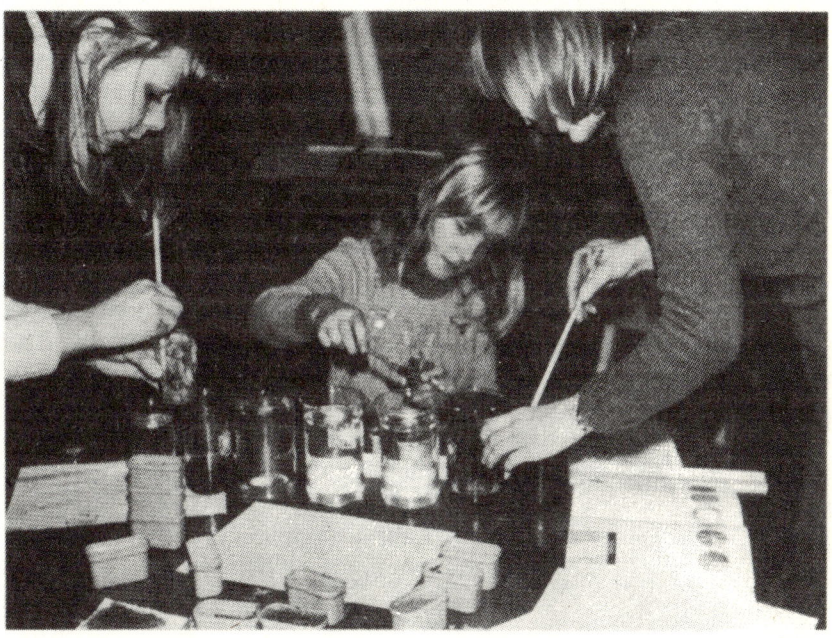

Entdeckendes Lernen: Kann man Pulverfarben mit Kaliumpermanganat mischen? Welche Farbe kommt dabei heraus?

Motiviert wurden statt dessen die beiden Praktikantinnen, die seit kurzem in der Klasse sind, auf einem großen Block selbst Farbmischversuche durchzuführen, bei denen die Schüler interessiert zuschauten. Nachdem der Lehrer mit der Fotogruppe den Raum verlassen hatte, blieben sie als stetige Bezugspersonen an dem Tisch mit den Farben. Immer wieder kamen dann einzelne Kinder aus verschiedenen Klassen an den Tisch und begannen mit Farbenmischen, wobei sie kaum um systematische Versuche bemüht waren, sondern sich eher von den Materialien hinreißen ließen und einfach mal ausprobierten, was herauskommt, wenn man all die tollen Dinge zusammengibt und tüchtig miteinander verschmiert. Lediglich ein Schüler der 3. Klasse bemühte sich, in unendlichen Versuchen Pulverfarben in Wasser mit Kaliumpermanganat zu vermischen, bis er schließlich erkannte, daß diese Farben keine Verbindung eingehen und immer wieder voneinander getrennt werden können.

Im Laufe des Vormittags bröckelten die Aktivitäten am Farbentisch mehr und mehr ab, nachdem das Pulver fast verbraucht und alle Mischbecher mit unzähligen Farbresten gefüllt waren. Es hielten sich selten mehr als fünf Kinder zugleich in der Klasse auf. Allerdings nahmen diesmal mehrere Kinder aus den unteren Klassen das Angebot wahr und holten auch selbständig die Drehscheibe hervor, um Kreisbilder herzustellen, wie überhaupt das Malen von Kreisbildern von den Kindern in andere Klassen getragen worden war und dort abgelöst vom Projektzusammenhang anhaltend durchgeführt wurde. Das schöne Wetter gab den übrigen Schülern Gelegenheit, sich im Freien auszutoben.

Die Einstellung der Tätigkeit des Beobachters, der weiteres Material nicht mehr verarbeiten zu können glaubte, fiel diesmal *nicht* mit dem Projektende zusammen. Ein solches war noch gar nicht auszumachen. Bereits in den folgenden Tagen wurden vom Lehrer Unterrichtsangebote gemacht, die der Festigung von Fertigkeiten dienten, die im Verlauf des Projektes geübt worden waren, z. B. ,,Teilen mit Rest" (im Anschluß an die Probleme der Kinder, beim Bau der Weltzeituhren die Drehscheiben richtig einzuteilen) oder ,,Malen und Aufschreiben, wie man Fotos abzieht" (im Anschluß an den heutigen Tag). Es ist nicht auszuschließen, daß sowohl die Farbmischversuche als auch der entwickelte Trickfilm weitere Angebote nach sich ziehen werden.

Tatsächlich ist es in der Glockseeschule üblich, daß sich Projekte und Angebote über viele Monate hinstrecken, selbst wenn zwischenzeitlich mehrere Wochen lang andere Dinge im Vordergrund stehen sollten. Da die Unterrichtsanlässe nicht an Stundentafeln und Lehrpläne gebunden sind, bleibt immer die Möglichkeit, Anknüpfungspunkte an das Projekt ,,Zeit" aufzugreifen und weiterzuspinnen, wenn *die Kinder selbst* solche Anknüpfungspunkte thematisieren oder zumindest in unbewußten Assoziationen benennen und dann für weitere Beschäftigung mit der Sache bereit sind.

6.3   Zusammenfassung des Projektverlaufs

Rekapituliert man den Projektverlauf in der Glockseeschule im Zusammenhang, so fällt die *Vielseitigkeit* der einzelnen Unterrichtsgegenstände ins Auge. Das Blockdiagramm (S. 159) ähnelt schon rein optisch jener Skizze, die wir als beispielhaft für inhaltliche Offenheit auf Seite 49 zitiert haben. Es wurden nicht nur vom ersten Tag an Schülerinitiativen in den Projektverlauf integriert, sondern *deren* situativ auftretende Fragen wurden zum zentralen Entscheidungskriterium über sämtliche Unterrichtsaktivitäten erhoben.

So entwickelte sich aus einer Unterrichtsthematik fließend die nächste, momentan gegebenen Motivationen einzelner Schüler folgend und ohne *sachlogisch zwingenden* Zusammenhang. Obwohl die Schüler den Entwicklungsgang einzelner Aktivitäten verbal durchaus nachvollziehen konnten, existierten die Unterrichtsangebote *als zusammenhängendes Projekt „Zeit"* wohl nur in den Köpfen des Lehrers und des Beobachters. Daß dieser Unterrichtsverlauf keineswegs typisch für die Glockseepädagogik schlechthin ist, geht aus der Fragebogenantwort C-1 des Klassenlehrers hervor, die wir hier in Ausschnitten zitieren wollen:

„Zur Einschätzung des Projektverlaufs fehlen mir Vergleichserfahrungen mit einem solchen Projekt. Dies als Vorbemerkung. Das Maß für die Einschätzung ist die Offenheit, ein nicht eindeutiges Kriterium für mich. Für mich besteht die Offenheit als Problem zwischen Diffusität und Strukturierung, ich habe noch keine Klarheit darüber. Ich stellte an einigen Stellen die Gefahr von Diffusität fest, die Gefahr des Springens von einer Fragestellung zu anderen, vielleicht attraktiveren Fragestellungen, ohne ein Problem entsprechend dem Entwicklungsstadium aufzuarbeiten.
Ebenso ist die Beteiligung der Kinder an diesem Projekt eine Frage, an der gemessen werden kann. Sie fällt sehr unterschiedlich aus, und die Frage ist für mich nicht geklärt, wieweit dieses Projekt an die Kinder herankam. Die Zufriedenheit hängt auch von der eigenen Mitplanungsfähigkeit und dem richtigen Aufgreifen der Fragestellungen der Kinder durch mich ab und davon, die entsprechenden Angebote, bzw. Anstöße gegeben zu haben . . .
Schwierigkeiten bestanden in der schnellen Materialbeschaffung und im methodisch richtigen Einsatz, denn man hinkt mit der Planung immer nach, und oft fehlt es an pädagogischen Ideen. Auch bin ich mit dem Problem nicht fertiggeworden, daß viele Fragestellungen offen und unbehandelt geblieben sind, eine Schwierigkeit, die jedoch ständig besteht, Angefangenes zu Ende zu führen oder später wieder aufzunehmen, ohne die Bedürfnisse der Kinder über Gebühr zu strapazieren, bzw. andere wichtige, aktuelle Probleme nicht behandeln zu können.
Der Verlauf des Projektes war für meine bisherige Arbeit nicht typisch: Zum einen wird in unseren Projekten versucht, eine Thematik länger und stringenter durchzuhalten und mehrere Aspekte *eines* Problems zu behandeln. Die inhaltliche Offenheit, wie sie sich im Verlauf des Projektes 'Zeit' zeigte, entspricht nicht meiner Auffassung von Projekten, und die verschiedenen bearbeiteten Probleme in diesem Projekt würde ich als nicht zum Thema 'Zeit' zugehörig bezeichnen. So wie ich den Projektverlauf verstehe, sollten die einzelnen Fragestellungen in einem unmittelbaren inhaltlichen Zusammenhang zu dem Projektthema stehen. Hinzugefügt sei, daß bei uns selbstverständlich Probleme bearbeitet werden, die sich im Laufe eines Projektes ergeben und keinen unmittelbaren Zusammenhang haben. Zum anderen werden in einer Woche Kurse in Deutsch, Rechnen und Englisch einge-

plant und angeboten, die ich während des Projekts 'Zeit' unberücksichtigt ließ, um den Verlauf nicht noch zusätzlich zu beeinflussen (vielleicht auch eine von mir falsch verstandene Offenheit).

Verändert hat dieses Projekt meine Einstellung in bezug auf die Nützlichkeit formulierter Lernziele in der hier gemeinten Form, mit ihnen 'im Hinterkopf' zu arbeiten. Besonders wichtig ist mir die (bewußte) Berücksichtigung und der Einfluß der Entwicklungsstadien auf Planung und Unterricht geworden. Angestoßen durch das Projekt für weitere Überlegungen wurde die Frage nach der Notwendigkeit von Arbeitstechniken, die die Kinder zur Verfügung haben sollten. Den Kindern mangelt es an entsprechenden Arbeitstechniken, um Problemstellungen zu finden, konsequenter anzugehen und durchzuführen, sie genauer und stringenter zu bearbeiten und durch Protokolle, fixierte Beobachtungen, Tabellen etc. Ergebnisse zu objektivieren, bzw. zur Weiterbearbeitung zur Verfügung zu haben. In diesem Bereich liegt in unserem Versuch vieles im Argen und muß als ein Ziel unserer zukünftigen Arbeit in Angriff genommen werden.

Im gleichen Problembereich steht die Frage kontinuierlichen und konzentrierten Arbeitens der Kinder sowie die des Umgangs mit Materialien. Ich bin der Auffassung, dies ist eine Glocksee-typische Arbeitshaltung. In diesem Zusammenhang sei allerdings die Phase des Projekts 'Zeit' erwähnt, in der einige Kinder kontinuierlich über einen längeren Zeitraum intensiv am Bau der Weltzeituhr gearbeitet haben und mit ebensolcher Intensität die Fallgesetze untersucht haben. Eine weitere Fragestellung wurde für mich akut, ob und in welcher Form es sinnvoll wäre, die Vielfältigkeit von Angeboten zu steigern, bzw. mehrere Angebote gleichzeitig laufen zu lassen.

Am besten gefallen haben mir die Experimente und ihre Fortführung im Zusammenhang mit der Drehscheibe: Fliehkraftversuche – Malen mit der Scheibe – Farbmischen, oder auch die Arbeit an der Weltzeituhr, die ungeheuer viele Sachaspekte enthielt (Physikalisches, Geographisches, Mathematisches, Geometrisches, Handwerkliches), sowie die Erkenntnisse, die ich über am Handlungsziel orientierte Planung von Kindern gewonnen habe, z. B. bei der Produktion des Trickfilms. Ganz toll fand ich auch die selbständige Handhabung der ach so gehüteten Filmgeräte; diese erneute Erfahrung verschafft mir für die Zukunft mehr Sicherheit, die Geräte ohne viel Gewissensnöte in die Hand der Kinder zu geben.

Problematisch fand ich die Gefahr der Diffusität des Projekts, dieses Springen in die verschiedenen Bereiche ohne eine intensive Bearbeitung (natürlich unter Berücksichtigung des Entwicklungsstadiums) eines Themas. Wie schon gesagt scheint dies auch an den fehlenden Arbeitstechniken der Kinder zu liegen.

Das ständig ablaufende Beziehungsspiel zwischen einer Gruppe von Kindern war meiner Meinung nach das Hauptproblem für die kognitive Arbeit, jedoch eine unbedingt notwendige Entwicklung für den Zusammenhalt der Klasse."

Die genannte „Diffusität" war auch in den Augen des Beobachters eines der größten Probleme in der zweiten Fallstudie. Ein Grund hierfür liegt neben der im Schulversuch allgemein verbreiteten Sensibilität gegen jede Form von Fremdbestimmung der Kinder sicher auch in dem *Fehlen eines Handlungsbezuges* in den einzelnen Angeboten. Es gelang nicht, den Kindern bei ihren Tätigkeiten eine Zielperspektive zu eröffnen, die *ihre eigene* oder zumindest *eine für sie verstehbare* wäre. Es blieb unklar, wo das hinführen sollte, und welcher Nutzen darin liegen könnte, an einem Projekt „Zeit" mitzuarbeiten. In Begriffen der Glockseedidaktik: Die subjektive Bedeutung des Themas „Zeit", sein Erfahrungswert für die Kinder, blieb unerschlossen.

Wenn Handlungsintentionen der Schüler Einfluß auf das Projekt gewannen — etwa bei der Herstellung des Trickfilms, der auf dem von den Schülern geplanten Basar gezeigt werden sollte —, dann eher als glückliche Fügung, die in das Projekt integriert werden konnte und diesem streckenweise neuen Antrieb verschaffte, aber eigentlich nicht selbst Bestandteil der Projektorganisation war.

Dieser Sachverhalt ist keineswegs allein charakteristisch für die Glockseeschule. 95 % aller Unterrichtsstunden in unserem Lande dürften ohne die Eröffnung solcher Zielperspektiven durchgezogen werden. Regelschulen *können* ohne Handlungsziele auskommen, weil in Form des Noten- und Berechtigungssystems allmächtige Ersatzziele zur Verfügung stehen — didaktische Surrogate, die die Frage nach dem „Wozu" überflüssig machen. In der Alternativschule, wo man ohne solche Surrogate auszukommen versucht, reagieren die Kinder auf ihre Art: indem sie sich ohne Rücksicht auf die Planungen des Lehrers ihren eigenen Interessen zuwenden und sich auf die Vorbereitung des Basars stürzen, mit dem sie ihren Ausflug finanzieren wollen, oder sich in Form des alles begleitenden Beziehungsspieles an die Entdeckung ihrer eigenen Geschlechtlichkeit machen. *Hier* hätte Projektplanung anzusetzen gehabt und versuchen müssen, die Curriculumintentionen zur Geltung zu bringen. In einer Schule, in der es eben nicht üblich ist, immer nur das zu tun, was der Lehrer für richtig hält, in der Schüler ihren eigenen Bedürfnissen auch dann nachgehen sollen, wenn sie für die Erwachsenen momentan noch unverständlich erscheinen, hatte unsere Versuchsanordnung, ein Curriculum ohne konkreten Anlaß *auf seiten der Schüler* zu erproben, von vornherein nur geringe Chancen, den Kindern *nicht* äußerlich zu bleiben. Hinterher ist man immer klüger.

Berücksichtigen wir in diesem Zusammenhang die Beobachtungen, die wir in der ersten Fallstudie gemacht haben, so zeichnet sich ab, daß einzelne Indikatoren für Offenheit unter Umständen durchaus in Konkurrenz zueinander treten können. Der Handlungsbezug (die Ausstellung), der die Klasse in der Regelschule zu vereinter, konzentrierter Arbeit anstachelte, wurde erkauft durch eine spürbare thematische Begrenzung. Umgekehrt ermöglichte in der zweiten Fallstudie gerade das Fehlen einer Handlungsorientierung (Indikator 1—9), daß Themenverschiebungen ohne Rücksichtnahme auf erfahrungsverengende Fachgrenzen möglich wurden (Indikator 1—3 und 1—1), Themenverschiebungen, die von niemandem vorausgesehen worden waren, aber rückblickend keineswegs als weniger wertvoll betrachtet werden können als die ausschließliche Beschäftigung mit Sand- oder Wasseruhren.

Insgesamt wurden aber — wie wir schon mehrfach ausgeführt haben — sehr viele Indikatoren im methodischen wie im inhaltlichen Bereich realisiert. Die Voraussetzungen dafür waren auch sehr günstig. Läßt man einmal aus den weiter oben erwähnten Gründen (s. S. 80) den Faktor +2 (entdeckendes Lernen) außer Acht, haben alle Faktoren, die mit einer erfolgreichen Verwendung der Curriculummaterialien in Großbritannien einhergingen, auch für die Versuchsklasse der Glockseeschule Geltung. Hingegen traf keiner der Faktoren zu, die in der britischen Erprobung mit erfolglosen Unterrichtsbemühungen oder unzufriedenen Lehrern positiv korrelierten.

So kam generell die Konzeption von Sc 5—13 sowohl dem Lehrer als auch überhaupt dem Unterrichtskonzept der Glockseeschule entgegen, weil es die Möglichkeit bot, den Fragen und Wünschen der Kinder nachzugeben, wo diese solche äußerten. Wie der Lehrer es ausdrückte (Nachbesprechung nach Abschluß der Beobachtungen):

„Ich habe manchmal unheimliche Schwierigkeiten, Unterrichtsthemen zu finden. Und das war hier überhaupt nicht schwierig. Es ergaben sich einfach aus den vorherigen Tätigkeiten oder Dingen, auf die man spezialisiert war, irgendwelche Fragen, die man am nächsten Tag oder später einbringen konnte. Das hat mich eigentlich sehr befreit. Wo ich ein Unbehagen fühle, ist, daß ich sonst immer mehr versucht habe — zum Beispiel in Deutsch — Kursangebote einzubringen. Das ist etwas, was ich (hier) nicht reingebracht habe . . .“

So, wie es nicht gelang, einzelne Kurse (z. B. Mathematik oder Englisch oder Rechtschreibübungen) in das Projekt zu integrieren, vermißte der Lehrer auch passende Anlässe, die politischen Anwendungsprobleme, d. h. gesellschaftliche Aspekte von Naturwissenschaft in das Angebot miteinzubeziehen. Die Kopflastigkeit der Curriculummaterialien im experimentellen Bereich zeigt hier ihre Auswirkungen.

Insgesamt kommt man zu dem Urteil, daß der *Curriculum-*

bezug der einzelnen Projektaktivitäten deutlich lockerer
war als in der ersten Fallstudie und eher im Bereich der
Unterrichtsmethodik gesehen werden kann als hinsichtlich
der schließlich bearbeiteten Unterrichtsthemen. Der Einfluß der Einheit „Zeit" wurde denn auch vom Lehrer
(Fragebogenantwort C-29) wie vom Beobachter gering eingeschätzt. Demgegenüber fanden die Ausführungen zu den
Entwicklungsstadien der Kinder mehr Aufmerksamkeit,
wie überhaupt vor allem jene Abschnitte im Theorieband
sich in der Unterrichtswirklichkeit durchsetzten, die den
Wert selbst gemachter Erfahrungen und den selbständigen
Umgang der Kinder mit Dingen und Materialien betonen.

Einzelne Lernziele aus den Curriculummaterialien wurden
weder in den Tagesplanungen noch im Lehrertagebuch
noch in den informellen Besprechungen zwischen Lehrer
und Beobachter angesprochen. Es fällt schwer, nachzuwei-
sen, daß das Projekt ohne die Existenz des Lernzielkataloges anders verlaufen wäre.

Die inhaltliche wie methodische Offenheit blieb auch in
der zweiten Fallstudie meistens ohne Entsprechung in der
institutionellen Dimension. Zwar bemüht sich die Glockseeschule permanent, außerschulische Realität in die Schule
hineinzuholen. Die außerschulische Umwelt jedoch zeigt
wenig Interesse, sich ihrerseits der Schule zu öffnen. Immerhin erlaubte die informelle Atmosphäre den Kindern
auch anders als nur im Sinne eines „forschenden Geistes
und naturwissenschaftlichen Problemlöseverhaltens" an die
Gegenstände heranzugehen. Die Umfunktionierung der
Fliehkraftscheibe zur Malmaschine — ein Vorgang, der in
kaum einer Regelschule stattfinden dürfte — wäre hierfür
ein Beispiel.

Bislang gibt es nur erste Ansätze institutioneller Offenheit:
Jeden Mittwoch findet für die Kinder ein Backkursus statt,
an dem sie ohne Begleitung von Lehrern regelmäßig während der Schulzeit teilnehmen — in der Stadt, in einer richtigen Bäckerei, von einem richtigen Bäcker veranstaltet!
Ferner bemüht man sich immer wieder, Wissen, Kenntnisse
und Fertigkeiten der Eltern in die Schule hineinzuholen,
sei es in Form eigener Lehrveranstaltungen, sei es über die
Beteiligung an Projektplanungen und Unterrichtsvorbereitungen. Hingegen werden die von den Schülern immer wieder gewünschten Betriebsbesichtigungen von den Unternehmen fast regelmäßig abgesagt, wenn sie erfahren, daß es
sich um Grundschulkinder handelt.

Der Klassenlehrer sieht gerade hier eine vordringliche Notwendigkeit für weitere konzeptionelle Überlegungen der Glockseeschule. Befragt, was er als erstes an der Schule verändern würde, wenn er freie Hand hätte (Fragebogen B-10), antwortete er: „Noch mehr als bisher an Experimenten und Vorhaben wagen, die auch mit finanziellem Aufwand verbunden sind. Das heißt auch: noch mehr raus aus der Schule!" (Nachbesprechung nach Projektende).

Neben räumlichen Veränderungen der Schule (Überwindung der Zerstückelung der Räume) und der Erweiterung mindestens zur Ganztagsschule schien ihm sogar die Aufweichung des Lernortes Schule zugunsten eines intensivierten Lebenszusammenhanges bis hin zum Wohnkollektiv etwa nach dem Muster der Tvind-Schule (vgl. päd.extra, Nr. 18/19, 1976, S. 24–26) eine Überlegung wert zu sein. Blieben die Veränderungswünsche der Lehrerin in der Regelschule weitgehend innerhalb der institutionellen Grenzen von Schule, so wird hier die Bedeutung einer erhöhten Kommunikationsdichte zwischen Kindern und Erwachsenen betont, die „Veränderung der Bedingungen im Zusammenleben von Kindern, Lehrern und Eltern. Das müßte praktisch ein Dorf sein, . . . um wirklich solche Bedingungen zu schaffen, aber nicht in einer ausgegrenzten Situation, sondern immer in einem Stadtteil, zum Beispiel!" (Nachbesprechung nach Projektende).

Obgleich der Lehrer eine Vielzahl der Indikatoren für offenen Unterricht realisiert hatte, antwortete er auf die Frage, welche nicht oder nur schwer zu verwirklichen seien: „Alle!" (Fragebogen C-33).

6.4 Exkurs: Zusätzliche Diskussionsschwerpunkte bei der Durchführung der Fallstudie in der Glockseeschule

Im Zusammenhang mit der Fragestellung dieser Arbeit könnte man sich mit den oben ausgeführten Ergebnissen zufrieden geben. Tatsächlich wurden aber abgesehen von dem Problem des fehlenden Handlungsbezuges bei der Durchführung der Untersuchung vor Ort ganz andere Dinge diskutiert als diejenigen, die — bedingt durch die Anlage des Indikatorenkatalogs — bislang im Zentrum unserer Überlegungen standen. Wo schon a priori die meisten Indikatoren als gegeben betrachtet werden können, verliert das Analyseinstrument an Trennschärfe und Informationsgehalt. Konnte in der Regelschule noch geprüft werden, *welche* Kriterien eines offenen Unterrichts *unter welchen*

Bedingungen realisierbar sind, so bieten sich in der Glock-
seeschule zusätzliche Fragestellungen an, die speziell das
Verhalten der Kinder betreffen. Solche Fragestellungen
lauteten in diesem Projekt:
— Wie planen Kinder Unterricht?
— Das Arbeitsverhalten der Kinder und ihre Reaktion auf
Unterrichtsmaterialien.

Die Erörterung gerade dieser Fragen erfolgte natürlich nicht
zufällig. Das Planungsverhalten der Kinder, das unabhängig
von unserem Projekt ohnehin in der Glocksee-Schule untersucht wird, weil man die Kinder noch mehr in die Unterrichtsplanung miteinbeziehen möchte, wird dort zu einer
entscheidenden Voraussetzung für den Erfolg von Unterrichtsbemühungen, wo man durch Veränderung der gesamten Organisationsform der Schule versucht, die Schüler Subjekte ihrer eigenen Lernprozesse werden zu lassen. Im Gegensatz zu unseren Regelschulen weist der Schulversuch
die dazu nötigen institutionellen Freiräume wie auch den
Willen der in ihm Arbeitenden auf, so daß diese Frage
überhaupt erst hier auftauchen konnte. Die Frage nach
dem Arbeitsverhalten der Kinder und ihrer Reaktion auf
Unterrichtsmaterialien zogen die besondere Aufmerksamkeit des Beobachters auf sich, weil in der ersten Fallstudie
die Beherrschung grundlegender Arbeitstechniken und der
selbständige Umgang mit zur Verfügung gestellten Arbeitsmaterialien es den Schülern ermöglichte, sich streckenweise
von der alles kontrollierenden Person des Lehrers abzulö-
sen und eigene Initiativen zu entfalten.

Insgesamt kommen die folgenden Ausführungen im Rahmen einer Theoriebildung über offenen Unterricht einer
vertieften Beschäftigung etwa mit den Indikatoren 2—6,
2—17, 2—18 und 1—1 gleich.

Das Planungsverhalten der Kinder im offenen Unterricht

Die Orte, wo die Kinder bewußt auf die zukünftige Unterrichtsgestaltung Einfluß nahmen, somit planerisch tätig wurden, waren in der zweiten Fallstudie das morgendliche
Kreisgespräch (insbesondere am 1. und 2. Projekttag) und
die gemeinsame Wochenplanung (z. B. am 5. und 9. Projekttag). Diese Einflußnahme verlief zu Projektbeginn in
Form von freien Assoziationen und Einfällen zu dem vom
Lehrer eingebrachten Stichwort „Zeit", die — im Gegensatz zur ersten Fallstudie (dort 3. Projekttag) — *nicht* sogleich vom Lehrer systematisiert wurden.

Diese Kreisgespräche finden notwendigerweise in einer äußerst informellen Atmosphäre statt: Die Kinder sitzen auf alten Sofas oder Sesseln oder auf dem Tisch, sie essen vielleicht oder trinken Kakao, und oft spielt das Radio dabei. Die Angebote des Lehrers werden dabei mehr oder weniger intensiv erörtert, hin und wieder auch mit einem Wort abgelehnt und nicht mehr aufgegriffen. Gleichzeitig bringen die Kinder — wie es ihnen geade wichtig ist — auch außerschulische Dinge ins Gespräch, eben das, was in der Regelschule als der Privatsphäre zugehörig ausgegrenzt wird.

Natürlich arbeiten Grundschüler ihre Assoziationen zu einer Thematik oder einem Handlungsvorschlag nicht zu einer Sachanalyse oder gar systematischen didaktischen Analyse des betreffenden Gegenstandes aus. Die weitgehend unbewußt hervorsprudelnden Assoziationen und Kommentare sind in der Glockseeschule vielmehr selbst *die* ureigenste Form, in der die Kinder eine Beziehung des Gegenstandes zu ihrem individuellen Erfahrungskontext herstellen. Dementsprechend unvorhersehbar, vielfältig und wenn schon nicht historisch rekonstruierbar, so doch in ihrem historischen Kontext verstehbar, fallen die einzelnen Assoziationen aus. Sie spiegeln eine Menge Zeitgeist wider. Halbwissen, Fernsehspots und unverdaute Sprichwörter tauchen immer wieder auf.

An dieser Stelle nun kommt dem Lehrer eine besondere Funktion zu: Wenn nicht von vornherein Handlungsperspektiven vorhanden sind (was auch in der Glockseeschule nicht jeden Tag der Fall ist), muß er einzelne Assoziationen oder auch Assoziationskomplexe spontan und in dieser Minute ohne weitere Vorbereitungsmöglichkeit in unterrichtsbezogene Aktionsvorschläge übersetzen, die dann von den Schülern aufgegriffen und weitergetragen oder auch abgelehnt werden. Selbstverständlich gehen die Planungsüberlegungen des Lehrers wie auch seine persönlichen Vorlieben, Fähigkeiten oder Unterrichtsideale in diese Übersetzungsvorschläge mit ein.

Zwei Beispiele: Als am ersten Projekttag eine Schülerin erzählte, daß sie zwei junge Katzen geschenkt bekommen habe, faßt der Lehrer sogleich nach (Tonbandabschrift):

Lehrer: „Wie alt (sind die)?"
Schüler: „Neun Wochen genau."
Lehrer: „Hat das auch etwas mit Zeit zu tun?"
Schüler: „Ja!"

Lehrer: „Inwiefern denn?"
Schüler: „Mmmh, äh. . ." *(lacht).*
Lehrer: „Habt ihr die erst jetzt gekriegt?"
Schüler: „Nein, vorgestern abend."
Lehrer: „Und wieviel Zeit ist jetzt vergangen?"
Schüler: „Zwei Tage" *(lacht freudig).*
Lehrer: „Und wieviel größer sind die in der Zeit geworden? Hast du das mal beobachtet?"
Schüler: „Gar nicht!"
Lehrer: „Ja, (das) kannst du doch mal beobachten! Du kannst die zum Beispiel mal messen zu Hause, und dann bringst du uns was mit."

Aus solchen Vorschlägen entwickeln sich Unterrichtstätigkeiten, wenn nicht sofort, dann vielleicht in den nächsten Tagen. In diesem Fall wurde der Vorschlag des Lehrers nicht realisiert, weil die Schülerin gleich anschließend in das Beziehungsspiel zwischen den Jungen und Mädchen miteinbezogen wurde, das die Kinder weit stärker errregte, als es jedes noch so attraktive Unterrichtsangebot vermocht hätte. Wie wir bereits beschrieben haben, endete dieser Unterrichtsabschnitt mit dem Rückzug des Lehrers auf eine längere Warteposition, in der er erst einmal beobachten wollte, welchen Tätigkeiten sich die Schüler zuwandten, die zu einer Unterrichtsplanung momentan offensichtlich nicht motiviert waren.

Am nächsten Morgen hingegen gelang es, aus solchen lockeren Assoziationen einen Handlungsvorschlag zu destillieren, der vier Tage lang das Interesse von einer Vielzahl von Schülern fand: der Bau einer Weltzeituhr. Auch hier soll die Tonbandabschrift den Entscheidungsprozeß nachzuvollziehen helfen.

Im Anschluß an die Frage, woher eigentlich die richtige Zeit komme, kam die Lerngruppe auf die Turmuhr zu sprechen (Tonbandabschrift vom 2. Projekttag):
Lehrer: „Geht die immer von selbst? 'ne Uhr bleibt ja auch mal stehen!"
Schüler (schüttelt verneinend den Kopf und zeigt auf seine Armbanduhr): „Nein, die aber nicht. Guck mal!"
Lehrer: „Ja, (die) mußt du aufziehen. Und wenn du sie nicht aufziehst?"
Schüler: „Dann bleibt sie eben stehen."
Lehrer: „Ja."
mehrere Schüler: (unverständlich)
Schüler: „Ja, aber woher wußte man dann das erste Mal, als man stellte, die Zeit?"
Lehrer (zu einem anderen S): „Was?"
Schüler: (unverständlich)
Lehrer: „Ja klar, aber wo kriegst du denn die richtige Zeit her?"
Schüler: „Woher? — — — Weiß ich nicht."

Schüler: „Die Menschen haben sich ausgedacht: So sieht 'ne Eins aus und so sieht 'ne Zwei aus. Und hat man festgestellt, daß man auch die Uhrzeit kann."

(Lachen)

Schüler: „Und woher wissen die Zahnräder (der Uhr) die Zeit?"

Lehrer: „Siehste? Siehste — woher wissen denn die Zahnräder die Zeit?"

Schüler: „Weil sie doof sind."

Schüler: „Es sind so viele Zahnräder, daß die Zeit ganz langsam läuft!"

Schüler: „Ich weiß, wo die Uhrzeit herkommt!"

Lehrer: „Na, woher?"

Schüler: (zeigt stumm noch oben)

Lehrer: „Da oben?"

Schüler: (durcheinander, unverständlich)

Schüler: „Der Glockenturm hat die Zeit."

Schüler: „Es ist ein Uhr!"

Lehrer: „Hast du die Zeit im Kopf, wie?"

Schüler: „Jede Stunde muß man hier seine Uhr stellen: Klick, eine Stunde weiter!" *(freut sich).*

Lehrer: „Ja, wollen wir mal untersuchen oder nachlesen oder zusammen überlegen, woher das kommen kann?"

Schüler: „Ich weiß genau, wie spät es ist."

Lehrer: „Weißt du jetzt? Wie spät ist es denn? Ja, sag mir mal Bescheid: Wie spät ist es denn?"

Schüler: „Später als gestern auf jeden Fall."

Lehrer: „Aha. Siehste?"

Schüler: „10 nach 9!"

Lehrer: „Und in London haben sie jetzt eine andere Zeit."

Schüler: „Weiß ich", „Elf nach neun!", „Hundert Meilen", „In Amerika oder so haben sie jetzt Nacht."

Schüler: „Nein, nein. Abend! Hartmut, in Amerika haben sie doch jetzt Abend, oder?"

Schüler: „Da reden die englisch."

Lehrer: „Ja, weiß ich nicht. Ich kann das nicht genau sagen" *(wird unterbrochen).*

+) *Schüler:* „Die Tabelle will ich mir nämlich mal machen."

Lehrer (fortfahrend): „Ja, wieviel Stunden da Unterschied ist, das können wir ja mal gucken."

Schüler: „Ich bin in England", „Das ist kalt dahinten, das sieht man" . . .

+) *Lehrer:* „Ja, Martin, wollen wir das mal untersuchen?"

+) *Schüler:* „Ja!"

Schüler: „Apropos Zeit!"

Lehrer: „Ja, apropos Zeit! — — Ja, gut. Wie können wir denn da rangehen?"

Schüler: „Anfangen!"

Lehrer: „Ja, wie?"

Lehrer: „In verschiedenen Städten, das weißt du ja, du weißt, daß es in London eine andere Zeit ist und in New York als hier."

Schüler: „Man kann ja die Zeit mit einem Satelliten feststellen."

Schüler: „Ja, aber woher weiß denn der die Zeit?"

usw.

Der Lehrer ging kurz darauf ins Lehrerzimmer, um Material zu holen. Er brachte für den Schüler Martin eine Drehscheibe mit den verschiedenen Zeiten auf der Erde mit, die dieser dann zusammen mit zwei weiteren Kindern nachzubauen begann.

Die reale Entscheidung für diese Aktivität ist somit darauf zurückzuführen, daß *ein* Schüler sich entschließt, eine Tabelle zu den verschiedenen Zeiten auf der Erde anzufertigen, und der Lehrer diesen Entschluß aufgreift (siehe +). Wie bereits in der Beschreibung dieses Tages ausgeführt, breitete sich dessen Tätigkeit nach einem Schneeballprinzip dann auf mehrere Schüler aus.

Fassen wir diese Erfahrungen zusammen, so deutet sich an, daß ein Kind in einer Situation nahezu totaler inhaltlicher Offenheit sofort zu planen begann, aber nicht in Form einer abstrakten Antizipation zukünftiger Denkschritte, sondern durch die Produktion von Einfällen, die sich in konkretes Handeln übersetzen lassen.

Diese Beobachtung gewinnt noch an Bedeutung, wenn man bedenkt, daß die Kinder schon seit geraumer Zeit ganze Wochenplanungen erstellten und dabei die Vorstrukturierung ihrer Arbeit im Klassenzimmer in aller Offenheit miterleben konnten. Fast immer stehen dabei konkrete Handlungen im Vordergrund (vgl. auch die Wochenplanung vom 5. Projekttag!). Für den Lehrer stellte sich diese Erkenntnis bereits in der Nachbesprechung des ersten Projekttages wie folgt dar:

„Heute war es einfach von der Situation her, der Vorstellung des Ganzen, unheimlich schwierig, (den Kindern) bewußt zu machen, daß wir ein Projekt 'Zeit' machen wollen und daß sie . . . *etwas mit Zeit machen* wollen und *etwas über Zeit machen* wollen – nicht: *das Projekt 'Zeit' planen*, das ist völliger Unsinn."
Frage: „Die Kinder planen also durch Tun?"
Lehrer: „Die Kinder planen durch Tun! Und das ist heute irgendwo nicht klar geworden. Das habe ich selbst offensichtlich in der Vorstellung nicht miteingeplant."

Von daher wird auch verständlich, warum die Schüler am 7. und 8. Projekttag für den Film kein Drehbuch schreiben konnten, sondern ständig mit dem Filmen *beginnen* wollten. Die Bedeutung des Drehbuchs als einer abstrakten Antizipation zukünftiger Arbeitsschritte wurde ihnen vom Lehrer nämlich nur verbal vermittelt, während sie sie doch anhand konkreter Arbeiten mit der Kamera (am Beispiel eines mißlungenen Filmes) *selber erfahren* mußten. Genauso hatten wir schon in der ersten Fallstudie erlebt, wie die Bemühungen der Lehrerin am 10. Projekttag scheiterten, die Kinder bei der verbalen Erörterung eines Problems in das

Denkmodell für klassisches empirisches Arbeiten zu zwängen, während diese darauf brannten, *Lösungen* für das Problem vorzuschlagen und auszuprobieren.

An dieser Stelle muß daran erinnert werden, daß sich unsere Ausführungen auf ein Unterrichtsangebot beziehen, das versuchsbedingt *vom Lehrer* ohne Veranlassung durch die Schüler eingebracht wurde. Tatsächlich sind die Schüler sehr wohl in der Lage, *Handlungsziele* im Sinne unseres theoretischen Bezugsrahmens planerisch antizipierend zu diskutieren und auszugestalten. So berichtete der Lehrer von der Forderung der Schüler nach einem „Kinder-Elternabend" (ein Elternabend, der von den Kindern gestaltet wird), die vor einiger Zeit mit einem mustergültigen Planungsverhalten der Kinder einhergegangen war, als sie äußerst diszipliniert selbst erörterten, welche Themen dabei zur Sprache kommen sollten, und später auch die Diskussion mit den Eltern selber leiteten: „Das war eine Planung *von ihnen*, und ich glaube, handlungsbezogene Planung *in ihren Bereichen*, dazu sind sie ohne weiteres fähig. Sie benutzen allerdings den Lehrer dazu" (Nachbesprechung vom 6. Projekttag). Ein weiteres Beispiel für eine handlungsbezogene Planung der Kinder ist der Basar, für den Bastelarbeiten (Kerzengießen – siehe 10. Projekttag) langfristig geplant, vorbereitet und durchgeführt wurden.

Das Arbeitsverhalten der Kinder und ihre Reaktion auf Unterrichtsmaterialien

Das Arbeitsverhalten der Glockseeschüler unterscheidet sich – wie zu erwarten war – fundamental von dem der Kinder in der Regelschule und beanspruchte während der Projektdurchführung einen Großteil der Diskussionszeit von Lehrer wie Beobachter. Dabei drängten sich immer wieder Fragen der Kontinuität, der Lehrerzentriertheit des Unterrichts und des Umgangs mit Lernmitteln in den Vordergrund. Alle diese Fragen gehören in unseren Regelschulen wohl zur Realität des Unterrichtsgeschehens, werden dort aber *in der Praxis* kaum reflektiert: Der Stundenplan schreibt Kontinuität einfach vor, die Lehrerzentriertheit ist wegen ihrer politischen Wirkung (heimlicher Lehrplan) gewollt, der Umgang mit den Lernmitteln wird vom Lehrer bestimmt und orientiert sich ausschließlich an dessen Planungen oder vermeintlichen Sachzwängen. Mehr noch: Lehrmittel werden vielfach – um „Ablenkungen" zu vermeiden – speziell in einer außerhalb der Schule nicht gebräuchlichen Form hergestellt.

In einer Alternativschule, die auf Zwangsbelehrung in jeder Form verzichtet, entwickeln die Kinder ihre eigenen Arbeitsformen; und sie entwickeln höchst unterschiedliche, die stark von der individuellen Sozialisation abhängen, ohne deshalb *stereotyp* herkömmlichen Erklärungsmustern, etwa der sozialen Schichtzugehörigkeit, folgen zu müssen. Das Verhältnis zu den Bezugspersonen und persönliche Freundschaften spielen sicher eine Rolle. Um das Spektrum möglicher Erscheinungsformen anzudeuten: Es gibt Kinder, die nahezu jedes Angebot des Lehrers wahrnehmen und die fast nie den Klassenraum verlassen; es gibt andere, die sich selbst Aufgaben stellen und tagelang bearbeiten, ohne den Lehrer um Rat oder Kommentar zu bitten oder gar um Erlaubnis zu fragen; es gibt Kinder, die häufig oder gar schwerpunktmäßig in anderen Jahrgangsstufen arbeiten; und es gibt schließlich eine Anzahl von Schülern, die die Mobilität innerhalb der Schule voll ausnutzen und bei denen auch die Lehrer oft nicht wissen, wo sie sind und was sie tun. In unserem Projekt kamen alle Erscheinungsarten vor.

Betrachtet man sie im einzelnen, so läßt sich erkennen, daß es nahezu unmöglich sein dürfte, Kinder anders als durch äußeren Zwang an ein gemeinsames Lernangebot zu binden. Wir haben das Beispiel des Jungen geschildert, der am 4. Projekttag eine Meßreihe zur Klärung der Frage durchführte, ob das Gewicht eines Gegenstandes Einfluß auf sein Verhalten auf der Fliehkraftscheibe hat. Im Gegensatz zu den unausgesprochenen Voraussetzungen der allgemeinen Didaktik verliefen seine Experimente durchaus nicht in einem einzigen konzentrierten Prozeß: Er unterbrach seine Arbeit oft, schaute bei anderen Kindern zu, ging auch mal längere Zeit aus dem Raum oder setzte sich eine Zeitlang offensichtlich müde in einen Sessel und tat gar nichts. Dennoch nahm er ohne besondere Aufforderung durch den Lehrer seine Arbeit wieder wieder auf und führte sie weiter, bis alle möglichen Gewichtskombinationen ausprobiert waren. Die Unterbrechungen seiner Arbeit störten also die Kontinuität der Arbeit nicht im geringsten!

Ein anderer Junge, der frühzeitig mit dem Bau einer Weltzeituhr begonnen hatte, arbeitete drei Tage daran und ließ sich auch in Phasen höchster Unruhe kaum ablenken, bis sein Werk perfekt war. Andererseits gab es das Kind, das — etwa beim Bau der Weltzeituhren — bis zu drei Anläufe nahm, sich an dem Angebot zu beteiligen, und dann doch wieder wegrannte und sich anderen Beschäftigungen zuwandte. Schließlich passierte es sehr häufig, daß einzelne

Arbeiten begonnen wurden, die dann nach kurzer Zeit abbrachen und nicht mehr fortgeführt wurden.

Vor allem diese Fälle machten auch dem Lehrer Sorge. Was oben als „Diffusität" des Projektverlaufs bezeichnet wurde, bezeichnet daher weniger die Schwierigkeit, einzelne Unterrichtsgegenstände klar auseinanderzuhalten, wenn mehrere Kinder gleichzeitig an verschiedenen Dingen arbeiteten, als vielmehr jenes rasche Hinübergleiten von einer Thematik zur nächsten, *bevor* eigentlich der Problemreichtum einer Fragestellung den Kindern ausreichend verdeutlicht werden konnte oder deren eigener Erfindungsreichtum wirklich voll ausgeschöpft worden wäre (Beispiel: die Frage, warum ein Flugzeug nicht vom Himmel fällt, oder die Experimente zur Farbmischung). Diffusität bedeutet: Die Kinder legten hin und wieder eine Rastlosigkeit an den Tag, die eine begriffliche Durchdringung der anstehenden Probleme im Gespräch erschwerte, wenn nicht gar verhinderte.

Diffusität bedeutet auch, daß die Kinder in der Alternativschule jene Trennung nicht vollziehen, die ein Pädagoge — hat er sie einmal vollzogen — nicht mehr aus seinen Wahrnehmungsgewohnheiten eliminieren kann: die Trennung von kognitiven, sozialen und emotionalen Bedürfnissen. Die Kinder integrierten z. B. ihre Versuche der Neugestaltung der Beziehungen zwischen Jungen und Mädchen völlig zwanglos in Planungsgespräche, Film- und Bastelarbeiten und brachten die eine oder andere Aktivität auch ganz zum Erliegen, wenn ihnen ihre Beziehungsspiele wichtiger waren.

In der Theorie der Glockseeschule werden die Lernprozesse im sozialen, im affektiv-emotionalen und im kognitiven Bereich nicht unterschiedlich stark gewichtet, ja, die platte Zuordnung von einzelnen Schüleraktivitäten zu diesen Lernbereichen wird fragwürdig. Exemplarisches Lernen, ganzheitliche Erfahrungserweiterung enthält immer kognitive wie emotionale wie soziale Elemente. Die intensive Beschäftigung der Schüler mit den Weltzeitzonen, die jedes Lehrerherz höher schlagen läßt, bleibt totes Schullernen, wenn nicht die sinnlichen Eindrücke bei der Bewältigung des widerspenstigen Zirkels, die Freude über neue Kompetenzen (daß man den Zirkel schließlich beherrscht), der Austausch mit den Kameraden (dasselbe machen wollen wie der Freund) und der „kindliche" Stolz auf ein fertiges Produkt zu einer Einheit verschmelzen. Sie *können* selbstverständlich nur zu einer Einheit verschmelzen, wenn das Lernklima so informell und repressionsfrei organisiert wird, daß man seine Freude spontan äußern, seinen Freund anbuffen und dem Lehrer das fertige Produkt wortwörtlich „unter die Nase halten" kann.

Die Überzeugung, daß die Einheit von Denken und Verhalten nicht aus Bequemlichkeit von den Erwachsenen zerstört werden darf, zählt mit dem Bemühen, die Bedingungen für selbstreguliertes Lernen zu finden und herzustellen, zu den Kernstücken der Glockseepädagogik. Traditionelle Normen der Schule als Lernanstalt haben dahinter zurückzustehen. Die räumliche und zeitliche Ausgrenzung der sich spontan äußernden Bedürfnisse der Kinder, z. B. in Form von Ruhe- und Toberäumen, wurde nur einmal versucht und ist gescheitert (vgl. Krovoza/Negt 1975, S. 76).
In bezug auf die Unterrichtsprozesse *kann* das bei *einigen* Schülern heißen, daß die im Schulversuch zugestandene Mobilität der Kinder (zwischen Lehrern, Räumen, Angeboten) ihre Konzentration (auf eine Sache) untergräbt, und der Beobachter gewann nach und nach den Eindruck, daß dies für eine Reihe von Kindern zutraf. Auch der Klassenlehrer war diesbezüglich keineswegs angstfrei:

„Die Gefahr sehe ich dauernd: immer wieder abbrechen, abbrechen, abbrechen. Vielleicht ist das auch ein Buhmann oder ein Gespenst, das man vor sich hat. . . . Man weiß eben nicht — und das Zustimmen (zu Unterrichtsangeboten) ist genauso problematisch wie das Ablehnen —, aus welchen Gründen sie zustimmen und aus welchen Gründen sie ablehnen. Es gibt leider diese Formel . . .: 'Keine Lust', 'keine Lust'. Ich habe versucht, das immer wieder zu befragen bei den Kindern, ob das nicht *nur eine Formel* ist, die einfach in der Schule als Argument akzeptiert wurde, und das hat sich eingeschliffen. . . . Wo sie Kontinuität zeigen, das ist z. B. die Dritte Presse (Schülerzeitung). . . . Da verlangen sie nach, obwohl sie es jetzt in diesen zwei Wochen abgelehnt haben. . . . Oder der Basar oder die Radfahrprüfung: Da haben sie eine unheimliche Frustrationstoleranz entwickelt, da bestehen sie drauf. Das bezieht sich auch auf Regeln. (Die Kinder sagen dann): 'Wir müssen eine Klassenversammlung machen, wann fängt die endlich an?', wenn ich mal irgendwo überzieht" (Nachbesprechung nach Projektende).

Neben dem Problem der Kontinuität bietet der Umgang der Kinder mit den Unterrichtsmaterialien ständigen Diskussionsstoff in der Schule. Erneut spielt die Furcht vor der Ausgrenzung von Schülerbedürfnissen bei der Genese dieser Diskussion eine Rolle. Das Bemühen, selbstreguliertes Lernen zu ermöglichen, setzt besonders bei neuen Kindern in der Schule eine Phase des Findens der eigenen Bedürfnisse voraus, in der die bis dahin übernommene Fremddisziplinierung wieder abgebaut werden muß.

„Da jeder von uns eine Sozialisation in der Schule erfahren hat, die mehr oder weniger auf repressiver Verinnerlichung ruht, stellte diese Entwicklungsphase der Kinder, in der ihr Handeln den von den Erwachsenen anerkannten, verinnerlichten Normen widerspricht, besonders hohe Anforderungen an die Toleranz der Erwachsenen. Das begann und beginnt noch immer bei ganz elementaren Dingen. Zu den Gegenständen mußten die Kinder z. B. ein neues Verhältnis gewinnen, da die Gegenstände, trotz aller Freiheit des Handelns, nach wie vor an die alte Schule erinnerten. Sachen wie Stifte, Hefte, Schulbücher, Rechenstäbchen usw. waren vorher für sie keine frei verfügbaren Gebrauchsgegenstände, die ihnen zur Verwirklichung ihrer Lern- und Spielbedürfnisse zur Verfügung standen, *ihnen* gehörten, sondern die nur in Verbindung mit der Verwertung im Unterricht auftraten. Ihr Gebrauch war in der Regel vom Lehrer bestimmt, dadurch aber indirekt mit Leistungsdruck und den daraus entstandenen Ängsten belastet. Erst der zweckentfremdete Gebrauch, ja, die Zerstörung dieser Gegenstände, war für viele eine Voraussetzung, sich mit der Schule zu identifizieren" (Arbeitsgruppe Glocksee-Schule 1975, S. 66).

In der 4. Klasse sind die Kinder, von wenigen Ausnahmen abgesehen, nicht mehr mit Ängsten belastet und haben die Zerstörung der Materialien nicht mehr nötig. Das heißt aber auch: Sie benutzen die Materialien jetzt völlig unabhängig von deren vom Lehrer vorgesehenen Zweckbestimmung, so wie es ihren spontanen Bedürfnissen entspricht. Sie geben dem Aufforderungscharakter der Gegenstände nach und lassen sich unbewußt von den Gegenständen tragen oder aber integrieren sie in ihre Rollen- und sonstigen Spiele, ohne sich um den Erhalt der Gebrauchsfähigkeit für Unterrichtsangebote zu kümmern. Der Verschleiß ist entsprechend hoch.

In bezug auf die Offenheit des Unterrichts (Indikator 2–17 und 2–18) taucht damit die Fragestellung auf, inwieweit eine vom Lehrer vorgenommene Strukturierung des Materialangebotes für die Erarbeitung eines bestimmten Problems notwendig und inwieweit sie zulässig ist. Während in der Regelschule die Kinder nicht eine Minute daran denken würden, Lehrmittel im Unterricht anders als für Unterrichtszwecke einzusetzen (es sei denn unter der Bank), bilden die Materialeingaben des Lehrers in der Glockseeschule einen Faktor der Unberechenbarkeit, der Un-Planbarkeit von Unterricht (vgl. die Schilderung vom 3. Projekttag).

Da aber – wegen des hohen Verschleißes – die meisten Unterrichtsmaterialien wohl den Kindern auf Wunsch zur Verfügung stehen, aber normalerweise von den Lehrern unter Verschluß gehalten werden, können die Kinder die Lehrmittel *erst dann* in ihrer ganzen Vielfalt erobern, wenn sie vom Lehrer eigentlich für einen ganz bestimmten Zweck eingebracht werden. Die Schüler sind einerseits vom Lehrer als Materialspender abhängig, andererseits frei, die Materialien in ihrem Sinne zu gebrauchen, d. h. frei für die „Zweckentfremdung" der Gegenstände. So wie der *alltägliche Anreiz* eines permanent sichtbaren und greifbaren Materialfundus fehlt, so fehlt die Selbstverständlichkeit, das Material für einen zweckbestimmten Gebrauch zu erhalten.

Die Tatsache, daß die Lehrmittel von den Lehrern verwaltet werden, hat eine extreme Lehrerzentriertheit der Unterrichtsprozesse zur Folge. Sachbücher, die in der ersten Fallstudie eine so wichtige Rolle spielten, wurden zwar vom Lehrer mitgebracht, aber als Informationsquelle von seiten der Schüler keine Sekunde in Erwägung gezogen. Eine Besinnung auf die für die Projektarbeit nötigen und verfügbaren Quellen fand nicht statt. Auch die Schüler, die z. B. mit ihren Weltzeituhren schon recht frühzeitig fertig waren, wurden etwa an den folgenden Tagen trotz mehrfacher Bitte des Lehrers von ihren Mitschülern nur äußerst selten zu Rate gezogen. So benutzten die Kinder die vom Lehrer eingebrachten Materialien (Globus, Landkarte, Pappen für Daumenkinos, Kameras, Drehscheibe usw.), waren aber auch ständig auf seine Hilfe angewiesen. Der Mangel an Arbeitstechniken, die eine Selbsthilfe der Schüler ermöglicht hätten, wurde offenbar. Das sicherlich häufigste Wort, das bei der Arbeit ertönte, war der Vorname des Klassenlehrers, der alle paar Sekunden als Hilferuf aus allen möglichen Richtungen gleichzeit erscholl.

Die Verwaltung der Unterrichtsmaterialien kommt somit einem Informationsmonopol gleich, das mit einer Reduktion der Offenheit des Unterrichts auf eine negative Bestimmung einhergeht: Die Kinder können zwar aus dem Felde gehen, sind jedoch bei der Ausbildung progredienter Erfahrungen im kognitiven Bereich voll auf den Lehrer angewiesen. Der Ablösungsprozeß von der Bezugsperson braucht einfach seine Zeit. Es hieße hinter den Reflexionsstand der Glockseepädagogik zurückfallen, wollte man annehmen, daß er durch ein paar wissenschaftspropädeutische Übungsstunden („Wie benutzt man ein Lexikon?") vollzogen werden könnte, obgleich solche Übungen sicher nicht unterbleiben dürfen. Emotionale Komponenten spielen bei den Ablösungsprozessen eine zu große Rolle, und ihnen wird in der Glockseeschule die gleiche Aufmerksamkeit geschenkt, wie den kognitiven Fortschritten der Kinder.

Auf der Erscheinungsebene läßt sich der Unterschied zwischen beiden Versuchsklassen — bei aller Vorsicht hinsichtlich der Vergleichbarkeit einzelner Ausschnitte aus umfassenderen Unterrichtsprozessen — vielleicht an folgendem Beispiel illustrieren: Wir haben in der ersten Fallstudie den auch für die Regelschule äußerst seltenen Fall erlebt, daß die Kinder nicht nur Phänomene beobachteten, sondern eigene Probleme einbrachten — z. B. die Frage nach dem Antrieb von Raketen — und *selbst* einer Lösung zuführten, indem ein Schüler nach Lektüre eines Physikbuches einen Luftballon mitbrachte, mit dessen Hilfe dann das Rückstoßprinzip erfahren wurde. In der Glockseeschule wurde die Schülerfrage, warum ein Flugzeug nicht vom Himmel falle, durch das Einbringen von didaktischem Material *seitens des Lehrers* geklärt, ohne daß sich die Kinder über Lösungsmöglichkeiten für ihr Problem den Kopf zerbrechen mußten. Umgekehrt tauchte in der Glockseeschule niemals die schüchterne Frage auf: „Darf ich dies nehmen? Darf ich das tun?", die in der Regelschule alle paar Minuten von einem Kind vorgebracht wurde!

Aus völlig unterschiedlichen Gründen fällt es somit schwer, den Schülern beider Versuchsklassen bereits zu konzedieren, sie seien „Subjekte ihrer eigenen Lernprozesse", zumindest, was den kognitiven Bereich betrifft. Im sozialen Bereich, beispielsweise bei der Lösung von Konflikten, darf den Glockseekindern eine erstaunliche Selbständigkeit zugebilligt werden, wie bei der Bewältigung der Schwierigkeiten des Mädchens deutlich wurde, das sich aus der Filmgruppe ausgeschlossen fühlte.

Was die Frage der Unterrichtsmaterialien betrifft, so kann man bislang nur feststellen, daß das Problem erkannt ist und in der Glockseeschule ebenso gründlich wie kontrovers diskutiert wird. Es ist jedermann klar, daß es sich hierbei eher um ein Symptom als um die Ursache von Spannungen handelt und daß die schnellste Lösung — die Sanktionierung der „Zweckentfremdung" der Materialien — die Beziehungsstruktur in der Schule völlig umkrempeln und den Begriff des selbstregulierten Lernens neu definieren würde. Die vorhandene Ausgrenzung der Kinder vom Lehrerzimmer und von der Lehrmittelsammlung, ja, in Form einer abgeschlossenen Haustür, von außerschulischen Lernorten wird als ebenso unbefriedigend empfunden.

Es fällt auf, daß die eben dargelegten Gedanken wohl zu einzelnen Indikatoren für Offenheit Präzisierungen liefern, aber nicht mehr durch die Indikatoren selbst adäquat abgedeckt werden. Ein Grund hierfür mag in einer Konzentration der Indikatoren auf kognitive Prozesse liegen (der Indikator 1−7 fristet in seiner Pauschalität ein etwas kümmerliches Dasein). Ein anderer Grund liegt sicher darin, daß unsere Indikatoren für offenen Unterricht von konkreten Unterrichtsinhalten absehend in gewisser Weise allgemeine Verwendbarkeit suggerieren, die dort schnell in Frage gestellt wird, wo − wie im Fall der Glockseeschule − über den Bezug auf Kategorien der Selbstregulierung des Lernens die Standards der traditionellen Didaktik an Aussagekraft verlieren.

Genau diese Standards sind aber über die Theorie der offenen Curricula wie über das Konzept der Open Education in den Indikatorenkatalog miteingegangen, und sei es ex negatione. Wir beobachten hiermit jenes Phänomen, das an anderer Stelle als die forschungslogische Unmöglichkeit von vergleichenden Studien zwischen der Regelschule und Alternativschulkonzeptionen beschrieben wurde (vgl. Ramseger 1975, S. 117 f.). Es wird anhand einer revidierten Form des Indikatorenkatalogs zu überprüfen sein, ob etwa die Aufnahme von Indikatoren zu den Kommunikationsprozessen in der Schule hier Abhilfe schaffen könnte.

6.5 Kommentar des Lehrers

„Mit dem Bericht bin ich im ganzen sehr zufrieden. Er führt mir vor allen Dingen Probleme meiner Arbeit vor Augen, die zu weiterer Reflexion Anlaß geben und Anregungen für die Arbeit enthalten. Einzelne unterschiedliche Beobachtungen und deren Interpretation, die ich trotz mancher Bedenken nicht geändert habe, und das Ausschnitthafte der Beobachtung überhaupt bleiben als problematisch bestehen, wobei ich hoffe, daß solche Einzelheiten bei Außenstehenden nicht zu voreiligen Schlüssen allgemeiner Art über den Schulversuch führen, bzw. dazu benutzt werden.

In seiner Problematik für unsere Schule mit fruchtbaren Überlegungen herausgearbeitet zu sein scheint mir der Abschnitt über Materialhandhabung und die Arbeitstechniken. Besonders gelungen finde ich die Analyse des Planungsverhaltens im Abschnitt 6.4; sie wird mir in meiner zukünftigen Arbeit weiterhelfen. Rückblickend scheint mir das Ergebnis der Arbeit mit dem Projekt 'Zeit' insgesamt in bezug auf die Lernfortschritte und -möglichkeiten für die Kinder etwas 'mager' ausgefallen zu sein. (Eine Überprüfung dieser Einschätzung ist nicht möglich; vielleicht nur ein falscher Anspruch meinerseits?!) Erneut ist mir die Notwendigkeit klargeworden, in die Planung viel mehr Handlungsziele einzubauen. Die Offenheit des Einstiegs, wie ich ihn gewählt hatte, ist sehr problematisch. Für mich wäre interessant zu wissen, wie das Projekt mit einem anderen Einstieg verlaufen wäre. Das Thema 'Zeit' des Projekts war zu weit und unspezifsch gefaßt. Ich würde auch ein offenes Curriculum mit einer spezifischen Problemstellung, z. B. 'Wie wird Zeit gemessen?', planen und beginnen.

Einige Bemerkungen zur Rolle des Beobachters: Einige Passagen, worin der Beobachter seine Vorgehensweise selbst beschreibt, scheinen mir für die Arbeit unerheblich. Der Beobachter sollte manchmal auch seine Position (pädagogische Normen und Prinzipien), von der aus er argumentiert, beurteilt und interpretiert, offener mit in die Diskussion einbringen; zumindest wurde sie mir nicht deutlich. Die Bemühung, im Sinne der Handlungsforschung zu beobachten, sowie der vielfältige Einsatz von Mitteln und Medien und besonders das Verhalten während der Beobachtung in unserer Schule waren meiner Meinung nach ein guter Ansatz in Richtung Handlungsforschung. Die Objektivierungsmöglichkeiten und die Grenzen dieser wissenschaftlichen Arbeit liegen in der Einzelperson als Beobachter, der Komplexität des Forschungsgegenstandes, des Einflusses von Störfaktoren manigfaltiger Art (z. B. außerschulische), des eigenen Anspruchs, des Themas der Untersuchung, nämlich der Offenheit von Unterricht bzw. von Curricula, und dem Umfang der Untersuchung.

Zusammenfassend möchte ich sagen, daß mich das Konzept eines offenen Curriculums, die Zusammenarbeit und die Diskussion mit dem Beobachter zu neuen Überlegungen angeregt haben und damit auch unserer Schule und mir viele Hilfen für unsere pädagogische Arbeit gegeben haben."

7.1   Äußere Rahmenbedingungen der Untersuchung

Die Schule

Die dritte Fallstudie wurde in einer 5. Klasse der Laborschule der Universität Bielefeld durchgeführt. Die Laborschule unterscheidet sich von den vorangegangenen beiden
Institutionen vor allem durch drei Merkmale:
— Es handelt sich um eine *integrierte Gesamtschule* für
Fünf- bis Sechzehnjährige (Jahrgang 0 bis 10). Sie steht
damit in der Reihe jener von der Regierung ins Leben ge-
rufenen Reformmodelle, die die Legitimationsprobleme
des herkömmlichen Bildungssystems mildern und mehr
Chancengleichheit als jenes gewährleisten sollen. Das be-
deutet auch, daß sie einen Großteil der Erfolge wie der
Probleme teilt, die die Gesamtschulen in der momentanen
Situation in der Bundesrepublik auszeichnen.
— Es handelt sich um eine *Ganztagsschule*, deren erklärtes
Ziel sich nicht darauf beschränkt, wie die herkömmlichen
Schulen Wissen und Fertigkeiten zu vermitteln, sondern
die in Unterricht wie Freizeit, im Lernen, im Spiel, in der
Muße, im Umgang mit Dingen, Personen, Sprache und anderem mehr einen komplexen Erfahrungsraum darstellen
will.
— Es handelt sich um eine *Curriculumwerkstatt*, die nicht
als einmaliger Versuch mit begrenzter Reichweite, sondern
in Dauerfunktion neue Unterrichtsformen und -inhalte entwerfen, erproben und revidieren soll. Forschung und Lehre
im Elementar-, Primar- und Sekundarbereich sollen personell und konzeptionell miteinander verbunden, das Theorie-
Praxis-Problem in der Pädagogik soll innerhalb einer Institution mit relativ großen Freiräumen zu bewältigen versucht werden. Als „Curriculumwerkstatt" soll die Schule
niemals „fertig" sein, sondern „eine für Veränderungen
offene, Erfahrungen verarbeitende, 'lernende' Institution
bleiben" (Bielefelder Universitätszeitung).

Das pädagogische und didaktische Konzept wurde von den
Mitarbeitern der Aufbaukommission im Team erarbeitet.
Es ist in verschiedenen Veröffentlichungen vorgestellt worden und braucht daher an dieser Stelle nicht im einzelnen
referiert zu werden (vgl. „Schriftenreihe der Schulprojekte
der Universität Bielefeld", Stuttgart: Klett 1973 ff; v. Hentig
u. a. 1971a; v. Hentig 1973; Harder 1974). Erste Erfahrungs-
berichte aus der Praxis liegen vor (vgl. v. Hentig 1976a und

1976b). Ein Überblick über die wichtigsten Determinanten der Laborschule zur Zeit der Versuchsdurchführung wurde von der Schule selbst in knapper Form in der Bielefelder Universitätszeitung (8. Jg., Nr. 12, 16. Dez. 1976, S. 10f) erstellt und wird hier in Ausschnitten wiedergegeben: ·

„Die Stammgruppen: Jedes Kind gehört einer festen Gruppe mit gleichviel Jungen und Mädchen an. Diese Stammgruppen — sie treten an die Stelle der 'Klassen' im alten Sinne — umfassen in Block I zwölf, in Block II und III je zwanzig Schüler. Zusammen mit den Betreuungslehrern stehen ihnen wöchentlich zwei Stunden für Gespräche und gemeinsame Vorhaben zur Verfügung.
In jedem Schuljahr gibt es drei einwöchige 'Intensiv-Phasen', in denen die Stammgruppe ein größeres, nicht im normalen Stundenplan unterzubringendes Gemeinschaftsprojekt verwirklichen kann: eine Reise unternehmen, etwas bauen, etwas Kompliziertes planen, lernen, erfinden.

Die Zeugnisse: Sie sind durch zweimal jährlich ausgegebene 'Informationen zum Lernprozeß' ersetzt.

Die Abschlüsse: Wie alle Gesamtschulen will auch die Laborschule möglichst alle Schüler bis zum Ende des 10. Schuljahres, also bis zum mittleren Bildungsabschluß führen. Einige Schüler werden nach Erreichen des Hauptschulabschlusses abgehen wollen. Durch gezielte Hilfen im 8. und 9. Schuljahr hoffen wir zu erreichen, allen Schülern wenigstens den Hauptschulabschluß vermitteln zu können.

Der Unterricht: Er ist statt in Fächer in sogenannte 'Erfahrungsbereiche' gegliedert, aus denen sich in den letzten Schuljahren die einzelnen Fächer oder Disziplinen ergeben. Zusammengefaßt in einem Erfahrungsbereich sind da alle Tätigkeiten und Erkenntnisse, die z. B. mit 'dem Umgang von Menschen mit Menschen' oder 'dem beobachtenden, messenden, experimentierenden Umgang mit Sachen' oder 'dem spielenden, gestaltenden, erfindenden Umgang mit Sachen' oder 'dem Umgang mit dem eigenen Körper' oder 'dem Umgang mit Gedachtem, Gesprochenem, Geschriebenem' zu tun haben. In diesen Erfahrungsbereichen erkennt man leicht die Fächergruppen Sozialwissenschaften, Naturwissenschaft, Künste, Sport, Sprachen, Mathematik wieder. Es wird möglichst an konkreten Projekten gearbeitet und darum in größeren Zeitblöcken, als das sonst an Schulen üblich ist.
Lernen soll dabei wieder durch Erfahrung geschehen, weniger durch Belehrung. Die Schule versucht, möglichst viele Verbindungen zur Umwelt aufzunehmen. Kleingruppenarbeit tritt an die Stelle von Leistungsdifferenzierung. Individuell gestellte Aufgaben ermöglichen eine weitere Ausfächerung des Angebots.

Die Lerngelegenheiten: In der Laborschule soll nicht nur im Pflichtunterricht gelernt werden, in ihr gibt es viele Möglichkeiten zum freien Lernen und zur Entwicklung und Verfolgung eigener Interessen. Von Lehrern betreute 'Clubs' bieten Anregungen, vor allem aber gibt es Räume, die zum eigenen Arbeiten — unter Anleitung und Aufsicht — verlocken: eine Werkstatt, eine Mal- und Gestaltungsfläche, einen Englisch- und einen Musikraum, ein Schreiblabor und die Bibliothek, die für viele Schüler zur Zone der Ruhe, Entspannung und Anregung wird.

Die Schule als Erfahrungsraum: Die Laborschule ist in Stufen zunehmenden Erfahrungs- und Beziehungsreichtums, zunehmender Freiheit und Verantwortung gegliedert: wir nennen diese Stufen 'Blöcke'; auf jeder Stufe wird dem Kinde immer etwas mehr Spielraum zugemutet, als es von alleine suchen würde, und nie mehr, als es bewältigen kann. So soll es den Übergang von der Kleinfamilie, in der es die ersten prägenden Jahres des Lebens verbracht hat, zu den Großstrukturen der Gesellschaft, in denen es nachher leben wird, erfahren. Da Schule zu einem notwendigen, unvermeidbaren Aufenthaltsort für Kinder geworden ist, muß sie mehr Erfahrungen ermöglichen, als durch das Lernen mit dem Kopf und allenfalls den Händen möglich ist. In ihr muß man auch lernen können, wie man mit einer Gruppe auskommt, wie man mit seinen Ängsten und Wünschen, wie mit seinen Gaben und Mängeln und wie man mit der Ungleichheit fertig wird — kurz: wie man lebt.''

Eine offene Architektur für offenen Unterricht: die Bielefelder Laborschule.

Die Durchführung des Versuchs fiel in den Dezember des dritten Jahres nach Eröffnung der Schule, in eine Zeit, da bereits erste Erfahrungen mit der Konzeption in der Praxis gemacht, einige Utopien und Defizite erkannt, einige Vor- und Nachteile der außergewöhnlichen Architektur (Großräume und Funktionsflächen anstelle herkömmlicher Klassenzimmer) erfahren worden waren. Die Diskussion des Unterrichtsalltags und Versuche der Aufarbeitung von Schwachstellen pädagogischer, organisatorischer und personeller Art waren in vollem Gange. Neben dem kontinuierlichen Auftrag der Konstruktion und Erprobung von Curricula beanspruchten vor allem Kommunikationsprobleme innerhalb der Lehrergruppe, Verwahrlosungserscheinungen der Schüler (Streunen, Schwänzen, Beschädigung von Gegenständen und Einrichtungen) und deren Sozial- wie Unterrichtsverhalten die Aufmerksamkeit der Lehrer.

Trotz einer relativ günstigen Lehrer-Schüler-Rate leidet die Schule (wie alle Gesamtschulen) unter extremem Zeitmangel. Das Postulat „Wer lehrt forscht — wer forscht lehrt" fordert zusammen mit dem Bemühen, ständig für die Kinder ansprechbar zu sein, außergewöhnliches Engagement vom Personal, was in Einzelfällen bis hin zur Entscheidung zwischen dem Verzicht auf jegliches Privatleben oder der Vernachlässigung einzelner Aufgaben führen kann. So hatte z. B. die Lehrerin unserer Versuchsklasse folgendes Wochenstundendeputat: 12 Stunden Unterricht, 1 Stunde Mensa-Aufsicht, 2 Betreuungsstunden (Klassenlehrerfunktion), 2 Stunden Stillarbeit, 1 Stunde „Club". Hinzu kommen Fachbereichskonferenzen, Jahrgangsstufenkonferenzen, Teilnahme an der Schulkonferenz oder an Sitzungen des Curriculumrates, Elternarbeit. Was dann vom Tag noch übrig bleibt, geht für Unterrichtsvorbereitungen und Weiterbildung drauf. Erst dannach kann die eigentliche Forschung beginnen!

Um so mehr erstaunt den Fremdbeobachter das stets geduldige, freundschaftliche und informelle Verhältnis der Erwachsenen zu den Kindern. Der Verzicht auf das Lehrerzimmer geht in der Laborschule mit erfreulich partnerschaftlichen Umgangsformen einher. Die Kinder duzen ihre Lehrer und unterhalten sich freimütig und ohne Furcht vor Repressalien über Ideal und Wirklichkeit des Laborschulalltags. Obwohl zwischen den Wünschen der Erwachsenen und den sich artikulierenden Bedürfnissen der Schüler alles andere als harmonische Übereinstimmung herrscht, bestehen ernsthafte Auseinandersetzungen oder Zerwürfnisse eher innerhalb der Lehrergruppe als zwischen den Generationen. Die Kinder wissen, daß diese Schule auch gebaut wurde, damit *die Erwachsenen* lernen können, *ihnen* besser gerecht zu werden, und sie sind stolz darauf. Sie ziehen Besucher, die in schüchterner Distanz verweilen, auf die Lernflächen, präsentieren ihnen ihre Meerschweinchen oder Hamster und nehmen sie an der Hand, um ihnen sogleich auf einer Privatführung das ganze Haus zu zeigen.

Die Großraumschule bietet auch außerhalb des Unterrichts Anregungen für unendliche Abenteuer.

Der anscheinend ungebrochene Stolz der Kinder auf ihre Schule, der sich so wohltuend von allem unterscheidet, was wir sonst aus dem Bildungsbereich zu hören gewohnt sind, geht mit einer erstaunlichen Unbekümmertheit gegenüber herkömmlichen Schulnormen (Ruhe, Ordnung, Sauberkeit) einher. Dies äußert sich vor allem in den atmosphärischen Unterschieden zwischen den drei Versuchsschulen. Die Grundschule in Recklinghausen war sichtbar für die Verwaltung und Aufbewahrung kleiner Kinder gebaut, für die man außerhalb des Schonraums Schule noch keine Verwendung hat, und sie strahlte den gutgemeinten

219

Bemühungen ihrer Lehrer zum Trotz einen ebenso nüchternen wie bedrückenden Amtsstubencharakter aus. Die Glockseeschule fordert infolge der Kälte ihres abbruchreifen Gebäudes und der Primitivität des Inventars keinerlei Rücksichtnahme oder Gefühle der Verantwortlichkeit heraus. Demgegenüber scheint die abwechslungsreiche Lernlandschaft des Großraumneubaus mit seinen zahllosen Ecken, Treppchen, Gängen und Fachräumen Anregungen für unendliche Abenteuer zu bieten, mit denen traditionelle Vorstellungen von einem geregelten Unterrichtsablauf nur schwer konkurrieren können.

Der Unterricht bietet sich bisweilen etwas hektisch dar. Unruhe, Herumrennen der Kinder während der Stunde, die Unfähigkeit, jemandem zehn Minuten lang zuzuhören, umschreiben ein Problem, das heute in allen weiterführenden Schulen bekannt ist (auch wenn es nicht überall zugegeben wird). Es wird besonders drastisch sichtbar, wo man diese *Symptome für Krisen der Institution* nicht mit autoritären Unterdrückungsmaßnahmen unter den Teppich kehrt, sondern *pädagogisch* aufzuarbeiten versucht. Diesbezüglich ermöglicht die Großraumschule eine Tugend: Die Schwierigkeiten können nicht mehr privatisiert werden. Sie fordern und erhalten in der Laborschule kontinuierlich offene Diskussion.

Die Versuchsklasse

Einige der hier angedeuteten Schwierigkeiten treffen auf unsere Versuchsklasse in besonderem Maße zu. Die 20 Schüler hatten nämlich die in der Laborschule vorgesehene Stufenfolge einer behutsamen Erziehung zu immer mehr Freiheit *nicht* durchlaufen! Sie waren vielmehr erst vier Monate zuvor aus verschiedenen herkömmlichen Grundschulen übergetreten und kannten sich daher nur kurze Zeit. Infolgedessen hatte die Ausbildung von Gruppenbeziehungen gerade erst begonnen und noch nicht zu stabilen Strukturen geführt. Rivalitäten um die Führerrolle und Außenseiterprobleme kennzeichneten die Situation in der Klasse. Da es den Lehrern dieser Gruppe wichtiger war, den Schülern eine möglichst freie Entwicklung ihrer Rollenbeziehungen zu ermöglichen, als durch Vorgaben und straffe Führung kurzfristig Ordnung zu schaffen, lebten die Schüler ihre Probleme voll aus.

Neben diesen Gruppenprozessen beanspruchte die Notwendigkeit, sich nach den Erfahrungen an traditionellen Grund-

schulen nun in der liberalen Atmosphäre der offenen
Schule mit ihren vielfältigen Möglichkeiten zurechtzufin-
den, die Kinder naturgemäß sehr stark. Insbesondere
Schüler, die im Elternhaus unter starkem Druck stehen,
müssen in der offenen Schule mit ihrem Verzicht auf
simple Disziplinierungstechniken zunächst die Grenzen
erproben, bis zu denen sie bei den Erwachsenen gehen
können, damit sie sichere Verhaltensorientierungen aufbauen können. Was Fremdbeobachtern in unserer Versuchsklasse als chaotisches Verhalten erscheinen muß
(schreien, kämpfen, einzelne Stunden schwänzen), kann
so durchaus eine kathartische Funktion haben. Nach Auskunft des Hauspsychologen trat diese „kathartische Phase"
einige Monate nach Eröffnung der Laborschule in sehr vielen Gruppen auf.

Problematisch wird diese Situation vor allem deswegen,
weil die Lehrerschaft insgesamt diese Erscheinungen keineswegs einheitlich interpretiert und höchst unterschiedlich
darauf reagiert. Zu Beginn der eigentlichen Schulpraxis
1974 wurde bewußt auf eine einheitliche Regelung verzichtet, weil sie aus ideologischen Gründen im Gesamt-
kollegium nicht zu erreichen war. Als einzige Regel formuliert wurde der Grundsatz, daß niemand über seinen
Schatten springen und einen Unterrichtsstil praktizieren
solle, mit dem er sich nicht identifizieren könne. Trotzdem gab es immer wieder Anläufe, das Lehrerverhalten
miteinander abzustimmen. Bei der Versuchsgruppe waren
solche Absprachen erst kurz vor der Erprobung von Sc
5—13 getroffen worden, an denen allerdings nur ein Teil
der Lehrer beteiligt war.

Die Lehrerin

Von allen am Versuch beteiligten Lehrern hatte die Lehrerin in der Laborschule die ungünstigsten Ausgangsbedingungen. Einerseits hatte sie ihre Stelle erst vor einem Drei-
vierteljahr angetreten und mußte sich naturgemäß erst an
die neue Aufgabe und die neue Umgebung gewöhnen. Zum
anderen konnte sie nicht auf die langjährigen Praxiserfah-
rungen zurückgreifen, über die die anderen am Versuch beteiligten Lehrer verfügten. Sie hatte den Schuldienst aus
Enttäuschung über die Arbeitsbedingungen in der Regelschule gleich nach dem zweiten Staatsexamen quittiert und
nur aushilfsweise einzelne Stunden an einer Regelschule
unterrichtet und im übrigen Lehraufträge an der Universität
übernommen. Ihr Bemühen, freundschaftliche Beziehungen

zu den Schülern zu gewinnen und zugleich von ihnen ernst genommen zu werden, ohne autoritär zu sein, füllte sie dementsprechend noch stark aus.

Im Umgang mit den Schülern trat die Lehrerin energisch und selbstbewußt auf. Sie zögerte nicht, Störenfriede aus anderen Klassen zu vertreiben und die Kinder nach Unterrichtsende solange einzuschließen, bis sie das Labor oder die Werkstatt aufgeräumt hatten. Dabei verlor sie niemals die Geduld. Auch bei noch so großer Unruhe in der Klasse oder unsozialem Verhalten einzelner Schüler griff sie niemals zum Mittel des Liebesentzugs oder zu anderen Sanktionen, sondern behielt ihren freundlichen Tonfall bei.

Im Gegensatz zu den beiden vorhergehenden Fallstudien wird der Unterricht im Block II von Fachlehrern nach einem zu Schuljahrsbeginn festgeschriebenen Stundenplan erteilt. Der naturwissenschaftliche Unterricht (Nawi) wird dabei im regelmäßigen Wechsel mit den Sozialwissenschaften (Sowi) in dreiwöchigen Epochen zu je fünf Wochenstunden zusammengefaßt. Das bedeutet, daß die Lehrerin erst zweimal drei Wochen lang die Versuchsklasse unterrichtet hatte und daher von den Schülern kaum mehr als die Namen wissen konnte. Die Kommunikationsdichte zwischen ihr und den Schülern fiel dementsprechend erheblich geringer aus als bei den Klassenlehrern der ersten beiden Versuchsklassen, auch wenn sie sich sichtlich darum bemühte, außerhalb des Unterrichts informelle Kontakte zu den Kindern aufzubauen und zu pflegen.

Für das Projekt kam erschwerend hinzu, daß die Lehrerin lediglich zwei Tage Zeit zur Vorbereitung hatte, da sie kurzfristig für einen Kollegen einspringen mußte, der den Versuch zunächst durchführen wollte, dann aber mit anderen Arbeiten überlastet war. Ein vertieftes Studium der Curriculummaterialien und eine intensive Auseinandersetzung mit der Fragestellung der Untersuchung war daher verständlicherweise kaum möglich.

Der Unterricht vor Projektbeginn

Der Unterrichtsalltag in der Laborschule kann dem Auftrag dieser Schule als Curriculumwerkstatt entsprechend nicht pauschal beschrieben werden. Bei einem insgesamt betont schülerorientierten Umgangston kommen die verschiedensten Curriculumkonstruktionen und Unterrichtsstile zur Geltung. Der Anteil des gewöhnlichen „talk-and-chalk"-Unterrichts im geschlossenen Klassenverband ist sicherlich geringer als in der Regelschule, aber dennoch auf allen Flächen häufig zu beobachten. Ungewöhnliche Experimente wie der Versuch, als „In-die-Stadt-hinein-Schule" eine institutionelle Öffnung des Unterrichts zu unternehmen, sind selten. Die dazu am ehesten geeigneten „Intensivphasen" beschränken sich auf dreimal jährlich eine Woche, stellen also Ausnahmesituationen im Verlauf des Schuljahres dar.

Wie die Lehrerin in informellen Nachbesprechungen und im Fragebogen A angab, wurden die wichtigsten methodischen Standards von Science 5–13, individualisierter Unterricht und entdeckendes Lernen, in der Versuchsklasse bislang selten oder gar nicht geübt. Wenngleich die Kinder oft in Gruppen arbeiten, arbeiten sie doch im allgemeinen alle zur selben Zeit am gleichen Gegenstand.

An der Unterrichtsplanung, die langfristig im Lehrerkollektiv vorgenommen wird, waren sie bislang selten oder nie beteiligt. Allerdings können sie insofern Einfluß nehmen, als innerhalb der Projekte arbeitsteilig verfahren wird, mit freier Wahl der Gruppe, und erfolgreiche Projekte in folgenden Epochen weitergeführt werden, wenn die Kinder es wünschen. Insgesamt haben sie im Wahlunterricht und in den sogenannten „Clubs" größere Entscheidungsmöglichkeiten als in den Stammgruppen-übergreifend vorbereiteten Pflichtunterrichtsepochen. Neben herkömmlichen Fachkursen (z. B. in Deutsch und Englisch, was hier „Sprache" genannt wird, oder in Mathematik) sind fächerübergreifende Projekte ebenso üblich, wie jahrgangsübergreifende Lehrveranstaltungen. Im Gegensatz zu den meisten anderen Gesamtschulen wird in der Laborschule keine Leistungsdifferenzierung vorgenommen.

Die Schule befand sich zur Zeit des Versuchs in einer Phase zunehmender Strukturierung, nachdem Verhaltensprobleme die lockere Unterrichtsgestaltung zu Beginn des Unterrichtsbetriebs in Gefahr gebracht haben. Im Forschungsbericht der Universität Bielefeld liest sich das so:

„Es ist deutlich, daß die große Offenheit des LS-Systems von Schülern, die vier bzw. sechs Jahre von anderen Schulen mit relativ rigiden Ordnungen geprägt worden sind, nicht ohne genauere 'Beheimatung' gemeistert werden kann. . . . Ein Programm der drei großen R (*R*evierbildung, *R*egelsystem und *R*outine bzw. Ritualisierung) wird experiendo auf die Probe gestellt (grob gesprochen, ob zuviel oder zuwenig Freiheit, Zumutung, Zuwendung erfolgt)" (Universität Bielefeld: Forschungsbericht Bd. 6, 1975, S. 371).

Wie schon angedeutet, fand die Erprobung der Einheit „Zeit" in der Laborschule unter völlig anderen institutionellen Bedingungen statt wie die beiden ersten Fallstudien. Das Projekt wurde in den Pflichtstunden im *Erfahrungsbereich Naturwissenschaft* von einer *Fachlehrerin* nach einem vorher feststehenden *Stundenplan* in einem speziell ausgestatteten *Fachraum* (Physiklabor) durchgeführt.

Die Bedeutung des Stundenplans sollte nicht gering geschätzt werden. Stundenplan, das heißt: Unterrichtsbeginn wie Unterrichtsende richten sich nicht nach den realen Lernprozessen, sondern nach dem Befehl des Gongs. Das heißt: anfangen, wenn man noch keine Lust hat oder anderes wichtiger ist, und aufhören, wenn man sich gerade in eine Sache eingearbeitet, die ersten Fäden zu neuen Erfahrungen gesponnen hat, ohne bereits neue Kompetenzen erworben zu haben. Das heißt in diesem speziellen Fall: Projektarbeit montags von 8.30 bis 10.30 Uhr, mittwochs von 14 Uhr bis 15 Uhr, freitags von 9.30 bis 10.30 Uhr und nach einer halben Stunde Zwangspause weiter von 11 Uhr bis 12 Uhr. Wir hatten bereits in der ersten Fallstudie erlebt, wie störend sich fest definierte Lernzeiten auf den Versuch, offenen Unterricht zu realisieren, auswirken können. Aber in der Grundschule konnte die Lehrerin immerhin innerhalb des vorgegebenen Stundenplans relativ souverän verfahren, wenn nicht gerade der Religionsunterricht oder die Verpflichtung zur Pausenaufsicht den Abbruch der Projektarbeit erzwangen. In der Gesamtschule, wo es die Schüler täglich mit vielen verschiedenen Lehrern zu tun haben, besteht diese Freizügigkeit nicht.

Der Projektunterricht fand nicht im Großraum, sondern im Labor statt. Die naturwissenschaftlichen Fachräume sind halboffen konzipiert: Drei an drei Seiten geschlossene, verglichen mit den beiden anderen Schulen hervorragend ausgestattete Labors münden mit ihrer vierten Seite ohne Tür und Wände auf einen gemeinsamen breiten Verbindungsgang, an den sich die schuleigenen Lehrwerkstätten anschließen. Im Physiklabor, einem etwa 18 qm großen, sehr hohen, hellen, kalten Raum, standen elf Schülertische mit je zwei Plätzen in zwei hintereinander liegenden Reihen zur Tafel hin ausgerichtet. Die Tische waren mit Gas- und Wasserinstallationen versehen, sind aber für flexible Raumgestaltung fahrbar konstruiert. In diversen, stets gut verschlossenen Schränken lagern, der Sicht und dem Zugriff

der Schüler entzogen, modernste Lehrmittel für den Physikunterricht.

Projektorganisation

Für das Projekt „Zeit" stand eine verkürzte Nawi-Epoche
kurz vor Beginn der Weihnachtsferien zur Verfügung. Sie
umfaßte insgesamt zwölf Vollzeitstunden an sieben Schul-
tagen, die auf drei Wochen verteilt waren.

Die Unterrichtsbeobachtung wurde nach demselben Verfahren durchgeführt wie in den vorangegangenen Fallstudien.
An der Unterrichtsvorbereitung wie an unterrichtsrelevanten Entscheidungen hatte der Beobachter in diesem Fall
mit Ausnahme der Initiierung des Projektes keinerlei Anteil. Die Rollentrennung zwischen ihm und der Lehrerin
wurde stets aufrecht erhalten.

Die besonderen Bedingungen der Großraumschule wirkten
sich auch auf die Beziehungen zwischen der Klasse und
dem Beobachter aus. Daran gewöhnt, laufend von wechselnden Personen während des Unterrichts beobachtet zu
werden, schenkten sie ihm im Vergleich zu den beiden anderen Fallstudien die geringste Beachtung. Während der
Beobachter in der Regelschule wie auch in der Glockseeschule sich eher als Gast in einer festgefügten Gemeinschaft
fühlte, konnte er in diesem Fall seine Aufgabe fast ge-
schäftsmäßig durchführen, ohne daß er von den Kindern
genötigt wurde, seine Anwesenheit näher zu legitimieren.
(Selbstverständlich wurde ihnen der Zweck seiner Anwesenheit erläutert.) Da die Kinder zwischen den Stunden
irgendwo in dem großen Haus verschwanden, ergab sich
auch kaum Gelegenheit zu informeller Kommunikation mit
ihnen.

7.2   Der Projektverlauf

1. Projekttag

Für die Kinder hatte „Schule als Erfahrungsraum" am 1.
Projekttag bereits begonnen, bevor der Gong den Unterrichtsbeginn ankündigte. Drei Kinder, die schon öfter ver-
dächtigt worden waren, Schränke aufgebrochen und etwas
gestohlen zu haben, waren von einigen Schülern unserer
Versuchsklasse dabei beobachtet worden, wie sie sich vor
Schulbeginn mit Schraubenziehern am Getränkeautomat in
der Mensa zu schaffen machten. Es herrschte helle Aufre-

gung, und die Kinder erörterten, ob und in welcher Form sie ihre Beobachtung der Schulleitung mitteilen sollten, ohne sich zugleich der Rache von seiten der Beschuldigten auszusetzen.

Schon diese Eingangsszene ließ erwarten, daß es ungeheuer schwierig sein würde, die Kinder für das geplante Projekt „Zeit" zu motivieren, noch dazu an einem Montag in der ersten Stunde. Die Lehrerin hatte vorgesehen, die Geschichte vom Kapitän auf Sansibar („Zeit", S. 6) vorzutragen, um die Kinder mit der Thematik vertraut zu machen, aber an ein Unterrichtsgespräch war nicht zu denken.

Sie begann den Tag mit einer Anspielung auf die Kommunikationsregeln, die auf der Stammfläche ausgehängt waren und von denen sie eine („den jeweils Redenden ausreden lassen") für die Arbeit im Labor für verbindlich erklären wollte. Die Schüler hatten an den fest installierten Tischreihen Platz genommen und unterhielten sich über alles mögliche. Das Anliegen der Lehrerin war ihnen relativ gleichgültig. Obwohl sie alle auf einem Stuhl saßen und mehr oder weniger erwartungsvoll zum Lehrertisch schauten, ging doch eine ständige Bewegung, ein permanentes Sprechen, Rufen und Lachen durch ihre Reihen. Die Lehrerin unternahm mehrere Ansätze, den Unterricht zu beginnen, brach aber wieder ab, weil sie gegen den Geräuschpegel nicht anschreien wollte. Sie setzte sich an den Lehrertisch und wartete ab, daß die Kinder von allein zur Ruhe kämen.

Nachdem so etwa eine halbe Stunde vergangen und noch keine projektbezogene Äußerung gefallen war, wurde es einigen Schülern zu langweilig. Sie gingen nach vorne und drängten — da sie ihre Kameraden nicht zur Ruhe anhalten konnten oder wollten — individuell, endlich mit „Nawi" zu beginnen. Die Lehrerin zog einen Stoß leerer Karteikarten hervor und beschriftete sie mit Aufträgen wie:
— „Schreibe Deinen Tageslauf auf. Fange an: Ich stehe um . . . Uhr auf. Fertige ein Schaubild an."
— „Wie lange brauchen 150 ml Wasser, bis sie kochen?"
— „Wieviel Atemzüge macht ihr pro/min? normal/nach 10 Kniebeugen / nach 20 Kniebeugen?"

Daraufhin begannen die Kinder einzeln oder (häufiger) in selbstgewählten Kleingruppen diese Aufträge zu bearbeiten. Auch die anderen Schüler, die sich bislang unterhalten hatten, drängten nach vorne, um sich Aufgaben zu holen. Die

Lehrerin gab einzelnen Kindern die Schrankschlüssel und versorgte sie mit Stoppuhren und anderen Materialien (Bunsenbrenner, Wassertopf, Stativ etc.).

Es setzte ein relativ geschäftiges und ernsthaftes Treiben ein: Die Lehrerin zeigte einigen Schülern, wie man den Pulsschlag mit einem Strohhalm sichtbar machen könne („Zeit", S. 10). Mehrere Kinder zählten mit Hilfe von Stoppuhren ihre Atemfrequenz. Viele Kinder zeichneten ihren Tagesablauf in kleinen Bildchen auf die Karteikarten; andere waren mit den Karten weggerannt, um sie irgendwo anders im Haus auszufüllen. Ein Junge erhielt den Auftrag, die Autos pro Minute zu zählen, die vor der Schule vorbeikämen. Er verließ dazu das Labor und begab sich an die Straße. Ein anderer Junge baute einen Bunsenbrenner auf und stoppte die Zeit, die er zum Aufkochen des Wassers brauchte.

Eine Mädchengruppe versuchte, mit einer großen elektrischen Stoppuhr abzumessen, wie lange es dauern würde, bis eine kleine Plastikflasche leerlaufen würde, die mit Wasser gefüllt umgekehrt an einem Stativ hing. Als die Mädchen merkten, daß nichts heraustropfte (es war keine Luftzufuhr vorhanden), entfernten sie den Wattestopfen und quetschten die Flasche mit einer Stativklemme kontinuierlich zusammen. Sie führten zwar den Arbeitsauftrag aus, zeigten auch Interesse an den Geräten und stritten sich darüber, wer was tun dürfe, aber die Genauigkeit der Ergebnisse schien sie wenig zu kümmern: Zwischendurch wurde die Geschwindigkeitsregelung der Stoppuhr mehrfach verstellt, und als die Flasche gar zu langsam tropfte, quetschten sie sie schnell mit der Hand aus.

So beliebig wie das Ganze begann, endete es: Die Kinder, die einen (oder auch mehrere) Aufträge ausgeführt hatten, verschwanden nach und nach, ohne daß die meisten von ihnen nach dem Sinn ihrer Beschäftigung gefragt hätten. Sie hatten *etwas* getan, und das war ihnen genug. Nur wenige hatten überhaupt schon von der Lehrerin erfahren, daß die heute anlaufende Nawi-Epoche das Thema „Zeit" behandeln sollte.

Währenddessen war die Lehrerin ständig beschäftigt: Die Kinder bedrängten sie, ihnen Arbeitskarten zu schreiben; die Kinder wollten dieses oder jenes Gerät haben, wofür jedes Mal einzeln die Schränke auf- und zugesperrt wurden; sie griff disziplinierend ein, wenn ein Schüler seine

Kameraden behinderte, diese störte oder ihnen Arbeitsmaterialien wegnahm; sie ließ den Hausmeister rufen, um
eine Gasflasche auswechseln zu lassen, oder erklärte den
Kindern die Funktionsweise der verschiedenen Stoppuhren.
Nebenbei mußte sie immer wieder Streit um die Instrumente schlichten und aufpassen, daß sie alle Geräte wie-
derbekam. Schließlich mußte sie beim Aufräumen helfen,
weil die Kinder nicht bereit waren, andere als diejenigen
Dinge aufzuräumen, die sie auch tatsächlich selbst und als
Letzter benutzt hatten.

Sie tat dies alles mit großer Ruhe und Selbstsicherheit und
zögerte nicht, Kinder körperlich daran zu hindern, etwas
zu tun, was ihr nicht recht war. Ihr in der Nachbesprechung des Tages geäußertes Bemühen, die Kinder an ein
geordnetes Verhalten zu gewöhnen, kam als ein ihr gesam-
tes Verhalten beeinflussendes Motiv deutlich zu Tage und
wurde den Kindern auch mehrfach offengelegt. Diese hörten sich das überaus freundlich an, waren aber noch nicht
in der Lage, der Einsicht auch konsequentes Handeln folgen zu lassen, so daß hier noch länger weiteres Engagement
von seiten der Lehrerin vonnöten sein dürfte, bis sich die
Aufmerksamkeit auf *die Inhalte* des Unterrichts richten
kann.

Daß die Kinder arbeitsteilig an verschiedenen Aufgaben
arbeiteten, geschah bei dieser Lehrerin zum ersten Mal. Sie
differenzierte die Aufgabenstellung situativ, um auch jene
Kinder erfassen zu können, die normalerweise besser arbeiten, „wenn sie auch etwas Bewegung dabei haben"
(Lehrertagebuch). Die Messung des Pulsschlages und der
Atemfrequenz nach verschieden vielen Kniebeugen bot
dazu Gelegenheit. Allerdings wollte sie die Arbeitsteilung
im weiteren Projektverlauf wieder zurücknehmen: „Ich
werde aber im Endeffekt dafür sorgen, daß sie alle das
gleiche gemacht haben, nur eben nicht zur selben Zeit"
(Nachbesprechung vom 1. Projekttag).

2. Projekttag

Am 2. Projekttag war für den Nawi-Unterricht laut Stundenplan nur eine Schulstunde (55 Min.) vorgesehen, die
sich an eine Sportstunde anschloß. Die Kinder erschienen
„tröpfchenweise" in kleinen Gruppen und erhielten sogleich von der Lehrerin neue Arbeitskarten mit dem Auftrag, die Pulsfrequenz und die Atemfrequenz im Normal-
zustand, nach 10 Kniebeugen, nach 20 Kniebeugen und

vor und nach einem 50-m-Lauf zu messen (wie in der Tagesplanung vorgesehen).

Wie am Vortag machten sich die Kinder sogleich willig an die Arbeit, wozu sie sich teilweise auf die Schulstraße, einem 220 m langen Flur, der alle Unterrichtsflächen, die Treppenhäuser und die Laborschule mit dem Oberstufenkolleg verbindet, und vor den Haupteingang der Schule begaben. Sie legten sich erst einmal bequem auf den Teppichboden, bereiteten die Tabellen vor und begannen dann mit den Messungen, jeweils in Gruppen zu dritt oder viert zusammenarbeitend.

Im Klassenzimmer verblieben selten mehr als sechs Kinder, die ähnliche Messungen mit den stationären Stoppuhren durchführten. Anstelle eines 50-m-Laufes rannten sie einmal um den großen Schrank und einmal durch den langen Flur. Die Kinder wurden angehalten, ihre fertigen Karteikarten an die Pin-Wand zu heften, und bekamen dann diejenigen Aufträge, die sie bisher noch nicht ausgeführt hatten.

Zwei Mädchen, die bereits alle Aufgaben bewältigt hatten, wurden in den Werkraum geschickt, wo sie versuchen sollten, ein Gerät zu bauen, mit dem man die Zeit messen könne. Die Lehrerin hatte zuvor vergeblich versucht, den Zusammenhang aller bisherigen Projektaktivitäten *von ihnen* genannt zu bekommen.

Wie schon am Vortag ging die Klasse genau so locker auseinander, wie sie gekommen war. Einige Schüler waren überhaupt nicht mehr erschienen, andere verschwanden zwischendurch, wieder andere blieben noch längere Zeit an der großen elektrischen Stoppuhr stehen, nachdem es längst gegongt hatte.

Die Uhren übten überhaupt eine starke Anziehungskraft auf die Kinder aus, und der Beobachter gewann den Eindruck, daß es in erster Linie die Instrumente gewesen waren, die die Kinder zur Bearbeitung der Aufträge motiviert hatten: Sie fragten gar nicht, was sie tun sollten, vorausgesetzt, sie würden eine Stoppuhr bekommen, wobei insbesondere die elektrische Stoppuhr heiß begehrt war. Immerhin regte sie der selbständige Umgang mit den Instrumenten an, ihre Messungen gegenseitig zu kontrollieren, und eine Gruppe, die mit drei Uhren gleichzeitig Messungen durchführte, erkannte, daß ihre Ergebnisse deswegen

differierten, weil sie sich nicht auf einen gemeinsamen
Start geeinigt hatten. Sie malten mit Kreide eine Start-
linie auf den Boden und stellten fortan zufrieden eine
weitgehende Übereinstimmung ihrer Ergebnisse fest.

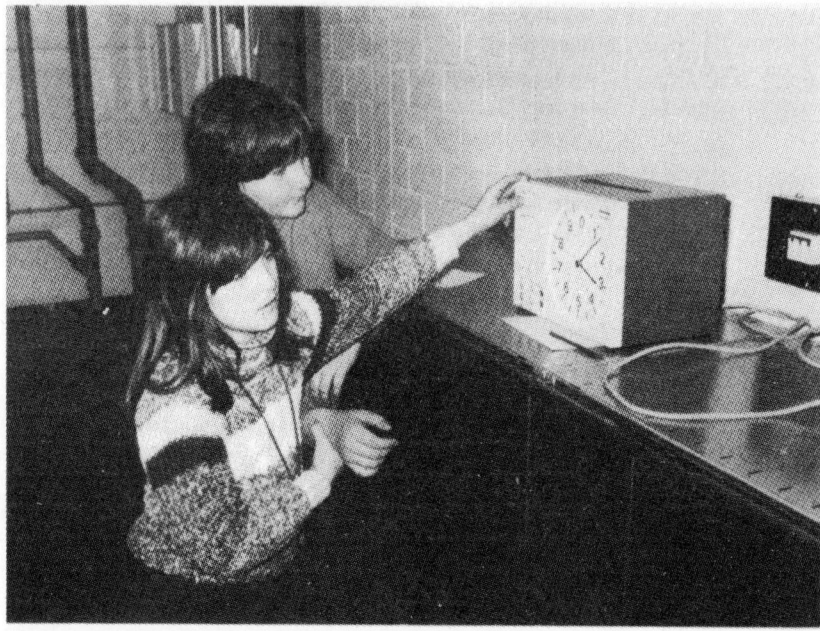

Die Instrumente im Physiklabor übten eine starke Anziehungskraft
auf die Schüler aus.

Sieht man einmal von der räumlichen Freizügigkeit, die die
Lehrerin den Kindern einräumte, sowie dem selbständigen
Hantieren mit den Lehrmitteln ab, so sind bislang an den
ersten beiden Projekttagen kaum Ansätze eines offenen
Unterrichts sichtbar geworden. Die Kinder hatten die von
der Lehrerin vorgegebenen Aufträge freudig ausgeführt,
ohne sich im geringsten um einen thematischen Zusammenhang zu kümmern. Weder hatten die Kinder zu Schul-
jahresbeginn die dort bereits langfristig festgelegte Epochen-
planung vorgestellt bekommen, noch war ihnen bislang im
Projekt „Zeit" irgendeine Zielperspektive eröffnet worden.
Die Lehrerin ging davon aus, daß die Kinder die Themenstellung des Projektes *selber* entdecken müßten, was diese
aber nicht taten, obwohl bereits ein Viertel der Projektzeit abgelaufen war. Lehrerin und Beobachter stimmten
darin überein, daß die Kinder wohl fast jeden Auftrag ausgeführt hätten, den die Lehrerin ihnen auf eine Karte
schreiben würde.

3. Projekttag

Am 3. Projekttag kam es zum ersten Mal zu einem kurzen, gemeinsamen projektbezogenen Klassengespräch. Die Lehrerin hatte auf ihrem Tisch eine Menge Materialien zusammengestellt, die die Schüler auf Wunsch der Lehrerin von zu Hause mitgebracht hatten: alte Flaschen, Yoghurtbecher, Wolle, Kerzen, Bindfäden und anderes mehr. Sie versammelte die Kinder um diesen Tisch und zeigte ihnen zunächst einige verschiedene Uhren (Sanduhr, Sonnenuhr, Armbanduhr usw.), wobei ihr die Schüler mit großem Interesse zuhörten. Auf die Frage, ob sie noch andere Möglichkeiten wüßten, die Zeit zu messen, nannten die Kinder:
— eine Kerze abbrennen lassen,
— den Sonnenstand messen,
— Sonnenuhren,
— mit einem Fieberthermometer die Wärme messen.

Bei der kurzen Erörterung dieser Vorschläge hob die Lehrerin eine Schüleräußerung besonders hervor, daß man eine Zahl — zwölf Uhr — erst einmal festsetzen müsse, bevor man eine Zeiteinheit gewinnen könne: „Um all das zu machen, braucht man einen Vergleich, und zwar unsere Uhr." Sie fuhr fort: „Ich habe eine ganze Menge Sachen mitbringen lassen und habe auch ein paar Vorschläge, wie man solche Zeitmesser bauen könnte. Ihr solltet mal alle einen Zeitmesser bauen!" Daraufhin wurden einige Arbeitskarten ausgegeben, auf denen Bauanleitungen zu den im Lehrerheft von Sc 5–13 vorgestellten Zeitmessern standen. Die Kinder teilten sich in Gruppen auf, nahmen sich das notwendige Material vom Lehrertisch und begannen, diese Zeitmesser nachzubauen.

In den folgenden 100 Minuten entstanden insgesamt acht Uhrenkonstruktionen, die mit Ausnahme der Sanduhr und der Kerzenuhr („Zeit", S. 17), die ein Mädchen schon kannte und von sich aus eingebracht hatte, alle dem Lehrerheft entnommen waren. Ein Schüler griff sich das Buch und suchte sich selbst eine Konstruktion aus, die er nachbauen wollte. Hinsichtlich der technischen Durchführung der Arbeiten, der eine gewisse Perfektion zugesprochen werden muß, wirkte sich neben den hervorragend ausgestatteten Werkräumen der Altersvorsprung im Vergleich zu den beiden anderen Versuchsklassen sichtbar aus.

Wie schon in der ersten Fallstudie füllte das Bauen von Zeitmessern den Unterrichtsraum mit einer Vielzahl unter-

schiedlichster Aktivitäten, und die Kinder waren mit großem
Eifer bei der Sache. Es wurde einzeln oder in kleinen Gruppen gearbeitet, und die Kinder konnten sich frei im Labor
und dem anschließenden Werkraum bewegen. Sie erhielten
alle Materialien, die sie benötigten, von der Lehrerin, die
wiederum sorgsam über deren Verwendung wachte.

Beim Bau von Zeitmessern aus einfachen Haushaltsgegenständen.

Für die Lehrerin besonders wichtig war, daß ein Schüler,
der sonst immer sehr schnell mit seinen Arbeiten fertig ist
und dann durchs Labor strolcht, zwei Stunden lang an seiner Wasseruhr baute. Er war auch der einzige, der von sich
aus auf die Idee kam, seinen Zeitmesser mit einer Einheit
zu versehen. Nach Auskunft der Lehrerin brachte der Junge noch vieles von der Grundschule mit, worauf er hier
aufbauen konnte.

Etwa ein Drittel der Schüler arbeitete im Werkraum, wo
sie in der ersten Stunde die meiste Zeit unbeaufsichtigt
und in der zweiten Stunde ganz selbstverständlich inmitten
einer anderen Klasse, die irgendwelche Sachen für ein
Eskimo-Projekt bastelte, ihre Zeitmesser bauen konnten.
Nahezu alle Schüler waren die meiste Zeit beschäftigt und
äußerten ihre Freude, wenn sich eines ihrer Modelle als
funktionstüchtig erwies und auf dem inzwischen herbeige-

schafften Ausstellungstisch aufgebaut werden konnte. Auch eine heftige Prügelei zwischen zwei um die Führungsrolle rivalisierenden Schülern konnte die Arbeitsatmosphäre kaum stören.

Der Moment, da die chinesische Wasseruhr zum ersten Mal funktioniert.

Gegenüber dem Umgang mit den bereitgestellten Materialien und Geräten rief die Absicht der Lehrerin, von möglichst vielen Kindern eine ausgefüllte Karteikarte mit der Beschreibung ihrer Arbeiten zu erhalten, erheblich weniger Begeisterung hervor. Wie schon an den Vortagen forderte die Lehrerin die Kinder eine Viertelstunde vor Stundenende zum Aufräumen auf und war dann auch bis in die Pause hinein damit beschäftigt, das Einräumen der Geräte und Saubermachen der Laborfläche zu organisieren und die Arbeitsberichte an der Pin-Wand zu sammeln. Nach Ablauf der Projektzeit hingen dort über dem Ausstellungstisch insgesamt zehn Darstellungen von Schüler-Tagesabläufen, vier Karten mit Atemfrequenz-Messungen, vier Karten mit Pulsfrequenz-Messungen, eine Karte mit den Ergebnissen der Autozählung, eine Versuchsbeschreibung vom Wasserkochen (1. Projekttag), zwei Beschreibungen anderer Versuche, fünf Beschreibungen von Zeitmesserkonstruktionen.

Insgesamt hinterließ der 3. Projekttag bei der Lehrerin wie beim Beobachter ein erheblich besseres Gefühl als die beiden vorhergehenden. Die Kinder hatten, auch ohne daß dies explizit formuliert wurde, offensichtlich erfaßt, daß sie sich mit Zeitmessern auseinandersetzen sollten. (Ein Schüler schrieb als Überschrift über die heutigen Tätigkeiten unaufgefordert „Zeitmesser bauen" an die Tafel.) Sie schienen auch mehrheitlich ihre Arbeit durchaus befriedigend zu finden. Schließlich blieben erheblich mehr Schüler als an den Vortagen im Raum, d. h. in Sichtweite der Lehrerin, die damit weniger von der Ungewißheit belastet war, ob die den Schülern gewährte Freizügigkeit nicht dazu führte, daß diese sich den in sie gesetzten Erwartungen einfach entzögen.

Worin diese Erwartungen bestanden, sagte die Lehrerin in den Nachbesprechungen vom 1. und 3. Projekttag, bzw. im Lehrertagebuch des 1. Projekttages: „Die Kinder sollen erkennen, daß unsere Zeiteinteilung eine von uns willkürlich festgesetzte ist: Weiterhin sollen sie die Notwendigkeit einer 'globalen', d. h. für die ganze Welt gleichen Zeiteinteilung erkennen." Diese pauschale Zielsetzung wurde bislang in Form einer systematischen Bearbeitung der verschiedenen Unterrichtsanregungen aus dem Lehrerheft „Zeit" aufgegriffen, wobei es zunächst darum ging, ein „Gefühl dafür (zu) erzeugen, was Zeit eigentlich meint: Dauer von irgendwelchen Vorgängen messen" (Tagesplanung vom 1. Projekttag).

Nachdem die meisten Kinder hierzu mindestens eine Aufgabe erfüllt hatten, leitete die Lehrerin heute die Erfindung eigener Zeiteinheiten ein, indem sie die Zeitmesser bauen ließ. Dabei wurden mit Ausnahme der Kerzenuhr die Vorschläge der Schüler (Sonnenuhr, Schattenbahn messen, Temperaturmessung) allerdings nicht ausprobiert (es schien auch keine Sonne), sondern es wurde von den von der Lehrerin vorbereiteten Bauanleitungen Gebrauch gemacht.

Die Lehrerin regte an, sich vorzustellen, daß die einzelnen Arbeitsgruppen alle auf verschiedenen Planeten leben würden und jede ihre eigene Zeiteinteilung erfinden könne. Nachdem die Zeitmesser an diesem Tag weitgehend fertig wurden, ohne jedoch bereits Zeiteinheiten aufzuweisen (mit Ausnahme der Kerzen- und der Wasseruhr), wollte die Lehrerin an den kommenden Tagen hier weiterarbeiten. Für den Rest der Projektzeit wollte sie weiterhin an der Willkürlichkeit von Zeiteinheiten als wichtigster Erkenntnis festhalten. Danach sollten entweder der Uhrenmechanismus (Antrieb, Hemmung, Übertragung) oder die historische Entwicklung von Zeitmessern behandelt werden.

Vergleicht man diese Entwicklung mit den beiden vorhergehenden Fallstudien, so fällt die strenge Kontrolle der Schüler auf. Obgleich das Unterrichtsklima nicht unfreundlich war und die Kommunikation zwischen der Lehrerin und den Schülern eher informell und zwanglos erschien, wurden diesen kaum echte Entscheidungen zugemutet. Sämtliche Unterrichtsaktivitäten wurden von der Lehrerin vorbereitet, angeregt und überwacht. Die Schüler durften sich zwar Geräte aus den Schränken holen und Experimente selber durchführen, erhielten dabei auch jede gewünschte Hilfe, fanden aber kaum Gelegenheit, sich mit der Sache oder den Gegenständen anders als im vorherbestimmten Sinne auseinanderzusetzen. Der Alltagsbezug der Kinder zu und ihre vorhandenen Erfahrungen mit dem Thema „Zeit" (einige Kinder deuteten an, sich schon in der Grundschule hiermit befaßt zu haben) konnten sich mangels Gespräch nicht artikulieren. Es fehlten diesem Unterricht sämtliche Indikatoren, die ein Lernarrangement auszeichnen, das die *Lebenssituationen der Schüler* zur Prämisse der Unterrichtsplanung nimmt, z. B. die Indikatoren 3—3, 2—12, 2—13.

So wie die Kinder von der Planung des Unterrichts ausgeschlossen blieben, so begrenzt blieben die Mitgestaltungsmöglichkeiten im Unterrichtsvollzug. Die Schüler konnten unter verschiedenen vorgegebenen Aufgaben wählen, sie konnten sich selbst gruppieren und die bereitgestellten Materialien so einsetzen, wie sie es für richtig hielten, ja, sie konnten sich innerhalb des Schulgebäudes aussuchen, wo sie ihre Aufgaben bearbeiten wollten. Woher diese Aufgaben kamen und welchen Zweck sie erfüllten, wurde nicht diskutiert. Da die Schüler zu einer konzentrierten Diskussion im Unterricht noch nicht in der Lage waren, verblieb das angeregte und engagierte „learning by doing" bislang weitgehend auf der Ebene reproduzierenden Lernens.

4. Projekttag

Der Unterricht begann wie in der Planung vorgesehen mit der Ankündigung, daß die Kinder ihre Zeitmesser einander vorstellen und die Einheiten angeben sollten, in denen die Zeit damit gemessen würde. Allerdings bewahrheitete sich die Befürchtung nicht, daß die Kinder höchstens noch 15 Minuten bei der Sache bleiben könnten und danach Unsinn machen würden. Im Gegenteil: Sie waren stark motiviert, wollten sofort an ihren Uhren weiterbauen und arbeiteten mit dem schon früher beobachteten Eifer noch über eine Stunde an ihren Modellen. Kinder, die früher fertig wurden, versuchten ihre Konstruktionen zu perfektionieren oder wandten sich neuen Konstruktionen zu.

Insbesondere der Werkraum mit seinen bereitstehenden Hölzern und Werkzeugen lockte viele Schüler an, und was als reiner Physikunterricht begonnen hatte, ging in ein geschäftiges Sägen, Hämmern und Leimen über. Dieselben Kinder, die fünf Minuten zuvor kaum in der Lage waren, einen ruhigen Moment zu ertragen und sich anzuhören, was die Lehrerin mit ihnen vorhatte, waren hier mit erstaunlicher Disziplin und Präzision am Werk — einschließlich der größten Problemkinder!

Im Physiklabor ging inzwischen die Arbeit am Kerzenwecker („Zeit", S. 18), an der Wasseruhr („Zeit", S. 15) und an der Sanduhr weiter. Die Mädchen, die die Wiegeuhr („Zeit", S. 18) nachbauten, wichen zum ersten Mal innerhalb des Projektes von einer Bauanweisung ab: Als sie merkten, daß ihr Zeitmesser Stunden brennen würde, bevor sie einen Ausschlag des Zeigers wahrnehmen würden, kippten sie das Tee-Licht aus und beschlossen, das flüssige Wachs zu wiegen und sein Gewicht als Zeiteinheit zu nehmen. Die Lehrerin gab ihnen eine Apothekerwaage, die sie zunächst selber ausprobieren wollten, dann aber sich doch erklären lassen mußten. Nachdem sie die Funktion begriffen hatten, machten sie sich sogleich daran, ihre weißen Mäuse zu wiegen, die sie neben einem Meerschweinchen ständig bei sich hatten und durch die Finger krabbeln ließen. Die Tiere beanspruchten überhaupt neben dem einsetzenden Schneefall ihre Aufmerksamkeit sicher weit mehr als ihr Projektbeitrag.

Nachdem so eine Stunde in Kleingruppenarbeit bei relativ lockerer Atmosphäre vergangen war, mehrte sich nach und nach die Zahl der Kinder, die unbeschäftigt herumstanden. Die Lehrerin sammelte die Klasse um einen Tisch und ließ jede Gruppe ihre Konstruktionen vorführen und Einheiten suchen. Eine Zeiteinheit auf der chinesischen Wasseruhr wurde „Ching-chang" genannt (9 Ching-chang = 1 To-Wo!), mit der Kerzenuhr wurde „ganz sachlich" in „Kerzeneinheiten" gemessen, während die kleinste Einheit bei Pinos Wasseruhr zunächst ein „Pino" heißen sollte, dann aber in Anlehnung an die Chinesen doch in „Ping-Wo" umgetauft wurde. . . . Die Namen der Konstrukteure, die Bezeichnungen der Uhren und ihre Einheiten wurden von der Lehrerin an der Tafel festgehalten.

Dieser Unterrichtsabschnitt verlief äußerst hektisch und unruhig. Die Lehrerin griff ständig disziplinierend ein, aber die Kinder waren nicht zu einem kontinuierlichen Klassengespräch bereit. Um sie dennoch projektbezogen bei der Arbeit zu halten, ließ die Lehrerin ihre Planungsüberlegungen fallen und verteilte leere Arbeitsberichte, die die Kinder bis zum Pausengong ausfüllten. Sieht man von einem Jungen ab, der überhaupt so gut wie gar nichts schreibt, schien diese Aufgabe den Schülern heute keineswegs zuwider zu sein, auch wenn sie ziemlich schnell damit fertig wurden. Sie zeigten ihre Bögen der Lehrerin vor und erhielten weitere leere Blätter, um sie in der nächsten Stillarbeitsstunde in Reinschrift zu vervollkommnen. Die ausgefüllten Blätter sollten später in den Schnellheftern der Kinder gesammelt werden.

5. Projekttag

Indem die Lehrerin der starken Motivation der Kinder beim Uhrenbau nachgab, hatte sie sich zum ersten Mal entscheidend von ihren sehr engen Planungsvorgaben freigemacht, ein Vorgang, der sich am 5. Projekttag wiederholte. Ursprünglich sollten die für den 4. Tag vorgesehenen, aber nicht mehr durchgeführten Unterrichtsabschnitte an diesem Tag nachgeholt werden (Antrieb, Hemmung, Verbindungsmechanismus der Uhr). Ein Zwischenfall verhinderte dies.

Als die Schüler nämlich das Labor betraten, entdeckten sie, daß ihre Zeitmesser auf dem Ausstellungstisch umgeworfen und kaputtgemacht worden waren und der Sand von den Sanduhren überall verstreut lag. Sie hielten sich mit ihrer Empörung nicht zurück. Die Lehrerin hatte zwei Schüler eines älteren Jahrgangs dabei erwischt, wie sie am Ausstellungstisch herumgespielt hatten. Dieser Jahrgang war ihr dafür bekannt, daß er schon öfter Dinge, die im Labor herumstehen, beschädigt hatte. Neben der Beschädigung der Zeitmesser waren auch die Leitungen von den Aquarien herausgerissen; der Notschalter für die gesamte Stromversorgung des Labors war ausgeschaltet worden, mit dem Effekt, daß die Pumpen in den Aquarien ausgefallen und zwei Fische gestorben waren.

Die Lehrerin sah einen geeigneten Anlaß gegeben, um die Möglichkeit von Sanktionen, die es bislang in der Schule nicht gab, ins Gespräch zu bringen, mit denen sie eine von ihr angeregte Laborordnung durchsetzen wollte. Sie holte die Kinder der Versuchsklasse zu einem Gesprächskreis zusammen und besprach mit ihnen, was man unternehmen könne, um zukünftige Beschädigungen von Laboreinheiten und -gegenständen zu vermeiden. Die Schüler stimmten dem Vorschlag der Lehrerin zu, den „Übeltätern" noch einmal eine Verwarnung auszusprechen und im Wiederholungsfall ein Laborverbot zu verhängen.

Nachdem damit etwa die Hälfte der Unterrichtszeit vergangen war, ging die Lehrerin wieder zur Projektarbeit über, indem sie die Frage aufwarf, ob eigentlich inzwischen jemand eine Vermutung habe, womit man sich bislang in dieser Nawi-Epoche beschäftigt hätte, und was man den Rest der Zeit machen wolle. Es stellte sich heraus, daß der thematische Zusammenhang der einzelnen Unterrichtsaktivitäten auch am 5. Projekttag den Kindern noch nicht bewußt war. Ein Schüler äußerte, auf die Wasseruhren zeigend: „Es hat fast alles mit Wasser zu tun gehabt." Er ging wahrscheinlich von der Vorstellung aus, daß dem Unterricht noch immer das Thema „Wasser" zugrundeläge, das Gegenstand der beiden ersten Nawi-Epochen in diesem Schuljahr gewesen war — ein deutliches Zeichen für die Intransparenz der Unterrichtsentscheidungen und der Unterrichtsorganisation (Indikator 2—2 ist nicht gewährleistet).

Erneut verzichtete die Lehrerin darauf, das Projektthema von sich aus bekanntzugeben. Die Schüler schlugen vor, entweder etwas mit Schiffen zu machen, nachdem andere Klassen in der Werkstatt Schiffe gebaut hatten, die toten Fische auszunehmen und zu inspizieren, draußen im Schnee ein Wettspiel zu veranstalten oder Schnee mit dem Mikroskop zu untersuchen. (Der Schnee lag heute den zweiten Tag in diesem Jahr.) Einige Kinder wollten an ihren Zeitmessern weiterarbeiten. Eine einzelne Schülerin hatte sich schon vor Stundenbeginn den Schlüssel vom Werkraum geben lassen und baute dort bereits unabhängig vom Rest der Klasse einen Kerzenwecker.

Die Lehrerin hörte sich die Wünsche der Kinder in Ruhe an und sorgte dafür, daß jeder zu Wort kam, der etwas sagen sollte. Dann schlug sie vor, daß diejenigen Kinder, die noch Zeitmesser bauen wollten, dies fortsetzen sollten, während der Rest der Klasse in der Werkstatt Schiffe basteln könne. Um den Projektzusammenhang aufrechtzuerhalten, fordert sie aber, daß es nicht irgendwelche Schiffe sein dürften, sondern Schiffe *aus einer ganz bestimmten Zeit*. Darüber sollte dann später noch gesprochen werden.

Nahezu alle Kinder begaben sich begeistert in die Werkstatt, wo sie sofort einzelne Hölzer in die Schraubstöcke einspannten und ohne lange Überlegungen zu bauen begannen. Sie blieben dort bis zum Rest der Stunde, ohne große Hilfe von der Lehrerin zu benötigen. Wenn sie Bedarf danach hatten, fragten sie den Werkmeister um Rat. Im Physiklabor blieben drei Schüler zurück, die mit Kerzenweckern beschäftigt waren.

Damit hatte die Lehrerin einen ersten Versuch der Überwindung der thematischen Geschlossenheit des Projektes unternommen. Sie erkannte, daß eine Woche vor Heiligabend die Kinder nicht mehr für physikalischen Fachunterricht zu gewinnen waren: „Den Wunsch nach handwerklicher Tätigkeit kann ich mir gut erklären. Soundsoviele Kinder basteln hier in den Pausen oder auch in irgendwelchen Stunden Weihnachtsgeschenke — Setzkästen, Abendbrot-Teller oder auch Skateboards. Sie sehen das und wollen auch so etwas machen. . . . Das ist ja verständlich — es ist Weihnachten! Und es sind ja auch wunderschöne Schiffe gebaut worden" (Nachbesprechung nach dem 5. Projekttag).

Tatsächlich mußte die Lehrerin die Kinder eine Stunde später, als sie längst bei anderen Lehrern hätten sein sollen, aus dem Labor werfen, weil die Schule abgeschlossen wurde. Sie bastelten wie auch in den Pausen des folgenden Tages immer noch an ihren Schiffen. Es gab keinen Zweifel, daß auch die beiden folgenden Projekttage weitgehend mit Werkarbeiten ausgefüllt sein würden.

6. und 7. Projekttag

Wie erwartet, ging der Bau von Schiffen am 6. und 7. Projekttag weiter und konzentrierte fast alle Kinder auf sich. Die Bearbeitung der groben Holzklötze mit Hammer und Stemmeisen schien die Kinder mit starker Befriedigung zu erfüllen, und unter der Hand entwickelte sich der natur-

Den Schülerinteressen entsprechend, endete der naturwissenschaftliche Unterricht in einer Werkstunde.

wissenschaftliche Unterricht zu einer reinen Werkstunde.
Das war kein künstliches Schullernen mehr, das war Män-
nerarbeit! Die Lehrerin unternahm keinen Versuch mehr,
einen Zusammenhang zum Projektthema herzustellen, wie
noch in der Tagesplanung für den 6. Projekttag vorgesehen. Wenige Tage vor Heiligabend schien niemand mehr
für intensive fachwissenschaftliche Erörterungen motiviert
zu sein. Man würde in absehbarer Zeit auseinandergehen
und wußte, daß nach den Weihnachtsferien der naturwissenschaftliche Unterricht von einer Epoche „Social Studies"
abgelöst werden würde. Der Aufenthalt in der Werkstatt
bot eine willkommene Gelegenheit, die verbleibenden Tage
mit einer ebenso anregenden wie überschaubaren Tätigkeit
zu überstehen.

Nur wenige Kinder beschäftigten sich anderweitig. Erneut
zog die Möglichkeit, mit dem Bunsenbrenner im Physiklabor Kerzen einzuschmelzen und neue zu gießen, mehrere
Schüler in den Bann, und wenn überhaupt noch naturwissenschaftliche Dinge geübt wurden, dann war es der inzwischen fast routinierte Umgang der Schüler mit diesem Gerät.

Ein einziges Kind, das zum Werken keine Lust hatte, konnte noch projektbezogen beschäftigt werden. Auf Anregung der Lehrerin suchte der Junge die Schulbibliothek auf und beschaffte sich einen Stoß Sachbücher über Schiffe. Er kehrte damit ins Labor zurück, besorgte sich aus dem Zeichenraum Plakatbögen und begann, einen großen Ausstellungstext über die Geschichte der Seefahrt aufzumalen, wobei er einzelne alte Schiffstypen aus den Büchern kopierte. Die von der Lehrerin intendierte Zuordnung der im Werkraum hergestellten Modelle zu historischen Vorbildern erwies sich allerdings infolge fehlender Differenzierung unter den Schiffen sowie mangels Unterrichtszeit als unmöglich. Lediglich zwei Kinder schauten kurz mal in die nun im Labor herumliegenden Bücher, *bevor* sie sich daranmachten, ein Auslegerboot zu bauen.

Die Nawi-Epoche endete am siebten Projekttag damit, daß die Lehrerin zwischen Aufräumarbeiten in der Werkstatt Berichtsformulare ausgab, die die Kinder in der nächsten Stillarbeitsstunde ausfüllen sollten. Überschrift: „Wie ich mein Schiff gebaut habe". Die Arbeitsberichte sollten in den Schnellheftern der Kinder gesammelt werden.

Auch am letzten Tag blieb eine gemeinsame Reflexion der in der Epoche ausgeführten Arbeiten aus. Man ging auseinander, als der Pausegong erklang, allenfalls in Einzelfällen einen Abschiedsgruß murmelnd. Wie schon an den Vortagen waren einzelne Schüler längst vorher aus dem Laborbereich verschwunden.

7.3   Zusammenfassung des Projektverlaufs

Der Versuch, die Eindrücke der dritten Fallstudie zu sammeln und wiederzugeben, muß auf die äußerst geringe Zeit Rücksicht nehmen, die die Lehrerin für das Projekt zur Verfügung hatte. Hinzu kommt die Schwierigkeit, daß sich in den beobachteten Stunden eigentlich wenig ereignete, was zu tiefergehenden Analysen Anlaß geben würde.

Die Epoche zerfiel deutlich in zwei weitgehend unabhängige Abschnitte, wobei der erste dem Thema Zeitmessung gewidmet war (1. bis 5. Tag), während der zweite (5. bis 7. Tag) mit der Anfertigung von Schiffsmodellen ausgefüllt war. Dieser zweite Abschnitt stand weder thematisch noch methodisch in irgendeinem Zusammenhang mit dem Curriculum Science 5–13, obwohl ein solcher Zusammenhang prinzipiell durchaus herstellbar gewesen wäre, wenn die

Ferien nicht dazwischen getreten wären (vgl. z. B. die Einheit „Science from Toys", S. 41 f., in der selbstgebaute Schiffe von den Schülern auf ihren Strömungswiderstand untersucht werden). Die Schiffsbauphase entwickelte sich auch nicht aus der eigentlichen Projektarbeit, wie sich etwa in der zweiten Fallstudie die Experimente zur Farbmischung aus dem Zeitmaschinenspiel entwickelt hatten, sondern *neben* dieser. Damit verbleiben eigentlich nur die ersten fünf Tage für weitere Betrachtungen unter unserer Fragestellung von Interesse.

Bezeichnend für den gesamten Projektverlauf gestalteten sich die informellen Nachbesprechungen zwischen der Lehrerin und dem Beobachter: Die Gespräche kreisten immer wieder um Verhaltensprobleme und Problemschüler und drehten sich weniger um die eigentlichen Inhalte des Unterrichts. Die Klärung der Beziehungen zwischen ihr und den Schülern, der Versuch, in der Lehrergruppe eine Einigung über Verhaltensstandards im Laborbereich zu erzielen, und ihr Bemühen, gewisse Arbeitsregeln zu etablieren, bevor überhaupt *irgendein* vernünftiger Unterricht — sei es herkömmlicher, sei es „offener" Unterricht — ablaufen kann, beanspruchten primär das Interesse der Lehrerin. Einige Zitate aus den Nachbesprechungen:

„Heute zum Beispiel: Das ist völlig unmöglich, daß die (Schüler) hier in ihren Mänteln (zum Unterricht) erscheinen. Das ist für sie so ein Gefühl wie: 'Wir hauen sowieso gleich wieder ab'. Sie bringen auch keinen Bleistift mit, keine Mappen. . . . Dabei wissen sie, daß ich auf die Protokollhefte Wert lege. . . . Man braucht z. B. ein Lineal, einen Bleistift und ein Blatt — das braucht man wenigstens für den Nawi-Unterricht. Und ich finde, man kann verlangen, daß sie das mitbringen. . . . Sonst kommen sie mitten in der Stunde: 'Können wir mal an den Schrank gehen und dies und das holen?'. Und dann fangen die anderen auch alle an, wegzulaufen. . . . Ich kann nicht immer nur dastehen und warten, daß sie herkommen. . . . Mich widert das an, daß die Kinder alles kaputtmachen. Das ist nicht Sinn der Schule, und ich möchte, daß das aufhört. . . . Man kann hier nichts stehen lassen — alles wird kaputtgemacht. Die Kinder haben überhaupt keine Beziehungen zu den Dingen. Ob ein Stuhl kaputt ist oder nicht kaputt ist, ist ihnen völlig egal. Mir ist es erst einmal wichtiger, daß sie lernen, daß man nicht einfach irgendetwas kaputtmacht, bloß weil man Wut hat. Das ist mir erst mal wichtiger, als daß sie lernen, was Zeit ist oder wie man Wasser kocht oder warum ein Thermometer steigt, wenn es wärmer wird, und nicht sinkt" (Nachbesprechung vom 1. und 7. Projekttag).

Insgesamt schätzte die Lehrerin vor allem zu Beginn der Epoche die Arbeitsmöglichkeiten in der Versuchsklasse eher zurückhaltend ein. Für den Projektverlauf ergaben sich daraus zwei Konsequenzen: Zum einen bemühte sich die Lehrerin nach dem vergeblichen Versuch zu Projektbeginn, fortan Klassengespräche zu vermeiden, da das Kommunikationsverhalten der Kinder im Plenum ihren Erfahrungen zufolge kaum fruchtbare Ergebnisse erwarten ließ. Die methodische Planung konzentrierte sich daher darauf, die Kinder zu beschäftigen, sie *irgendetwas tun* zu lassen, damit sie nicht herumrennen, etwas kaputtmachen oder andere stören müßten. Zum anderen konnte, *gerade weil* es nun an Gespräch mangelte, genau das nicht stattfinden, was zentrale Absicht des offenen Unterrichts ist: die Beteiligung der Betroffenen an den Unterrichtsentscheidungen. Statt dessen verwandelten sich die *Anregungen* für die Hand des Lehrers im Curriculumband „Zeit" entgegen den Intentionen der Autoren von Sc 5—13 in eine *Handlungsvorschrift*, die dann Schritt für Schritt abgearbeitet wurde: Der Zeitbegriff wurde als Folge von Ereignissen („Zeit", S. 8) und als Dauer von Vorgängen (ebd.) veranschaulicht; die Kinder erhielten Bauanleitungen zum Nachbauen (nicht: selber Erfinden!) der dort abgebildeten Zeitmesser („Zeit", S. 13—18); und wenn nicht die Beschädigung der Schülerarbeiten durch eine andere Klasse den Projektverlauf in eine andere Richtung gedrängt hätte, wären auch noch Antrieb, Regelmechanismus und Verbindungsmechanismus („Zeit", S. 18) drangekommen. Spreckelsen hätte es so verlangt.

Die *thematische Geschlossenheit* des Unterrichtsarrangements äußerte sich in mehreren Erscheinungsformen. Zunächst einmal begrenzte schon die Kombination Fachlehrer/ Fachraum/Fachunterricht die Wahrnehmungschancen der Kinder für andere als primär naturwissenschaftliche Fragestellungen. Fachübergreifende Komponenten (Berichte verfassen = Sprachgestaltung) wurden nur am Rande und im Sinne von Stützfunktionen für naturwissenschaftliches Arbeiten miteinbezogen. Sie erhielten nicht wie das Gedicht, das eine Schülerin in der ersten Fallstudie anfertigte, einen Eigenwert innerhalb einer *zunächst* naturwissenschaftlich angelegten Auseinandersetzung mit dem Konstrukt „Zeit". Die Kinder ließen keinen Zweifel daran, daß sie den Stundenplan längst verinnerlicht hatten: Im Labor fand selbstverständlich „Nawi" statt, auf keinen Fall „Sowi" und schon gar nicht Englisch oder Sprache.

Aber auch innerhalb dieses thematischen Rahmens konnten Einfälle, Gedankenverbindungen, Themenverschiebungen und Ergänzungen von seiten der Schüler (Indikator 1—1) nicht zum Zuge kommen, da ihnen bis zum letzten Projekttag gar nicht bekannt gemacht wurde, womit sie sich eigentlich beschäftigen sollten. Die Kinder erfuhren überhaupt nicht, *wovon* Gedankenverbindungen, Auslegungen, Ergänzungen ihren Ausgang hätten nehmen, wogegen sie eigene Unterrichtsvorhaben hätten anregen und durchsetzen sollen (Indikator 1–5). Da die dem Unterricht zugrundeliegenden Entscheidungen nicht mitgeteilt und begründet und die dabei angewandten Maßstäbe nicht offengelegt wurden (Indikator 2–2), fehlte für Planungsüberlegungen seitens der Schüler nicht nur die Möglichkeit, sondern zuallererst der Anlaß.

Die direkte Frage der Lehrerin am 5. Projekttag, womit sich die Schüler in den verbleibenden Tagen beschäftigen wollten, kann daher auch kaum als „Öffnung" des Projektes betrachtet werden, sondern nur als dessen Beendigung. Die Schüler selbst wußten ja gar nicht, daß sie an einem Projekt arbeiteten. Olafs großes Plakat zur Geschichte der Seefahrt blieb so peripher und isoliert, daß es den Zusammenhang zwischen den beiden Epochenaktivitäten (Zeitmessung und Schiffsbau) nicht mehr herstellen konnte. Eine handlungsorientierende Leitidee (Indikator 1–9) war ohnehin nicht aufgetaucht.

Indikatoren für *methodische Offenheit* konnten begrenzt beobachtet werden. Die Kinder durften sich selbst gruppieren (Indikator 2–15), sie konnten innerhalb der Fachstunden einem individuellen Arbeitsplan folgen (2–14) und dabei zwischen verschiedenen Räumlichkeiten wählen (2–16). In der Werkstatt stand ihnen ein großes Material- und Werkzeugangebot zur Verfügung (2–18).

Demgegenüber war die Zeitplanung nicht in die Entscheidung der Lerngruppe gestellt. Erneut zeigte sich die Fernwirkung organisatorischer Entscheidungen (Unterricht wird nach *einem für alle verbindlichen* Stundenplan erteilt) bis in nahezu sämtliche Unterrichtsvollzüge: Niemals stand genug Zeit zur Verfügung! Ein beträchtlicher Teil der Projektzeit ging damit verloren, bis alle Schüler eine Aufgabe und das dazu notwendige Material erhalten hatten oder aber die Dinge wieder eingesammelt, aufgeräumt, weggeschlossen und saubergemacht waren.

Die im Projektverlauf beobachtete Gleichgültigkeit der Schüler gegenüber den Inhalten des Unterrichts mag neben anderem auch hier ihre Genese haben: Wenn diese äußerst schwierige Klasse erst einmal gesammelt, auf eine Unterrichtsthematik oder -aufgabe eingestimmt, die Geräte und Materialien ausgeteilt waren, blieb für eine Auseinandersetzung *mit der Sache* kaum noch Raum. Die Zerstückelung von Erfahrung in 55-Minuten-Einheiten mag in Schulen dieser Größenordnung (Zielplanung für die Laborschule: 660 Schüler) organisatorisch naheliegen. Sie erweist sich aber als didaktisch unrationell und *pädagogisch* schwer begründbar. Starre Stundenpläne sind zumindest mit *offenem* Unterricht in keinem Fall zu vereinen.

Fragen wir schließlich nach der *institutionellen Dimension* des Unterrichts, so war eine Ausweitung auf außerschulische Lern- und Wirkungsmöglichkeiten kaum feststellbar, sieht man einmal von den selbstgezogenen Kerzen ab, die zu Weihnachten verschenkt werden sollten. Zwar hat der staatliche Lehrplan nur geringen Einfluß auf die Schulwirklichkeit (Indikator 3–5), aber dennoch war der Unterricht als klassisches Schullernen konzipiert und unterschied sich mit Ausnahme des informellen Umgangstons und der kleinen Schülerzahl kaum von dem, was auch in normalen Hauptschulklassen üblich ist.

Wirft man einen Blick auf die Tabellen aus dem Evaluationsdesign der britischen Erprobung von Science 5–13 (s. Seite 78 ff.) und überprüft die Korrespondenz der in der Versuchsklasse vorgefundenen Faktoren anhand der Fragebogenantworten, so ergibt sich im nachhinein, daß die Chancen für eine erfolgreiche Verwendung von Sc 5–13 äußerst gering waren. Von den elf mit unseren Fragebögen erfaßten Faktoren, die in der britischen Erprobung mit einem *erfolgreichen* Einsatz der Curriculummaterialien positiv korrelierten, trafen für die Versuchsklasse nur zwei bis drei Faktoren zu:
Faktor + 7: die Kinder konnten sich selbst gruppieren,
Faktor + 6: die Kinder arbeiteten, wenn auch nicht regelmäßig, so doch hin und wieder außerhalb der Stammfläche/ des Klassenzimmers,
Faktor +10: die Lehrerin hatte die Konzeption von Sc 5–13 wohlwollend begrüßt, als sie zum ersten Mal damit Bekanntschaft gemacht hatte.
Demgegenüber hatten mit Ausnahme von dreien (Faktor –5, –7 und –15) sämtliche Faktoren, die in Großbritannien mit einer *erfolglosen* Verwendung von Sc 5–13 positiv korrelierten, auch in unserer Versuchsklasse Geltung.

Die Auswertung der Fragebögen mit Hilfe der britischen Clusteranalyse bestätigt uns also, daß Science 5–13 in der

Situation, in der sich die Klasse *momentan* befand, kein geeignetes Unterrichtsmaterial darstellte und kaum einen positiven Einfluß auf die Unterrichtswirklichkeit erwarten lassen durfte. Offensichtlich setzt Sc 5–13 die Beherrschung grundlegender Lerntechniken und eine allgemeine Arbeitsdisziplin bereits voraus, die in dieser Klasse erst einmal zu schaffen die Lehrergruppe noch bemüht war. Im einzelnen zusammengefaßt wirkten sich möglicherweise folgende Aspekte der Situation in der Versuchsklasse ungünstig aus:
— die Schüler mußten die neuen Freiheiten in der offenen Schule noch austesten, nachdem sie erst kurz zuvor aus anderen Schulen übergetreten waren,
— die Lehrer hatten eine Koordination ihres Verhaltens erst vor kurzer Zeit eingeleitet,
— die Terminierung kurz vor den Weihnachtsferien lag äußerst ungünstig,
— die Vorbereitungszeit der Lehrerin war zu knapp,
— die Projektdauer insgesamt war zu kurz, als daß eine allmähliche Entwicklung in Richtung auf die Intentionen von Science 5–13 und die Ideale eines offenen Unterrichts hätte stattfinden können. (Auch in der ersten Fallstudie, in der hinsichtlich des Arbeitsverhaltens der Kinder nahezu ideale Bedingungen für den Versuch bestanden, trat eine „Öffnung" des Unterrichts ja erst am 9. Projekttag ein, hier aber gab es überhaupt nur sieben Projekttage).

Unter dem Eindruck dieser äußeren Umstände entwickelte sich der Unterricht notgedrungen als ein gegen *Schülerinitiativen* weitgehend abgeschottetes Lernarrangement, das die Lehrerin durch strikte Planungsvorgaben in der Hand zu halten bemüht war. Der *Curriculumbezug* kann auf der thematischen Ebene gesehen werden, während die methodischen Anregungen aus dem Theorieband in diesem Fall nicht zum Tragen kamen. Die Unterrichtsplanung setzte sich in den Schulstunden relativ ungebrochen durch und wurde von der Lehrerin erst in dem Moment flexibel gehandhabt, als die Kinder bei den Bastelarbeiten unerwartetes Engagement entwickelten.

Was wir von dem Projekt in der Laborschule positiv lernen können ist, daß Forschungsvorhaben, die nicht *hundertprozentig* auf die besondere Situation der jeweiligen Schulklasse abgestimmt sind, sehr schnell die Möglichkeiten für einen erfolgreichen Unterrichtsverlauf reduzieren und damit ihren konstruktiven Anspruch verlieren. Durch das Versäumnis des Beobachters, die Übereinstimmung zwischen dem Erkenntnisinteresse der Untersuchung und den sich

konkret aktualisierenden Bedürfnissen der Schüler permanent nachzuprüfen, wurde die Lehrerin in der dritten Fallstudie in eine nahezu ausweglose Lage gebracht. Der Beobachter war nämlich von der kurzschlüssigen Annahme
ausgegangen, daß in der von vornherein „offen" konzipier-
ten Schule auch automatisch optimale Bedingungen für
Experimente mit offenem Unterricht gegeben sein müßten,
und hatte dabei die eigentlichen Subjekte des Unterrichts,
die Schüler, völlig vergessen. Gerade weil in dieser besonderen Situation die Diskrepanz zwischen dem zu erproben-
den Unterrichtsideal und dem in dieser besonderen Situation pädagogisch Machbaren wie pädagogisch Notwendigen
von niemandem vorausgesehen worden war, sollten wir
fortan die *allgemeine Verwendbarkeit* didaktischer Modelle
auch dann äußerst zurückhaltend einschätzen, wenn diese
vorgeben, die Lernenden zu Subjekten ihrer eigenen Lernprozesse erheben zu wollen.

Für die Forschung sollten unsere Erfahrungen zu erhöhter
Selbstkontrolle bei der endgültigen Durchführung eines pädagogischen Experimentes Anlaß geben. Nicht nur die Entwicklung erfolgreicher Unterrichtsverfahren, allein die Erkenntnis der in einer Lerngruppe vorhandenen Problemlagen beansprucht bei weitem mehr Zeit, als der Lehrerin
in dieser Untersuchung zugestanden worden war. So darf
diese Fallstudie noch weniger als die beiden vorangegangenen als repräsentativ für die Unterrichtswirklichkeit der
betroffenen Schule gewertet werden. Vielleicht hilft sie
um so mehr, Schwierigkeiten zu antizipieren und Fehler
zu vermeiden, wo man sich durch die trostlose Praxis der
Durchschnittsschule weiterhin zu Versuchen mit offenem
Unterricht herausgefordert sieht.

Es bleibt das Bild einer ebenso attraktiven wie schwierigen
jungen Schule, in der jedermann bemüht ist, die Bedingungen zu *suchen* und zu erproben, unter denen „offener Unterricht" einmal Realität werden könnte. Was einem trotz der
geschilderten Schwierigkeiten auf dem Weg dorthin immer
wieder Mut macht, ja, Bewunderung abverlangt, ist die Ent-
schlossenheit, mit der hier Radikallösungen abgewehrt werden und für die Kinder Partei ergriffen wird. In der Laborschule können nicht nur Kinder und Erwachsene, sondern
— was selten geworden ist — auch Schüler und Lehrer gut
miteinander auskommen. Die persönliche Freundschaft
zählt für beide weit mehr als ein perfektes Unterrichtsprojekt. Es wäre schade, wenn sie um des besseren Gewissens
der Didaktiker willen geopfert werden müßte.

7.4 Kommentar des Curriculumrates der Laborschule zum Stellenwert des Projektes im Gesamtcurriculum der Schule und zur Situation der Schule zum Zeitpunkt der Untersuchung

Über den Auftrag der Laborschule

„Als Versuchsschule, die sich pädagogischer Reform verpflichtet weiß, hat die Laborschule die Initiative Jörg Ramsegers begrüßt und unterstützt, obwohl von vornherein abzusehen war, daß die gegenwärtige Situation an der Laborschule wie die für den Endausbau angestrebten Strukturen mit dem didaktischen Ansatz von Science 5—13 nicht übereinstimmen. Ist es die Intention der vorliegenden Arbeit, Möglichkeiten und Grenzen einer ganz bestimmten Art offener Curricula aufzuzeigen, arbeitet die Laborschule an einem alternativen Gesamtcurriculum.

Erfahrungen mit diesem Alternativcurriculum, einzelne Bausteine und Diskussionen pädagogischer Grundfragen werden und sollen publiziert werden. Langfristig sollte das alternative Gesamtcurriculum der Laborschule dazu dienen, Schulreformen von der bloßen Reaktion auf das bestehende Schulsystem wegzubringen und den Verlauf anderer Erfahrungen und Bedingungen des Lernens für Reformen zugänglich zu machen. Weil dies so ist, und die Bedingungen an der Laborschule sich von denen des Regelsystems unterscheiden, hielt es die Laborschule für richtig, einem Probedurchlauf eines Teilstückes von Science 5—13 zuzustimmen.

Über den Einsatz von Science 5—13

Science 5—13 versteht sich als offenes, fächerübergreifendes Curriculum. Auch die Laborschule arbeitet mit 'offenen' Curricula. An die Stelle der Fächer treten bei ihr jedoch Erfahrungsbereiche, sozusagen Konstrukte mittlerer Offenheit. Science 5—13 lief in einer Jahrgangsgruppe des Jahrgangs 5 im Erfahrungsbereich Naturwissenschaften. Zu ihm gehören die Schwerpunkte Biologie, Physik, Chemie, Technik. Gearbeitet wird an einem Gesamtcurriculum Naturwissenschaften. Bei seiner Entwicklung spielt der Kontakt mit den Schülern eine große Rolle. Das bedeutet, daß in sich geschlossene Curriculumbausteine ebenso praktiziert werden wie offene Curricula, wobei die Entscheidung darüber, welcher Grad der Offenheit angemessen ist, aus der Situation der zu unterrichtenden Schüler heraus gefällt werden soll. Da jedoch die Lehrer der Laborschule nicht die im Konzept gewünschten mehrfach qualifizierten, sondern ganz normale Lehrer sind, hängen solche Entscheidungen zur Zeit von der Vorbildung, der Risikobereitschaft und dem Selbstvertrauen der einzelnen Lehrer ab. Persönlich bin ich davon überzeugt, daß es gut ist, daß wir ganz normale Lehrer sind. Das heißt aber auch, daß neue Kollegen regelmäßig wenigstens zwei Jahre benötigen, bis sie sich in die besonderen Verhältnisse dieser Schule eingearbeitet haben. Festzuhalten ist demnach, daß die Entscheidung, Science 5—13 einzusetzen, eine Entscheidung 'von außen' war, und zwar sowohl für die unterrichtende Lehrerin, wie für die Schüler.

Zur Situation der Laborschule

Zum Zeitpunkt des Unterrichtsversuches (Dezember 1976) stand die Laborschule vor der schwierigen Situation, ihr Konzept zu reduzieren, ohne es vorher wirklich erproben zu können. Gegenüber dem Konzept wurden 20 % des Personals gekürzt. Entgegen den Planungsvorstellungen wurden im wesentlichen junge, engagierte Lehrer für den Versuch gewonnen. Anders als vorgesehen, konnte die Identität von planenden und unterrichtenden Mitarbeitern nicht verwirklicht werden. Nicht zuletzt erwiesen sich die neuen Strukturen als zu kompliziert für die Administration von Schule und Hochschule. Was in einer solchen Situation die Schule trägt, hat Jörg Ramseger als guter Beobachter erkannt und artikuliert (Seite 247). Wir hoffen, daß sich die Laborschule auf dieser Basis den gegebenen Verhältnissen entsprechend neu formieren kann.

Zur Situation der Schüler

Die Laborschule ist angelegt als eine Alternative zum Regelschulsystem. Ihre Strukturen werden wirksam, wenn der Aufbau abgeschlossen ist, Schüler sie von Jahrgang 0 bis Jahrgang 10 durchlaufen haben. Das bedeutet, daß es Schüler, die erst in Jahrgang 5 oder 7 zur Laborschule gekommen sind, besonders schwer haben. Ihre schulische Sozialsituation ist geprägt durch das Regelsystem. Lernverhalten und Sozialverhalten sind 'gestaut'. Selbstbestimmtem Lernen und eigenverantwortlichem Handeln (und das sind erklärte Ziele der Laborschule) steht dieser Stau entgegen. In der freieren Umgebung der neuen Strukturen der Laborschule benötigen Schüler 1—2 Jahre, bis diese Zielvorstellungen zum Tragen kommen können.

Die Stammgruppe des Jahrgangs 5, die mit Science 5–13 konfrontiert wurde, war gerade 3 Monate in der Laborschule. Sie befand sich in einem Prozeß der Gruppenbildung. Die Schüler waren untereinander fremd. Sie suchten Orientierung, wollten wissen, wo die Grenzen sind, vermißten den Lehrer als Gegner, erwarteten Sanktionen, die ausblieben. Es würde zu weit führen, hier die Aufzeichnungen und Beobachtungen mit den Schwierigkeiten der Schüler dieser Gruppe zu referieren. Heute, im Juni 1977, stimmen alle in der Gruppe unterrichtenden Lehrer darin überein, daß sich das Lern- wie das soziale Verhalten der Gruppe entscheidend gebessert hat. Die Diskussion im Hause richtet sich nun auf die Frage, ob und wie Schülern eine so kalte Dusche von Verhaltenstraining erspart werden soll und kann. Diese Frage dürfte sich überall stellen, wo offene Curricula initiiert werden, ohne daß die Bedingungen dafür vorhanden sind. Aufgabe der Laborschule sollte es sein, solche Außenbedingungen zu erproben.

Über den Begriff eines offenen Curriculums

Offenheit bedeutet für uns an der Laborschule vor allem Situationsoffenheit. Wenn ein Curriculum auf so massive Schwierigkeiten stößt, wie im vorliegenden Fall, werden wir auch in Zukunft in erster Linie auf diese Schwierigkeiten eingehen. Offenheit bedeutet aber auch, daß wir sowohl auf der Ebene der Lernziele, wie der Lerninhalte auf Science 5–13 zurückkommen werden, wenn die Situation sich anbietet. Dies gilt in besonderem Maße für Bausteine, die Schwierigkeiten ausgesetzt waren, die sich nicht zu verantworten haben.

Jörg Ramseger möchten wir für seine Beobachtungen und Hinweise danken. Sie werden uns eine Hilfe sein, wenn wir Lernziele und Lerninhalte von Science 5–13 unter veränderten Rahmenbedingungen wieder aufnehmen.‟

250

Die erste Problemfrage: „Was passiert in der Praxis, wenn
ein offenes Curriculum in Schulen unterschiedlicher Struktur verwendet wird?" haben wir durch die Dokumentation
der Fallstudien beantwortet. Wir haben drei völlig unterschiedliche Projektverläufe erlebt. In einem Fall waren wir
Zeugen einer zunächst zaghaften, dann aber entschlossenen
und erfolgreichen „Öffnung" eines bislang eher traditionell
organisierten Unterrichts. Die Rolle der Lehrerin als der-
jenigen, die letztlich über das Unterrichtsgeschehen entscheidet, wurde dabei nicht in Frage gestellt. In der Glockseeschule war die Mitsprache der Schüler über die Unterrichtsgegenstände radikal realisiert, so daß der Unterricht
in der thematischen Dimension beispielhaft offen verlief.
Der Curriculumbezug entwickelte sich entsprechend locker.
Die informelle Organisation der Schule erlaubte eine genauere Beobachtung des Planungsverhaltens der Kinder im offenen Unterricht. In der Laborschule schließlich verwandelte
sich die Curriculumeinheit unter dem Eindruck von Kom-
munikationsschwierigkeiten in der Lerngemeinschaft und
für die Projektintentionen ungünstiger äußerer Bedingungen
zur bindenden Handlungsvorschrift, ohne daß die Schüler
eigene Interessen hätten entdecken und artikulieren können.
Als sich dann hierzu eine Gelegenheit bot, brach die Projektarbeit zugunsten anderer Aktivitäten ab.

Vergleicht man den Projektverlauf über die drei Fallstudien
hinweg, so ergibt sich, daß Science 5—13 nicht zu Unrecht
als „offenes Curriculum" verkauft wird. Je nach den situativen Bedingungen in den Versuchsklassen konnten die
Schüler — mal mehr, mal weniger — ihre Alltagsinterpreta-
tion der Gegenstände und divergierende Interessen in den
Unterricht einbringen.

Allerdings hat die Erprobung auch gezeigt, daß verschiedene
Faktoren, z. B. institutionelle Zwänge und Bräuche (Aufsichtspflicht der Lehrer, starre Stundenpläne, Materialarmut
im Klassenzimmer, Zeitmangel und anderes mehr) oder
Unklarheiten auf der Beziehungsebene zwischen den Beteiligten sehr schnell aus einem offenen Unterrichtsarrangement
ein geschlossenes werden lassen. Das heißt zugleich, daß
offener Unterricht einen Konsens über gewisse Verhaltensnormen, beispielsweise im Bereich der mündlichen Kommunikation voraussetzt, wie auch eine allgemeine Lernbereitschaft, die in unseren Schulen wohl bei den Schulanfängern

gegeben ist, diesen aber im Regelfall durch ungeeignete Organisationsformen von Unterricht in kürzester Zeit ausgetrieben wird. Offener Unterricht mag geeignet sein, diese Lernbereitschaft zu erhalten; ob er sie nach Jahren anderer Erfahrungen mit Schule wiederherstellen kann, ist zweifelhaft. Ein *kurzfristiges* Allheilmittel für dauerhaft verschüttete Lernmotivationen gibt er mit Sicherheit nicht ab.

Die vielleicht wichtigste Erkenntnis für das Konzept des offenen Unterrichts haben wir in der ersten Fallstudie gewonnen. Sie lautete:

Offener Unterricht heißt auch: die methodischen, inhaltlichen und institutionellen Bedingungen herstellen, die es dem Lehrer ermöglichen, verschiedenen Schülern einer Klasse zur selben Zeit verschiedene Grade von Offenheit, von Steuerung und Eigenverantwortlichkeit beim Lernen zuzumuten.

Hinsichtlich der Frage „Wie plant man offenen Unterricht?" darf man von drei kurzen, mit allerlei Zufällen und Besonderheiten behafteten Fallstudien keine Aussagen in Gesetzesform erwarten. Wir wollen uns auf *einige generelle Erfahrungen* aus den Unterrichtsversuchen konzentrieren und *einige speziellere Überlegungen* zu verschiedenen Stichpunkten anfügen, die sich während der Projektarbeit als bedeutsam erwiesen haben.

8.1 Generelle Erfahrungen

Für die Klärung des Verhältnisses von Planung und Wirklichkeit erwies sich die erste Fallstudie am interessantesten, weil dort die verschiedensten Formen der Unterrichtsplanung durchprobiert und in ihren Auswirkungen auf das Unterrichtsgeschehen beobachtet wurden. Dabei ergab sich, daß eine umfassende *Sachanalyse* eines gewählten Gegenstandsfeldes durch den Lehrer (vgl. 4. Projekttag in Recklinghausen) in Verbindung mit einer *extensiven Materialplanung* eine günstige Voraussetzung für einen erfolgreichen offenen Unterricht darstellt, während die Ausarbeitung detaillierter Tagesplanungen leicht zu einem Abblocken der Eigeninitiative der Schüler führt.

Vor allem in der zweiten Phase der ersten Fallstudie wie auch in der Glockseeschule empfanden die Lehrer eine sorgfältige, auf einzelne Kinder ausgerichtete *Nachbesinnung* des Unterrichtsgeschehens als äußerst hilfreich für

252

ihr Verhalten am folgenden Tag, ja, die Nachbesinnung auf
einzelne Schüleräußerungen und -aktivitäten bildete im wesentlichen die Basis für unterrichtsvorbereitende Entscheidungen. Insgesamt ließ sich somit vor allem in offeneren
Projektphasen beobachten, wie sich Fragen und Problemstellungen für folgende Unterrichtsabschnitte aus dem Unterrichtsvollzug selbst entwickelten — Unterrichtsvollzug und
die Planung des weiteren Unterrichts fielen zusammen. In
solchen Fällen ähnelten die Fallstudien hinsichtlich des
Planungsverhaltens der Lehrer einem Bild von Heinz Moser:

„Die Planung von Unterrichtsspielen gleicht weniger einem Schauspiel,
wo jeder Part bereits genau vorweggenommen ist, sondern eher einem
Stichwortkatalog für einen Vortrag, einer 'Partitur' (Hiller), die das
dem Unterricht zugrundeliegende Konzept skizziert. Wenn ich dann
nämlich den Vortrag halte, kann ich Neues einbauen, einige Stich-
wörter sehr lange ausführen, andere ganz weglassen; und manchmal
nimmt der Vortrag selbst eine Wendung, die ich von vornherein gar
nicht geplant hatte" (Moser 1976, S. 165).

Solche Wendungen ergeben sich nicht immer notwendigerweise aus gewünschten, gegenstandsbezogenen Problem-
verschiebungen. Wir konnten vielmehr in allen drei Fallstudien erleben, wie Faktoren, die nichts mit dem Inhalt
oder den Intentionen des Unterrichts zu tun hatten, sich
zu *Haupteinflußgrößen* auf den Unterrichtsverlauf auf-
schwangen. Die Enttäuschung der Lehrerin angesichts der
Unmöglichkeit, einem Problemkind gerecht werden zu können (6. Projekttag Recklinghausen), der Besuch einer Seminarleiterin (3. Projekttag Glockseeschule) oder die unbe-
strittene Notwendigkeit in der Laborschule, *zunächst einmal* Verhaltensnormen im Klassenzimmer zu etablieren,
können als Beispiele aufgezählt werden, die allemal dem
Offenheitsideal entgegenstanden. Guter Wille und besondere
Fähigkeit der betroffenen Lehrer stellen eine notwendige,
aber beileibe keine hinreichende Bedingung für offenen
Unterricht dar.

*Offener Unterricht erweist sich in der Praxis als eine höchst
empfindliche Konstruktion, die wie ein Kartenhaus mit viel
Fingerspitzengefühl aufgebaut werden muß und bei widri-
gen Winden rasch in sich zusammenfällt. Seine Realisierung
als Dauerzustand dürfte ohne entsprechende konzeptionelle,
institutionelle und politische Absicherung schwer zu erreichen sein. Darin besteht sein idealtypischer Charakter.*

So vielversprechend die hier erprobte Form von Unterricht
auch sein mag, so groß ist die Gefahr, das Offenheitsideal
unbemerkt zu überziehen, dergestalt, daß eindeutige Pla-

nungsvorgaben, an denen die Kinder nichts mehr ändern können, „flexibel" formuliert werden, die Gefahr also, Entscheidungsfreiräume zu suggerieren, die in Wirklichkeit nicht gegeben sind (siehe als Beispiel die Schilderung vom 15. Projekttag in Recklinghausen). Solche Fehlleistungen beruhen natürlich nicht auf einer bewußten Täuschungsabsicht, sondern sind in der Mehrdeutigkeit des Begriffs „Offenheit" begründet. Diese Gefahr kann nur mit erhöhter Selbstdisziplin bei der Unterrichtsplanung und ständiger Rückbesinnung auf die zugrundegelegten Kriterien des beschriebenen Unterrichtsideals umgangen werden.

Wenn die Idee des offenen Unterrichts nicht in Mißkredit geraten soll, wird es darauf ankommen, seinen idealtypischen Charakter dadurch herauszustellen, daß man die realen Grenzen möglicher Erfahrungsbezüge für Schüler im Unterricht sowie Setzungen, die man als Planender vornimmt oder denen man als abhängig Beschäftigter in einem staatlichen Dienstleistungsbetrieb machtlos ausgeliefert ist, deutlich ausspricht.

Es gilt, sich zur Existenz solcher Setzungen zu bekennen, auch wenn man sie im Einzelfall nicht billigen kann. Damit wird nicht die Berechtigung des angedeuteten Ideals bezweifelt, sondern im Gegenteil: der Blick für dessen Realisierungschancen geschärft.

8.2 Spezielle Überlegungen zu ausgewählten Stichworten

8.2.1 Inhaltliche Offenheit

Allen drei Fallstudien war zu entnehmen, daß offener Unterricht auf eine sehr sorgfältige Klärung der Zielperspektive mit den Schülern nicht verzichten kann, wobei das Vorhandensein von *Handlungszielen* erfolgsentscheidend werden kann. Von allen Indikatoren für inhaltliche Offenheit muß diesem vielleicht die größte Aufmerksamkeit geschenkt werden. Robert F. Mager hat mit der eingängigen Formulierung: „Wenn man nicht genau weiß, wohin man will, landet man leicht da, wo man gar nicht hin wollte" (Mager 1965, S. XVII) den Siegeszug des lernzielorientierten Unterrichts in der Bundesrepublik eingeleitet. Auf den offenen Unterricht angewandt, muß man den Ausspruch präzisieren: „Wer nicht weiß, welche Ziele erreicht werden *können*, kann sich nicht entscheiden, ob ihm nicht andere Ziele wichtiger sind!"

Natürlich erschöpfen sich mögliche Handlungsziele nicht in der Anfertigung eines konkreten Produktes, etwa eines selbst gefertigten Buches, einer Ausstellung oder eines Vortrags — Zielperspektiven, die bei Sc 5–13 wie überhaupt in britischen Open Schools favorisiert werden (vgl. Warwick/ Winkel 1975, S. 73). Eine Ausstellung vorzubereiten kann eine überaus lästige und abschreckende Sache sein, wenn sie als didaktisches Wundermittel vom Lehrer in *jedem* Projekt eingesetzt wird und damit Pflichtcharakter erhält.

Ein handlungsorientierter, *offener* Unterricht setzt vielmehr voraus, daß sich die Kinder mit der Zielperspektive *identifizieren*. So wollten die Kinder in unserer ersten Fallstudie nicht *irgendeine* Ausstellung gestalten, sondern sie wollten ganz konkret *den eigenen Eltern* einmal demonstrieren, was sie im Unterricht alles Tolles zustandebrächten. *Diese* Zielsetzung sprach alle Kinder an, wie sich an der hohen Beteiligung im Unterricht und den Reaktionen der Kinder, deren Eltern nicht kamen, ablesen ließ (vgl. die Schilderung vom 16. Projekttag). Handlungsorientierung als Voraussetzung eines erfolgreichen, offenen Unterrichts meint somit, daß die Kinder das Gefühl haben müssen, nicht für die Schule, sondern für einen „Ernstfall" zu arbeiten:

> „. . . es hängt etwas davon ab, daß ich meine Aufgabe erfülle, daß ich etwas hinzulerne, daß ich es anderen verständlich mitteile. Einen Fremden muß ich richtig führen; ein Tier will versorgt sein, sonst krepiert es — es läßt sich nicht 'überreden'; eine Maschine muß verstanden, gewartet, repariert werden, sonst produzieren wir nichts und haben kein Geld. Alles hat Folgen. Der Sprachlehrer, der Biologielehrer, der Techniklehrer dagegen schreiben mir allenfalls eine schlechte Zensur an" (von Hentig 1976a, S. 51).

Damit ist nicht ausgesagt, daß die unterrichtlichen Erfahrungsfelder immer von den Schülern vorgeschlagen werden müssen. Solange Kinder in Schulen eingesperrt werden, haben sie ein Recht darauf, daß sich die Vertreter der Institution, die sie einsaugt, Gedanken über einen sinnvollen Zweck ihrer Verwendung machen. Offener Unterricht heißt nicht, daß *immer*

> „. . . von subjektiven Impressionen ausgegangen werden sollte, die bei den Schülern schon vorgefunden werden können. Die Aufgabe der ersten Phase des Unterrichts würde ich vielmehr darin sehen, einen thematischen Rahmen zu bieten, in dem sich überhaupt erst zu einem bestimmten Themenbereich Interessen und Bedürfnisse der Schüler artikulieren können. Die Anfangsphase hätte zugleich die Aufgabe, gemeinsam mit den Schülern zu einem Inhalt Fragestellungen und Probleme zu entwickeln, die im weiteren Unterricht in verbindlicher Weise behandelt werden sollen" (Rudolf Messner in „Diskussion. . .", S. 46).

Ein thematischer Rahmen wirkt sich selbstverständlich immer restriktiv auf die Offenheit des Unterrichts aus, wie beispielhaft in der ersten Fallstudie in der Konkurrenz zwischen den Schülerfragen zur Weltraumfahrt und dem Lehrerinteresse an der Zeitmessung dargestellt wurde.

Offener Unterricht fordert von der Lerngemeinschaft eine Entscheidung zwischen der Zahl der sich selbst gestellten Problemfragen und der Intensität, mit der jede Frage besprochen wird, d. h. eine Entscheidung zwischen Quantität und Qualität der Arbeit.

Hier sich pauschal für die Qualität auszusprechen hieße im Einzelfall immer wieder, die Möglichkeit zu weiterführenden Fragestellungen, zu Lernumwegen, zu spekulativen Themenausweitungen und auch zum Rückbezug auf den konkreten Erfahrungshorizont der einzelnen Kinder einzuschränken. Umgekehrt löste der Verzicht auf eine thematische Begrenzung in der zweiten Fallstudie bei Lehrer wie Beobachter gewisse Bedenken hinsichtlich der Effektivität des Unterrichts aus.

Nun darf Effektivität sicher nicht das wichtigste Kriterium einer Unterrichtsbeurteilung darstellen — allzu leicht werden die sozialen Prozesse im Klassenzimmer unter dieser Maxime vernachlässigt. Was zählen sollte, ist die *Befriedigung*, mit der die Schüler den Schultag erleben, und sie kann durchaus von der Intensität, mit der man *ein* Problem durchdacht und aufgearbeitet hat, abhängen. So gesehen könnte einer radikalen Auslegung unseres Offenheitsanspruches zum Trotz die Begrenzung des Projekts in der ersten Fallstudie auf einen thematischen Schwerpunkt unter Umständen mit ein Grund für die eindeutig positive Bewertung des Projektverlaufs bei allen Beteiligten sein.

Demgegenüber handelt es sich bei der in der zweiten Fallstudie als „Diffusität" bezeichneten Erscheinung um die experimentelle Erfahrung jener schon vor Jahren von Horst Rumpf vorhergesehenen Gefahr der offenen Curricula, „wenn nicht ins Meinungschaos, so doch in divergierende Unverbindlichkeiten" abzugleiten, der Gefahr, daß (zumindest bei einem Teil der Schüler) „das Repertoire an Handlungs- und Erfahrungsfähigkeit nicht ausgeweitet", daß mithin nichts gelernt wird (Rumpf 1973, S. 404).

Damit ist über die Konzeption des offenen Unterrichts keineswegs der Stab gebrochen! Es scheint vielmehr ziemlich plausibel, daß *überhaupt kein* Unterrichtsarrangement existiert, daß jedem Mitglied einer Zwangsgemeinschaft von Lernenden — und nichts anderes sind unsere Schulklassen — progrediente Erfahrungen garantieren könnte. (Ebenso plausibel scheint es, daß die Didaktik immer wieder gerade dies anstreben muß, solange unsere Schulen als Zwangsgemeinschaften organisiert sind).

Wir müssen uns aber intensiver mit der zweifach unangenehmen Frage auseinandersetzen, ob es Grenzen der Offenheit gibt, deren Überschreitung unweigerlich das nach sich zieht, was wir als „Diffusität" des Unterrichts bezeichnet hatten. Zweifach unangenehm ist diese Frage insofern, als einerseits bereits die Tatsache, daß man sie stellt, mit Sicherheit für alle diejenigen ein Signal zum Rückzug auf konservative Positionen bedeutet, denen aufgrund ihres *gesellschaftspolitischen* Standortes Experimente mit offenem Unterricht schon immer ein Greuel waren und die daher nach Kräften die Aufrechterhaltung autoritärer Unterrichtsstrukturen betreiben. Zum anderen läßt sich unschwer einsehen, daß — wie so viele Fragen im offenen Unterricht — auch das Dilemma zwischen Quantität und Qualität nicht mit allgemeingültigen Rezepten, sondern immer erst in der konkreten Unterrichtssituation bewältigt werden kann. Es kann allenfalls durch einen konsequent individualisierenden Unterricht, bei dem verschiedene Kinder verschiedene Fragen in aller Tiefe anpacken können, *gering gehalten* werden.

Wo überall der möglichen Offenheit Grenzen gesetzt sind, kann in drei Fallstudien nicht erschöpfend beantwortet werden. Neben den in unseren Experimenten ausgewiesenen Barrieren spielen die Erfahrung, Kreativität, Belastbarkeit und Konzentrationsfähigkeit der Lehrer sowie das Kommunikationsklima innerhalb der Lerngemeinschaft eine große Rolle. Es bleibt der Klärung durch weitere Experimente überlassen, ob die Begrenzung auf einen thematischen Schwerpunkt nur durch Lehrerinterventionen, d. h. prinzipiell fremdbestimmt, oder auch schon im Grundschulalter durch Konsens in der Lerngemeinschaft geleistet werden kann.

Der (Angebots-)Unterricht in der Glockseeschule gab auf diese Frage nur begrenzt Antwort, da die Kinder sich jederzeit neuen Aktivitäten zuwenden können, wenn sie das Gefühl haben, auf einem Gebiet genug getan zu haben, Konsens in der Gruppe mithin nur dann erforderlich wird, wenn die vorhandenen Lehrerkapazitäten nicht ausreichen, um alle

Schülerwünsche abzudecken. Dennoch besteht kein Zweifel, daß Angebotsunterricht eine institutionelle Voraussetzung darstellt, ohne die diese Frage nie ehrlich beantwortet werden wird.

8.2.2 Beteiligung der Betroffenen an den Unterrichtsentscheidungen

So zaghaft und in vielerlei Hinsicht sicher verbesserungsfähig unsere Versuche mit offenem Unterricht sich auch entwickelt haben, haben sie doch eindeutig das *Wissen um die Machbarkeit* der Beteiligung von Grundschülern an Unterrichtsentscheidungen gestärkt. Sowohl der Projektverlauf in der Glockseeschule als auch die Fallstudie in Recklinghausen (vgl. den 3. Projekttag) widerlegen die Unkenrufe all derer, die Schülern a priori jede Kompetenz dazu bestreiten (vgl. Loser 1975, S. 246).

Unsere Fallstudien haben verschiedene Formen der Einflußnahme von Grundschulkindern auf die Unterrichtsplanung herausgestellt. Kinder können solchen Einfluß nehmen:
— durch Fragen, die durch Unterricht beantwortet werden können,
— durch die Produktion von Einfällen und Assoziationen, die vom Lehrer in Handlungsvorschläge übersetzt werden können,
— durch Zuspruch zu oder Ablehnung von Unterrichtsangeboten,
— durch eigene, handlungsorientierte Initiierung von Aktivitäten.

Die Möglichkeit der Beteiligung der Schüler an der Unterrichtsplanung wird oft mit dem Argument in Zweifel gezogen, daß die „Fähigkeit zur kritischen Partizipation am Unterricht und damit auch zur begründeten 'Umdefinition' von Intentionen nicht vorausgesetzt, sondern durch planvolle Lehr-Lernprozesse allererst hervorgebracht" werden muß (Loser 1975, S. 248). Hierbei handelt es sich auf der Ebene der *Entscheidungen* über Unterricht um dieselbe Argumentationsfigur, mit der man hinsichtlich der *Inhalte* des Unterrichts sagen würde: „Wie kann ein Kind entscheiden, ob es den Satz des Pythagoras lernen muß, wenn es den Satz des Pythagoras gar nicht kennt?"

Es wäre zu einfach, wollte man hier lediglich eine Selbstüberschätzung des Pädagogenstandes durch die Pädagogen diagnostizieren. Immerhin lernen unter normalen Bedingungen alle

258

Kinder so schwierige Dinge wie sprechen, einkaufen, Fahr-
rad fahren, reisen und vieles mehr, ohne „planvollen Lehr-
Lernprozessen" ausgesetzt gewesen zu sein. Wichtiger scheint
mir, daß die Möglichkeit übersehen wird, daß Beteiligung der
Betroffenen nicht ausschließlich durch formelle Verständi-
gungsprozesse auf der Meta-Ebene einer *Kommunikation
über Unterricht* stattfinden muß, sondern bereits in der
Kommunikation im Unterricht, d. h. „in der Auswahl und
Präsentation der Inhalte sowie *in den Kommunikationsformen* und im gesamten Arrangement des Unterrichts" ge-
sichert werden kann (Heipcke/Messner 1973, S. 364; Hervorhebung von mir; J. R.). „Kritische Partizipation" *nicht*
durch ein solches Arrangement, wie es mit unserem Modell
des offenen Unterrichts skizzenhaft umrissen wurde, sondern
nur „durch planvolle Lehr-Lernprozesse" anbahnen zu wollen, womöglich in Form verbaler Belehrung, führt allzuleicht
zu einem Rückfall in klassische, lehrerorientierte Unterrichtsstrukturen, die, wie schon im Eingangskapitel angedeutet,
gerade dann zwischen Anspruch und Wirklichkeit groteske
Diskrepanzen aufweisen, wenn es um die Ausbildung von
Qualifikationen wie „Kritikfähigkeit" geht.

Bei der Einschätzung der Möglichkeit einer Beteiligung der
Betroffenen an Unterrichtsentscheidungen sollten wir uns
vor theoretischem Rigorismus hüten. Es ist selbstverständlich,
daß Lehrer und Schüler keine gleichgestellten Partner bei der
Gestaltung des Schultages sind, genauso wenig wie Lehrer
und Curriculumplaner, Lehrer und Kultusbürokratie, Kultusbürokratie und Finanzministerium. Die Existenz eines gravie-
renden Macht- und Informationsgefälles zwischen all diesen
Gruppen zu leugnen, wäre absurd. Es versteht sich ebenso,
daß Kinder bei ihrer Beteiligung an der Unterrichtsplanung
auf die Hilfe durch den Lehrer (z. B. seine Übersetzungshilfe)
angewiesen sind. Aber: „Daß die Befähigung der Schüler zur
Artikulation und Analyse ihrer Interessen und Bedürfnisse
im Kontext des Unterrichts nur sukzessive gelingen kann, bedeutet nicht, daß auf die Entwicklung dieser Fähigkeit in
frühen Stadien des Bildungsprozesses verzichtet werden darf"
(Heipcke/Messner 1973, S. 269). Vielmehr muß der Unterricht *vom ersten Tag an* als Übungsfeld für eigenverantwortliche Entscheidungen organisiert werden. Hier haben wir bislang allemal eher zuwenig als zuviel getan.

Loser behauptet ganz richtig, daß sich „Planung von Unterricht nicht nur von der Frage leiten lassen" darf, „wie bestimmte Intentionen bei gegebenen Bedingungen optimal zu
verwirklichen seien, sondern vor allem von der Frage, wie

Unterrichtspläne so transparent gemacht werden können, daß über sie ein Verständigungsprozeß zustande kommt" (Loser 1975, S. 248). Er bleibt aber solange in den Strukturen der bestehenden Schule befangen, als er sich nicht der Diskussion stellt, *wer* denn im Konfliktfall nun letztlich das Recht haben soll, die Intentionen des Unterrichts zu definieren. Er bleibt in den Strukturen der bestehenden Schule befangen, weil er implizit unterstellt, daß Unterricht offensichtlich nicht von den Fragen *der Kinder*, von *ihrer* Wißbegierde seinen Ausgang nehmen kann, während unsere Fallstudien (besonders die dritte) ergeben, daß *offener* Unterricht *nur dann* stattfindet, wenn die Kinder tatsächlich Gelegenheit erhalten, ihr Interesse oder Desinteresse und ihre Fragen zu artikulieren, und diese dann zum Entscheidungskriterium über die folgenden Unterrichtsschritte genommen werden.

Offensichtlich müssen wir uns davor hüten, die vermeintliche Inkompetenz der Kinder zu verwechseln mit der realen Inkompetenz der Erwachsenen, Fragen von Kindern zu hören, ernst zu nehmen und ins Zentrum schulischer Bemühungen zu stellen!

Die Beteiligung der Schüler an der Unterrichtsplanung scheitert in der Praxis der Durchschnittsschule vielleicht weniger an der fehlenden Kompetenz der Kinder als an fehlenden Gelegenheiten. Sie mißlingt in *allen* Schulen, auch in den Alternativschulen, immer wieder, weil für die Kinder die Planungsvorgaben der Erwachsenen unumstößlich, ihre Befehlsgewalt naturgegeben und ihr Erfahrungsvorsprung unaufholbar erscheinen müssen. Sie muß gerade deswegen *immer wieder von neuem* versucht werden, damit das Gefühl, den Entscheidungen anderer Leute ausgeliefert zu sein, nicht zur stabilen Verhaltensdisposition wird.

Es ist also nicht damit getan, festzustellen, ein Unterrichtsplan sei bereits dann offen, „wenn er der Kritik ausgesetzt wird, wenn die vermeintlichen Sachzwänge offengelegt, wenn Fragen nach der Rechtfertigung von Entscheidungen auf allen Ebenen des Unterrichtsplans zugelassen sind" (Loser 1975, S. 246). Transparenz, Kritik, „Phasen der Reflexion" (ders., S. 249) sind ja ganz schön, wenn man davon ausgehen könnte, die Pädagogen (ersatzweise: die Fachdidaktiker / Curriculumspezialisten / Kultusbürokratie) würden schon gute Gründe für ihre ohne die Betroffenen gefällten Entscheidungen haben und die Schüler von deren Richtigkeit überzeugen können.

Die eigentlich wichtige Frage lautet aber doch, ob wir es ertragen können, den Kindern das Recht zuzugestehen, unseren Unterrichtsplänen offen und ohne Furcht vor Repressalien Widerstand entgegenzusetzen; ob wir ihnen das Recht zugestehen wollen, sich unseren Behandlungsplänen zu entziehen, aus dem Felde zu gehen und sich privaten Interessen zuzuwenden, wenn es den Erziehern *nicht* gelingt, den intendierten „Verständigungsprozeß" über Unterricht (Loser 1975, S. 248) zustandezubringen. Denn leider haben Pädagogen eben häufig genug höchst dürftige Gründe für ihre Entscheidungen, die sich oft auf institutionelle Sachzwänge (keine Zeit, kein Geld, bürokratische Vorgesetzte, generell kinderfeindliche Schulorganisation) und persönliche Defizite (an Kompetenz, Erfahrung, Selbstvertrauen, Zivilcourage) beschränken. Die Grenzen des offenen Unterrichts können erst dann identifiziert werden, wenn wir diese Entscheidung für oder wider die Zwangsbelehrung von Kindern gefällt haben. Sie wurde in der Regelschule bislang nicht einmal diskutiert.

Ein Vergleich zwischen der ersten und der zweiten Fallstudie verdeutlicht die Tragweite dieses Problems. Die Lehrerin in der Regelschule sah sich nach drei Wochen eines ansatzweise offenen Unterrichts gezwungen, alle Kinder zur selben Zeit mit der Projektarbeit zu Ende kommen zu lassen. Ja, sie hätte einen von allen Beteiligten als extrem fruchtbar empfundenen Unterricht gar nicht erst gewagt, wenn nicht die Ausnahmegenehmigung durch den Regierungspräsidenten vorgelegen hätte. Der allgemein verbindliche Lehrplan zwang sie, ohne Rücksicht auf den Entwicklungsstand und die Motivation einzelner Kinder im „Stoff" voranzugehen.

In der Glockseeschule, die auf Zwangsbelehrung verzichtet, nahm ein Teil der Kinder so gut wie gar nicht an unserem Projekt teil, weil sie völlig mit ihrem Beziehungsspiel beschäftigt waren. Wer wollte ein objektives Kriterium benennen, wonach es für diese Kinder wichtiger gewesen wäre, die Weltzeitzonen kennenzulernen oder die Notwendigkeit eines gemeinsamen Maßstabs beim Eichen von Zeitmessern zu begreifen; daß dies für sie wichtiger gewesen wäre, als in einer offenen, repressionsfreien Atmosphäre unter den Augen der Erwachsenen, aber ohne Einmischung seitens der Erwachsenen die Entdeckung ihrer eigenen Geschlechtlichkeit machen können? Die Scheidungsquoten in der BRD belegen, daß an der Entscheidung für oder gegen *solche* Erfahrungen offenbar wenig Betroffene beteiligt waren.

8.2.3   Institutionelle Offenheit

Im Gegensatz zur methodischen Dimension, die keine un-
überwindbaren Schwierigkeiten aufwarf, erfolgte in keiner
der Fallstudien eine nennenswerte Realisation institutioneller Offenheit. Die unfruchtbare Trennung zwischen schulischer und außerschulischer Realität konnte kaum überwunden werden. Es scheint gar nicht so einfach zu sein, mit
Kindern während der Schulzeit anders als schultypisch zu
verkehren. Die Arbeitsteilung zwischen Produktions- und
Reproduktionssektor und die damit einhergehende Ausgrenzung der Kinder aus der Welt der Erwachsenen, ohnehin nicht in privater Initiative aufhebbar, schlägt bis in den
Schulalltag durch — auch in den Alternativschulen.

Dabei überraschte vor allem die Ähnlichkeit der Unterrichtsorganisation der Laborschule mit herkömmlichen Gesamtschulen. Während die Glockseeschule wenigstens bemüht
war, die Lebenswelt der Kinder zum Ausgangspunkt von
Unterrichtsprozessen zu machen, war in der Laborschule
der bestimmende Einfluß der Gliederung in Erfahrungsbereiche und der Parzellierung in Fachstunden stets fühlbar. Die Systeme der Erwachsenen, *ihre* Vorstellungen und
Projekte, *ihre* Curricula, *ihre* Kommunikationsschwierigkei-
ten (!) beherrschten die Diskussionen während der Beob-
achtungszeit. Die Schüler traten in diesen Gesprächen vor
allem wegen ,,Verhaltensproblemen'' auf den Plan. . . .

Die Frage, ob man in Bielefeld die Reform ,,radikal genug''
gemacht hat, um sie vor ,,tödlicher Enttäuschung zu bewah-
ren'' (v. Hentig 1971b, S. 39), oder ob man nun auch noch
in der Schule ,,den Kindern eine zu offene Welt zugemutet''
hat (v. Hentig 1976a, S. 121) und schließlich: ob dies wirklich ein Widerspruch sein muß, ist im Kollegium umstritten
und kann von Außenstehenden nicht beantwortet werden.
Immerhin können in der Großraumschule Erwachsene nicht
nur als Belehrende, sondern auch als Planende, Verhandeln-
de, Streitende, Trostbedürftige und sich Vertragende erfahren werden und wenigstens darin den Kindern Modell sein,
ohne auch diese Fähigkeiten verschulen, in ,,planvolle Lehr-
Lernprozesse'' zwingen zu müssen.

Natürlich muß zugestanden werden, daß die Überwindung
institutioneller Barrieren mit Zehnjährigen größere Probleme aufwirft, als auf der Oberstufe. Das Parkway-Programm
und die Tvind-Schule haben da rein altersmäßig einen nicht
zu unterschätzenden Vorteil. Aber niemand kam im Projekt

„Zeit" auf die Idee, einen Ernstfall zu probieren: eine Sonnenuhr nicht für den Unterricht, sondern als funktionstüchtiges Modell für die Fußgängerzone der Stadt zu bauen. Man hätte auch einen Piloten fragen können, wie sich die Weltzeitzonen auf seinen Alltag auswirken; ein Altersheim aufsuchen und die Leute über „die gute alte Zeit" ausfragen können; einmal genau mitprotokollieren, womit man *tatsächlich* einen bestimmten Tag verbracht, womit man vielleicht „seine Zeit vertrödelt" hat, und dann *darüber* sprechen; einen Vormittag bei einem Uhrmacher hinterm Ladentisch stehen, ihm über die Schultern schauen und vielleicht mal hier und da einen alten Wecker wieder zusammenschrauben; das Werden und Vergehen von irgendwelchen Gegenständen, Geburt und Tod eines Tieres oder gar eines Menschen beobachten — das wären Ernstfälle gewesen, die Zehnjährige vielleicht betroffen oder fasziniert hätten.

Es bleibt weiteren Experimenten mit offenem Unterricht überlassen, ob dergleichen Utopie sein muß oder nur die Überwindung psychologischer Schranken erforderlich macht. Einen ersten, zögernden Versuch in dieser Richtung hat die Gesamtschule Dortmund-Scharnhorst kürzlich (auf der Sekundarstufe) unternommen (vgl. „Statt starrer Schulstunden . . ." und Armbruster 1977); das Bergwerksprojekt oder das Go-Cart-Projekt in der Glockseeschule (vgl. Hermann 1975) wären weitere Beispiele. Hätten die Recklinghauser Kinder die Möglichkeit gehabt, das Planetarium zu „entdecken", anstatt dort „belehrt" zu werden, so wäre auch in unserer ersten Fallstudie ein Moment institutioneller Offenheit zum Tragen gekommen. Vielleicht bedarf es einfach nur mehr Erfahrung mit offenem Unterricht, um hier Schwellen zu überschreiten, die — zumindest in den Alternativschulen — nicht so sehr von Kultusbürokraten, sondern durch die außerschulische Umwelt selbst aufgetürmt werden. Bislang gilt:

Auch offener Unterricht ist ein Kunstprodukt, dessen Qualität sich aber in dem Ausmaß der kritischen Annäherung an die Realität genauer bestimmen läßt, ja, der diese Annäherung überhaupt erst intendiert. Darin besteht sein innovativer Gehalt.

Reflektiert man im nachhinein das Konzept unserer Untersuchung, so wäre zunächst festzustellen, daß sich das gewählte Verfahren, vor allem die Anlage eines Indikatorenkatalogs als Strukturierungshilfe für unsere Beobachtungen und die Art und Zusammenstellung der Datenquellen (vgl. Abschnitt 4.2) zumindest im Prinzip als *praktikabel* erwiesen haben. Damit ist nicht gesagt, daß das Instrumentarium vor erneuter Verwendung nicht überarbeitet werden müßte. Im Gegenteil: Einige Schwachstellen haben wir bereits in den Darstellungen der Fallstudien benannt. Die wichtigsten methodischen Modifikationen, vor allem aber Vorschläge für eine Revision des theoretischen Bezugsrahmens seien im folgenden kurz aufgezählt.

9.1 Desiderate im methodologischen Bereich

Wie bei allen empirischen Beobachtungen fiel auch in diesem Projekt das Problem der Bewältigung der Datenmenge an. Die *Beschränkung auf eine Fallstudie* hätte durchaus genügend Material für eine interessante Analyse der Unterrichtsprozesse geliefert. Tatsächlich ergeben sich an fast allen Stellen unserer Interpretation ungenutzte Möglichkeiten für neue Fragen und intensivere Auseinandersetzung mit den beobachteten Phänomenen. Andererseits macht erst der Kontrast verschiedener Realisierungsversuche mit ihren unterschiedlichen Ausgangsbedingungen die Bedeutsamkeit einzelner Faktoren erkennbar.

Im gleichen Zusammenhang muß auch der Indikatorenkatalog erneut überprüft werden. Insbesondere *die Zahl der Indikatoren* erscheint im nachhinein überflüssig hoch. Die für die Interpretation der Unterrichtswirklichkeit erforderliche Differenzierung hätte auch mit einem gröberen Raster sinnvoll vorgenommen werden können. Ferner wäre noch einmal zu überlegen, inwieweit es die Arbeit erleichtern würde, die einzelnen Indikatoren doch unterschiedlich zu *gewichten* (nicht aber: zu hierarchisieren!). In dieser Erprobung haben sich einige Indikatoren (z. B. 1–1, 1–7, 1–9, 2–2, 2–6, 2–14, 2–17, 2–18, 3–2, 3–5) als wesentlich bedeutsamer herausgestellt als andere (z. B. 1–6, 1–8, 2–8, 2–16). Die Überprüfung der Übereinstimmung des Unterrichts mit den situationstypischen Lebensverhältnissen der Bezugsgruppe (2–13) war ohne eine detaillierte Analyse der Sozialbiografien der Schüler überhaupt nicht möglich. Es braucht nicht extra erwähnt zu werden, daß eine solche

Gewichtung der Indikatoren nicht nur pragmatisch, sondern vor allem auch *theoretisch* begründet werden müßte.

Die Fragebögen, die hinsichtlich ihres Umfangs die Grenzen der Zumutbarkeit erreichten, warfen kaum Interpretationsschwierigkeiten auf. Dabei brachten die offenen Items die interessantesten Ergebnisse, während die Mehrfachwahl-Fragen eine rasche und umfassende Erhebung des Forschungsfeldes ermöglichten.

Neben den Beobachtungsprotokollen erwiesen sich vor allem die informellen, auf Tonband festgehaltenen Nachbesprechungen mit den Lehrkräften als äußerst ergiebig, zumindest dann, wenn die Erschöpfung am Ende des Schultages nicht zu groß war. Allerdings schwankte die Bereitschaft, dabei bis in die intimsten Details des Unterrichtsprozesses vorzudringen, sowohl zwischen den Lehrkräften als auch auf seiten des Beobachters von Fallstudie zu Fallstudie. Das persönliche Verhältnis zwischen Lehrer und Beobachter gewinnt hier eine immense Bedeutung. Die erfolgreiche Nutzung dieser Datenquelle setzt eine ausreichende Übereinstimmung mit dem der Untersuchung zugrundeliegenden Erkenntnisinteresse voraus. Die Qualität der Ergebnisse hängt nicht zuletzt von der Frustrationstoleranz und dem Selbstvertrauen der Lehrer wie vom Takt und Einfühlungsvermögen des Beobachters ab. Alle diese Größen sind schwer kontrollierbar und schwanken mit individuellen Stimmungen. Einzelaussagen sollten demnach weniger stark gewichtet werden als immer wiederkehrende Einstellungen.

9.2 Desiderate des theoretischen Konzepts

Wichtiger als Revisionen im methodischen Bereich sind aber Modifikationen und Ergänzungen der theoretischen Grundlagen unseres Forschungsdesigns. Überdenkt man die mit Hilfe des Indikatorenkatalogs gewonnenen Erkenntnisse, so fällt die Kopflastigkeit im kognitiven Bereich auf. Wir haben dazu bereits im Zusammenhang mit der Darstellung des Projektverlaufs in der Glockseeschule einiges ausgeführt. Offensichtlich fehlten Indikatoren, die die Wahrnehmung des Beobachters für die emotionalen und sozialen Prozesse im Klassenzimmer geschärft hätten.

So wurde kaum ein Wort über die Auseinandersetzungen zwischen der Lehrkraft und dem Problemkind der ersten Versuchsklasse verloren, die in der Anfangsphase des Projektes,

vor allem bei den Klassengesprächen, sozusagen „zur Tages-
ordnung" gehörten. Demgegenüber verliefen die offenen
Phasen in dieser Hinsicht nahezu konfliktfrei, weil der
Junge nun nicht mehr still am Tisch sitzen mußte, sondern von Gruppe zu Gruppe gehen und sich dadurch produzieren konnte, daß er anderen helfen (!) konnte. Ein
ähnliches Phänomen war in der letzten Fallstudie zu beobachten, wo Unterrichtsgespräche infolge von Konflikten
zwischen einzelnen Schülern nahezu unmöglich waren,
während in der individualisierten Gruppenarbeit konstruktive Sozialbeziehungen zwischen den Rivalen zumindest
zeitweise angebahnt werden konnten.

Da – wie wir gesehen haben – dem Klassengespräch für
die Realisation der Schülerbeteiligung an den Unterrichtsentscheidungen wie auch vor allem für die Qualität der
Unterrichtsprozesse selbst eine hervorragende Bedeutung
zukommt, hätten wir auch die Wirkungen und Nebenwir-
kungen der *Kommunikationsstile* im Klassenzimmer näher
analysieren müssen. Sogenannte „Diskussionstechniken"
etwa wurden in der Regelschule relativ reibungslos gehandhabt, mit dem Effekt, daß eine ruhige und fruchtbare Auseinandersetzung über die Unterrichtsgegenstände stattfinden konnte. Demgegenüber waren die *unterrichtsbezogenen*
Gespräche in den beiden anderen Fallstudien von wenig
Solidarität unter den Schülern gekennzeichnet. Man versuchte mitunter, sich gegenseitig durch Lautstärke auszu-
stechen, was sicher auch als Zeichen dafür gewertet werden muß, daß es in diesen Fällen kaum gelang, die subjektive Bedeutung des Projektthemas für die Schüler zu identifizieren. Umgekehrt konnten die Kinder sowohl in der
Glockseeschule als auch in der Laborschule exzellent und
rücksichtsvoll untereinander diskutieren, wo es um *Konflikte* ging, die die Klasse *als Gemeinschaft* betrafen.
Auf der Basis der in den Versuchsklassen gewonnenen
praktischen Erfahrungen kann daher die These formuliert
werden, daß die Berücksichtigung der Beziehungsebene im
Lernfeld als mindestens ebenso bedeutsam für einen erfolgreichen offenen Unterricht betrachtet werden muß, wie die
didaktischen Konstruktionen (vgl. dazu auch Ramseger
1977, S. 44); mehr noch: daß ohne eine sorgfältige Klärung dieser „kommunikativen Dimension" des Unterrichts
die Bemühungen um inhaltliche, methodische und institutionelle Offenheit mißlingen müssen.

Ein Indikatorenkatalog für „kommunikative Offenheit"
kann an dieser Stelle ex post facto nicht mehr erstellt

werden. Ansätze hierfür können in den „standards" für das Lehrerverhalten im „Humanities Project" und im Analyseschema wie in den „positiven und negativen Prinzipien" des Ford Teaching Project gesehen werden (vgl. Schools Council 1970; Resch 1976, S. 160). Relevante Bezugsgrößen für einen solchen Indikatorenkatalog dürften aber kaum in der Theoriebildung über offene Curricula oder Open Education gefunden werden können, eher schon in den verschiedenen Ansätzen der Interaktionstheorie und einer noch zu erstellenden Analyse der Beziehungsstrukturen in informellen Schulen (*eine* mögliche Richtung davon haben Krovoza/Negt (1975) angedeutet).

Eine solche Ausweitung der theoretischen Grundlagen bliebe aber sinnlos, wenn nicht zugleich eine Gefahr des hier erstellten Bezugsrahmens überwunden würde: das Auseinanderfallen der verschiedenen Dimensionen von Offenheit. Obgleich bei der Erstellung des Indikatorenkatalogs stets auf die wechselseitige Abhängigkeit der drei Dimensionen hingewiesen wurde, gelang es nicht, diese Interdependenz auch in die Formulierung der Indikatoren eingehen zu lassen. Zwar wurden bei der Erörterung der Theorie offener Curricula wie der Open Education zumeist geichzeitig Indikatoren für alle drei Dimensionen gefunden. Bei der praktischen Durchführung der Fallstudien neigten sie aber dazu, sich zu verselbständigen, so daß der Implikationszusammenhang von Inhalt, Methode und institutionellem Rahmen des Unterrichts, der beispielhaft in der Zwischenbilanz nach dem 9. Projekttag in Recklinghausen (s. Abschn. 5.3) aufgezeigt wurde, nicht in jedem Fall genügend berücksichtigt werden konnte. Hier hätten weitere Überlegungen zu einem Konzept des offenen Unterrichts vordringlich anzusetzen.

Allerdings sollte eine immer perfektere theoretische Fundierung nicht dazu führen, daß *auch die Begründung* für Versuche mit offenem Unterricht immer mehr im theoretischen Bereich gesucht wird, anstatt sich an den realen Bedürfnissen der Betroffenen im Handlungsfeld zu orientieren. Dabei könnte nämlich leicht übersehen werden, daß Lehrer vielleicht gar nicht das Bedürfnis haben, „auf eine bestimmte Art und Weise zu unterrichten; bedeutsamer ist es für sie, in der Situation des Unterrichts bestehen zu können" (Haller 1975, S. 559).

Auch in unseren Fallstudien war es allemal wichtiger, daß überhaupt irgendein Unterricht zustandekam, als daß es ein offener war. Da handlungsorientierter Unterricht kaum Motivationsschwierigkeiten kennt und ein offenes Lernarrangement die Lehrerfunktion von ihrem sturen Vollzugscharakter befreit und Lernen wie Lehren wieder zu einem intellektuellen Abenteuer werden läßt (zugegeben: mit den Risiken, die nun einmal zu einem Abenteuer gehören), könnte offener Unterricht gerade unter dem Aspekt des „Überlebens" im Klassenzimmer große Chancen bieten, *sofern* die entsprechenden Voraussetzungen (vgl. Ramseger 1977) gewährleistet sind. Der Zwang zur sozialen Auslese in unseren Regelschulen und die als „Leistungsprinzip" verherrlichte Förderung des individuellen Erfolgsstrebens auf Kosten anderer stellen die denkbar schlechtesten Voraussetzungen dar.

Die Analyse der *gesellschaftspolitischen Widerstände* gegen offenen Unterricht, die in Anlehnung an die Bildungsökonomie und die Erfahrungen mit den staatlichen Reformvorhaben der vergangenen zehn Jahre schnell erstellt werden könnte, muß als weiteres Desiderat dieser Arbeit erkannt werden. Die dabei anfallende Reflexion der objektiven Funktionen von Schule würde zugleich auf die ungeklärte bildungstheoretische Frage, was die Schüler lernen *sollen*, verweisen und somit die noch ausstehende Theorie der Schule einholen müssen. In Ermangelung eines kritischen Bildungsbegriffs läßt sich bislang nur eines sagen: Verglichen mit den gesellschaftspolitischen und bildungstheoretischen Implikationen ist die Lösung der didaktischen Probleme des offenen Unterrichts ein Kinderspiel.

Anhang

Hinweise zur Nomenklatur

Sc 5−13	Abkürzung für „Science 5−13". Curriculum-projekt des Schools Council, London. Veröffentlicht bei Macdonald Educational, London, ab 1972.
(„Lernziele", S. 2)	Literaturverweis auf die deutsche Fassung des Theoriebandes zu Science 5−13 „With Objectives in Mind". In Deutschland erschienen unter dem Titel: „Lernziele / Erste Erfahrungen", hrsg. v. Hannelore Schwedes, Stuttgart: Klett 1976.
(„Zeit", S. 33)	Literaturverweis auf die Curriculumeinheit „Zeit" („Time") aus Sc 5−13, hrsg. v. Hannelore Schwedes, Stuttgart: Klett 1975.
A−33, B−12, C−33	Großbuchstaben mit einem Querstrich und einer maximal zweistelligen Zahl kennzeichnen einzelne Items aus den Fragebögen (A und C) und aus dem Lehrerinterview (B).
1.25	Dreistellige Ziffernkombinationen mit einem Dezimalpunkt nach der ersten Stelle sind Nummern von einzelnen Lernzielen aus dem Lernzielkatalog von Sc 5−13 (vgl. „Lernziele", S. 49ff).
2−12	Dreistellige Ziffernkombinationen mit einem Querstrich nach der ersten Stelle sind Nummern von Indikatoren aus dem Indikatorenkatalog für offenen Unterricht, der in dieser Arbeit erstellt wird (vgl. Abschnitt 2.5).
+4, −7	Maximal zweistellige Zahlen mit einem vorangehenden Plus- oder Minuszeichen bezeichnen einzelne Faktoren der Clusteranalyse aus dem britischen Evaluationsdesign von Sc 5−13 (vgl. Abschnitt 4.2).
„Projekt"	In dieser Arbeit werden häufig die Begriffe „Projekt" oder „Projektverlauf" oder ähnliches benutzt. Sofern nichts gegenteiliges aus dem Sinnzusammenhang erkennbar ist, ist damit das in dieser Arbeit geschilderte *Forschungsprojekt* gemeint und nicht etwa das didaktische Verfahren des „Projektunterrichts" in Anschluß an Dewey und Kilpatric.
Tonbandabschriften	In der Arbeit werden Auszüge aus auf Tonband festgehaltenen Unterrichtsnachbesprechungen mit den Lehrern der Versuchsklassen zitiert. Dabei werden umgangssprachliche Füllworte

(„so", „nicht wahr?") im Text ausgelassen
und für das Verständnis der Zitate notwendige Ergänzungen, die sich in der Gesprächssituation aus dem Kontext ergaben, in Klam-
mern hinzugefügt.

Fragebogen A
Zu den äußeren Bedingungen der Versuchsklassen

Projektklasse: ....

Dieser Fragebogen soll Auskunft geben über die allgemeinen Lern-
bedingungen der Versuchsklassen. Er gliedert sich in folgende Abschnitte: die Schule, die Klasse, der Lehrer, der Unterricht.
Falls die Fragen oder die vorgegebenen Antwortmöglichkeiten für
Ihren speziellen Fall nicht gut zutreffen, ändern Sie sie bitte sinngemäß ab. Benutzen Sie bitte die Rückseiten der Blätter für zusätzliche
erklärende Kommentare, wo Sie solche für angebracht halten.
Bitte, fotokopierfähigen Stift benutzen (z. B. weichen Bleistift, dunk-
len Filzschreiber u. ä.)!
Mehrfachantworten erlaubt, wo angebracht.
===

I. Die Schule

A–1 Schultyp
a) Grundschule   (   )
b) Gesamtschule   (   )
c) mit Orientierungsstufe   (   )
d) Regelschule   (   )
e) Versuchsschule   (   )

A–2 Anzahl der Klassen in der Schule: (   )

A–3 Anzahl der hauptamtlichen Lehrkräfte: (   )

A–4 Alter des Schulgebäudes (schätzungsweise):   (   )

A–5 Ist das Einzugsgebiet der Schule:
a) überwiegend inner-städtisch?   (   )
b) überwiegend vorstädtisch?   (   )
c) überwiegend ländlich?   (   )
d) eigentlich keiner dieser Kategorien zuzuordnen?   (   )

A–6 Kommen die Schüler alles in allem in materieller Hinsicht
a) vorwiegend aus gut bis sehr gut gestellten Elternhäusern?
b) eher aus unterprivilegierten Elternhäusern?   (   )
c) aus einer normalen Mischung von Elternhäusern?   (   )

A–7 Befinden sich auf dem Schulgelände:
a) größere Rasenflächen?   (   )
b) Bäume?   (   )
c) etwas Gras, überwiegend aber asphaltiertes Gelände? (   )
d) Blumenbeete?   (   )

270

e) Gartenanlagen zum Gebrauch für die Schüler? (Beete,
Pflanzmöglichkeiten etc.) ( )
f) Teich, Planschbecken oder ähnliches? ( )
g) Spielplatzgeräte? ( )

II. Die Klasse

A—8   Anzahl der Kinder in der Versuchsklasse: ( )
a) Jungen ( )
b) Mädchen ( )

A—9   Durchschnittsalter: .....Jahre,..... Monate
jüngstes Kind: ...., ältestes Kind: ....

A—10 Kommen die Kinder, die am Projekt teilnehmen,
a) alle aus derselben Klasse/Stammgruppe? ( )
b) aus verschiedenen Klassen eines Jahrgangs? ( )
c) aus Klassen verschiedener Jahrgänge? ( )

A—11 Wird zwischen den Klassen eines Jahrgangs oder innerhalb der
Klasse regelmäßig nach Leistung differenziert?
a) Leistungsdifferenzierung wird angewandt ( )
b) es wird nicht nach Leistung differenziert ( )

A—12 Ist im Klassenzimmer / auf der Stammfläche:
a) sehr viel Platz ( )
b) gerade angemessen Platz ( )
c) sehr wenig Platz ( )

A—13 Wie ist der Platz normalerweise aufgeteilt?
a) Tische und Stühle stehen in parallelen Reihen zur
Tafel ausgerichtet ( )
b) Tische und Stühle stehen in einer regelmäßigen
Anordnung, aber nicht zur Tafel ausgerichtet ( )
(z. B. Hufeisen, Kreis, regelmäßige Tischgruppen)
c) Tische und Stühle stehen in unregelmäßigen Gruppen.
Die Anordnung wird laufend verändert. ( )
d) Jedes Kind hat einen festen Sitzplatz ( )

A—14 Sind Arbeitsflächen oder -räume außerhalb des
Klassenzimmers / der Stammfläche:
a) leicht zugänglich? ( )
b) vorhanden, aber schwer zugänglich? ( )
c) nicht vorhanden oder nicht zugänglich? ( )

III. Der Lehrer

A—15 Der Lehrer war schon im vorigen Jahr in der Klasse ( )

A—16 Anzahl der Jahre im Lehrberuf (einschließlich
zweiter Ausbildungsphase): ( )

A—17 In welchen Schulformen haben Sie schon mal
unterrichtet:
a) Kindergarten / Vorschule / Eingangsstufe ( )
b) Grundschule ( )

271

c) Hauptschule ( )
d) Realschule ( )
e) Gymnasium ( )
f) Gesamtschule ( )
g) Berufs- oder Fachschule ( )
h) andere Bildungsinstitutionen (nämlich: ....) ( )

A—18 Welche Ausbildung haben Sie in Naturwissenschaften?
a) Diplom oder Staatsexamen oder Promotion in einer
Fachdisziplin (u. zw.: ....) ( )
b) eine Naturwissenschaft als Schwerpunktfach in einem
Lehramtsstudium, das kein reines Fachstudium war,
u. zw.: ....( )
c) Fortbildungskurse in einer Fachdisziplin besucht ( )
d) keine spezielle naturwissenschaftliche Ausbildung ( )
e) außerschulische Tätigkeiten: ....
f) Bitte machen Sie bei Bedarf weitere Angaben über Ihre
naturwissenschaftlichen Kenntnisse oder Tätigkeiten:
. . . .

A—19 Welche Fächer oder Unterrichtsgegenstände liegen Ihnen am
meisten?
. . . .

A—20 Welche Fächer oder Unterrichtsgegenstände, die Sie unterrichten,
machen Ihnen am wenigsten Spaß?
. . . .

A—21 Hatten Sie in den vergangenen 4 Jahren die Möglichkeit, Berufs-
fortbildungsveranstaltungen von mehr als eintägiger Dauer zu besuchen?
Falls ja, welche?
a) nein ( )
b) ja, u. zw.: ( )
. . . .

A—22 Haben Sie schon einmal eine berufsfremde Tätigkeit ausgeübt?
a) nein ( )
b) ja, u. zw.: ....

IV. Der Unterricht

Die folgenden Fragen beziehen sich — sofern nichts anderes angegeben
ist — alle auf den normalen Unterricht *vor* Beginn der Erprobung von
Science 5—13!

A—23 Welche der folgenden Unterrichtsformen waren bislang in der
Klasse üblich:
a) selbständiges entdeckendes Lernen der Schüler? ( )
b) überwiegend lehrergesteuertes Lernen? ( )
c) vom Lehrer angeleitetes entdeckendes Lernen? ( )

A—24 Wird das Prinzip des entdeckenden Lernens benutzt:
a) eigentlich nur sehr selten? ( )
b) nur im naturwissenschaftlichen Unterricht? ( )
c) in sämtlichen oder doch den meisten Unterrichtsgebieten? ( )

A–25 Welche Art von Stundenplan wird benutzt?
a) der Stundenplan ist in kurze Zeitabschnitte (Unterrichtsstunden) nach Fächern eingeteilt   (   )
b) der Stundenplan erlaubt regelmäßig fachübergreifenden
Unterricht neben festen Fachstunden   (   )
c) Der Stundenplan ist vollständig fachübergreifend   (   )
d) Der Stundenplan wird für längere Zeit (mehrere Monate)
im voraus festgelegt   (   )

A–26 Haben die Schüler auf die Stundenplangestaltung
Einfluß?
a) nein   (   )
b) ja, volle Mitsprache gewährleistet   (   )
c) in Grenzen ja (bitte näher beschreiben!)   (   )
. . . .

A–27 Die meiste Zeit des Tages arbeiten die Kinder:
a) individuell oder in Gruppen an Gegenständen ihrer
eigenen Wahl   (   )
b) individuell oder in Gruppen an Gegenständen, die
ihnen der Lehrer zugewiesen hat   (   )
c) im geschlossenen Klassenverband   (   )

A–28 Wie oft wurde in der Klasse Projektunterricht gemacht?
a) nie oder fast nie   (   )
b) ein oder zwei Mal jährlich   (   )
c) häufiger   (   )
d) es wird ausschließlich Projektunterricht gemacht   (   )

A–29 Können die Kinder auf die Wahl der Unterrichtsgegenstände Einfluß nehmen?
a) selten   (   )
b) häufig   (   )
c) immer   (   )

A–30 Nehmen im allgemeinen an den Unterrichtsangeboten
Schüler verschiedener Jahrgänge zusammen teil?
a) nie oder fast nie   (   )
b) selten   (   )
c) häufig   (   )
d) immer   (   )

A–31 Ist der Unterricht an einem verbindlich vorgeschrie-
benen Lehrplan ausgerichtet?
a) ja, vollständig   (   )
b) ja, weitgehend   (   )
c) nur beschränkt   (   )
d) nein   (   )

A–32 Es werden Zensuren erteilt   (   )

A–33 Welche Formen der Lernerfolgskontrolle werden angewandt?
. . . .

A–34 Arbeiten die Schüler im großen und ganzen alle zur gleichen
Zeit am gleichen Gegenstand?
a) ja ( )
b) nein ( )
c) mal so, mal so ( )

A–35 Ist die Arbeit so organisiert, daß die Schüler:
a) alle zusammen im Klassenzimmer / auf derselben Stammfläche arbeiten? ( )
b) hin und wieder rausgehen, um im Flur, in zusätzlichen
Räumen oder im Freien zu arbeiten? ( )
c) regelmäßig außerhalb des Klassenzimmers / der Stammfläche arbeiten? ( )

A–36 Werden die Schüler an der Unterrichtsvorbereitung
beteiligt?
a) nie ( )
b) selten ( )
c) häufig ( )
d) immer ( )

A–37 Wer entscheidet letztlich, was konkret im Unterricht
geschieht?
a) der Lehrer ( )
b) Lehrer und Schüler gleichberechtigt ( )
c) die Schüler alleine ( )

A–38 Haben die Schüler zu den in der Schule vorhandenen
Medien, Lehrmitteln, Büchern, freien Zugang?
a) nein ( )
b) im großen und ganzen nicht, bis auf: . . . .
. . . .
c) ja, bis auf: . . . .

A–39 Wieviel Kinder haben aus außerschulischen Gründen massive
Lernprobleme? ca. ( )

A–40 Sind die Kinder bei Gruppenarbeit bereits in der Lage, ihre
Gruppenprozesse selbst zu strukturieren? Können sie sich z. B. selbst
die Arbeit aufteilen und einander zuarbeiten, öder brauchen sie detaillierte Anweisungen seitens des Lehrers?
. . . .

A–41 Ist die Klasse hinsichtlich dessen, was man als typische Schul-
leistungen bezeichnen würde (also vor allem hinsichtlich kognitiver
Fähigkeiten), Ihrer Einschätzung nach:
a) eher besser als der Durchschnitt? ( )
b) ungefähr genauso gut wie andere Klassen gleichen Alters
im gleichen Schultyp? ( )
c) eher schwächer als der Durchschnitt? ( )

A–42 Arbeiten die Schüler ganz normal weiter, wenn Sie einmal
unvorhergesehen für längere Zeit das Klassenzimmer verlassen müssen,
oder gerät die Klasse in einem solchen Fall leicht durcheinander?
a) arbeitet unbeeinflußt weiter ( )
b) gerät durcheinander ( )
c) mal so, mal so ( )

A—43 Planen Sie Ihren Unterricht grundsätzlich selbst, oder benutzen Sie auch fertige Curriculumpakete?
a) plane alles selbst ( )
b) plane alles selbst, benutze aber aus fertigen Curricula das, was in meine Planung paßt ( )
c) benutze manchmal fertige Curriculumpakete nach Vorschrift ( )
d) benutze oft fertige Curriculumpakete nach Vorschrift ( )

A—44 Gehörte naturwissenschaftlicher Unterricht schon früher zum Unterrichtsangebot? Seit wieviel Monaten?
a) nein ( )
b) ja, seit .... Jahren .... Monaten ( )

A—45 Findet der naturwissenschaftliche Unterricht in speziellen Fachräumen statt?
a) nie ( )
b) manchmal ( )
c) oft ( )
d) immer ( )

A—46 Falls im *naturwissenschaftlichen* Unterricht in Gruppen gearbeitet wird, wie werden die Gruppen gebildet?
a) es findet keine Gruppenarbeit statt ( )
b) die Kinder bilden ihre Gruppen selbst ( )
c) die Gruppen werden vom Lehrer nach Leistungsgesichtspunkten eingeteilt ( )
d) die Kinder werden den Gruppen vom Lehrer nach sozialen bzw. Verhaltensgesichtspunkten zugewiesen ( )
e) Die Kinder arbeiten immer in derselben Gruppierung, im naturwissenschaftlichen Unterricht, wie in anderen Fächern ( )
f) andere Gruppierungsgewohnheiten (welche?) ( )
. . . .

A—47 Werden naturwissenschaftliche Aktivitäten ausgeführt:
a) von verschiedenen Gruppen zu verschiedenen Zeiten nach Wahl der Kinder? ( )
b) von verschiedenen Gruppen zu verschiedenen Zeiten nach einem regelmäßigen Schema? ( )
c) von allen Gruppen zur gleichen Zeit? ( )

A—48 Ist der naturwissenschaftliche Unterricht so organisiert, daß die Schüler
a) alle in ihrem Klassenzimmer / auf ihrer Stammfläche sind? ( )
b) gelegentlich rausgehen und auf dem Flur oder im Freien arbeiten ( )
c) regelmäßig außerhalb des Klassenzimmers arbeiten ( )

A—49 Ist der naturwissenschaftliche Unterricht so organisiert, daß die Schüler individuell oder in Gruppen
a) an Themen eigener Wahl arbeiten? ( )
b) an verschiedenen, zur Wahl gestellten Dingen arbeiten, die sich auf ein für die ganze Klasse gemeinsames Thema beziehen? ( )
c) alle so ziemlich dasselbe machen? ( )

Das Lehrerinterview

B–1 Wenn Sie einmal die äußeren Vorschriften, den Lehrplan, die Einteilung in Schulfächer, die ganzen institutionellen Bedingungen, unter denen Sie arbeiten müssen, einen Moment außer Acht lassen: Was ist Ihnen ganz persönlich bei Ihrer Arbeit mit den Schülern am wichtigsten? Was wollen Sie persönlich bei Ihren Schülern erreichen? Was brauchen Kinder Ihrer Meinung nach am meisten?

B–2 Wovon gehen Sie bei Ihrer Unterrichtsplanung im allgemeinen aus? Gehen Sie zuerst von Stoffen aus, von Inhalten, von anzustrebenden Lernzielen oder von möglichen Aktivitäten der Schüler? Könnten Sie das etwas beschreiben, in welcher Form Sie Unterricht vorstrukturieren?

B–3 Welche Bedeutung haben für Sie die Fachdisziplinen? Ist Ihnen fachübergreifender Unterricht wichtig oder halten Sie die Orientierung an Fachdisziplinen für eine unverzichtbare Hilfe im Lernprozeß? – Können Sie Beispiele nennen, wo und in welcher Form Sie schon fachübergreifend unterrichtet haben?

B–4 Wenn Sie sich einmal Ihre Klasse vor Augen halten: Wieviele Ihrer Schüler würden Sie schon für fähig erachten, ihre Lernprozesse selber zu steuern, wenn ihnen die Schule dazu Gelegenheit böte, und wieviele bedürfen der ständigen Hilfe durch den Lehrer? – Welche Schwierigkeiten haben die Kinder bei eigenverantwortlichen Entscheidungen über ihre Lernprozesse?

B–5 Sehen Sie prinzipiell Schwierigkeiten, Schüler dieser Altersstufe an den Entscheidungsprozessen über den Unterricht zu beteiligen, oder ist das keine Frage des Alters?

B–6 Welche Möglichkeiten haben Sie, auf die individuellen Unterschiede Ihrer Schüler Rücksicht zu nehmen? Welche Bedeutung messen Sie einer Individualisierung des Unterrichts zu und welche Möglichkeiten bieten sich in Ihrer Schule dazu?

B–7 Wenn Sie einem Fremden, der noch nie in Ihrer Klasse war, beschreiben müßten, welche offenen oder heimlichen Verhaltensziele, Vereinbarungen oder Abmachungen in Ihrer Klasse Geltung besitzen, um das Zusammenleben so vieler Menschen in einem Raum zu ermöglichen, was würden Sie da aufzählen wollen? – Was würden Sie als unerwünschtes Verhalten bei Schülern betrachten? – Wie wurden diese Vereinbarungen getroffen? – Haben sich diese Regeln in letzter Zeit geändert?

B–8 Jeder Lehrer hat einmal ein Hoch und einmal ein Tief. Könnten Sie beschreiben, was für Sie berufliche Höhepunkte und was berufliche Tiefpunkte sind?

B–9 Wenn Sie nächstes Jahr eine neue Klasse bekommen würden, wüßten Sie jetzt schon etwas, was Sie dann anders machen würden?

B–10 Wenn Sie die Macht hätten, die Schule nach Ihrem Belieben zu verändern, welche Veränderungen würden Sie als erstes vornehmen?

B—11 Sind Sie schon einmal bei Ihren vorgesetzten Stellen hinsichtlich eines bestimmten Verhaltens, einer bestimmten Entscheidung
oder Maßnahme, die Sie heute nach wie vor für gerechtfertigt halten,
an die Grenzen des Verständnisses oder sogar auf offenen Widerstand
gestoßen?

B—12 Lassen Sie uns einen Blick auf den Indikatorenkatalog für offenen Unterricht werfen. Welche der dort aufgeführten Indikatoren hielten Sie persönlich — unabhängig der Frage ihrer Realisierbarkeit — für
besonders wichtig?
— Welchen Indikator halten Sie für am wenigsten wichtig?
— Welche Indikatoren halten Sie für momentan am unrealistischsten?

Fragebogen C
Zum Einfluß der Curriculummaterialien auf den Unterricht

Projektklasse: . . . .

Dieser Fragebogen gliedert sich in folgende Abschnitte: generelle Einschätzung des Projektverlaufs, das Curriculumkonzept von Science
5—13, Unterrichtsplanung vor Projektbeginn, das Verhältnis des Lehrers zu Lernzielen, die Entwicklungsstadien von Science 5—13, der
Theorieband, die Unterrichtseinheit, der Indikatorenkatalog, Konsequenzen.
Falls einzelne Fragen oder die vorgegebenen Antworten für Ihren speziellen Fall nicht zutreffen, ändern Sie sie bitte sinngemäß ab. Benutzen Sie bitte die Rückseite der Blätter für zusätzliche Kommentare, wo
Sie diese für notwendig halten.
Bitte fotokopierfähigen Stift benutzen (z. B. schwarzen Filzstift!)
Mehrfachantworten erlaubt, wo angebracht.
===

C—1 Geben Sie bitte zunächst mit Ihren eigenen Worten eine abschließende Einschätzung des Projektverlaufs. (Hat sich der Unterricht
mit Science 5—13 wesentlich von dem unterschieden, was Sie sonst gemacht hätten? Inwiefern? Welche Veränderungen hat der Versuch für
Ihre Arbeit mit sich gebracht? Sind Sie alles in allem mit der Arbeit
der Kinder zufrieden? Was hat Ihnen am konkreten Unterrichtsverlauf
am besten gefallen, was weniger gut?) . . . .
. . . .

C—2 Wie schätzen Sie die Beteiligung und das Interesse der Schüler
an der Arbeit mit Science 5—13 ein?
a) die Kinder zeigten ein überdurchschnittliches Interesse ( )
b) die Kinder waren in etwa genauso interessiert wie sonst
auch ( )
c) das Interesse war geringer als üblich ( )

C—3 Konnten Sie mit dem Projektthema bei den Schülern an ein
bestimmtes Vorwissen, an vorangegangenen Unterricht oder Ihnen bekannte Schülerbedürfnisse oder -fragen anknüpfen?
a) nein, es gab keine solchen Bezugspunkte ( )
b) ja, es gab folgende Bezugspunkte: . . . . ( )
. . . .

C—4 Bitte beschreiben Sie zunächst mit Ihren eigenen Worten,
was Ihnen am Konzept von Science 5—13 am besten gefallen hat,
und was weniger...
....

C—5 Bitte erinnern Sie sich an den Moment zurück, da Sie zum
ersten Mal mit der Konzeption von Science 5—13 Bekanntschaft gemacht haben. Haben Sie damals die Grundkonzeption
a) zunächst wohlwollend begrüßt?   (   )
b) eher zurückhaltend akzeptiert?   (   )
c) schwer zu verstehen gefunden?   (   )
d) abgelehnt?   (   )

C—6 Ist Ihre Einstellung zu der Konzeption von Science 5—13
während der Erprobung
a) günstiger geworden?   (   )
b) unverändert geblieben?   (   )
c) schlechter geworden?   (   )

C—7 Bitte geben Sie an, welche anderen Unterrichtsgegenstände
außer Naturwissenschaft durch die Arbeit mit Sc 5—13 erfolgreich mit
abgedeckt wurden: ....
....

Die Unterrichtsplanung vor Projektbeginn

C—8 Bitte beschreiben Sie kurz, wie Sie vor der Erprobung von
Science 5—13 Unterricht geplant haben. Wovon sind Sie dabei zu-
nächst ausgegangen: Lernziele, wichtige Stoffe, Lehrpläne, verfügbare
Unterrichtsmaterialien, Attraktivität der Schülertätigkeiten, Ihr per-
sönliches Zukunftsbild? Welche Faktoren waren dabei dominant?
Gab es dabei für Sie Widersprüche zwischen einzelnen Faktoren?
Wie gingen Sie bei der Planung technisch vor? ....
....

Das Verhältnis des Lehrers zu Lernzielen

C—9 Wie schätzen Sie im allgemeinen die Bedeutung von ausformulierten Lernzielen bei der Unterrichtsplanung ein?
a) Ich halte ausformulierte Lernziele für unverzichtbar (   )
b) Ich finde Lernziele wichtig, glaube aber nicht, daß
man sie immer ausformulieren muß, um erfolgreichen
Unterricht durchführen zu können   (   )
c) Ich komme oft ohne Lernziele aus. Meine Planungsüberlegungen sind an anderen Dingen orientiert (z. B. dem
emotionalen Klima, der Attraktivität von Schülertätigkeiten, der Behandlung mir wichtig scheinender Stoffe
und Themen)   (   )
d) andere Einschätzung: ....

C—10 Ich sehe in der Formulierung von Lernzielen keine / folgende
Gefahren:
....

278

C–11 Ist Ihrer Meinung nach der Lernzielkatalog von Science 5–13
a) sehr hilfreich?   (   )
b) interessant, aber wenig nützlich?   (   )
c) überflüssig?   (   )

C–12 Gibt es im Lernzielkatalog von Science 5–13 Lernziele, die
Sie für Ihren Unterricht ablehnen?
a) Ist mir nicht aufgefallen   (   )
b) ja, u. zw. die Nummern: . . . . (   )

C–13 Haben Sie Ihrer Meinung nach unverzichtbare Lernziele
vermißt?
a) zunächst nicht   (   )
b) ja, u. zw. folgende: . . . . (   )
. . . .

C–14 Wie oft haben Sie den Lernzielkatalog während der Erprobung von Science 5–13 konsultiert?
a) nahezu täglich   (   )
b) gelegentlich (ein- bis zweimal pro Woche)   (   )
c) seltener   (   )

C–15 In welcher Form haben Sie von den Lernzielen Gebrauch
gemacht?
a) Ich habe mir bestimmte Lernziele ausgewählt und die
Planungsüberlegungen daran ausgerichtet   (   )
b) Ich habe den Lernzielkatalog einmal/mehrmals studiert
und im übrigen versucht, „mit Lernzielen im Hinterkopf"
(„With objectives in mind") zu unterrichten   (   )
c) Ich bin anders vorgegangen, u. zw.: . . . . (   )

C–16 Finden Sie es wichtig, daß die Erreichung bestimmter Lernziele überprüft wird?
a) das ist unverzichtbar wichtig   (   )
b) hin und wieder ganz wichtig   (   )
c) finde ich eigentlich nicht so furchtbar wichtig   (   )

C–17 Haben Sie in den Curriculummaterialien Möglichkeiten der
Lernerfolgskontrolle vermißt, oder ist dieses Problem bei der Erprobung nicht aufgetaucht?
a) habe ich vermißt   (   )
b) war eigentlich kein Problem   (   )

Die Entwicklungsstadien von Sc 5–13

C–18 Finden Sie die Unterscheidung der verschiedenen Entwicklungsstadien bei Sc 5–13
a) wichtig und nützlich?   (   )
b) wichtig, aber wenig praktikabel?   (   )
c) weniger wichtig?   (   )
d) in der Praxis unbrauchbar?   (   )

C–19 Finden Sie die Stadien bei Ihren Schülern deutlich genug
unterscheidbar?
a) im großen und ganzen habe ich die Schüler oft den einzelnen
Stadien zuordnen können   (   )

b) Ich habe die Schüler nur in Einzelfällen den Stadien
zuordnen können ( )
c) Ich habe große Schwierigkeiten gehabt, die Schüler
den Stadien zuzuordnen ( )

Der Theorieband „Lernziele / Erste Erfahrungen"

C–20 Welches ist Ihr Gesamteindruck von „Lernziele / Erste Erfahrungen"?
a) sehr nützlich ( )
b) interessant, aber wenig hilfreich ( )
c) enttäuschend ( )
d) andere Einschätzung: .... ( )

C–21 Wie oft haben Sie das Buch nach der ersten Lektüre zur
Hand genommen?
a) häufig (mehrmals pro Woche) ( )
b) gelegentlich (drei- bis viermal insgesamt) ( )
c) seltener ( )

C–22 Fanden Sie die *methodischen* Hinweise im Theorieband ausreichend?
a) im großen und ganzen ja ( )
b) hätten noch ausführlicher sein können ( )
c) waren absolut unzulänglich ( )

C–23 Haben Sie bestimmte Hinweise und Hilfen vermißt? Welche?
a) nein ( )
b) ja, nämlich: ....
....

C–24 Gab es Passagen oder Aussagen im Theorieband, die Sie bezweifeln würden?
a) Ist mir zunächst nicht aufgefallen ( )
b) ja, u. zw.: .... ( )
....

Die Unterrichtseinheit „Zeit"

C–25 Wie schätzen Sie das Buch „Zeit" für Ihre Arbeit ein (mit
Ausnahme des Lernzielkataloges)?
a) sehr hilfreich ( )
b) einiges fand ich nützlich, das meiste aber nicht ( )
c) das Buch war keine Hilfe für den Unterricht ( )

C–26 Wie oft haben Sie Anregungen für *Schüleraktivitäten* in dem
Buch gesucht?
a) vor Beginn der Erprobung: ....
b) während der Erprobung: ....

C–27 Haben Sie Hilfen oder Informationen gesucht, die das Buch
nicht anbot?
a) nein ( )
b) ja, u. zw.: .... ( )

C–28 In welcher Form haben Sie von den Sachinformationen Gebrauch gemacht (S. 28 bis 42)?
a) vor Beginn der Erprobung vollständig durchgelesen ( )
b) diejenigen Abschnitte gelesen, die für die Arbeit in der Klasse von Bedeutung waren ( )
c) nur gezielt aufgeschlagen, um Schülerfragen zu beantworten ( )
d) eigentlich wenig benutzt ( )

C–29 Wenn Sie sich vor Augen halten, was während des Unterrichts konkret geschehen ist und was in der Curriculumeinheit vorgeschlagen wird, wie würden Sie den Einfluß der Einheit auf den Unterrichtsverlauf einschätzen?
a) die Einheit hat letztlich den Verlauf fast vollständig bestimmt ( )
b) der Einfluß war deutlich, aber nicht bestimmend ( )
c) der Einfluß war gering ( )
d) die Unterrichtseinheit hat den Unterrichtsverlauf eigentlich nicht beeinflußt ( )

Der Indikatorenkatalog

C–30 Hatte der Indikatorenkatalog für „Offenen Unterricht" irgendeinen Einfluß auf Ihre Unterrichtsplanung oder Ihr Unterrichtsverhalten?
a) nein, der Indikatorenkatalog hatte keinen spürbaren Einfluß ( )
b) Ich empfand den Indikatorenkatalog als Norm, an der ich gemessen würde, und der ich gerecht werden wollte ( )
c) Ich habe den Indikatorenkatalog benutzt, um mein eigenes Verhalten und meine Planung auf ihre Offenheit zu überprüfen ( )
d) der Indikatorenkatalog hatte keine Wirkung, wohl aber die Gespräche mit dem Beobachter, von dem ich wußte, daß er sie anhand des Indikatorenkatalogs auswerten würde ( )
e) andere Wirkungen: ....
....

C–31 Welche der Indikatoren halten Sie – unabhängig von deren Realisierbarkeit – für besonders wichtig? (Nummern reichen).
....

C–32 Welche Indikatoren halten Sie aus Ihrer Erfahrung heraus für weniger wichtig?
....

C–33 Welche Indikatoren halten Sie – unabhängig von der momentan bei uns betriebenen Schulpolitik – für prinzipiell nicht oder nur sehr schwer zu realisieren?
....

Konsequenzen

C–34 Fühlen Sie sich durch die Erprobung von Science 5–13 bekräftigt, weiterhin „offen" zu unterrichten?

a) Für mich kommt nichts anderes in Frage als offener
Unterricht ( )
b) Ich fühle mich im großen und ganzen bekräftigt, es
weiterhin zu versuchen ( )
c) Es hat mich interessiert, aber ich sehe noch eine
Menge Schwierigkeiten, die erst geklärt werden müssen,
bevor ich einen neuen Versuch starte ( )
d) Ich glaube, die Schwierigkeiten sind zu groß, um
fruchtbare Arbeit zu ermöglichen. Ich werde es so bald
nicht noch einmal versuchen ( )
e) anderes Urteil: . . . . ( )
. . . .

C–35 Halten Sie es für denkbar, den gesamten Schulunterricht
„offen" zu gestalten?
a) Ja, das müßte wohl möglich sein, wenn die nötigen
Bedingungen erfüllt wären ( )
b) nein, das dürfte kaum gehen ( )
Falls Sie mit „nein" geantwortet haben, bitte begründen
Sie Ihre Einschätzung kurz: . . . .
. . . .

C–36 Welches sind die drei wichtigsten Voraussetzungen, damit
offener Unterricht voll zum Tragen kommen könnte?
1.) . . . .
2.) . . . .
3.) . . . .

C–37 Werden Sie weitere Einheiten von Science 5–13 ausprobieren?
a) mit großer Wahrscheinlichkeit ja ( )
b) es ist gut möglich, daß ich es noch einmal versuche ( )
c) in absehbarer Zeit kaum ( )
d) nie wieder ( )

Herzlichen Dank für Ihre Mitarbeit!

Überblick über die Antworten auf die multiple-choice Fragen

Fehlende Angaben bedeuten entweder, daß der Lehrer die betreffende
Frage nicht oder daß er sie sehr viel differenzierter beantwortet hat
als nur durch das Ankreuzen einer der vorgegebenen Antworten.

RE = Regelschule Recklinghausen
GL = Glockseeschule
LS = Laborschule

Frage	RE	GL	LS
A—1	a,d	a,c,e	a,b,e
A—2	8	6	15
A—3	7	8	32
A—4	81	60	3
A—5	a	a	d
A—6	a	c	b
A—7	b,c	/	b,c, e,g
A—8	33	23	20
A—9	10;0	9;10	11;0
A—10	a	c	a
A—11	b	b	b
A—12	b	b	a
A—13	c,e	d	a
A—14	c	a	a
A—15	ja	ja	nein
A—16	12	6,5	2,5
A—17	a,b,c	b,c,h	c,d, f,h
A—18	b	b	b
A—21	b	b	a
A—22	b	b	b
A—23	c	c	b,c
A—24	c	c	a
A—25	a,b,d	b	a,d
A—26	a	b	c
A—27	c	a	b
A—28	b	/	c
A—29	a	c	a
A—30	a	c	c
A—31	a	d	d
A—32	ja	nein	nein
A—34	a	b	a
A—35	a	c	b
A—36	b	b	b
A—37	a	c	b
A—41	b	c	/
A—42	c	a	c

Frage	RE	GL	LS
A—43	b,c	b	b
A—44	ja	ja	ja
A—45	a	a	d
A—46	b	b	b
A—47	c	a	c
A—48	a	b	b
A—49	c	a	c
C—2	a	b	c
C—3	b	b	b
C—5	a	a	a
C—6	b	/	b
C—9	b	b	c
C—11	a	a	a
C—12	a	b	a
C—13	a	b	a
C—14	b	b	c
C—15	/	b	b
C—16	c	b	c
C—17	b	b	b
C—18	a	a	b
C—19	a	/	a
C—20	a,d	a	/
C—21	a	b	c
C—22	a	a	a
C—23	a	a	a
C—24	a	a	/
C—25	a	a	b
C—27	a	b	/
C—28	a,c	a,c	a,b
C—29	c	c	c
C—30	c,d	b,d	a
C—34	b	e	b
C—35	b	/	a
C—37	a	a	b

Antworten auf die Frage C—36 :

RE: Ein „offener" Schultag mit individueller Pauseneinteilung. Ein großzügiges Raum- und Materialangebot. Kinder, die für diese Arbeitsweise noch offen genug sind, die im Elternhaus schon angeleitet werden, selbständig zu handeln.

GL: Die Möglichkeit, Zugang zu allen Räumen in der Schule zu haben und auch aus der Schule zu gehen. Es muß ausreichend Material zur Verfügung stehen, bzw. zugänglich sein. Angstfreie Umgebung, d. h. Bezugspersonen, die keine Repressionen ausüben; und Indikator 3—5.
LS: Kein Lehrplan, keine Klassen, kein fester Stundenplan.

Beispiele für Tagesplanungen

Tagesplanung vom 1. Projekttag in Recklinghausen:

I. Einführung in das Thema „Zeit"
Die Schüler bekommen eine Bildgeschichte mit dem Ziel, zu verbalisieren, daß . . .
— Zeit meßbar ist
— das Maß der Zeit einheitlich sein muß (Zeit muß gegliedert sein),
— das Zeitmaß dann einen echten Vergleich vom Ablauf eines Geschehens zuläßt,
— es schon Möglichkeiten der Zeitmessung gibt (Uhren).

II. (Alle Kinder haben vor dem Unterricht die Uhren abgelegt)
Lehrer: „Die beiden Jungen befinden sich im Wasser; sie haben keine Uhr bei sich. (*Aufforderung an die Schüler:*) Versuche, den Jungen einen Vorschlag zu machen!"
Ziel:
— Frage formulieren,
— Versuche anstellen, um die Frage zu beantworten,
— Ergebnisse vortragen (eventuell schriftlich formuliert),
— Ergebnisse werden vom Plenum kritisch untersucht.

III. Welche Zeitmesser gibt es außerhalb des Klassenzimmers?

Tagesplanung vom 4. Projekttag in Recklinghausen:

Besuch des Planetariums mit vorheriger Sammlung der Fragen. Ziele:
— Steigerung der Bereitschaft, Fragen zu stellen;
— Bereitschaft zur Teilnahme an Gruppenarbeit fördern;
— Bereitschaft abzuwarten und Notizen zu machen, schulen;
— Interesse entwickeln, wie in der Vergangenheit Entdeckungen gemacht wurden;
— Bereitschaft wecken, mit anderen zu kooperieren;
— Fähigkeit steigern, Bücher zur Unterstützung oder Ergänzung von Informationen heranzuziehen.

Tagesplanung vom 14. Projekttag in Recklinghausen:

Da einige Kinder immer wieder neue Anregungen zur Herstellung von weiteren Zeitmessern bekommen, wird die Arbeit in freier Gruppenarbeit fortgeführt. Die Auswertung der Fragebögen halte ich bereit.

Falls Sie mit dem Verfasser Kontakt aufnehmen möchten, schreiben Sie an: JÖRG RAMSEGER, Buchendorferstr. 10, D—8136 Wangen/Percha

Literaturverzeichnis

ARBEITSGRUPPE GLOCKSEESCHULE HANNOVER: Selbstregu-
liertes und selbstorganisiertes Lernen an der Glockseeschule, in:
Soziales und emanzipatorisches Lernen — Elterninitiativen und
Schulversuche, Beiträge zur Reform der Grundschule, Heft 22/23,
Frankfurt: Arbeitskreis Grundschule 1975, S. 161—169
ARMBRUSTER, Jörg: Ernüchterung nach dem Wochenende. Pro-
jektwoche der Gesamtschule Dortmund, in: päd.extra, Nr. 1/1977,
S. 40—42
BECK, Gertrud / CLAUSSEN, Claus: Einführung in die Probleme
des Sachunterrichts, Kronberg: Scriptor 1976
BECKER/HALLER/STUBENRAUCH/WILKENDING: Das Curricu-
lum. Praxis, Wissenschaft und Politik, München: Juventa 1974 (2.
Aufl.)
BENNER, Dietrich: Erziehungswissenschaft 1976. Fortschritt oder
Rückschritt im Bereich der pädagogischen Theoriebildung und For-
schung? In: ders. (Hrsg.): Aspekte und Probleme einer pädagogischen
Handlungswissenschaft, Kastellaun: Henn 1977, S. 19—43
BRINKMANN, Günter (Hrsg.): Offenes Curriculum — Lösung für
die Praxis, Kronberg: Scriptor 1975
BRÜGELMANN, Hans (1972a): Offene Curricula — der experimentell-
pragmatische Ansatz in englischen Entwicklungsprojekten, in: Zeit-
schrift für Pädagogik, Nr. 1/1972, S. 95—116
BRÜGELMANN, Hans (1972b): Lernziele im offenen Curriculum, in:
Thema Curriculum, Nr. 2/1972, S. 16—45
BRÜGELMANN, Hans / BRÜGELMANN, Karin: Offene Curricula —
ein leeres Versprechen? In: Die Grundschule, Nr. 3/1973, S. 165 ff.
BÜTTNER, Gerd u. a.: Laborschule: Evaluation — Unterrichtstechno-
logie — Block II, Schriftenreihe der Schulprojekte der Universität
Bielefeld, Heft 7, Stuttgart: Klett 1974
CHANGING SCHOOLS: Evaluation — Shanti: A Case Study, in:
Changing Schools, Nr. 14/1975, Hrsg.: Center for Options in Public
Education, Indiana University
DEUTSCHER BILDUNGSRAT: Empfehlungen der Bildungskom-
mission zur Förderung praxisnaher Curriculum-Entwicklung, Stutt-
gart: Klett 1974.
„DISKUSSION ÜBER UNTERRICHTSPLANUNG im Sinne 'offener
Curricula' ", in: Curriculum konkret, Monographien der wissenschaft-
lichen Begleitung des Modellversuchs Regionale Lehrerfortbildung/
Schulnahe Curriculumentwicklung, Heft 1/1976, S. 40—59
ENNEVER, Len: A Case Study of a Project, in: Secondary Educa-
tion, Nr. 2/1974, S. 87—91
FREY, Karl u. a. (Hrsg.): Curriculum-Handbuch, 3 Bde, München:
Piper 1975
GARLICHS, Ariane u. a. (Hrsg.): Didaktik offener Curricula, Wein-
heim: Beltz 1974
GUTTE, Rolf: Kontrolle statt Hilfe — 10 Thesen zur Kritik des lern-
zielorientierten Unterrichts, in: betrifft:erziehung, Nr. 4/1976,
S. 61—63
HALLER, Hans-Dieter: Determinanten des Unterrichts als Planungs-
prämisse, in: Frey 1975, Bd. II, S. 539—564
HARDER, Johanna/CALLIESS, Elke: Beiträge zur Planung der Ein-
gangsstufe an der Laborschule (Block I), in: Schriftenreihe der Schul-
projekte der Universität Bielefeld, Heft 4: Laborschule: Eingangsstufe
— Wahrnehmen und Gestalten — Körpererziehung, Stuttgart: Klett 1974

HARDER, Wolfgang: Drei Jahre Curriculum-Werkstätten. Ein Erfahrungsbericht über die Aufbaukommission der Laborschule Bielefeld, Stuttgart: Klett 1974

HARLEN, Wynne: Science 5—13: a Formative Evaluation, Schools Council Research Studies, London: Macmillan 1975

HAWES, Gene R./NYQUIST, Ewald B.: Open Education. A Sourcebook for Parents and Teachers, New York: Bantam 1972

HEIDENREICH, Klaus: Zum Rahmen eines offenen Curriculums im Erfahrungsbereich Gesellschaft, in: ders. u. a.: Schriftenreihe der Schulprojekte der Universität Bielefeld, Heft 6: Laborschule: Social Studies, S. 13—146, Stuttgart: Klett 1974

HEIMANN, Paul/OTTO, Gunter/SCHULZ, Wolfgang: Unterricht — Analyse und Planung, Hannover: Schroedel 1972 (6. Aufl.)

HEINZE, Thomas u. a.: Handlungsorientierte Evaluation — Erfahrungen aus einem schulischen Curriculumprojekt, in: Frey 1975, Bd. II, S. 614—626

HEIPCKE, Klaus (1974): Lehrziele und Handlungsziele im Unterricht, in: Garlichs 1974, S. 36—46

HEIPCKE, Klaus (1975): Probleme der Evaluation in der praxisorientierten Curriculumentwicklung, in: Frey 1975, Bd. II, S. 600—613

HEIPCKE, Klaus/MESSNER, Rudolf: Curriculumentwicklung unter dem Anspruch praktischer Theorie, in: Zeitschrift für Pädagogik, Nr. 3/1973, S. 351—374

HEMMER, Klaus P./ZIMMER, Jürgen: Der Bezug zu Lebenssituationen in der didaktischen Diskussion, in: Frey 1975, Bd. II, S. 188—202

HENTIG, Hartmut von u. a. (1971a): Die Bielefelder Laborschule, Stuttgart: Klett 1971

HENTIG, Hartmut von (1971b): Cuernavaca oder: Alternativen zur Schule? Stuttgart: Klett 1971

HENTIG, Hartmut von (1973): Schule als Erfahrungsraum? Eine Übung im Konkretisieren einer pädagogischen Idee, Stuttgart: Klett 1973

HENTIG, Hartmut von (1976a): Was ist eine humane Schule? München: Hanser 1976

HENTIG, Hartmut von (1976b): An dem was wirklich ist, erkennen, was möglich ist, in: Neue Sammlung, Nr. 3/1976, S. 195—214

HERMANN, Heinz-Dieter: Mathematik im Projektunterricht, in: Ästhetik und Kommunikation, Nr. 22/23, 1975, S. 88—103

HOEBEL-MÄVERS, Martin: Offenes Curriculum als Konstruktion im Handlungsfeld, Hamburg: Czwalina 1976

HOLT, John: Freiheit ist mehr. Von den Grenzen schulischer Erziehung, Ravensburg: Otto Maier 1974

HOWES, Virgil M.: Informal Teaching in the Open Classroom, New York: MacMillan 1974

JEZIORSKY, Walter: Physik in der Grundschule: Kritische Betrachtungen zu einem wissenschaftsstrukturierten Unterricht nach Kay Spreckelsen, in: Westermanns Pädagogische Beiträge, Nr. 2/1972, S. 606—611

JOCHIMSEN, Luc: Hinterhöfe der Nation. Die deutsche Grundschulmisere, Reinbek: Rowohlt 1971

KLEWITZ, Elard/MITZKAT, Horst (1974): Entdeckendes Lernen in der Grundschule, in: Die Grundschule, Nr. 7/1974, S. 356—365

KLEWITZ, Elard/MITZKAT, Horst (1976): Erfahrungen mit „offenem Unterricht", in: Die Grundschule, Nr. 12/1976, S. 675—681

KROVOZA, Anne/NEGT, Inge: Selbstregulierung und Lernmotivation, in: Ästhetik und Kommunikation, Nr. 22/23, 1975, Seite 66—87

LERNZIELE/ERSTE ERFAHRUNGEN, hrsg. v. H. Schwedes, Stuttgart: Klett 1976

LIEBE-HARKORT, Uwe: In Memoriam Behavioral Objectives. Über den Bedeutungswandel operationalisierter Lernziele, in: Thema Curriculum, Heft 1/1972, S. 5—41

LOSER, Fritz: Aspekte einer offenen Unterrichtsplanung, in: Bildung und Erziehung, Nr. 4/1975, S. 241—257

MAGER, Robert F.: Lernziele und programmierter Unterricht, Weinheim: Beltz 1965

MOSER, Heinz: Handlungsorientierte Curriculumforschung, Weinheim: Beltz 1976 (2. Aufl.)

NESTLE, Werner: Die Formulierung von Unterrichtsmodellen, Lehrplanungen und Arbeitsanweisungen, in: Frey 1975, Bd. II, S. 170—178

NORTHEMANN, Wolfgang: Kultur- und Gemeinschaftskunde: Angebot und Nachfrage beeinflussen den Preis. Planungsbeispiel für eine überfachliche Unterrichtseinheit in der 9. Klasse, in: Heimann/Otto/Schulz 1972, S. 182—195

NYQUIST, Ewald B.: Open Education: Its Philosophy, Historical Perspectives and Implications, in: Hawes 1972, S. 82—92

OBEREISENBUCHNER, Matthias/PELZER, Susanne: Überlegungen zu Voraussetzungen und Möglichkeiten der Evaluation offener Curricula, in: J. Zimmer (Hrsg.): Curriculumentwicklung im Vorschulbereich, 2 Bde, München: Piper 1973, Bd. II, S. 8—44

PETERSSEN, Wilhelm H.: Grundlagen und Praxis des lernzielorientierten Unterrichts, Ravensburg: Otto Maier 1974

RADEMACHER, Christine: Protokoll der Seminarsitzung vom 11.11. 1975, Seminar „Offene Curricula", Westfälische Wilhelms-Universität Münster, Wintersemester 1975/76 (unveröff. Manuskript)

RAMSEGER, Jörg (1975): Gegenschulen. Radikale Reformschulen in der Praxis, Bad Heilbrunn: Klinkhardt 1975

RAMSEGER, Jörg (1976): Freie Schulen: Träume oder Alternativen? In: päd.extra, Nr. 7/8, 1976, S. 47—52

RAMSEGER, Jörg (1977): Schülerorientierter Unterricht? Schülerschulen! In: Pädagogische Welt, Nr. 1/1977, S. 40—46

RATHBONE, Charles H.: Open Education: The Informal Classroom, New York: Citation Press 1971

RATHS, James D.: Teaching without specific objectives, in: Educational Leadership, April 1971, S. 714—720

RESCH, Walter: Das Ford Teaching Project, in: Seybold 1976, S. 153—166

RUMPF, Horst (1971): Zweifel am Monopol des zweckrationalen Unterrichtskonzeptes, in: Neue Sammlung, Nr. 5/1971, S. 393—441, Wiederabdruck in Rumpf 1976, S. 29 ff.

RUMPF, Horst (1973): Divergierende Unterrichtsmuster in der Curriculumentwicklung, in: Zeitschrift für Pädagogik, Nr. 3/1973, S. 391—416, Wiederabdruck in Rumpf 1976, S. 53 ff.

RUMPF, Horst (1976): Unterricht und Identität. Perspektiven für ein humanes Lernen, München: Juventa 1976

SACHS, Wolfgang/SCHEILKE, Thomas: Lehrer und Curriculum — zur Notwendigkeit offener Curricula unter dem Aspekt der Teilnahme von Lehrern, in: Thema Curriculum, Nr. 2/1973, S. 47—78 (nachgedruckt auch in Brinkmann 1975)

SCHÄFER, Karl-Hermann/SCHALLER, Klaus: Kritische Erziehungswissenschaft und kommunikative Didaktik, Heidelberg: Quelle und Meyer 1976 (3. Aufl.)

SCHOOLS COUNCIL (Hrsg.): The Humanities Project. An Introduction, London: Schools Council 1970

SCHULVERSUCH GLOCKSEE, in: Ästhetik und Kommunikation, Nr. 22/23, 1975, S. 24—149

SCHWEDES, Hannelore (1974): Die Struktur von Science 5—13 und Probleme der deutschen Adaptation, in: K. Frey/K. Blänsdorf (Hrsg.) Integriertes Curriculum Naturwissenschaft der Sekundarstufe I: Projekte und Innovationsstrategien, Weinheim/Kiel: Beltz/IPN 1974

SCHWEDES, Hannelore (1975): Planung und Durchführung von Unterricht unter Verwendung von Curricula unterschiedlicher Ausprägung am Beispiel des naturwissenschaftlichen Unterrichts, in: Frey 1975, Bd. II, S. 520—533

SCHWEDES, Hannelore (1976): Naturwissenschaftlicher Unterricht in der Grundschule, in: J. Beck/H. Boehncke (Hrsg.), Jahrbuch für Lehrer 1977, Reinbek: Rowohlt 1976, S. 318—346

SEYBOLD, Hansjörg: Innovation im Unterricht. Curriculumentwicklung und handlungsorientierte Forschung, Ravensburg: Otto Maier 1976

SILBERMAN, Charles E.: Die Krise der Erziehung, Weinheim: Beltz 1973

SINGER, Kurt: Verhindert die Schule das Lernen? München: Ehrenwirth 1973

SPRECKELSEN, Kay: Naturwissenschaftlicher Unterricht in der Grundschule, Stoffe und ihre Eigenschaften, Frankfurt: Diesterweg 1971 (2. Aufl.)

STARCK, Willy: Die Sitzenbleiberkatastrophe, Stuttgart: Klett 1974

„STATT STARRER SCHULSTUNDEN ein abwechslungsreiches Programm. 1500 Gesamtschüler nehmen zehn Tage lang Zepter in die Hand", in: Westfälische Rundschau, Nr. 203 vom 11.9.1976

STENHOUSE, Lawrence: An Introduction to Curriculum Research, London: Heinemann 1975

THEMA CURRICULUM: „Evaluation — Handlungsforschung", in: Thema Curriculum, Nr. 5/1975

TOULSON, Shirley: The Influence of Science 5—13, in: Dialogue. Schools Council Newsletter, Nr. 18, September 1974, S. 3—5

TRUEFITT, Alison/NEWELL, Peter: Abschaffung des Curriculums und Lernen ohne Prüfungen, in: P. Buckman (Hrsg.) Bildung ohne Schulen, München: Kösel 1974

UNIVERSITÄT BIELEFELD: Forschungsbericht 1975, hrsg. vom Presse- und Informationsamt der Universität Bielefeld

UNSELD, Georg: Lehren und Lernen in räumlich offenen Unterrichtsbereichen, in: Zeitschrift für Pädagogik, Nr. 2/1976, S. 213—251

WARWICK, David/WINKEL, Rainer: Alternativen zur Curriculumreform oder: Fünf englische Schulen berichten, Heidelberg: Quelle & Meyer 1975

WASTNEDGE, E.R. (Hrsg.): Nuffield Junior Science, Teacher's Guide 1, London/Glasgow 1967, S. 22; zit. nach Beck/Claussen 1976, S. 134

ZEIT. Naturwissenschaftlicher Unterricht Primarstufe — Bausteine für ein offenes Curriculum, hrsg. von Hannelore Schwedes, Stuttgart: Klett 1975

ZINNECKER, Jürgen (Hrsg.) Der heimliche Lehrplan, Weinheim: Beltz 1975